대장간이란 이름에는
사라져가는 복음의 능력을 되살리고,
낡은 것을 새롭게 풀무질하며, 잘못된 것을
바로 세우겠다는 의지가 담겨져 있습니다.

도서출판 대장간은
새로운 사회, 즉 예수사회(교회)를 건설하려는
꿈을 가진 도구로서 예수 사회를 구성하는
공동체의 한 지체입니다.

www.daejanggan.org

성령을 받으라_오순절운동의 역사와 신학

지은이	배덕만
초판발행	2012년 6월 18일
펴낸이	배용하
책임편집	윤순하
등록	제364-2008-000013호
펴낸곳	도서출판 대장간
	www.daejanggan.org
	대전광역시 동구 삼성동 285-16번지
	전화 (042) 673-7424 전송 (042) 623-1424
ISBN	978-89-7071-259-8

이 책은 저작권법에 의해 보호를 받는 출판물입니다. 기록된 형태의 허락 없이는 무단 전재와 복제를 금합니다.

 값 16,000원

성령을 받으라
오순절운동의 역사와 신학

배 덕 만

차례

서문   7

제1부 성령이 너희에게 임하시면…

1장 · 정결을 넘어 권능으로: 오순절운동의 기원   17
2장 · 하나님의 나라는 말이 아니라 능력에: 오순절운동의 성령론   45
3장 · 성령의 말하게 하심을 따라: 오순절운동과 방언   69
4장 · 하나님의 영이 수면 위에: 오순절운동과 하나님나라   111
5장 · "회개하라, 천국이 가까왔다": 오순절운동의 종말론   135
6장 · 성령의 능력으로 무너진 세상을: 오순절운동과 사회개혁   163

제2부 내 영을 만민에게 부어주리니

7장 · 성령으로 한국을, 성령으로 세계를: 오순절신학의 새로운 가능성   191
8장 · 역사의 혼돈 속에 성령의 동력으로: 여의도순복음교회 역사   217
9장 · 오직 여호와의 신으로: 여의도순복음교회의 사회학적 분석   257
10장 · 십자가를 넘어 부활의 영광으로: 조용기 목사의 기독론   291
11장 · 바벨의 폐허 속에서 하늘의 언어를 꿈꾸며: 국민일보 연구   315

| 서문 |

오순절운동과 저의 개인적 인연은 역설 그 자체입니다. 1997년, 제가 유학을 떠난 일차적 동기는 급격히 천박해지는(?) 한국교회의 영성적 대안을 찾겠다는 다부진 꿈이었습니다. 저는 한국교회의 영적 하향평준화의 일차적 원인이 한국교회 전체로 확산되고 있던 저급한(?) 오순절운동이라고 생각했습니다. 물론, 후에 판명되었지만, 당시에 오순절운동에 대한 저의 이해는 매우 제한적이고 심지어 왜곡된 것이었습니다. 대학 스승 중 한 분께서 수업시간마다 "박수만 세 번 치면 다인가?"라는 냉소적 언어로, 한국의 오순절적 흐름을 간단히 정리하여 폐기처분해버렸습니다. 그분의 말에 학생들은 박장대소하며 암묵적 동의를 표했고, 저 또한 그런 영향에서 벗어나지 못했습니다.

사실, 제가 오순절운동에 대해 그런 비판적 인식을 하게 된 것은 여의도순복음교회와 조용기 목사님에 대한 면밀한 연구나 직접적 체험 때문이 아니라, 주변에서 자주 목격했던 오순절교인들의 부정적 모습 때문입니다. 오순절신자들의 신앙적 열정과 확신은 경이적이었습니다. 방언기도로 상징되는 그들의 기도는 정말 뜨겁습니다. 하지만 방언하는 입으로 타인을 비판하고 욕하는 모습은 저에게 매우 불편했습니다. 거리에서 순복음신문을 나누어주며 전도하는 모습은 저에게 큰 도전이었습니다. 하지만 주변사람들을 배려하지 않는 그들의 독선적인 모습은 견디기 어려웠습니다. 가난한 성도들을 중심으로 세계최대 교회를 일구어낸 모습 자체가 탄성을 자아냈지만, 그 교회가 사회적 약자들에 관해 관심이 적다는 현실은 저로서 이해하기 어려웠습니다.

신학을 공부하고 사회적 인식이 확장되면서, 한국교회에 대한 저의 비판은 더욱 가혹해졌습니다. 특히, 민주화 과정을 통과하면서 목격한 한국교회의 침묵은 용납하기 어려웠습니다. 길거리에서 학생들과 전경들의 몸싸움이 치열해지고, 심지어 수많은 사람이 목숨까지 잃는 현실에서 한국교회가 보인 무관심과 비겁한 모습은 용서할 수 없었습니다. 교회 강단에서는 학생들에 대한 일방적 비판의 소리만 들려올 뿐, 독재자들에 대한 예언자적 음성은 들을 수 없었습니다. 그 와중에 들어간 신학교도 교수님들 사이의 갈등과 권력다툼으로 만신창이가 되었습니다. 연이어 총장님들이 교체되고 존경하던 교수님마저 학교에서 퇴출당하면서, 학교는 길을 잃었습니다. 그 어디에도 신학과 신학교의 역사적·사회적 사명을 논할 공간과 여유는 없었습니다. 이런 상황에서 들려오는 "부흥과 성장"이란 종교적 구호, "주여 삼창," 방언 그리고 열광적 박수소리는 자못 기괴해 보였습니다.

저에게도 하나님이 필요했습니다. 현란한 언어와 논리 속에 갇힌 관념적 하나님이 아니라, 삶 속에서 몸으로 체험할 수 있는 살아 있는 하나님 말입니다. 비참한 현실 앞에 무기력한 신학적 하나님이 아니라, 타락한 현실을 변혁하고 구원할 수 있는 역동적 하나님 말입니다. 학자들의 문헌과 역사의 기록 속에 남아 있던 희미한 하나님이 아니라, 지금 여기서 세상을 바꿀 수 있는 창조적 하나님 말입니다. 이런 관점에서, 1990년대에 한국교회에서 발언되고 추구되던 하나님은 과도하게 제한적이고 무기력해 보였습니다. 지나치게 편협하고 피상적이었습니다. 표층에 붙들려 표류하는 한국교회의 현실을 근본적으로 개혁할 심층의 하나님이 절실히 요청되었습니다. 교파적 한계와 교단신학의 덫에 걸려, 자유와 동력을 상실한 한국교회에 자유와 호연지기를 회복시켜 줄 당찬 기독교가 저에게 갈급했습니다. 천박한 오순절주의를 극복하고, 복음의 생수를 퍼 올려줄 성령의 단비가 절실했습니다. 그런 갈망 속에 떠난 유학길이었습니다. 기도하는 신학, 하나님의 임재를 체험하는 신학, 역사를 바꾸는 신학을 꿈꾸면서 말입니다.

유학의 첫 방학을 맞았을 때, 존경하는 교수님의 권유로, 책 한 권을 읽기 시작했습니다. 오순절운동의 대표적 역사가 빈슨 사이난Vinson Synan의 *The Holiness-Pentecostal Tradition*이었습니다. 결국, 이 한 권의 독서가 제 인생에서 또 한 번의 결정적 전환점이 되고 말았습니다. 이 책은 제가 읽은 오순절운동, 특히 아주사부흥운동에 대한 최초의 연구서였습니다. 이 책이 저에게 준 충격은 말로 온전히 표현할 수 없습니다. 그동안 제가 피상적으로 알고 있던 오순절운동과 그 책을 통해 확인된 오순절운동은 많이 달랐습니다. 오순절운동은 단지 극단적 종말론에 기초한 탈 역사적 광신주의가 아니었습니다. 특히, 1906년 아주사에서 폭발한 성령운동은 당시의 강력한 사회적 관습의 벽을 허물고, 인종 간의 화합과 남녀 간의 평등을 예배 속에 실현했습니다. 사람이 나눈 것을 성령께서 하나로 회복하셨고, 사회가 해체한 것을 교회가 되살려낸 것입니다. 이처럼, 맨정신에선 꿈도 꿀 수 없는 사회적 편견, 갈등, 차별을 지극히 평범한 그리스도인들이 성령세례 속에 초월하고 극복했다는 사실은 저를 경악하게 만들었습니다. 이 책을 읽자마자, 저는 도널드 데이튼Donald W. Dayton의 *Theological Roots of Pentecostalism*을 구해 읽었습니다. 이 책을 통해, 오순절운동이 무지한 광신자들의 천박한 운동이 아니라, 치열한 신학적 논쟁의 산물임을 알게 되었습니다. 무엇보다 오순절운동이 제가 자란 성결운동의 산물이란 사실도 저에게는 충격이자 복음이었습니다. 이 두 권의 책을 통해, 제가 추구해야 할 두 가지 신학적·신앙적 주제를 발견했습니다. 성령과 역사.

복음은 구원과 변화의 근원적 힘입니다. 하나님의 나라가 말이 아닌 능력에 있다는 성경의 가르침은 이런 진리의 명쾌한 선언입니다. 탐욕과 이기심으로 가득 찬 인간과 사회의 궁극적 변화와 구원은 오직 하나님의 권능으로 가능합니다. 이것의 한 예를 저는 아주사부흥에서 보았습니다. 다양한 요인으로 암울한 현실은 신자들의 의식마저 비관적·염세적 사고로 가득 채우고, 우리의 삶에 도피적 태도를 강화시킵니다. 정치가들의 허황된 정치적 구호와 사이비 종교인들의 기만적 선동 외에, 진정한 희망의 메시지를 들을 수 없는 지경이 되었습니다. 이런 상황에서 저에게 미래에 대한 궁극적 희망, 구원의 현재적 가능성, 변화와 혁신의 역동적 체험을 꿈꾸게 하였던 것은 성령에 대한 믿음이었습니다. 이런 맥락에서, 한국교회 오순절운동의 한계와 가능성이 명확히 보였습니다. 이미 거대한 공룡이 된 한국의 성령운동이 흉측한 티아노사우러스가 아닌, 사랑스러운 "아기공룡 둘리"가 되기 위해, 극복해야 할 치부와 당당히 선포해야 할 매력도 동시에 확인할 수 있었습니다. 결국, 저는 전공을 조나단 에드워즈 Jonathan Edwards에서 오순절운동으로 바꾸었습니다. 당시에 도널드 데이튼이 가르치고 있던 드류대학교에서 박사과정을 시작했고, 영광스럽게도 데이튼과 사이난 두 분에게 논문지도를 받을 수 있었습니다. 그렇게 반-오순절주의자로 떠났던 유학길이 친-오순절주의자가 되어 돌아오게 된 것입니다. 정말, 극적인 반전입니다!

2004년에 귀국한 이래, 미국과 한국의 오순절운동에 대한 글을 틈틈이 써왔습니다. 일차적으로 미국에서 발생한 오순절운동을 한국에 좀 더 자세히 소개하려고 노력했습니다. 동시에 미국적 관점을 한국교회에 적용하는 실험도 어설프지만 시도해보았습니다. 오순절운동의 역사를 한국의 독자들에게 객관적으로 전해주려는 노력과 그 운동의 신학을 분석하려는 시도도 함께 추구했습니다. 이 운동의 신학적 측면과 사회학적 측면을 아울러 드러내려는 욕심도 가졌습니다. 이런 문제의식 속에 지난 7년 동안 발표했던 글들을 이 책에서 하나로 묶었습니다. 오순절적 신앙양태가 보편적 현상이 된 한국교회에서 오순절운동에 대한 학문적 층이 빈약한 현실은 대단한 역설이 아닐 수 없습니다. 비록, 우수한 소수의 학자가 분투하고 있지만, 신학의 다른 분과들에 비해, 오순절신학의 연구영역과 학자층은 지극히 열악한 상황입니다. 이런 상황에서, 한없이 엉성하고 미약하지만, 그런 연구 환경에 작은 파장이나마 일으키길 소망하며 이 책의 출판을 결심했습니다.

  이 책은 앞에서 이미 언급했듯이, 이미 여러 학술지와 연구서들을 통해 발표되었던 논문들을 모은 것입니다. 따라서 내용상의 중복을 피할 수 없습니다. 편집과정에서 깊이 고민했으나, 원 논문들의 본래 의도와 가치를 보존하기 위해, 가능한 한 그대로 두었습니다. 이 책은 크게 두 개의 장으로 구성되었습니다. 제1부는 미국을 중심으로 한 오순절운동의 다양한 주제들을 다루었고, 제2부는 한국적 상황, 특히 여의도순복음교회를 중점적으로 다루었습니다. 제1부에서는 오순절운동의 역사를 간략히 살펴보고, 신학적 중심주제인 성령론과 종말론을 집중해서 조명했습니다. 특히, 오순절운동의 가장 큰 특징인 '성령세례의 일차적 증거'로서 방언과 진보적 사회운동으로서 오순절운동의 가능성을 탐구한 논문들도 함께 수록했습니다. 이를 통해, 독자들은 21세기 기독교의 대안으로 관심의 초점이 되고 있는 오순절운동의 중요한 측면들을 제한적이나마 살펴볼 수 있을 것입니다. 한편, 제2부에서는 한국오순절운동의 대표적 상징인 여의도순복음교회에 대한 연구들을 모았습니다. 무엇보다 민중신학 이후, 한국의 대표적 신학으로 성장할 수 있는 오순절신학의 가능성, 대표적 오순절파 목사인 조용기 목사의 신학, 그가 목회한 여의도순복음교회의 성장, 그리고 여의도교회의 대표적 부설기관인 국민일보에 대한 분석까지, 다양한 주제의 논문들이 실렸습니다. 이 글들을 통해, 한국오순절운동의 독특한 단면들을 확인할 수 있을 것입니다.

오순절운동은 완성된 신학과 운동이 아닙니다. 지금도 생성과 소멸을 반복하며, 전 세계로 확산하고 있는 살아있는 실체입니다. 지난 100년간 오순절운동의 역사가 영광과 찬사의 연속이었던 것은 아닙니다. 무수한 시행착오와 가혹한 비판을 피할 수 없었습니다. 그런 비판 중, 지금도 많은 부분은 유효하며, 쉽게 극복될 수 없을 것입니다. 하지만 하비 콕스Harvey Cox와 필립 젠킨스Philip Jenkins 같은 기독교 미래학자들의 예측과 소망처럼, 오순절운동의 시대적 가치와 영향력은 가히 절대적입니다. 신학적 혹은 목회적 차원에서, 오순절운동, 특히 한국의 오순절운동에 대한 평가도 다양하며, 때로는 대단히 비판적·부정적일 수밖에 없습니다. 하지만 그런 비난과 혐오의 사실 여부를 떠나, 오순절운동은 세계 기독교, 심지어 종교문화 속에서 부정할 수 없는 위치와 의미를 지니고 있습니다. 이제 우리에게 필요한 것은 그것에 대한 맹목적 비난과 무책임한 부정의 단계를 넘어, 이 운동의 건강한 발전과 영향을 위해 함께 협력하고 분투하는 것입니다. 이런 이유에서, 이 책이 조금이나마 도움이 되길 바랄 뿐입니다.

점점 더 일중독자가 되어가는 남편과 아빠를 안타까운 눈으로 바라보는 가족들에게 무엇보다 미안한 마음과 감사의 정을 전합니다. 오늘도 존재의 기쁨과 동력을 그들의 사랑 속에서 발견할 수 있기 때문입니다. 바쁜 목사를 둔 덕택에, 제대로 된 양육과 돌봄에 대한 최소한의 기대마저 포기해야 했던 주사랑교회 가족들에게 소중한 마음과 사랑을 드립니다. 제가 건조한 학문의 더미 속에서 그나마 기도하는 목사로 살 수 있는 것은 오로지 그들의 존재 때문입니다. 부족한 사람에게 늘 신뢰와 격려를 아끼지 않으시는 복음신학대학원대학교의 임열수 총장님과 동료 교수님들께도 "고맙습니다"란 말씀, 꼭 드리고 싶습니다. 무엇보다, 지금까지 학자의 길을 걷도록 학문적 가르침과 인격적 감화를 끼쳐주신 두 분의 스승, 박명수 교수님과 데이튼 교수님께 이 책을 부끄럽지만 학문적 답례로 드립니다. 끝으로, 자꾸만 총기를 잃어가는 한국교회를 깨우기 위해 오늘도 분투하고 계신 대장간의 배용하 대표께 머리 숙여 감사와 존경의 마음을 표합니다. 또 한 번 큰 빚을 지게 되었습니다. 함께 그 길을 갑시다.

2012년 6월
배 덕 만

제1부
성령이 너희에게 임하시면…

1장

정결을 넘어 권능으로*
오순절운동의 기원

I. 서론

　오순절운동의 내적 다양성을 고려할 때, 이 새로운 20세기의 성령운동과 19세기 성결운동 사이의 역사적·신학적 관계를 추적하는 것은 결코 용이한 작업이 아니다. 두 운동 간의 관계를 둘러싸고 대단히 복잡하고 치열한 논쟁이 관련 학계에서 진행되고 있기 때문이다. 예를 들어, 하나님의 성회 신학자인 클라우드 켄드릭Klaude Kendrick은 1961년에 출판된 자신의 저서, 『성취된 약속: 근대 오순절운동의 역사』the Promise Fullfilled: A History of the Modern Pentecostal Movement에서 근대 오순절운동의 기원을 19세기 웨슬리안 성결운동에서 찾고 있다.[1] 또한 빈슨 사이난Vinson Synan도 『성결-오순절 정통: 20세기의 은사주의운동』The Holiness Pentecostal Tradition: Charismatic Movements in the Twentieth Century에서 "오순절주의는 기본적으로 제2의 은총을 추구하는 감리교적 영성의 한 변형"이라고 주장했다.[2] 그러나 오순절운동을 웨슬리안 전통에서 찾는 이 같은 입장들에 반대하여 윌리엄 멘지즈William W. Menzies, 에디스 블룸하퍼Edith L. Blumhofer, 그리고 로버트 앤더슨Robert M. Andrson 등은 오순절운동이 웨슬리안 성결운동

뿐만 아니라 케직운동에서도 심대한 영향을 입었다고 반박한다. 앤더슨은 공개적으로 사이난의 주장에 반대하면서 "웨슬리안과 초창기에 연관을 맺고 있던 오순절운동의 분파들은 세대주의, 전천년설, 그리고 성령세례 같은 케직파 칼뱅주의를 수용하면서 오순절파가 되었다"고 주장했다.3) 또한 에디스 불룸하퍼도 한편으로 오순절운동의 웨슬리안적 기원을 인정하면서도, "지금까지의 오순절 연구가 그 교리적 유산 속에 담겨진 개혁주의적 요소들을 철저히 배제해 왔다"고 비판했다.4) 한편, 이런 극단적 대립 속에서 비교적 중도의 입장을 견지하는 학자들도 있다. 그 대표적 인물이 듀크 대학의 그랜트 웨커Grant A. Wacker다. 그는 이 상반된 입장을 검토한 후, "초기 오순절운동 잡지들의 편집자들에게 보내진 수백 통 편지들(이 편지를 보낸 이들이 자신들의 교단적 배경들을 밝혔다)을 직접 검토해본 결과, 웨슬리안 성결전통이 보다 우위를 차지하고 있었다"고 조심스럽게 자신의 소견을 밝혔다.5)

이처럼 성결운동과 오순절운동의 관계성에 대한 학자들의 해석과 입장의 다양성에도 불구하고, 보다 구체적으로 그들이 웨슬리안을 고집하든 아니면 케직을 선호하든, 두 운동이 모두 넓은 의미의 성결운동에 속한다는 점을 인지한다면,6) 성결운동과 오순절운동 간의 신학적・역사적 관계를 추적해 보는 것은 가능하고 또한 의미 있는 작업임에 틀림없다.

성결운동과 오순절운동 간의 관계를 규명하기 위해, 먼저 성결운동에 대한 분명한 이해가 선행되어야 할 것이다. 따라서 다음 장에서 성결운동과 오순절운동의 연결고리를 보다 분명히 밝히기 위해, 먼저 다양한 성결운동의 흐름들을 웨슬리안 성결운동, 개혁파 성결운동, 그리고 급진적 성결운동으로 범주화하고자 한다. 이어서 그들의 신학적 특징을 살펴보고, 성결운동이 오순절운동으로 발전해 가는 과정을 추적하고자 한다. 제3장에서는 다양한 오순절 그룹들 중에서, 웨슬리안 전통에 서서 오순절운동의 신학적 기초를 놓은 찰스 팔함Charles F. Parham과 개혁신앙에 기초하여 형성된 대표적 오순절 교단인 하나님의 성회를 각각 선택하여, 그들의 역사와 신학을 검토하고자 한다. 끝으로, 성결운동의 다양한 흐름과 오순절 운동에 대한 역사적·신학적 검토를 근거로, 그들 간의 상호관련성을 규명할 것이다.

II. 성결운동

1. 웨슬리안 성결운동

로버트 앤더슨Robert M. Anderson은 "성결운동이 교회와 문화 속에서 청교도적 가치들을 재천명하고 확장시키려는 운동으로 시작되었다"고 주장하였다.7) 앤더슨의 이 주장이 지나치게 단순하고 일반적이긴 하지만, 이 명제를 웨슬리안 성결운동에 적용하면, 우리는 이 운동의 기원과 그 근본정신을 명확히 이해할 수 있다. 즉, 웨슬리안 성결운동은 감리교의 설립자 존 웨슬리의 기독자 완전Christian perfection 가르침이 점차 망각되어 가던 19세기 초반, 미국 감리교회와 그 시대의 문화 속에서 웨슬리의 근본적 가르침을 재천명하고 그 영향력을 확장하려던 일종의 영적 각성운동이자, 문화적 변혁운동이었던 것이다.

이 감리교적 각성운동의 기원과 특징을 이해하기 위해, 먼저 웨슬리의 구원론을 검토해야 할 것이다. 동방정교회, 종교개혁, 청교도, 경건주의, 그리고 성공회의 알미니안주의에 영향 받은 웨슬리신학은 그의 독특한 구원론에서 기존의 다른 신학들과 차별성을 갖는다. 구원론에 관한 설교에서 웨슬리는 자신의 입장을 다음과 같이 축약적으로 설명하였다.

구원은 선행은총으로 시작된다. 이것은 하나님을 기쁘게 해드리려는 최초의 바램이요, 그분의 뜻에 대한 최초의 여명이며, 하나님께 범죄하였다는 사실에 대한 미약하지만 최초의 인식이다…구원은 보통 성경에서 "회개"로 일컬어지는 "확신의 은총"convincing grace에 의해 지속된다. 이를 통해 보다 많은 지식을 소유하게 되고, 돌 같은 마음으로부터 보다 온전한 구원을 얻게 된다. 이후에 우리는 보다 적절한 기독교적 구원을 경험하게 된다. 이것은 은총을 통해 믿음에 의해 우리가 구원을 얻는 것이다. 이것은 칭의와 성화라는 위대한 두 요소로 구성된다. 칭의에 의해 우리는 죄책으로부터 구원되고, 하나님의 사랑을 회복한다. 하나님의 형상을 회복한다. 성경뿐만 아니라 우리의 모든 경험은 이 구원이 즉각적이면서 동시에 점진적임을 증거 한다.8)

이처럼 칭의와 성화를 구분하고, 특히 성화가 현재 삶에서 즉각 성취될 수 있다는 가능성을 남긴 것은 이후 성결운동의 발전을 위해 중요한 지적 토대가 되었다. 물론 웨슬리는 당시 성공회 내에서 감리교조직이 처한 독특한 상황을 고려하여, 이 같은 성화교리가 성령세례와 연결되는 것을 우려했다. 그리고 성화의 즉각적 측면과 점진적 측면간의 긴장과 균형을 유지하고자 했으며, 성화와 죄의 개념에 있어서도 상당히 온건한 입장을 견지했다.

이 같은 웨슬리의 신학과 더불어 후대 성결운동의 발전에 중요한 영향을 끼친 인물이 존 플렛처John Fletcher다. 플렛처는 세대dispensation개념을 도입하여 역사를 성부세대, 성자세대, 그리고 성령세대로 구분하고, 이러한 역사구분을 개인의 구원과정과 연결시키는 독특한 신학 작업을 전개했다.9) 이러한 세대론은 종말과 성령이 연결되는 독특한 종말론을 낳았고, 개인구원의 완성인 성화를 성령세례와 연결함으로써, 웨슬리와 구별되는 성화론을 발전시켰다.

나는 기독자의 완전 교리를 죄의 부재(이것은 비둘기나 어린양의 완전이다)나 전심을 다해 하나님을 사랑하는 것에 기초하지 않는다. 왜냐하면 모든 신실한 이방인들이나 유대인들도 그렇게 해왔다고 생각되기 때문이다. 대신, 나는 기독자의 완전을 보다 우월하고 고상하고 온화하며 강력한 사랑, 즉, 사도들이 성령의 사랑, 혹은 오순절 이후 기독교 세대의 완성을 향해 전진하는 그리스도인들에게 성령께서 풍성히 부어주신 하나님의 사랑에 근거를 둔다.10)

이같은 플렛처의 독자적 성화론은 웨슬리의 반대에 직면했다. 그리고 플렛처는 웨슬리보다 먼저 세상을 떠났다. 그럼에도, 플렛처는 그 신학의 오순절적 특징과 세대주의적 용어로 인해 장차 성결운동뿐만 아니라 오순절운동 내에서도 웨슬리 못지않은 영향력을 발휘하게 되었다.

이러한 웨슬리와 플렛처의 구원론은 19세기 초반 미국적 상황에서 신학적 변형을 겪으며 독특한 발전양상을 보였다. 이 새로운 변화는 평신도 감리교 사역자인 포비 팔머Phoebe Palmer에 의해 시작되었다. 팔머 부인은 자신의 언니 사라 랭포드Sarah A. Langford가 1835년에 시작했으나, 그녀의 주도 하에 더욱 유명해진 '성결증진을 위한 화요모임' Tuesday Meeting for the Promotion of the Holiness을 통해 성결의 복음이 감리교 영역을 넘어, 미국의 부흥운동 전반에 큰 영향을 끼치도록 유도했다. 소위 제단신학altar theology으로 대변되는 그녀의 성결론은 제단 되신 그리스도 위에 모든 것을 내려놓음으로써, 성령세례에 의해 즉각 성결하게 될 수 있다고 가르쳤다.11) 이같은 그녀의 성결론은 성결을 성령세례와 연결 짓고, 성결의 즉각적 성취를 주장하였다. 이는 성화의 순간성과 점진성의 균형을 유지하던 웨슬리의 입장에서 벗어나, 순간적 측면을 강조하고, 또 성화와 성령성례의 관계를 부정하던 웨슬리의 입장과는 달리, 이를 지지하던 플렛처의 주장을 선택한 것으로 보인다. 물론 박명수 박사가 날카롭게 분석한 것처럼, 팔머가 중생과 성화의 구분을 무시하고, 성화를 그리스도인의 삶의 시작으로 보며, 성화를 의지적 헌신으로 규정한 것은 전통적인 웨슬리안 성결론과 차이를 보인다. 하지만, 그녀의 성화론이 이후 웨슬리안 성결론의 발전에 중요한 전기를 마련했음은 부인할 수 없다.12)

팔머의 신학과 사역이 19세기 초반 성결운동의 발전에 중요한 전기를 마련했다면, 전국성결연합회는 남북전쟁 이후 성결운동의 제도적 발전을 가능케 하였다. '성결증진을 위한 전국캠프집회 연합회' the National Camp Meeting for the Promotion of Holiness란 명칭 하에 1876년 뉴저지 바인랜드에서 시작된 이 모임은 빈슨 사이난의 주장대로, "근대 성결운동의 시작"13)으로 평가될 수 있다. 이 연합회의 성결운동은 일차적으로 감리교내에서 성결에 대한 관심을 고조시키고, 성결의 복음을 신학적으로 정교화하는데 크게 기여했다. 뿐만 아니라 이 연합회의 지부들이 미국 전역으로 확장되고, 타교단 소속 평신도와 목회자들을 포함한 다양한 규모의 지방조직들을 양산하면서, 감리교의 영역을 넘어 타교단으로까지 영향력이 확대되었다. 이 연합회의 신학은 1885년 시카고에서 개최된 제1차 성결총회의 교리선언문에서 명쾌하게 드러난다.

보다 일반적으로 "성화," "성결," "기독자의 완전," 혹은 "완전한 사랑"으로 지칭되는 온전한 성화entire sanctification는 기독교적 경험에 있어서 제2의 결정적인 단계이다. 이 경험 속에서 이미 의롭다 칭함을 받은 신자가 성령세례에 의해, 그리스도의 사역을 통해, 그리고 믿음에 의해 즉각적으로, 타고난 죄inbred sin로부터 구원 받고, 그 결과 모든 불경건한 기질로부터 구원되며, 모든 도덕적 불결함이 씻기고, 사랑 안에서 완전해지며, 하나님과의 온전하고 지속적인 교제 속으로 인도된다.14)

이처럼 전국성결연합회로 대표되는 당시의 성결운동은 성결을 칭의에 뒤따른 이차적 경험으로 구분하며, 이 경험을 성령세례와 동일시하고 있다. 그리고 성결의 은혜는 믿음을 통해 즉각적으로 발생하는 순간적 경험이며, 이 은혜를 통해 신자가 원죄에서 깨끗함을 얻고, 도덕적·영적으로 온전해진다고 해석하였다. 이렇듯, 전국성결연합회는 성화를 칭의와 구분된 이차적 경험으로 이해한다는 면에서 웨슬리의 전통을 계승하고 있다. 그리고 성결을 성령세례와 동일시한다는 면에서 플렛처와 팔머의 전통에 서며, 성결을 즉각적인 역사로 규정한다는 면에서 팔머의 성결론과 일치한다. 그러나 팔머의 제단신학적 용어들이 나타나지 않고, 성결론이 보다 체계화되었다는 분명한 차이도 보인다.

2. 개혁파 성결운동

미국의 성결운동을 구성하는 또 다른 축은 개혁파 성결운동이다. 이 성결운동은 웨슬리안 성결운동과 비슷한 시기 및 지역에서 발생하였으며, 거의 동일한 용어를 사용하면서 자신의 성결운동을 전파하였다. 그러나 기본적으로 웨슬리가 아닌, 칼뱅의 개혁주의 신앙에 기초하고 있기 때문에, 이 개혁파 성결론은 웨슬리안 성결론과는 분명한 차이점을 드러내고, 이러한 기본적 차이는 차후 오순절운동에도 중요한 요소로 작용한다.

먼저, 개혁파 성결운동의 선두그룹은 오벌린 대학의 교수들 중심으로 형성된, 소위 오벌린 완전주의the Oberlin Perfectionism다. 유명한 부흥사 찰스 피니Charles G. Finney, 본 대학의 초대총장을 지낸 아사 마한Asa Mahan, 헨리와 존 코울스Henry and John P. Cowles, 존 몰건John Morgan, 제임스 암스트롱 토움James Armstrong Thome, 그리고 페어차일드Fairchild가 이 운동의 핵심인물들로 활약했다. 또 이 학교에서 발행한 『오벌린 복음전도자』the Oberlin Evangelist는 대변지 역할을 성실히 수행했다.15) 본 글의 편의상, 이 오벌린 운동의 대표자인 찰스 피니의 성결론만을 살펴보고자 한다.

본래 피니는 장로교 목사로 목회를 시작했으나, 칼뱅주의 예정론에 동의할 수 없어, 후에 회중교회로 전향하였다. 그는 지속적으로 칼뱅주의 영역 내에 머물러 있었으나, 동시에 그의 신학은 여러 면에서 전통적 칼뱅주의와는 뚜렷한 차이를 보였다. 특히 그의 신학의 중심사상인 성화론은 이런 그의 복잡한 신학적 성향을 반영하고 있다. 즉 피니 자신이 성결의 체험을 갈망하며 이에 대한 연구에 집중하면서, 웨슬리안적 경향을 보이던 아사 마한의 도움을 받았고, 이 과정에서 웨슬리의 『기독자 완전에 대한 평이한 해설』Plain Account on christian Perfection을 읽게 되었다. 피니 자신이 "웨슬리 씨의 『기독자 완전에 대한 평이한 해석』에 많은 빚을 졌다"고 자신의 저서 『참 신자를 위한 강좌』Lecture to Professiong Christians에서 공개적으로 인정했다.16)

피니는 오벌린으로 옮긴 후, 회심한 신자들이 회심 이후에 추구해야 할 목표로서 "성화와 은총 안에서의 성장"에 관심을 집중하였다. 그 결과, 피니는 자신이 성장한 칼뱅주의 신학, 특히 조나단 에드워즈,Jonathan Edwards 신학을 계승한 뉴헤이븐 신학New Haven Theology과 웨슬리신학을 절충하여 자신의 독특한 성화론을 발전시켰다. 피니는 성화를 하나님의 율법에 대한 철저한 복종으로 정의하고, 이 은총은 성령세례를 통해 주어지며, 회심과 구분되는 신자들의 또 다른 경험이라고 주장하였다.17)

이런 피니의 성화론은 인간의 원죄를 부정하고, 종교의 감정적 측면보다 의지적 측면을 강조하며, 도덕법의 준수를 지향하던 뉴헤이븐 신학의 영향을 강하게 반영하고 있다. 그러나 피니가 성화를 칭의와 구분하고, 성화와 성령세례를 연결하며, 성화의 현재적 성취가능성을 주장한 것은 전통적 칼뱅주의보다 웨슬리안 성결론에 가깝다는 것도 부인할 수 없다.18) 결국, 이러한 피니의 독특한 성결론은 프린스턴 신학교를 중심으로 한 보수적 칼뱅주의뿐만 아니라, 웨슬리안 성결운동과도 분명한 공통점 및 차이점을 유지하면서, 독특한 성결운동으로 발전한 것이다.

또 다른 대표적 개혁파 성결운동은, 영국성공회 내의 개혁주의 성향을 지닌 그룹에 의해 1875년에 시작된 케직운동the Keswick Movement이다. 케직운동은 윌리엄 보드만William E. Boardman, 스미스 부부Robert Piersall Smith and Hannah Whitall Smith, 그리고 아사 마한 등 '차원 높은 생활운동' Higher Christian Life의 중심인물들의 영향 하에 영국에서 시작되었다. 이후, 메이어F. B. Meyer, 앤드류 머레이Andrew Murray, 웹 피플로H. W. Webb-peploe, 무디D. L. Moddy를 통해 미국에 수입되어, 토레이Leuben A. Torrey, 심슨A. B. Simpson, 고든A. J. Gordon, 피어슨Artheur T. Pierson 등의 사역을 통해 미국의 대표적 개혁파 성결운동으로 성장하였다.19)

케직운동의 두드러진 특징 중 하나는 달비의 세대주의를 수용했다는 점이다. 케직운동 구성원의 개혁주의적 배경은 세대주의 안에서 친화성을 발견하고, 그 영향 하에 성서예언 연구에 집중하며, 그것은 그들의 성화론에도 중요한 영향을 끼치게 되었다. 이러한 특징은 미국에서 케직운동이 무디를 중심으로 한 일군의 개혁파 성결운동가들에 의해 주도되었고, 그들 대부분이 성령에 대한 강조와 함께 세대주의의 전도사들이 되었다는 사실에서 다시 한 번 입증된다. 그러나 이런 친밀한 관계에도 불구하고 세대주의와 케직운동을 동일시할 순 없다.

이같이 케직운동이 세대주의를 수용하여 자신들의 해석학적 토대로 삼았다는 것은 웨슬리안 성결운동과 근본적인 차이점을 갖게 한다. 로빈슨의 설명에 따르면, 케직운동은 웨슬리안 성결운동과는 달리 성화와 성령세례를 명백히 구분했다. 물론, 성화도 성령의 역사이며, 회심의 순간에 시작되어 일생동안 점진적으로 성장하는 과정이지만, 이것이 곧 성령세례는 아니다. 케직이 주장하는 성령세례는 세계의 신속한 복음화를 위한 "권능의 부여"endowment of power다.20) 보다 구체적으로, 케직운동의 대표적 신학자인 홉킨스Evan Hopkins는 죄의 뿌리를 악에 대한 경향성으로 규정하고, 이 악에 대한 반작용counteraction을 성결로 간주하였다.21)

이 케직운동과 웨슬리안 성결운동 간의 차이는 성결론 외에, 이 케직운동이 세대주의적 전천년설을 수용하고, 당시의 신유운동과도 깊은 관련을 맺고 있었다는 사실에서 더욱 뚜렷해진다.22) 웨슬리안 성결운동은 그들의 관심을 성결복음 전파에 한정함으로써, 종말론에 관해서는 이차적 관심밖에 갖지 못했고, 더욱이 그들의 종말론은 후천년설에 가까웠다. 그 결과 전국성결연합회로 대표되는 웨슬리안 성결운동은 전천년설과 신유운동이 자신의 운동 속으로 침투·확산되는 것에 대해 심각한 우려를 표명하며 반대했던 것이다.23)

3. 급진적 성결운동

전국성결연합회의 영향력이 미국 전역으로 확장되면서, 이 운동은 더이상 감리교 내의 운동으로 머물 수 없게 되었다. 위에서도 이미 언급했듯이, 이 연합회의 지부들이 지역 및 지방으로 확대되면서, 이 조직 안으로 타교단의 목회자, 평신도들도 합류하게 되었다. 동시에 이 운동은 당시의 다양한 성결운동들과 공존하며 상호 견제와 영향을 주고받았다. 또 남북전쟁 이후 미국사회의 어둡고 복잡한 사회적·종교적 상황은 19세기 후반 웨슬리안 성결운동 내부에 새로운 기류의 형성을 가능케 하였다. 이 새로운 기류는 일부의 웨슬리안 성결그룹이 세대주의적 전천년설을 수용하고 신유운동에 가담한 것이다. 이것은 전국연합회의 전통적 신학에 극단적으로 대립되는 전혀 낯선 신학 및 신앙유형이었다. 이것은 즉각적으로 전국연합회의 반대를 촉발시키면서 웨슬리안 성결운동 내에 심각한 긴장을 유발했다. 뿐만 아니라 지역 성결연합회 운동을 통해 타교단과 접촉해 온 그룹들 가운데, 성결운동이 감리교의 틀에 매여 있는 것이 오히려 성결복음의 확산에 장애가 된다고 진단하면서, 성결운동을 특정 교단이나 교리의 울타리 밖으로 확장하여, 마침내 모든 그리스도인을 포함한 '하나님의 교회'를 설립하고자 했다. 결국, 1894년 감리교회가 공식적으로 성결운동을 단죄한 이후, 이 같은 급진적 유형의 성결운동은 감리교에서 자발적으로 탈퇴하거나 축출되어, 마침내 독자적인 성결교회들을 설립하게 되었다. 이렇게 감리교회로부터 독립하여 새로 형성된 성결교회들 및 그와 관련된 그룹을 흔히 "급진적 성결운동"radical holiness reformers으로 분류 · 지칭한다.24)

이같은 급진적 성결운동의 신학적 특징은 이 새로운 그룹의 대표적 교회인 필그림성결교회the Pilgrim Holiness Church의 신앙개요를 통해 확인해 볼 수 있다. 필그림성결교회는 전직 감리교 목사인 마틴 냅Martin W. Knapp의 지도하에, 1897년 국제성결연맹 및 기도동맹The International Holiness Union and Prayer League으로 시작하여, 그 후 복잡한 통합과정을 거쳐, 필그림성결교회로, 최종적으로 웨슬리안 감리교회와 통합해서 웨슬리안교회the Wesleyan Church가 되었다. 필그림성결교회가 웨슬리안감리교회와 통합하기 직전인 1966년에 발간된 교단지침서에, 이 교회의 신앙개요들이 간략히 정리되어 있다. 이 신앙개요 중에서 우리의 관심을 끄는 대목은 바로 "온전한 성화"제11조, "교회에서는 사람들이 이해할 수 있는 언어로 말하기"16조, "신유"18조, 그리고 종말에 관한 부분들제19조, 20, 12조 등이다.25)

먼저, 필그림성결교회는 성화를 다음과 같이 정의한다. "성화는 중생 이후에 발생하며, 성령세례에 의해 이루어진다. 이것은 모든 신자들을 위한 것이며 즉각적인 경험이고 믿음에 의해 얻는다. 이것은 이 은혜 체험자의 마음을 모든 죄로부터 깨끗케 하고, 그를 구별시키며, 그가 부름 받은 모든 사명을 수행할 수 있도록 능력을 부여해 준다."26) 이러한 성화개념은 중생과 성화의 구별, 성화와 성령세례의 동일시, 죄성의 제거로서의 성화라는 기존의 웨슬리안 성결운동 전통에 충실히 서 있다. 그러나 성화를 "능력의 부여"로 규정한 것은 케직운동의 영향으로 보인다.

다음으로, 필그림성결교회는 방언을 성령세례의 증거로 주장하는 오순절의 입장에 반대한다. 제16조 "교회에서는 사람들이 이해할 수 있는 언어로 말하기"에서 이 교회는 성화를 성령세례와 동일시한다는 자신들의 기본 입장을 재천명하면서, "이 양자 간의 시간적 차이를 주장하거나 방언 같은 특정 현상을 이 세례의 증거로 증거하는 어떠한 가르침도 명백한 하나님의 말씀에 위배된다"고 강하게 주장한다.27) 이 조항은 동시대의 오순절운동에 대한 자신들의 공식적 입장표명이며, 오순절운동과 본 교회의 가장 분명한 신학적 차이를 지적하는 부분이기도 하다.

셋째로, 필그림성결교회는 신유에 관한 조항을 제18조에 삽입하였다: "우리는 육체의 치유에 관한 성서적 교리를 포용하며, 야고보서 5장 14~15절의 말씀에 따라, 믿음의 기도에 대한 응답으로 치유 받는 것은 모든 하나님의 자녀들의 특권이라고 믿는다. 그러나 우리는 건강을 회복하기 위해 다른 수단들을 사용하는 사람들과 우리의 관계를 단절하지도 않으며 그들에 대해 어떠한 정죄도 행하지 않는다."28) 이 조항은 기도를 통한 병의 치유, 즉 신앙치유faith healing에 대한 우호적 태도를 견지하면서, 동시에 일체의 의학적 치료를 거부하는 극단적 치유운동 그룹과는 분명한 차이를 보이고 있다.

끝으로, 본 지침서의 제19조, 20, 21조는 종말에 관한 교리들을 다루고 있는데, 특히 그리스도의 재림에 관한 19조에서 본 교회가 세대주의적 전천년설을 신앙하고 있음을 분명히 보여주고 있다.

우리는 우리 주님의 재림이 인격적, 전천년설적, 그리고 즉각적임을 믿는다.

우리는 휴거-성도들을 맞이하기 위한 주님의 공중재림(이것은 언제든지 일어날 수 있다)-와 계시-주님과 성도들의 지상재림(이것은 이스라엘의 회복, 적그리스도의 출현, 그리고 다른 예언된 사건들이 발생하기 전까지는 일어나지 않을 것이다)를 구분해야만 한다.29)

이처럼 기본적으로 필그림성결교회는 전천년설을 신앙하면서, 동시에 공중재림과 지상재림을 구분함으로써, 자신의 종말론으로 세대주의적 전천년설을 수용하였음을 명백히 하고 있다.

이렇듯 필그림성결교회의 신앙지침서를 통해, 우리는 이 교회가 성결론에 있어서 웨슬리안 성결운동의 전통을 계승하고 있으나, 동시에 세대주의적 전천년설과 신유의 교리를 수용함으로써, 웨슬리안 성결운동으로부터 벗어나고 있음도 알 수 있다. 또한 방언을 성결세례의 증거로 수용하길 반대하면서 오순절운동과도 분명히 선을 긋고 있다. 결국 급진적 성결운동의 이같은 신학적 특징은 이 운동을 전통적인 성결운동과 오순절운동 사이에 위치시키면서, 이 양 운동을 연결시켜주는 교량역할을 하고 있다.30) 도날드 데이튼Donald W. Dayton의 평가대로, 이 그룹들과 오순절운동 간의 차이는 "머리카락 한 올의 차이"이며, 이 차이는 단지 "성령세례 받은 증거로서 방언"에 대한 이해의 차이일 뿐이다.31)

III. 오순절운동

1. 찰스 폭스 팔함Charles Fox Parham, 1873~1929

팔함은 1873년 6월 4일 일리노이주의 한 농가에서 태어났다. 그는 유아기 때 뇌염으로 추정되는 바이러스에 감염되어 생사의 고비를 넘겼고, 아홉 살 때에 류마티스열에 감염되어 보다 치명적인 위기를 맞았다. 결국 이러한 질병은 일생을 통해 그의 건강을 위협했고, 이런 심각한 질병과 그에 대한 치유의 경험을 통해 신유에 깊은 관심과 확신을 갖게 되었다. 결국, 그의 최초의 본격적 사역도 그가 1898년 캔자스주 토페카에 설립한 베델치료원the Betel Healing House이었다.

신실한 기독교 신자였던 어머니의 깊은 영향 하에, 팔함은 어린 시절 한 회중교회에 출석했으나, 대학시절 또다시 류마티스열에 시달린 후 자신의 사명을 재확인했다. 1893년, 다니던 대학을 그만두고, 감리교 목회자로 사역을 시작했다. 팔함의 초기 사역은 성결운동에 깊이 연류되어 있었다. 팔함은 무디, 토레이, 심슨, 고든 등 대표적인 케직운동가들을 깊이 존경하고, 그들의 영향을 받았다. 동시에, 불세례성결교회the Fire-Baptized Holiness Church의 설립자인 벤자민 하딘 어윈Benjamin Hardin Irwin과 메인주 실로Shiloh Maine에서 '성령과 우리성경학교' the Holy Ghost and Us Bible School를 통해 성결운동을 전개하던 프랭크 샌포드Frank W. Sanford, 32)도 팔함의 오순절신학형성에 결정적 영향을 끼쳤다. 팔함은 어윈을 통해, 성화이후 또 다른 경험이 있다는 것을 배웠고, 샌포드에 의해 성령세례와 세계복음화의 관련성을 인식하게 된 것이다.33)

이렇게 형성된 팔함의 신앙과 신학은 캔자스주 토페카에 설립된 베델치료원과 베델성경학교the Bethel Bible School를 근거로, 그리고 그가 발행한 성결잡지 『사도적 신앙』the Apostolic faith을 통해 구체적으로 발전되고 전파되었다. 특히, 팔함은 1901년 1월 1일, 그의 성결학교 학생인 아그네스 오즈만 Agnes N. Osman이 방언을 하게 되고, 이어서 다른 학생들도 동일한 은사를 체험하는 충격적 사건을 목격하면서, 이 방언이야말로 가장 명백한 성령세례의 증거라고 확신하게 되었다. 결국, 이런 일련의 과정을 통해 팔함은 자신의 신학을 어윈과 샌포드로부터 구별하면서, 근대오순절운동의 신학적 근거를 마련하게 되었다.34) 이 같은 팔함의 신앙노정을 더듬으면서, 우리는 팔함이 기존의 성결운동 급진파와 유사한 신앙유형을 갖게 되었음을 확인할 수 있다. 이미 그는 감리교 목사로서 기존의 웨슬리안 성결론뿐 아니라 케직운동가들과의 접촉을 통해 세대주의를 수용하게 되었고, 자신의 개인적 체험과 대표적 신유운동가들과의 인간적 관계를 통해 중요한 신유운동가로 부상하였다. 이런 경로를 통해, 그의 신앙은 성결운동 급진파에 이르게 되었고, 여기에 어윈과 샌포드를 통해 성령세례와 성화의 관계, 성령세례와 종말론의 관계에 대한 새로운 이해를 얻게 되었다. 결국, 이런 과정을 통해 팔함은 성결운동에서 일탈하기 시작했고, 마침내 토페카 방언사건을 통해 오순절주의로 전향하게 된 것이다. 이렇게 형성된 그의 신학의 특징은 다음과 같은 그의 주장들 속에서 다시 한 번 구체적으로 확인될 수 있다.

먼저, 팔함은 성화와 성령세례를 구분한다. 팔함은 "우리의 성화에 대한 증거가 성령세례라는 가르침"은 오류라고 주장하면서, 현재 수많은 사람들이 성령세례라고 믿고 있는 것은 사실 지속적인 기름부음the anointing that abideth일 뿐이라고 주장했다. 물론 팔함은 칭의와 성화를 구분했으나, 동시에 성령세례도 구분하면서, "방언이야말로 성령세례를 그 이전의 역사들works과 구분 짓는 불가분의 요소"라고 주장했다. "성령세례에 상응하는 성서적 증거를 갖고 있지 못한 사람들은 결코 성령세례를 받은 것이 아니다"라고 주장하면서, 팔함은 계속해서 "사죄가 진실된 회개, 복원, 그리고 복종의 결과로 주어지고, 성화가 온전한 헌신의 결과로 주어지듯이, 방언은 성령세례의 결과로 주어진다"고 주장했다. 더욱이 팔함은 "방언의 은사를 성령께서 인간의 입술을 거룩히 사용하여, 방언하는 그 자신은 알지도 못하는 언어를 말하게 함으로써 본토인들이 그의 입술을 통해 나오는 언어를 충분히 이해할 수 있도록 하는 초자연적 은사"로 풀이하면서,

해외선교를 떠나는 선교사들이 더 이상 힘들여 외국어를 공부할 필요가 없어졌다고 주장했다. 이같은 팔함의 주장은 칭의와 성화를 구분한다는 면에서는 전통적인 웨슬리안 성결론을 따르고 있다. 동시에, 이 성화를 성령세례와 구분하고 성령세례의 일차적 증거를 방언이라고 주장함으로써, 전통적 성결운동과 결별하고 있음도 분명하다.35)

둘째로, 팔함은 극단적인 신유론을 견지하고 있다. 기본적으로 팔함은 질병의 원인을 선천적, 후천적, 그리고 죄에 의한 결과 등 세 가지로 구분한다. 그리고 신자들의 질병 중 상당수는 바로 죄에 의한 것이라고 주장하고, 이에 근거해 자신의 신유론을 발전시켰다. 먼저, 팔함에 의하면 죄가 질병의 일차적 원인이고, 악마의 소행이기에, 치유는 결국 그리스도의 구속과 관련된다. "치유는 회심처럼 예수 그리스도의 구속에 대한 믿음으로 얻어진다." 여기서 신유가 구원론과 연결되고 있음이 드러난다. 그의 신유론은 의학에 대한 입장에 있어서 보다 급진적 성향을 보여준다. 왜냐하면 팔함은 의학적 가치를 철저히 부인하기 때문이다. "의학에 대한 우리의 입장은 분명하다. 성경은 선언한다. 너희는 어떤 치료약도 갖고 있지 않다. 너희가 치료되기 위해 많은 약을 사용하지만 그것은 헛된 것이다.… 의학과 그 수행자들은 구약과 신약 전체에서 하나님과 인류에게 대항하는 가장 사악한 죄들과 연결되어 나타나고 있다." 뿐만 아니라 팔함은 오직 하나님만이 위대한 의사이며 치유이시기에, "신유를 믿는 우리는 병이 낫기를 원하는 사람들을 위해 기도할 수 있고, 그 결과 그들이 치유될 수도 있다. 그러나 우리를 신적 치유자로 만들지 말라. 오직 그 일은 그리스도에 의해서만 가능한 것이다."36)

끝으로, 팔함은 세대주의적 전천년설을 강력히 설파하고 있다. 그의 저서 『광야에서 울부짖는 소리』A Voice Crying in the Wilderness는 20개의 장으로 구성되어 있으며, 여기서 그는 자신의 성령세례, 신유, 종말에 대한 생각을 서술하고 있다. 그런데 이 책에서 그는 종말을 위해 무려 10개의 장을 할애하고 있다. 이것은 그의 신학이 얼마나 종말론에 경도되어 있는지를 단적으로 알려주는 증거가 된다. 이 책에 나타난 팔함의 종말론은 명백히 세대주의적이다. 먼저, 그는 인류의 역사가 점점 더 어두워질 것이라고 예언한다. "세상은 예수 그리스도의 재림 이전에 결코 회심되지 않을 것이며, 오히려 점점 더 악해질 것이다." 그리고 그리스도의 재림은 예기치 않은 순간에 즉각적으로 발생할 것이다. "그리스도는 인류의 역사 가운데 가장 어두운 한 밤중에 홀연히 재림하실 것이다. 이 환란의 때에 경성하여 재림을 기대하며 정결하게 지낸 자들은 구원을 얻고, 곧 자비의 문은 닫혀져서, 이 기간 동안 그 누구도 구원되지 못할 것이다." 세대주의자들처럼, 팔함은 인류의 역사를 아담으로부터 재림의 시기까지 6천년으로 계산하고, 마지막 천년은 우리 주 하나님의 안식일이라고 주장했다. 또 다니엘서를 인용하면서 70주 가운데 69주는 창조 때부터 로마 군인 티투스Titus에 의해 예루살렘이 멸망할 때까지의 시기로, 마지막 70번째 주는 그 후부터 그리스도의 재림 전까지의 시기로 구분하였다. 그러면서 시온주의, 러시아혁명, 국제연맹 등을 종말의 징조로 제시했다. 이처럼 팔함은 세대주의적 전천년설을 자신의 종말론으로 수용하였고, 자기 신학의 중심으로 삼았던 것이다.37)

2. 하나님의 성회the Assemblies of God

하나님의 성회는 가장 커다란 백인 오순절교단으로, 1914년 알칸사스주 핫스프링스Hot springs, Arkansas 총회를 통해 탄생하였다. 이 교단은 처음부터 웨슬리안적 성결개념에 공식적으로 반대하여 출범하였다. 이 교단의 성립을 가능하게 한 지적 기원들은 다양하다. 먼저, 이 그룹은 텍사스에 근거를 둔 찰스 팔함의 '사도적 신앙운동' Apostolic Faith Movement, 엘림Elim

으로 알려진 뉴욕 로체스터의 사역, 뉴욕 나약에 근거를 둔 심슨의 기독교연합선교회the Christian and Missionary Alliance, 그리고 시카고 지역에서 번성한 존 알렉산더 도위John Alexander Dowie의 시온시Zion City로부터 신학적·제도적 자원을 공급받았다. 또 이 교단의 탄생을 도운 초창기 지도자들로는 유도러스 벨Eudorus N. Bell, 하워드 고스Howard Goss, 다니엘 오퍼맨Daniel C. O. Opperman, 아치발드 콜린스Archbald P. Collins, 그리고 맥 핀슨Mack M. Pinson이 있다.38) 그런데 여기서 주목할 점은 이 하나님의 성회 초기 지도자들의 교단적 배경이다. 벨은 남침례교 목사였고, 고스는 팔함의 동역자였으며, 오퍼맨은 독일 침례교 형제단 소속이었다. 그리고 핀슨은 선교사침례교회the Missionary Baptists church의 부흥회에서 회심한 후 성결운동가들과 연결되어 성령체험을 했었다. 뿐만 아니라, 이 교단의 신학적 토대를 놓은 윌리엄 덜햄William H. Durham은 침례교인이었다. 결국, 사이난의 지적대로, 이 교단이 초창기부터 웨슬리안 성결운동에 반대하게 된 것은 "상당수의 사람들이 비웨슬리안 배경에서, 특히 침례교회에서 이 운동으로 전향"했기 때문이며, "성결신학에 대해서 배운 적이 없는 이들은 그리스도인의 경험이 단지 두 단계, 즉 회심과 성령세례로 구성되었다"고 생각했던 것이다.39)

하나님의 성회가 웨슬리안 성결운동과 구별되는 자신들의 독특한 신학을 형성하게 된 것은, 바로 교단 내부에서 발생한 세 번의 심각한 신학논쟁을 통해서다. 최초의 논쟁은 덜햄의 영향을 받은 벨과 고스 등에 의해 야기된 소위 '완성된 사역' Finished Work 논쟁이다. 침례교인으로 시카고에서 노쓰에비뉴 선교회North Avenue Mission를 이끌던 덜햄은 1907년 아주사 스트릿을 방문하여 성령세례를 받고 방언을 하게 된 후, 종전의 웨슬리안 성결론과 구분되는 독특한 신학을 주장하게 되었다. 즉, 그는 "제2의 은총의 역사"라는 웨슬리안 성결론을 부정하고, 대신 "갈보리에서 완성된 그리스도의 사역"에 기초한 새로운 이론을 주장했다.

구원받은 사람은 이론가들의 주장과는 상관없이 구원받은 것이다. 그는 죄, 사망 그리고 지옥에서 구원된 것이며, 하나님의 진정한 자녀이며, 영생을 소유하고, 또 다른 은총이 필요치 않으며, 단지 그리스도 안에 거할 필요가 있을 뿐이며, 성령 안에서 걷는 것이며, 믿음을 굳건히 붙들고, 은총과 하나님과 그리스도에 대한 지식 속에서 성장하게 된다.40)

이렇게 덜함의 '완성된 사역 논쟁'은 하나님의 성회를 다른 오순절교단들과 구분짓는 가장 두드러진 교리를 갖게 만들었다.

두 번째의 논쟁은 소위 예수 이름Jesus Name 논쟁으로, 오직 예수Only Jesus논쟁 또는 오순절 유니테리언 논쟁으로 불리운다. 이 논쟁은 1913년 로스앤젤레스에서 개최된 한 오순절 캠프집회에서 맥앨리스터R. E. McAlister가 "사도들은 변함없이 회심자들에게 예수의 이름으로 세례를 한 번만 베풀었다. 그리고 성부, 성자, 성령이라는 말은 기독교 침례에서는 결코 사용된 적이 없다"고 주장했던 것에서 기원했다. 이 주장에 영향 받은 호주 출신의 침례교 목사 프랭크 이워트Frank. J. Ewart가 1914년부터 신격은 오직 하나의 인격인 예수 그리스도만이 있을 뿐이며, 성부나 성자는 이에 대한 다른 명칭일 뿐이고, 그러기에 성부, 성자, 성령의 이름으로 행해진 세례는 올바른 세례가 아니라고 담대하게 주장하기 시작했다. 뿐만 아니라 이워트는 중생, 성화, 그리고 방언을 포함한 성령세례는 하나의 사건을 구성하며, 이것은 오직 예수의 이름으로 행해진 침례의식에 의해서만 가능하다고 주장했다. 이들의 주장은 하나님의 성회를 양분하며, 교단 출범이후 최대의 내적 위기를 초래했다. 그러나 이 유니테리언적 주장이 1916년 세인트루이스 총회에서 부결됨으로써, 하나님의 성회는 삼위일체

파 교단으로 남게 되었다.41)

마지막 논쟁은 일차적 증거논쟁으로 알려진다. 이 논쟁은 프레드 보스워스Fred F. Bosworth가 방언을 성령세례의 일차적 경험으로 인정할 수 없다고 반발하면서 발생하였다. 이에 대해 케르D. W. Kerr는 "성령세례의 일차적 증거에 관한 오순절 신앙의 시금석은 유명한 사람들의 체험이 아닌, 하나님의 말씀"42)이라고 대응하며 이 논쟁에 가담하였다. 결국, 이 논쟁은 1918년도 총회에 회부되었고, 일차적 증거파가 압도적 표차로 승리함으로써 일단락 되었다. 이 사건을 계기로, 하나님의 성회는 방언을 성령세례의 일차적 증거로 확고히 인정하게 된 것이다.

신생교단의 존재론적 위기를 초래했던 이같은 논쟁을 겪으면서, 하나님의 성회는 마침내 1916년도 총회에서 자신들의 신앙고백을 규정한 〈기본진리선언문〉the Statement of Fundamental Truths을 채택했다.43) 이 선언문을 통해, 우리는 하나님의 성회의 신학적 특징을 다시 한 번 명쾌히 인식할 수 있다.

먼저, 이 선언문에 의하면, 인간은 중생의 씻음washing과 성령의 갱신renewing에 의해 구원되며, 그것은 성령의 증거에 의해 내적으로, 그리고 신자의 의롭고 성결한 삶을 통해 외적으로 증거 된다고 주장한다. 그러면서, 이 칭의의 사건과 구분되며, 이 경험 이후에 이어지는 성령과 불세례를 모든 신자들이 추구해야 한다고 주장한다. 이 성령세례를 통해 삶과 섬김을 위한 권능이 부여되며, 이것은 방언이라는 신체적 징표에 의해 증거된다고 덧붙이고 있다. 이어서 이 선언문은 온전한 성화에 대해서도 언급하는데, 이 성화를 성령의 권능에 의해, 신자들이 거룩하라는 하나님의 명령에 복종하는 것으로 묘사하고 있다.44)

이러한 중생, 성령과 불세례, 그리고 온전한 성화에 대한 선언문의 진술을 살펴볼 때, 우리는 하나님의 성회가 기존의 웨슬리안 성결운동과 성결에 대해 전혀 다른 이해를 갖고 있음을 확인하게 된다. 먼저, 웨슬리안의 중생과 성화의 관계가 여기서는 중생과 성령세례로 대체되고 있고, 또 웨슬리안은 성령세례와 성화를 동일시했으나, 하나님의 성화는 양자를 구분한다. 웨슬리안은 성령세례를 통해 죄성이 제거되는 것으로 믿었으나, 하나님의 성회는 성령세례를 통해 삶과 섬김을 위한 권능이 부여되는 것이라고 주장한다. 뿐만 아니라 웨슬리안 성결운동과는 달리 하나님의 성회는 방언을 성령세례의 일차적 증거로 간주하고 있다.

다음으로 이 선언문 제12조는 신유에 대해 언급한다. "질병으로부터의 구원은 구속의 은총 속에 제공되며, 모든 신자의 특권이다."45) 비록 신유에 대해 이처럼 간략히 진술하고 있으나, 이 문장 속에서 우리는 하나님의 성회가 신체적 치유를 구속의 역사와 연결짓고 있음을 볼 수 있다. 그러나 팔함의 경우와는 달리, 신유와 의학간의 관례에 대해서는 특별한 언급이 없는 것으로 보아, 이에 대해서는 온건한 입장을 취하는 것으로 보인다.

끝으로, 이 선언문의 재림에 대한 언급 또한 대단히 간략하고 일반적이다. 그러나 1969년도 제36차 하나님의 성회 총회지침서 Minutes에 실린 선언문은 이 부분에 대해 좀더 상세한 설명을 담고 있다. 이 개정된 선언문에 의하면, 그리스도의 재림은 성도들의 휴거와 이 휴거된 성도들과 그리스도의 지상재림 두 단계로 구분되며, 이후 성도와 그리스도의 천년통치가 이어진다. 이 천년왕국은 이스라엘 민족의 회복과 보편적 평화의 건설을 가져온다. 여기서 우리는 하나님의 성회가 세대주의적 전천년설을 신앙함을 알 수 있다. 그것은 세대주의적 전천년설의 가장 큰 특징의 하나가 그리스도의 공중재림과 지상재림의 구분이기 때문이다. 비록 지나치게 간단하지만 본 선언문에서 우리는 이것을 확인할 수 있다.46)

이처럼 하나님의 성회는 성화론에 있어서 전통적인 웨슬리안 성결운동과는 분명한 차이점을 보여준다. 오히려 성령세례를 섬김을 위한 권능의 부여로 정의한 것은 케직운동의 영향으로 보인다. 또한 신유와 세대주의적 전천년설을 강력히 신앙하는 것도 전통적인 웨슬리안 성결운동보다는 케직의 영향으로 볼 수 있다. 거기에 성령세례의 일차적 증거를 방언으로 규정하는 것은 성결운동과 오순절운동의 가장 분명한 차이점임이 자명하다.

V. 결론

본 글에서 필자는 성결운동의 다양한 흐름을 단순화하여, 웨슬리안 성결운동, 개혁파 성결운동, 그리고 급진파 성결운동으로 구분하였다. 웨슬리안 성결운동은 성화를 칭의와 구분된 제2의 은총의 역사로 규정한 감리교의 전통적 입장을 견지함과 동시에, 이 성화의 순간적 측면을 강조하고 성화와 성령세례를 동일시함으로써, 웨슬리의 온건하고 균형적인 입장에서 벗어났다. 한편, 케직운동으로 대표되는 개혁파 성결운동은 칭의와 성화를 구분 짓는 면에서 웨슬리안과 같은 입장을 견지하지만, 성화와 성령세례를 구분하여 성화를 죄의 경향성에 대한 반작용으로, 성령세례를 섬김을 위한 권능의 부여로 보는 면에서 웨슬리안과 분명한 차이를 보인다. 뿐만 아니라 웨슬리안과 달리 세대주의를 수용하여 자신들의 신학적 해석학으로 삼은 것 또한 중요한 차이점이다. 그러나 이 성결운동들은 신학적 강조점의 차이에도 불구하고, 서로에 대한 우정과 신뢰를 갖고 있었으며 서로 깊은 영향을 주고 받았다. 이런 두 그룹의 상호작용 속에서 탄생한 것이 소위 급진적 성결운동이다. 다른 사회적 요인과 교단 내의 정치적 갈등을 배경으로, 기존의 교단들로부터 독립하여 형성된 이 새로운 그룹들은 성결교회 탄생의 모체가 되었을 뿐만 아니라, 보다 극단적인 유형의 성결운동을 주도하게 되었다. 이 급진적 그룹은 성결론에 있어서 웨슬리안 성결운동과 동일한 전통에서 있으나, 성결과 더불어 신유와 세대주의적 전천년설을 동시에 신앙했다는 측면에선 웨슬리안 성결운동과 분명한 선을 긋는다. 한편, 세대주의와 신유를 수용했다는 면에서 이 운동이 케직운동에게 많은 빚을 지고 있음도 사실이나, 성결론에 관해서는 케직의 입장과 분명한 차이를 보이고 있음도 분명하다. 이러한 웨슬리안 성결운동과 개혁파 성결운동의 영향 하에 형성된 급진적 성결운동의 소위 사중복음적 신학은 이후 오순절신학의 직접적 기원이 되었다.

한편, 필자는 다양한 오순절운동을 팔함과 하나님의 성회에 한정하여 간략히 검토하였다. 팔함의 경우, 성결운동과 케직운동의 동시적 영향 하에, 성결과 성령세례를 구분하고, 성령세례의 일차적 증거를 방언으로 규정하면서, 방언덕택에 더 이상 선교사들이 외국어를 공부할 필요가 없다는 담대한 주장을 하였다. 뿐만 아니라, 질병의 치유를 구원론과 일치시키고 일체의 의학적 치료를 부정하는 극단적 신유론을 전개했으며, 종말론에 있어서도 세대주의적 전천년설의 입장을 강하게 견지하였다. 하나님의 성회의 경우, 구성원들 대부분이 웨슬리안 성결운동보다는 침례교적 배경을 갖고 있었고, 또한 자체의 교리논쟁을 통해서, 독특한 오순절신학을 형성하였다. 이 교단은 칭의와 성화를 구분하는 웨슬리안 전통에 반대해서, 칭의 다음의 기독교 경험이 성화가 아닌 성령세례라고 주장했으며, 성령세례의 일차적 증거가 방언이라고 믿었다. 동시에 신유를 구속론적 관점에서 이해했으나, 의학과의 관계성에 대해서는 별다른 구체적 언급이 없고, 종말론에 관해서는 세대주의적 입장을 따르고 있다.

결국, 오순절운동의 기본적 신앙은 데이튼의 분석처럼 성령세례를 중심으로 한 사중복음의 틀로 구성되어 있으며, 이러한 신학의 기본틀은 성결과 성령세례에 대한 이해, 그리고 방언을 둘러싼 증거의 문제를 제외하곤 급진적 성결운동과 근본적으로 동일하다. 다시 말하면, 급진적 성결운동이 19세기 웨슬리안 성결운동과 퀘이커운동의 산물이라면, 20세기 오순절운동은 이 같은 19세기말 급진적 성결운동의 직접적 산물이라고 말할 수 있다. 결국, 20세기의 오순절운동은 급진적 성결운동을 고리로 19세기의 성결운동과 연결되어 있다고 말할 수 있다. 또한 19세기 성결운동의 신학적 전제와 그 운동의 발전과정을 살펴볼 때, 19세기의 성결운동이 급진적 성결운동을 거쳐 20세기의 오순절운동으로 변화·발전하게 된 것은 당연한 논리적 귀결로 보인다.

　19세기의 성령운동은 성결운동이 주도했고, 20세기의 성령운동은 오순절운동이 이끌어 왔다. 지난 1세기 동안 이 두 운동 간의 관계는 긴밀한 신학적·역사적 관련성에도 불구하고, 매우 소원하였던 것이 사실이다. 그러나 지난 2000년의 교회사 속에서 이 두 운동은 어디에서도 이처럼 자신과 유사한 "닮은 꼴"을 찾을 수 없다. 성결운동에게 오순절운동은 더 이상 "돌아와야 할 탕자"여서는 안 된다. 오순절운동 또한 성결운동을 여전히 "청산해야할 과거"로 취급해서는 안 된다. 새롭게 시작된 21세기는 더 이상 19세기에 머물러서도 안 되며, 20세기에 집착해서도 안 된다. 이 세기는 새로운 영성, 새로운 부흥을 요구하고 있다. 이런 시대적 정황과 요구 속에, 19세기 성결운동의 정正과 20세기 오순절운동의 반反이, 21세기에 그 합合을 성취하여 보다 성숙한 성령운동의 역군들이 되어야 하는 것은 이 운동들에 맡겨진 시대적 사명임에 틀림없다. 만약 우리가 21세기에도 성결운동과 오순절운동의 관계를 되물어야 할 그 당위성을 찾고자 한다면, 아마도 그 답은 이 같은 시대적 요구와 책임의식 속에서 발견될 것이다.

　　*이 글은 『성결교회와 신학』 제6집(2001) : 69~93에 "성결운동과 오순절운동 사이의 관계"란 제목으로 실렸다.

1) Klaude Kendrick, *The Promise Fullfilled* (Springfield. Missouri: Gospel publishing House, 1961), 31-6.
2) Vinson Synan, *The Holiness-Pentecostal tradition: Charismatic Movements in the Twentieth Century* (Grand Rapids. Michigan/ Cambridge. U. K.: William B. Eerdmans Publishing Company, 1971, 1997)
3) Robert M. Anderson. *Vision of the Disinherited: The Making of American Pentecostalism* (Peabody, Massachusetts: Hendrickson Publishers, 1979), 43.
4) Edith Lydia Waldvogel. "The Overcoming Life: a Study in the Reformed Evangelical Origin of Pentecostalism" (Harvard University. Ph. D. diss., 1977), 10. 후에 Waldvogel은 자신의 성(last name)을 Blumhofer로 바꾸었다.
5) Grant A. Wacker. "Trail of a Broken Family: Radical Evangelical Responses to the Emergence of Pentecostalism in America. 1906-16," in *Pentecostal Currents in American Protestantism.* ed., edith L. Blumhofer. Russell P. Spittler, and Grant Wacker (Urbana and Chicago: University of Illinois Press, 1999), 43.
6) 빈슨 사이난의 웨슬리안적 입장에 반대하는 앤더슨도 오순절운동이 19세기 성결운동에서 기원했다고 인정한다. "오순절운동의 직접적 기원은 19세기 성결운동 안에서 발견된다. 성결운동의 두드러진 특징들, 문자적 성서주의, 감정적 열정, 청교도적 도덕관, 교권주의에 대한 반감, 무엇보다 기독교의 경험에 있어서 '제2의 은총의 역사'에 대한 믿음 등은 오순절주의자들에 의해 수용되고 영구화되었다. Robert M. Anderson, *Vision of the Disinherited*, 32.
7) Robert M. Anderson, *Vision of the Disinherited*, 32.
8) John Wesley, Sermon 85. "On the Working out Our Own Salvation," in the Jackson edition of *the Works of John Wesley.* 6:509.
9) 역사를 세대로 구분하고, 이것을 다시 개인의 구원의 여정과 연결시킨 플랫처의 사상은 그의 저서 *The Portrait of St. Paul*에서 확인할 수 있다. 이 책은 현재 플렛처의 전집(Fletcher's Works)(Salem. Ohio: Schmul Publishers. 1974) 속에 포함되어 있다.
10) John Fletcher, Letter of John Fletcher to Mary Bosanquet. dated 7 March 1778. 이것은 Tyerman, *Wesley's Designated Successor*, 411에 수록되어 있다.
11) 팔머의 생애와 사상에 대해서는 Charles Edward White, *The Beauty of Holiness: Phoebe Palmer as Theologian. Revivalist. Feminist. and Humanitarian* (Grand Rapids: Francis Asbury Press. 1986)을 참조하시오.
12) 박명수, 『근대복음주의 성결론』 (서울: 대한기독교서회, 1997), 39-40.
13) Vinson Synan, *The Holiness-Pentecostal Tradition*, 42.
14) S. B. Shaw.(ed.), *Echoes of th General Holiness Assembly* (Chicago: S. B. Shaw. 1901), 29-30. Robert M. Anderson, *Vision of the Disinherited*, 39에서

재인용.
15) 오벌린 완전주의에 대해서는 Donald W. Dayton, *Theological Roots of Pentecostalism* (Peabody, MA.: Hendrickson Publishers, 1987)과 박명수, 『근대복음주의 성결론』, 55-75를 참조하시오.
16) Charles E. Hambrick-Stowe, *Charles G. Finney and the Spirit of American Evangelicalism* (Grand Rapids and Cambridge: Wm. B. Eerdmans Publishing Co., 1996), 182.
17) 박명수 교수는 이런 피니의 성화론이 개혁주의의 계약신학에 기인했다고 주장한다. 『근대복음주의성결론』, 63. 피니의 성화와 성령세례의 관계에 대해서는 John L. Gresham. Jr., *Charles G. Finney's Doctrine of the Baptism of the Holy Spirit* (Peabody. MA: Hendrickson Publishers, 1987), 27-39를 참조하시오.
18) 알렌 구엘조(Allen C. Guelzo)는 피니의 오벌린주의가 성결신학과 뉴잉글랜드 칼뱅주의를 연결시켜주는 교량역할을 한다고 주장했다: "윤리적으로 가장 엄격한 성결신학의 분파들은 그들이 생각하는 것보다 훨씬 많이 피니를 통해 에드워즈주의와 뉴잉글랜드 칼뱅주의 신학전통에 빚을 지고 있다." Allen C. Guelzo, "Oberlin Perfectionism and Its Edwardsian Origins, 1835-1870," *Jonathan Edward's Writings: Text. Context. Interpretation*, Ed., Stephen J. Stein (Bloomington and Indianapolis: Indiana University Press. 1996), 170.
19) 현재까지 케직운동에 대한 가장 권위 있는 연구는 Steven Barabas, *So Great Salvation* (London: Fleming H. L. Revell Company, 1952. 1957)이다. 그 외에 본 논문과 관련된 케직의 입장은 Edith L. Blumhofer의 하버드대학 박사학위논문 77-121. Donald W. Dayton, *The Theological Roots of Pentecostalism*, 100-108. 그리고 박명수, 『근대 복음주의 성결론』, 163-96 등에서 분석되었다.
20) Robert M. Anderson, *Vision of the Disinherited*, 43.
21) 박명수, 168-69.
22) Robert M. Anderson, 37-46.
23) Donald W. Dayton, *The Theological Roots of Pentecostalism*, 132-33. Daniel Steele과 Asbury Lowrey 같은 감리교의 대표적 인물들은 전천년설과 극단적 신유 교리가 감리교에 확산되는 것에 반대했다.
24) 급진적 성결운동의 출현과 하나님의 교회 운동에 대해서는 Melvin E. Dieter, *The Holiness Revival of the Nineteenth Century* (Lanham, MD., and London: The Scarecrow Press. Inc., 1996), 199-246과 Vinson Synan, *The Holiness-Pentecostal Tradition*, 34-43을 참조하시오.
25) 이 General Statement of Belief는 Paul Westphal Thomas and Paul Wm. Thomas. *The Day's of Our Pilgrimage: The History of the Pilgrim Holiness Church* (Marion. Indiana: The Wesley Press. 1976), 323-29에 실려 있다.
26) *The Day's of Our Pilgrimage*, 325.
27) *The Day's of Our Pilgrimage*, 327.
28) *The Day's of Our Pilgrimage*, 328

29) *The Day's of Our Pilgrimage*, 328.
30) 박명수 교수는 "중생과 치유라는 웨슬리안의 이중적 치유에 덧붙여서 신유와 전천년설적 재림을 가르쳤던 이 그룹은 웨슬리안 성결운동으로부터 오순절운동으로의 가교역할을 했다"고 평가했다. 『근대복음주의의 성결론』, 110.
31) Donald W. Dayton, *The Theological Roots of Pentecostalism*, 176
32) 프랭크 샌포드의 사역 및 팔함과의 관계에 대해서는, D. William Faupel, *The Everlasting Gospel: The Significance of Eschatology in the Development of Pentecostal Thought* (Sheffield: Sheffiel Academic Press, 1996), 136-58을 참조.
33) James R. Goff. Jr, *Field White Unto Harvest: Charles F. Parham and the Missionary Origin of Pentecostalism* (Fayetteville and London: The University of Arkansas Press, 1988), 50-61.
34) 토페카에서 오즈만 양이 방언한 기록은 Chales F. Parham. *A Voice Crying in the Wilderness* (Baxter Springs, Kansas: Apostolic faith Bible College, 1902), 33-4에 실려 있다.
35) Charles F. Parham, *A Voice Crying in the Wilderness*, 25-38.
36) Charles F. Parham, *A Voice Crying in the Wilderness*, 39-52.
37) Charles F. Parham, *The Everlasting Gospel* (Baxter Springs. Kansas: Apostolic Faith Bible College, 1919), 47-57.
38) Edith L. Blumhofer, "Assemblies of God" in *The Dictionary of Pentecostal and Charismatic Movement.* Ed., Stanley M. Burgess and Gary B. McGee (Grand Rapids: Michigan: Zondervan Publishing House, 1988), 24.
39) Vinson Synan, *The Holiness-Pentecostal Tradition*, 149.
40) William H. Durham, "The Finished Work of Calvary," *Pentecostal Testimony*. 2 (1912), 6. Edith Lydia Waldvogel, "The Overcoming life," 185에서 재인용.
41) Vinson Synan, *The Holiness-Pentecostal Tradition*, 159.
42) Vinson Synan, *The Holiness-Pentecostal Tradition*, 164.
43) 이 선언문은 Public Relations Department of Assemblies of God, *Early History of the Assemblies of God* (Springfield. Missouri: Assemblise of God International Headquarters, 1959), 17-9에 수록되어 있다.
44) *Early History of the Assemblies of God*, 17-8.
45) *Early History of the Assemblies of God*. 19.
46) 1969년판 "기본진리선언문"은 William W. Menzies, *Anointed to Serve: The History of the Assemblies of God* (Springfield. Missouri: Gospel Publishing House, 1971), 384-90에 수록되어 있고, 종말에 관한 부분은 390에 있다.

2장

하나님의 나라는 말이 아니라 능력에*
오순절운동의 성령론

I. 서론

이 글은 오순절신학 안에서 성령의 의미와 위치를 고찰하려는 목적 하에 집필되었다. 물론, 오순절신학에서 성령이 중심적 지위를 차지하고 있다는 것은 상식이다. 따라서 새삼스럽게 오순절신학과 성령의 관계를 고찰하려는 시도 자체가 기존 연구의 동어반복에 지나지 않으며, 대단히 진부한 주제일 수 있다. 사실이 그렇다. 이 글은 그런 면에서 전혀 새로운 내용을 담고 있지 못하다. 다만, 그 동안 세계 오순절신학계에서 다양하게 전개되어 온 성령연구를 간략히 정리함으로써, 오순절신학의 성령연구에 대한 전체적 그림을 조망해 보려는 것이다.

성령과 오순절신학 간의 관계에 대한 완벽한 그림을 그리는 것은 필자의 역량과 글의 분량 상 처음부터 불가능했다. 다만, 이 관계 속에서 반드시 언급해야 할 인물과 주제를 선별하여 간략하게 정보를 제공하고 필자의 개인적 의견을 첨가하고자 한다. 이를 위해 오순절신학의 특성과 역사, 그리고 성령에 대한 기존연구의 범주와 방향을 소개하고, 대표적 연구자들을 다루고자 한다. 이런 작업을 통해 드러난 오순절신학 성령연구의 특징들을 지적하고, 끝으로 이에 대한 평가 및 전망을 결론으로 제시하고자 한다. 이런 소박한 연구를 통해, 앞으로 오순절신학의 발전에 작은 도움이 되길 소망한다.

II. 오순절신학이란 무엇인가?

1. 오순절신학 문턱에서 겪는 고민들

오순절신학Pentecostal Theology은 오순절운동을 배경으로 출현한 신학이다. 따라서 오순절신학을 이해하기 위한 첫걸음은 오순절운동을 이해하는 것이다. 그런데 문제는 오순절운동을 이해하는 것이 결코 용이하지 않다는 사실이다. 먼저, 기원에 대한 의견이 학계 내에 다양하다. 이 운동이 미국에서 기원했다는 주장과 세계 도처에서 자생적으로 기원했다는 주장이 대립하고 있다. 웨슬리John Wesley의 감리교운동에서 기원했다고 주장하는 그룹과 19세기 후반의 개혁주의 그룹에서 기원을 찾는 사람들이 있다.[1] 둘째, 현상과 내용이 지난 100년간 엄청나게 변화·진화했다. 오순절운동의 핵심을 방언으로 이해하던 그룹들 외에, 다른 은사들을 방언과 동등하게 취급하는 그룹들이 출현했다.[2] 방언에 대한 이해도 선교를 위한 "외국어"란 입장에서 개인적 신앙성숙을 위한 "알 수 없는 언어"라는 입장으로 변했다.[3] 종말론에 대한 입장도 세대주의적 전천년설이 압도적 우위를 점하던 상황에서 후천년설을 주장하는 목소리도 들려오고 있다.[4] 셋째, 범위가 전세계로 확산되었다. 미국을 중심으로 전개되던 운동이 현재는 전세계로 확장되었다.[5] 넷째, 사회적 정체성도 변했다.[6] 가장 가난하고 초라한 분파에서 세계 최대의 개신교운동으로 성장했다. 따라서, 이 운동의 본질과 현실을 정확히 파악하는 것은 불가능하다.

오순절신학과 관련해서 풀어야 할 또 다른 과제가 있다. 다른 신학과 달리, 오순절신학에 대해 "오순절운동에 신학이 있는가?" "오순절신학은 가능한가?"라는 자조적·냉소적 질문이 오순절운동 안팎에서 집요하게 제기되어 왔기 때문이다. 방언을 중심으로 한 종교적 신비체험에 몰두하는 오순절운동의 예배가 외부인에게는 극단적인 열광주의 현상으로 보였다. 그들의 판단에, 이런 과도한 감정주의 집단 내에 냉철한 이성과 논리를 토대로 한 체계적 신학작업은 불가능해 보였을 것이다.7) 그래서 그들은 "오순절운동에 신학이 있는가?"란 냉소적 질문을 던졌던 것이다. 반면, 오순절운동 내부에도 오순절운동의 신학화 작업을 거부했던 그룹이 있었다. "성령의 자율적 역사"를 절대시하던 그들의 눈에, 성령을 신학화 하는 일체의 시도는 성령의 자율성을 거절하고 인간의 언어와 논리의 감옥에 성령을 투옥하는 신성모독적 행위로 비쳤다. 그래서 이들은 "오순절신학이 가능한가?" 심지어 "오순절신학이 바람직한가?"라는 비판적 질문을 제기했던 것이다.

이런 장애물에도 불구하고, 오순절 체험을 신학화하려는 노력은 오순절운동 안팎에서 20세기 동안 꾸준히 진행되어 왔다. 도널드 데이튼Donald W. Dayton은 시카고대학에 제출한 자신의 박사학위 논문을 통해, 오순절운동이 진지한 신학적 논쟁의 산물임을 증명했고, 그 논문은 후에 『오순절운동의 신학적 뿌리』Theological Roots of Pentecostalism란 제목으로 출판되었다.8) 뿐만 아니라, 미국의 오순절 학자들은 1970년에 미국오순절학회를 창립하고, 학술지 *Pneuma*를 발행하기 시작했으며, 매년 정기학술대회를 개최하여 학자들의 간의 학문적 교류와 친교를 증진시켜 왔다. 한국에서도 1997년에 한국오순절신학회가 조직되어 매년 정기학술대회를 개최하고, 학술지 『오순절신학논단』을 발행하여, 오순절신학 발전을 위해 분투하고 있다.

2. 오순절신학의 역사적 발전과정

오순절신학의 발전은 오순절운동의 발전과 맥을 같이 한다. 그 이유는 오순절신학은 오순절운동의 출현을 가능케 했던 심각한 신학적 고민과 더불어 출현했기 때문이다. 즉, 오순절운동은 성령세례에 대한 복잡하고 지루한 논쟁의 산물이며, 이 논쟁의 역사와 함께 발전해 온 것이 오순절신학이란 뜻이다. 따라서, 오순절운동과 오순절신학의 이 같은 관계를 고려할 때, "오순절운동에 신학이 있느냐? 가능하냐? 혹은 바람직하냐?"하는 질문과 논쟁은 사실 무의미하고 비현실적이다. 그렇다면, 이제 오순절운동의 역사를 간략히 살펴보자.

1) 존 웨슬리와 성결운동

흔히 역사가들은 오순절운동이 1901년 1월 1일, 캔자스 주의 토페카에 위치한 베델성경학교에서 방언현상이 출현한 것에서 그 기원을 찾는다. 하지만 이런 오순절운동의 역사적 출현을 이해하기 위해선 그 이전에 진행된 "성령세례"baptism with the Holy Spirit에 대한 오랜 논쟁을 이해해야 한다. 대략, 그 출발점은 존 웨슬리로부터 시작된다. 웨슬리는 "이신칭의" justification by faith 교리를 강조했던 16세기 종교개혁의 전통을 충실히 계승하면서, 동시에 18세기 영국 교회의 형식화·이성화된 신앙에 문제의식을 느끼고, "명목상의 그리스도인"nominal Christian을 "진정한 그리스도인" real Christian으로 변화·성장시키는데 관심을 집중했다. 이런 목적 하에, 그는 "칭의"를 강조하고, 칭의와 성화성결, 기독자의 완전를 동시적 사건으로 이해했던 칼뱅주의에 반대하여, 칭의라는 법정적 개념 대신 "중생"regeneration이라는 생물학적 용어를 선호하고, 중생과 성화를 시간적으로 구분했다. 이로써 이름뿐인 신자들의 형식적인 신앙이 보다 역동적·실천적인 신앙으로 발전하도록 유도한 것이다. 하지만 웨슬리는 성령세례라는 말의 사용을 자제했고, 성령은 죄인의 중생체험 순간에 한번만 역사한다고 주장했다. 그런데 웨슬리가 생전에 자신의 후계자로 지명했던 존 플렛처John Fletcher는 웨슬리의 논리를 충실히 따르면서, 동시에 성화를 성령세례라고 명명함으로써 웨슬리와 갈등을 초래했다.9)

이런 웨슬리와 플렛처의 사상은 미국에서 형성된 미국 감리교회에 직접적인 영향을 끼쳤다. 특히 1830년대에 감리교 여성 사역자인 피비 팔머Phoebe Palmer가 "성결증진을 위한 화요기도회"를 자신의 언니와 함께 인도할 때, 강력한 성령의 역사가 나타났다. 팔머는 웨슬리와 플렛처의 사상을 좀더 단순하게 이론화하여 자신의 독자적 신학으로 발전시켰다. 그녀는 성화의 점진적·즉각적 가능성 모두를 인정했던 웨슬리와 달리, 성화의 즉각적 체험을 강조했다. 또한 성화를 성령세례로 이해했던 플렛처의 입장을 수용했다. 즉, 그녀는 신자들이 제단이신 예수 그리스도께 믿음으로 헌신할 때, 즉각적으로 성화성결의 은총을 얻게 된다고 주장한 것이다. 팔머의 이런 주장은 흔히 "제단신학"altartheology으로 불리었다.10)

이처럼 감리교 내에서 성결에 대한 관심이 고조되는 가운데, 1867년 감리교 목회자들인 윌리엄 오스본William B. Osborn과 존 인스킵John S. Inskip의 주도하에 "성결증진을 위한 전국캠프집회"가 개최되었다. 이 집회에서 강사들은 중생 이후 제2의 은총으로서 성결을 체험해야 한다고 설교했으며, 이 체험은 성령세례를 통해 가능하다고 주장했다. 이 집회는 매년 개최되었고, 전국으로 빠르게 확산되었다. 이로써 팔머에서 비롯된 성결운동은 감리교 내에서 확고히 뿌리를 내리며, 제도적 장치를 확보하게 된 것이다.

그러나 이 운동이 전국으로 확산되면서, 초창기의 의도와 다른 변화를 경험하게 되었다. 첫째는 성령세례의 개념에 변화가 생기기 시작한 것이다. 본래, 이들이 추구하던 성령세례는 성화, 즉 내적인 정결이었다. 하지만 일부 목회자들 중에서 성령세례를 "권능의 부여"로 해석하는 그룹이 출현했다. 그 결과, 한동안 성결그룹 내에 성화를 "정결"purity로 이해하는 그룹과 "권능"power으로 주장하는 그룹이 공존하게 되었고, 이들 안에 갈등이 점증하게 되었다. 또 다른 변화는 지방연합회에 가입한 침례교와 장로교 출신 목회자들 속에서 성화 외에 신유와 재림의 교리가 강조되기 시작한 것이다. 이것은 성결운동 지도그룹의 전통적 신학과 상충되는 교리였기 때문에, 당연히 지도그룹은 지방연합회에서 확산되고 있던 신유와 재림 교리에 대해 반대의사를 표명했다. 결국, 중생, 성결, 신유, 재림을 강조하던 새로운 그룹은 "급진적" 성결운동으로 분류되기 시작했고, 1894년을 기점으로 감리교회 내에서 축출되거나 자발적으로 탈퇴하여, 다양한 이름과 규모의 성결교회가 탄생하게 되었다. 이로써 감리교회와 분리된 성결교회가 역사에 공식적으로 출현했다.[11]

2) 오순절운동의 출현

사중복음의 출현으로 감리교 내에서 성결교회가 분립/탄생하게 된 후, 성결교회 내에 다시 분열의 회오리바람이 불어오기 시작했다. 그것은 성결을 성령세례와 동일시하는 성결운동의 전통적 입장에 반대하여, 성결과 성령세례를 분리하고, 성령세례를 권능으로 이해하는 그룹들이 급증했기 때문이다. 특별히 성령세례를 권능으로 이해하고, 성령세례의 증거로 방언을 주장하는 그룹이 출현하면서, 분열은 돌이킬 수 없는 현실이 되고 말았다.

이 분열의 단초를 제공한 사람은 찰스 팔함Charles F. Parham이다. 그는 캔자스주 토페카에 소재한 베델성경학교를 개원하고, 성결운동을 위한 사역자들을 양성하고 있었다. 그러던 1900년 12월 31일 송구영신예배 중, 학생인 아그네스 오즈만Agnes Ozman이 방언을 말하기 시작했고, 팔함은 방언을 성령세례의 일차적 증거로 해석하며, 감리교 및 성결운동과 구별된 독특한 오순절 교리를 만들어 냈다. 그의 오순절 신학은 단순히 방언운동의 범주를 넘어, 신유와 재림의 교리를 수용하면서, 캔자스와 텍사스 지역에 부흥의 불길을 확산시켰다. 한편 팔함이 텍사스에 임시로 개설한 단기 성경학교에서 공부했던 흑인 성결운동가 윌리엄 시무어William J. Seymour는 1906년부터 1909년까지 로스 엔젤레스의 아주사 스트릿에서 폭발적인 부흥운동을 이끌었다. 이 부흥운동의 소식은 로스 엔젤레스의 경계를 넘어 미국 전역과 전 세계로 급속히 확산되었다. 얼마 후 이 아주사 스트릿은 새로 임한 오순절의 불길을 목격하고 체험하기 위해 미국 전역과 세계 각지에서 몰려온 사람들로 인산인해를 이루었고, 그곳에서 동일한 성령체험을 한 사람들이 자신들의 고향과 고국으로 이 불길을 옮겨 심었다. 특히 노르웨이를 위시한 북유럽, 아프리카, 남아메리카, 그리고 한국을 포함한 아시아로 이 불길은 번졌다. 이 과정에서 미국에선 하나님의 성회Assemblies of God, 하나님의 교회클리브랜드파, Church of God, Cleveland, 하나님의 교회그리스도파, Church of God in Christ, 국제복음교회International Church of Foursquare Gospel, 오순절성결교회Pentecostal Holiness Church 같은 오순절 교단들이 탄생했다.12)

이러한 전통적 오순절운동의 불길은 1940년대와 1950년대에 윌리엄 브랜햄William Branham과 오랄 로버츠Oral Roberts가 주도한 신유운동으로 이어졌고, 이 기간 동안 미국은 이들이 세운 거대한 천막 속에서, 방언과 신유가 어우러진 부흥의 물결에 휩싸였다.13) 1960년대에 이르러서는 이 부흥의 불길이 성공회를 비롯한 주류교단들과 가톨릭교회로 확산되면서, 소위 신오순절주의Neo-Pentecostalism 혹은 은사주의 운동Charismatic

Movement 시대가 도래했다. 이 운동의 막을 연 사람은 '휘튼 트리니티 성공회' 교회 목사였던 리차드 윙클러Richard Winkler와 로스 엔젤레스의 '성 마가 성공회 교회' 목사인 데니스 베넷Dennis Bennet이었다. 이들은 성령세례를 체험한 이후에도 자신들의 교단을 떠나지 않고, 성령운동의 확산에 기여했다. 또 데모스 쉐커리언Demos Shakarian이 1952년에 설립한 국제순복음실업인연합회Full Gospel Business Men's Fellowship International와 오순절 에큐메니컬 운동을 주도했던 데이비드 듀 플레시스David J. Du Plessis 같은 이들이 성령의 불길을 오순절 교단의 담장을 넘어 개신교 전체로 확산시켰다. 이런 현상은 1963년 예일대학에서, 1966년 펜실베이니아의 가톨릭 대학인 듀크슨대학Duquesne University에서, 그리고 1967년에 노틀담 대학에서 방언이 터지면서 더욱 탄력을 받았다. 이로써, 오순절 운동은 개신교와 가톨릭을 모두 아우르는 범 기독교적 성령운동으로 발전했다.14)

오순절운동 역사가인 빈슨 사이난Vinson Synan 교수가 제시한 통계에 따르면, 이렇게 20세기의 영적 부흥을 주도하며 세계적 성령운동으로 확장된 오순절운동은 1995년 현재, 순수 오순절파 신자가 217,000,000명, 은사주의와 제3의 물결파를 포함한 수가 463,000,000명에 달하면서 전 세계에서 가톨릭 다음으로 큰 기독교 세력이 되었다.15) 그 결과, 1970년대에 『세속도시』를 저술하여 종교이후시대postreligious age를 예견했던 하버드 대학의 하비 콕스Harvey Cox 교수는 이런 오순절 운동의 열정과 성장을 목격한 후, "멸종을 향해 돌진하는 것은 영성이 아닌, 세속성"이며, "우리는 분명히 갱신된 종교적 활력, 또 다른 '대각성' 속에 있다"고 선언했다. 그는 계속해서 이런 부흥의 중심에 오순절 운동이 자리하고 있으며, 그러기에 오순절운동의 내적 의미를 밝혀 내고, 엄청난 호소력의 원천을 찾아내는 것이 이 부흥을 이해하는데 결정적인 열쇠를 제공해 줄 것이라고 천명했다.16)

한국에서 오순절운동은 1928년에 메리 럼지Mary Rumsey 선교사가 도착하면서 시작되었다. 물론, 1907년 평양대부흥을 기점으로 강력한 부흥운동이 전개되었고, 1920년대에는 감리교의 이용도 목사를 중심으로 방언 현상을 동반한 신비적 부흥운동이 전국적으로 유행했다. 그러나 성령세례를 복음전파를 위한 권능부여로, 이 세례의 증거를 방언으로 이해하는 오순절운동은 1928년에 시작되었다. 럼지 선교사는 한국인 허홍과 함께 1932년에 한국 최초의 오순절교회를 설립했고, 1938년에 허홍, 박성산, 배부근이 한국 최초의 오순절파 목사로 안수를 받았다. 이후, 1953년에 대한기독교하나님의 성회, 1963년에 하나님의 교회클리브랜드파, 1968년에 예언 하나님의 교회, 그리고 1972년에 대한예수교복음교회가 각각 창설되어, 오순절운동이 교단적 틀을 마련했다. 1940년대부터는 용문산 기도원의 나운몽 장로를 중심으로 오순절운동이 전국적으로 확산되었고, 1960년대 이후로는 조용기 목사가 대표적인 오순절 지도자로서 한국교회 전체에 오순절신앙을 확산시키는데 크게 기여했다.17)

III. 오순절신학과 성령은 어떤 관계인가?

오순절신학과 성령의 관계는 다음의 세가지 측면에서 접근할 수 있을 것 같다. 먼저, 오순절신학은 성령론의 해석학적 토대로서 "누가—사도행전"을 강조하는 경향이 있다. 일반적으로, 교회사에서 성령론에 대한 논의는 주로 요한복음과 바울서신을 중심으로 발전해 왔다. 특별히 개신교 신학은 종교개혁자 장 칼뱅의 절대적 영향 하에 개혁주의 신학을 중심으로 발전해 왔는데, 이 개혁주의 성령론이 요한복음과 바울서신을 중심 텍스트로 구성·발전해 온 것이다. 잘 알려진 것처럼, 요한복음에서 성령은 소위 "보혜사"로 알려졌다. 보혜사로서 성령은 예수의 지상사역을 완성하고 지속하기 위해 제자들에게 보내질 것이라고 예언되었다. 다시 말하면, 예수의 말씀과 가르침의 참된 의미가 성령을 통해 제자들에게 온전히 기억되고, 깨달아지고, 실천된다는 것이다. 본질적으로, 성령의 사역은 예수의 사역을 돕는 것이다. 그래서 개혁주의 신학자인 제임스 패커는 예수님을 무대의 주인공으로, 성령은 관객들이 그의 공연을 제대로 관람할 수 있도록 무대를 비추는 조명에 비유했다.[18] 반면, 오순절신학은 요한복음과 바울서신 대신 누가-사도행전을 중심 텍스트로 선택한다.[19] 최소한 사도행전에 묘사된 성령의 사역은 예수의 구원사역을 보조하고 지원하는 일에 한정되지 않는다. 성령은 주체적으로 교회를 세우고, 사도들을 동원하여 복음이 강력하게 전파되도록 한다. 기적을 일으키고, 청중들의 회개를 촉발하고, 복음의 강력한 확장을 주도한다. 오순절 신학자인 벨리-마티 케르케이넨(Veli-Matti Kärkäiknen)은 본질적으로 성령이 새로운 것을 탄생시키며, 성령을 통해 새로운 일, 새로운 통찰, 새로운 생명이 가능케 된다고 주장한다.[20] 따라서 오순절신학은 성령을 예수에게 종속시켰던 서방신학의 "필리오케"논쟁을 서방교회가 아닌, 보다 주체적이고 독립적인 존재로 인식하는 동방교회의 시각에서 바라보는 경향이 강하다. 물론, 이 문제에 대해선 오순절신학 내에 이견이 존재하지만 말이다.

둘째, 오순절신학은 사중복음, 혹은 오중복음의 틀 안에서 성령을 이해해 왔다. 물론, 오순절신학이 성령을 중심으로 자신의 신학을 발전시켜 왔지만, 그렇다고 신학전체를 성령으로 도배한 것은 아니다. 오히려, 대부분의 오순절교회는 소위 "사중복음" 혹은 "오중복음"을 중심으로 자신의 신학전통을 형성해 왔으며, 이것들 안에선 성령보다 예수 그리스도가 중요한 위치를 차지하며 보다 삼위일체적 균형을 이루고 있다. 더욱이, 오순절교회는 성령세례 외에, 신유와 재림을 자신의 핵심적 신앙고백, 혹은 신학의 요체로 보존해 왔다. 예를 들어, 오순절신학은 초대교회의 탄생을 가져온 오순절사건을 "이른비"로 이해하고, 20세기에 출현한 오순절운동을 "늦은비"로 이해하며, 종말의 때에 세계적 부흥을 주도할 강력한 성령사건으로 자신들의 정체성을 규정한다. 이 때 성령은 신자들에게 "성령세례"를 베풀어, 복음전파를 위한 권능empowerment for service을 부여하며, 성령세례를 받은 증거로 방언이 나타난다는 것이다. 뿐만 아니라, 오순절신학은 신유를 성령의 주요 은사로 이해하고, 이를 목회현장과 선교현장에서 중요한 도구로 적극 활용한다. 영적 전쟁터에서 신유는 더할 수 없이 강력한 성령의 무기이다. 그러므로 오순절신학을 방언신학으로 규정하는 일각의 움직임은 오순절신학의 왜곡이요 몰이해의 극치다.

셋째, 오순절신학은 성령세례에 대한 복잡하고 뜨거운 논쟁을 통해 발전해 왔다. 전통적으로 성령세례를 내적 성결로 신앙하는 성결교회 내에서 성령세례를 "섬김을 위한 권능"으로 해석함으로써, 성결교회와 분리되어 오순절교회가 탄생했다. 또한 오순절운동 내에서 "성령세례의 증거를 방언으로 한정하느냐?" 하는 문제로 또 한번 분열의 홍역을 치러야 했다. 대다수의 교회가 방언을 성령세례의 "일차적 증거"로 수용한 반면, 일부에서는 이런 주장을 수용할 수 없다고 반발하여 교회분열의 아픔을 겪었기 때문이다. 이후에도, 오순절교회와 유사한 현상을 보이면서도 제도적으로 오순절교회와 일치를 거부하는 수 많은 그룹들이 출현했는데, 그들 간의 핵심적 차이점도 역시 성령세례의 증거에 대한 상이한 신학적 입장에서 기인한다. 이처럼 성령은 오순절신학의 뜨거운 감자다.

IV. 오순절신학자들은 성령을 어떻게 이해하는가?

오순절신학은 다양한 분야에서 여러 주제들을 중심으로, 수 많은 학자들에 의해 지속적으로 발전해 왔다. 물론 이 복잡한 신학적 탐구의 핵심은 "성령"이다. 앞에서도 언급했듯이, 오순절신학이 성령만을 배타적으로 강조하는 것은 아니다. 성령에 대한 기본적 관심을 토대로, 중생, 성령세례, 신유, 재림의 교리도 소중하게 생각한다. 오순절 조직신학자들은 이런 주제들에 대한 오순절적 관점을 확보하고, 이 문제들에 대한 오순절적 방법론, 그리고 독특한 오순절적 해석 및 적용을 치밀하게 탐색/실험하고 있다. 이 분야의 선구적 역할은 『오순절운동의 신학적 뿌리』의 저자인 도널드 데이튼이었다.[21] 그는 오순절운동을 방언운동과 동일시하는 지배적 관행에 가히 혁명적 도전을 제기했다. 방언을 오순절신학의 배타적 특징으로 주장할 경우, 이미 방언을 강조하며 실천하고 있던 퀘이커교 및 메노나이트와 변별력을 가질 수 없다고 전제하고, 사중복음의 신학적 테마들을 중심으로 오순절신학을 재구성해야 한다고 역설했다. 하지만 이후에도 대부분의 오순절 조직신학자들은 성령세례에 독점적 우선권을 부여하며, 중생 이후의 2차적 경험으로서 성령세례, 성령세례의 가시적 증거로서 방언의 의미를 탐구하는 일에 몰두해 왔다. 하나님의 성회 신학자인 윌리엄 멘지즈William W. Menzies가 대표적 인물이다.[22] 일부 신학자들 중에는 성령세례보다 재림을 오순절신학의 핵심으로 제시하는 사람들이 있다. 윌리엄 포펠D. William Faupel과 스티븐 랜드Steven J. Land 등이 이런 입장을 선도하고 있다.[23] 이들에게 오순절운동은 철저히 종말적 사건이며, 성령세례는 종말의 선교활동을 위한 초자연적 은사이고, 방언 또한 이런 종말적 선교활동을 위한 도구로서 주어진 것이다. 결국, 종말론에 대한 이해 없이 오순절신학은 근본적으로 불가능하다.

둘째, 오순절 성서학자들은 성경에서 성령의 다양한 양상들을 규명하는 데 관심을 집중하고 있다. 구약학자들의 경우, 구약성경에서 성령의 전거를 쉽게 찾기 어렵다는 난감한 현실 앞에, 하나님의 호흡인 루아흐ruah, 요엘 2:28-32, 천사와 영적 존재들, 그리고 예언 문제 등을 중심으로 오순절적 성령론을 탐색하고 있다. 한편 신약학자들은 오순절신학의 기본 텍스트로서 누가-사도행전의 중심성을 확증하는 일에 총력을 기울이고 있다. 이들은 바울과 누가의 차이점을 부각함으로써, 누가의 성령론의 독특성을 강조하고, 이를 토대로 중생과 구별된 신앙체험으로서 성령세례의 의미, 그리고 이에 대한 물리적 증거로서 방언의 가치를 확보하려고 노력한다. 이런 입장을 대변하는 학자로는 로저 스트론스태드Roger Stronstad와 로버트 멘지즈Robert P. Menzies를 꼽을 수 있다.24) 한편, 한국의 오순절 성서학자들 중, 복음신대원의 조영모 교수는 바울서신과 복음서 간의 연속성을 강조하는 논문을 발표하고 있으며, 평택대의 김동수 교수는 요한복음과 오순절신학의 접촉가능성을 모색하고 있다.25)

　여기서 우리는 잠시 성령과 방언의 관계에 대해 살펴보는 것이 좋을 것 같다. 요한복음과 바울서신을 중심으로 자신의 성령론을 형성해 온 개혁주의와 달리, 누가-사도행전을 중심으로 형성된 오순절신학에서는 사도행전 2장에 나타난 오순절 성령강림사건을 대단히 중요하게 생각한다. 이때 이미 구원받은 예수님의 제자들 위에 성령이 "불의 혀"같이 임했고, 그 결과, "그들이 다 성령의 충만함을 받고 성령이 말하게 하심을 따라 다른 언어들로 말하길 시작"했다. 이 본문을 근거로, 대부분의 오순절 학자들은 성령세례가 중생과 구별되는, 중생 이후의 영적 체험이며, 성령세례 받은 가시적·물리적 증거가 "방언"이라고 주장하는 것이다. 그런데 이 방언의 의미와 기능에 대해선 심지어 오순절신학 내에도 의견이 분분하다. 예를 들면, 오순절신학의 아버지라고 불리는 찰스 팔함은 진정한 방언은 외국어라고 주장했다. 오순절운동을 종말적 사건으로 이해한 그는, 임박한 종말을 앞두고 세계적 선교활동을 위해 하나님께서 선교의 사명을 받은 자들에게 선교지의 언어를 전통적인 언어교육 없이 초자연적으로 습득하도록 방언의 은사를 주셨다고 주장했다. 하지만 얼마 후, 선교지에서 그들의 방언이 전혀 원주민들에게 이해되지 않는다는 사실을 발견하고, 방언은 외국어xenolalia가 아닌, 인간이 이해할 수 없는 언어glossolalia라고 주장하는 그룹이 출현했다. 현재 방언을 외국어로 이해하는 그룹은 소수이고, 대다수는 알 수 없는 언어로 이해하고 있다. 뿐만 아니라, 최근에는 방언의 의미를 다양하고 창조적으로 재해석하는 목소리들이 등장하고 있다. 신학자인 하비 콕스Harvey Cox의 경우, 방언을 해방신학적 관점에서 이해하여,26) 억눌린 민중들의 한 맺힌 소리가 하늘을 향해 폭발하는 것으로 방언을 해석하고, 어네스트 케제만Ernst Kasemann은 방언을 우리를 대신한 "성령의 탄식"으로 이해하기도 한다.

셋째, 오순절학자들 중에, 사회학적 관점에서 오순절운동을 이해하려는 사람들이 있다. 대표적인 학자는 종교사회학자 로버트 앤더슨Robert M. Anderson이다.27) 그는 오순절운동을 사회학적 입장에서 분석하여, 오순절운동이 사회에서 소외된 계급을 중심으로 형성되었다고 주장하면서, 이 운동 내에 잠재한 체제변혁적 요소를 강조한다. 물론, 이런 혁명적 요소가 세대주의적 전천년설이란 묵시적 종말론과 결합되면서 소멸되고 말았지만 말이다. 뿐만 아니라, 월터 홀렌버거Walter Hollenweger, 알란 앤더슨Allan Anderson, 그랜트 웨커Grant Wacker, 에디스 블름하퍼Edith Blumhofer 같은 오순절 역사가들도 초기 오순절운동 내에 발생했던 대단히 혁명적인 사건들에 주목하면서, 오순절운동의 사회적 가치를 강조한다. 예를 들면, 1906년에 아주사에서 발생한 오순절부흥운동은 백인과 흑인, 아시아인과 스페인계 신자들이 함께 예배 드린, 인종혼합적 특성을 보여주었다. 이것은 아직 인종차별이 팽배하던 당시에는 상상할 수 없는 일이었다. 그러나 성령의 강력한 임재 속에, 이런 사회적 편견과 분열의 장벽은 허물어지고, 인종간의 화해와 평등이 성취되었다. 심지어 아주사부흥을 주도했던 윌리엄 시무어는 흑인이었고, 그의 지도 하에 그 운동에 헌신했던 사람들 중에는 다수의 백인 목회자들이 있었다.28) 당시에는 이런 사실 자체가 경이적인 현상이었다. 또한 초기 오순절운동에서는 여성들의 활약이 두드러졌으며, 그만큼 여성들의 지위와 권리가 보장되었다. 1901년, 토페카의 베델신학교에서 최초로 방언을 받았던 사람은 아그네스 오즈만이란 여학생이었고, 1921년에 세계적인 오순절교단국제복음교회, International Church of Foursquare Gospel을 창립했던 사람도 에이미 샘플 맥펄슨Aimee Semple McPherson이란 여성신유부흥사였다.29) 20세기 중반, 세계적 신유사역자로 명성을 떨쳤던 캐서린 쿨만Kathrine Kuhlman도 여성이었음을 잊지 말아야 한다.30) 그 외에도 초창기 오순절주의자들은 평화주의자였다. 그들은 제1차 세계대전을 포함한 모든 형태의 전쟁에 반대하고, 징집을 거부했다. 이로 인해 많은 수의 교단 대표자들과 목회자들이 국가적 탄압의 대상이 되어 수난을 겪기도 했었다.31) 뿐만 아니라, 1930년대의 대공황기에는 맥펄슨을 비롯한 많은 수의 오순절교단들이 사회구호활동에 적극적으로 참여해서, 선한 사마리아인으로서의 사회적 책임을 다하기도 했다. 또한 프랭크 바틀맨 같은 초기 오순절운동의 지도자는 미국의 자본주의 및 제국주의 정책을 맹렬히 비판했다.32) 이것은 하나님 대신 맘몬을 숭배하는 우상숭배이며 탐욕의 산물이기 때문에, 신앙적 양심상 용납할 수 없는 것이라고 그는 주장했다. 이처럼, 오순절신학이 주목하는 성령의 역할은 개인적 차원을 넘어, 사회적 관점과 실천을 병행해 왔음을 기억해야 한다.

끝으로, 최근에 오순절신학은 성령론을 중심으로, 다양한 신학적 주제들과 적극적으로 대화를 시도하며, 시대의 다양한 요구에 탄력적으로 적응/반응하는 방법을 모색하고 있다. 예를 들면, 오순절신학의 대표적 신학자로 명성을 쌓아가고 있는 프랭크 마키아Frank Macchia의 경우, 신정통주의신학을 대표하는 칼 바르트와 오순절신학의 창조적 종합을 추구하고 있다. 이것은 그 동안 오순절신학이 주류신학과 일정한 거리를 유지하며 자신만의 폐쇄적 영역에 한정되어 있던 분파적 속성을 극복하고, 주류신학과 오순절신학의 간격을 좁히려는 시도로 보인다.33) 말레이지아에서 성장하며 아시아의 종교문화를 깊이 체험한 아모스 영Amos Yong은 종교다원주의와 오순절신학의 대화를 실험하고 있다. 더 이상 오순절운동이 타종교의 존재를 부인한 채, 종교적 진공상태의 자기독백이 되어선 안 된다고 판단하며, 그는 에큐메니컬적 관점에서 오순절신학과 타종교의 상관관계를 성령론을 매개로 해결하고자 분투하고 있다.34) 또한 싱가포르 출신으로 영국에서 공부한 사이먼 찬Simon Chan의 경우, 영성신학과 오순절신학의 창조적 대화를 모색하고 있다. 최근 신학계의 가장 큰 화두는 "영성" spirituality, "영성 신학"spiritualtheology이다. 그는 이런 지배적 흐름에 관심을 집중하면서, 현재 CCM을 중심으로 구성된 소위 "열린 예배" 형식의 오순절예배문화에 근본적인 문제를 제기하고, 성례전을 중심으로 한 오순절예배의 갱신을 요구하고 있다. 결국, 이 세 학자는 성령, 혹은 성령론을 중심으로 주변 학문들과의 접촉을 실험하는 것이다.35) 이런 새로운 실험 혹은 도전은 오순절신학계 내에 많은 논쟁을 불러 일으키고 있지만, 동시에 그들의 창조적 혹은 위험한(?) 실험에 의해 오순절신학이 훨씬 더 역동적으로 발전하고 있다.

V. 결론 : 오순절신학의 성령론을 어떻게 평가할 것인가?

오순절운동은 20세기 기독교의 세계적 부흥을 주도했다. 그 성장과 파급의 속도는 가히 경이적이었다. 유럽의 기독교가 세속화의 영향 하에 급속히 쇠퇴하는 동안, 아프리카, 남미, 그리고 아시아에서 오순절운동은 기독교의 성장과 확장을 주도했다. 그 결과, 세계적 차원에서 오순절운동은 가톨릭교회 다음의 규모를 자랑하게 되었고, 더 이상 오순절운동을 배제한 채 현대 기독교를 논하는 것은 불가능해졌다. 이런 현상은 당분간 지속될 것으로 보인다. 따라서, 영적·양적 쇠퇴기에 접어들었던 20세기 기독교에 새로운 영적 활력과 성장의 동력을 제공했다는 측면에서 오순절운동의 역사적 가치는 결코 간과할 수 없을 것이다. 이런 맥락에서, 필립 젠킨스Philip Jenkins가 그의 논쟁적 책, 『신의 미래』Next Christendom에서, 향후 세계종교지도는 기독교와 이슬람으로 균등하게 분할되고, 기독교의 중심은 오순절운동이 차지하게 될 것이라고 예언했던 것은 결코 과대망상이 아니다.36) 그러므로 교계와 학계는 오순절운동에 대해 지속적 관심을 유지하면서, 이 운동의 방향과 가치에 대해 세심한 연구를 진지하게 수행해야 할 것이다.

최근에 출판된 종교사회학자 도날드 밀러/테쓰나오 야마모리의『왜 섬기는 교회에 세계가 열광하는가?』Global Pentecostalism에서 세계적 차원에서 오순절교회들이 사회봉사 및 개혁운동에 더욱 적극적으로 참여하며, 사회 내에서 중요한 갱신운동의 주체로 부상하고 있음을 보고하였다.37) 그에 따르면, 제3세계 국가들 내에서 가장 활발하게 사회봉사 및 개혁운동에 참여하는 교회들을 조사한 결과, 80% 이상의 교회들이 오순절교단 소속, 혹은 이와 유사한 성향의 교회들이었음을 발견했다. 아프리카에서 에이즈로 죽은 부모의 아이들을 위한 고아원 사업, 아시아에서 마약 중독자들에 대한 재활활동, 남미에서 극도의 빈곤 속에 사는 사람들을 위한 구호활동 등에 오순절교회들이 탁월한 활약을 보이고 있다는 것이다. 이런 현상은 향후에도 더욱 확대될 것으로 예측된다. 개인의 영적 체험에 몰두했던 오순절운동이 대 사회적 책임을 자각하고, 보다 현실적·역사변혁적 기능을 다할 것이다. 또한 그렇게 되길 바란다.

뿐만 아니라, 신학적 차원에서도 기존에 배타적으로 성령, 특히 방언에 집중되었던 오순절신학이 세계의 다양한 도전과 문제에 보다 적극적으로 책임 있게 대응하면서, 보다 다양하고 창조적인 발전을 이룰 것이다. 포스트 모더니즘, 종교다원주의, 제국주의와 세계화, 전쟁과 평화, 환경 및 빈곤 등의 긴박한 주제에 대해 더 이상 오순절신학이 눈을 감을 순 없다. 이미 세계 교회가 이런 현실 앞에서 책임적으로 반응하기 시작했고, 따라서 더 이상 주변이 아닌, 중심을 장악하기 시작한 오순절교회가 이런 문제들에 대해 소극적으로 반응하는 것은 불가능하며 바람직하지도 않다. 따라서, 보다 용감하고 창조적 의식을 지닌 학자들에 의해 오순절신학의 다양한 실험이 시도될 것으로 보이며, 이런 학문적 노력을 통해, 오순절신학은 보다 책임 있고 현실에 근거한 신학으로 성장할 것이다.

하지만, 이런 긍정적 미래를 위해, 현재 오순절신학이 극복해야 할 과제들도 분명해 보인다. 먼저, 오순절신학은 성령론에 대한 지나친 집중을 건강하게 극복해야 한다. 그 동안 오순절신학은 성령론 중심의 신학을 발전시켜 왔다. 성령론에 대한 깊은 관심과 열정적 연구는 기독교 신학 내에 성령에 대한 이해를 한 차원 끌어올리고 심화시키는데 기여했다. 이점을 누구도 부정하거나 과소평가해서는 안 된다. 하지만 오순절신학이 삼위일체적 토대 위에서 보다 균형 있고 총체적인 신학을 개발하는 대신, 단지 성령에 대한 관심만을 배타적으로 추구할 때, 신학적 분파주의의 한계를 넘어서기 어렵다. 따라서, 기존에 발전시켜 온 성령에 대한 신학적 관심을 토대로, 성부와 성자를 포함한 삼위일체적 신학의 형성을 위해, 관심의 영역을 확장해야 할 것이다.

둘째, 오순절신학은 누가-사도행전에 한정된 성서적 한계를 극복해야 한다. 오순절신학은 자신의 성서해석학적 틀로서 누가-사도행전에 절대적으로 의존해 왔다. 이런 오순절신학의 입장은 요한복음과 바울서신에 한정되었던 기존의 개혁주의 성령이해에 새로운 시각을 첨가함으로써, 기독교 성령론의 발전에 괄목할만한 업적을 이루었다. 하지만 어떤 이유에도 불구하고, 기독교 성령론이 특정한 성경이나 인물에 치중하는 것은 바람직하지 않다. 요한복음에 치중한 성령론이 총체적 성령론을 방해하는 것처럼, 누가-사도행전 중심의 성령론도 근본적 한계를 지닐 수 밖에 없다. 따라서 오순절신학은 누가-사도행전에 대한 "절대의존의 감정"을 극복하면서, 요한과 바울, 그리고 신약과 구약을 아우르는 보다 총체적 성령론의 구성을 위해 분투해야 할 것이다.

셋째, 오순절신학은 성령 자체에 대해서도 보다 포괄적인 이해를 추구해야 한다. 그 동안 오순절신학은 성령세례에 대한 연구에 몰두해 왔다. 성령세례의 다양한 의미와 현대적 가치·기능에 대해 활발한 논의를 유도하고, 현실 목회에 적용하도록 했던 것은 오순절신학의 중요한 공적 중 하나임에 틀림 없다. 그러나 성령의 열매는 배제한 채, 성령의 은사만을 일방적으로 강조해온 것은 현재 오순절운동이 직면한 도덕적 위기의 일차적 원인으로 지적되고 있다. 따라서, 향후에 오순절신학은 성령의 다양한 의미, 가치, 기능 등에 대해 보다 총체적인 이해와 실천을 추구해야 할 것이다.

끝으로, 오순절신학은 방언에 대한 이해를 좀더 심화시킬 필요가 있다. 기존의 오순절신학은 방언연구에 있어서 중요한 성과들을 이루어 왔다. 여전히 방언의 의미와 기능에 대해, 오순절진영 안팎에서 뜨거운 논쟁이 진행되고 있지만, 현대 기독교의 영적 부흥과 성장에서 방언이 차지한 위치를 무시하기는 어렵습니다. 하지만 아직까지 오순절신학이 방언의 의미를 초자연적 신비현상에 국한하여 해석하는 것은 아쉬움으로 남는다. 정녕, 방언이 성령세례의 진정한 증거 중 하나라면, 방언이 이 시대에 필요한 이유, 요구되는 기능, 다른 은사들과의 관계, 그리고 보다 심도 있는 신학적 의미 등에 대한 보다 진지한 탐색이 있어야 할 것입니다. 이런 면에서 최근 방언에 대한 다양한 학문적 논쟁이 전개되는 것은 고무적인 현상임에 틀림없다.

20세기 기독교의 부흥을 주도했던 오순절운동, 이 운동의 교리적 토대를 제공했던 오순절신학의 가치는 결코 폄하될 수 없다. 따라서 이 운동이 21세기에 어떤 역할을 감당할 지에 대한 교회와 학계의 관심도 여전히 뜨겁다. 그러므로 지난 100년의 성과를 면밀히 검토하고 진지하게 성찰함으로써, 지난 세기의 업적을 다음 세기에도 이어갈 수 있어야 할 것이다. 성령은 어제, 오늘, 그리고 내일에도 동일한 진리와 생명의 영으로 역사하신다. 따라서 성령의 창조적·역동적 사역을 충실히 실천하는 도구로서 오순절운동과 오순절신학은 자신의 책임을 그 어느 때보다 성실히 감당해야 할 것이다.

* 이 글은 황승룡박사은퇴기념집 편찬위원회 엮음, 『성령과 기독교신학』(서울:대한기독교서회, 2010): 317~34에 "오순절신학의 성령 이해"란 제목으로 실렸던 것을 수정·보완한 것이며, 출판사의 승인 하에 이 곳에 다시 수록한다.

---

1) 오순절운동의 신학적 기원을 웨슬리안주의에서 찾는 대표적 인물은 Vinson Synan이며, 개혁주의적 입장을 고수하는 사람은 Edith E. Blumhofer가 대표적이다.
2) 1960년대부터 폭발한 은사주의운동 혹은 신오순절운동은 방언 외에 다양한 영적 현상들도 동등한 가치를 지닌 은사들로 존중한다.
3) 오순절신학의 아버지로 불리는 찰스 팔함(Charles F. Parham)은 방언을 외국어로 이해했으나, 현재의 오순절주의자들 대부분은 그의 입장을 따르지 않는다.

4) 후천년설을 주장하는 대표적인 오순절주의자로는 Earl Paulk이 있다. 종말론을 포함한 그의 신학적 입장에 대해선, 배덕만, "오순절운동의 새로운 한 모형: 얼 퍽의 '현재 임한 하나님 나라' 신학," 『한국교회사학회집』 제21집(2007): 125-51을 참조하라.
5) 오순절운동의 세계적 상황에 대한 정보는 Walter J. Hollenweger, *Pentecostalism* (Peabody, MA.: Hendrickson Publishers, Inc., 1997); Vinson Synan, *The Century of the Holy Spirit: 100 Years of Pentecostal and Charismatic Renewal* (Nashville, TN.: Thomas Nelson Publishers, 2001); Allan Anderson, *An Introduction to Pentecostalism: Global Charismatic Christianity* (Cambridge, UK.: The Press Syndicate of the University of Cambridge, 2004) 등이 유효한 정보를 제공한다.
6) 오순절운동의 사회적 신분의 변화와 신학적 변화의 상관관계에 대해선, Dawk-Mahn Bae, "'Kingdom Now': Social Implication of Eschatology in the Pentecostal-Charismatic Movement in America" (Ph. D. Dissertation at Drew University, 2004)를 참조하라.
7) 예를 들어, 개혁주의 역사학자인 백석대의 장동민 교수는 오순절 계열의 사람들은 비판적 사고능력이 부족함으로, 올바른 역사연구를 수행할 수 없다고 단정했다. "순복음교회나 성결교회, 혹은 부흥운동가들이 이런 계통에 속합니다. 이들도 교회사를 공부하긴 합니다. 그러나 이들이 교회의 역사를 공부하는 목적은 과거에 하나님이 이루셨던 큰 일을 돌이켜보면서 현재 자신의 신앙 형태를 공고하게 만드는 이상의 의미는 없습니다. 1907년 평양의 대부흥 운동을 돌이켜보면서 오늘날도 이런 운동이 일어날 것을 촉구한다는 말이지요. 이들은 역사를 통해 자기를 돌아본다든가 교훈을 얻을 필요가 별로 없습니다. 지금 성령님의 음성을 들어 하나님의 뜻을 안다고 하는데, 역사가 무슨 의미가 있습니까?" 장동민, 『대화로 풀어보는 한국교회사 1』(서울: 부흥과개혁사, 2009), 45-6.
8) Donald W. Dayton, *Theological Roots of Pentecostalism* (Peabody, MA.: Hendrickson Publishers, 1987).
9) 웨슬리와 플렛처의 관계에 대해선, 하도균, "웨슬리안 성령운동가로서의 플레처에 관한 연구 -최초의 웨슬리안 신학자로서의 기여와 시비에 관하여," 『한국기독교신학논총』 제70권 (2010): 229-52를 참조.
10) 팔머에 대해선, Charles E. White, *The Beauty of Holiness: Phoebe Palmer as Theologian, Revivalist, Feminist, and Humanitarian* (Eugene, OR: Wipf & Stock Publishers, 2008)를 참조.
11) 성령세례의 의미가 정화에서 권능으로 변화된 과정에 대해선 Donald W. Dayton, "From 'Christian Perfection' to the 'Baptism of the Holy Ghost," in *Aspects of Pentecostal-Charismatic Origins*, ed., Vinson Synan (Plainfield, NJ.: Logos International, 1975): 39-54를, 19세기 성결론에 대한 치열한 논쟁에 대해선, 박명수, 『근대 복음주의의 성결론』(서울: 대한기독교서회, 1997)을 각각 참조.
12) 오순절운동의 초기 역사에 대해서는 Vinson Synan, *The Holiness-Pentecostal*

Tradition: Charismatic Movements in the Twentieth Century (Grand Rapids, MI: William B. Eerdmans Publishing Company, 1971, 1997)을 참조. 이 책은 한국어로 번역되어 출판되었다. 이영훈 · 박명수 역, 『세계오순절성결운동의 역사』(서울: 서울말씀사, 2000).

13) David E. Harrell, Jr., *All Things Are Possible: The Healing and Charismatic Revivals in Modern America* (Bloomington, ID.: Indiana University Press, 1975).

14) Vinson Synan, *The Holiness-Pentecostal Tradition: Charismatic Movements in the Twentieth Century*, 220-98.

15) Ibid., 286. 선교통계학자 데이비드 바렛의 조사에 따르면, 2008년 현재 오순절/은사주의/신은사주의 그룹 신자들 수는 601,652,000명으로 나타났다. 10여년 사이에 1억 5천만 명 정도가 증가한 것이다. 최근 통계는 임열수, "오순절 성령운동의 기원과 의의," 『21세기에 읽는 오순절신학』, 복음신학대학원대학교 오순절신학연구소 편 (대전: 복음신학대학원대학교출판부, 2009), 19에서 인용한 것임.

16) Harvey Cox, *Fire from Heaven* (New York: Addison-Wesley Publishing Company, 1995), xv-xvii.

17) 한국의 오순절운동 역사에 대해서는, Yeol Soo Eim, "South Korea," in *The New International Dictionary of Pentecostal and Charismatic Movements*, eds. By Stanley M. Burgess (Grand Rapids, MI.: Zondervan, 2002), 239-46과 류장현, 『한국의 성령운동과 영성』(서울: 프리칭아카데미, 2004)을 참조하라.

18) 제임스 패커, 『성령을 아는 지식』, 홍종락 역 (서울: 홍성사, 2002).

19) Donald W. Dayton, *Theological Roots of Pentecostalism*, 23-6.

20) Veli-Matti Kärkkäinen, *Pneumatology: The Holy Spirit in Ecumenical, International, and Contextual Perspective* (Grand Rapids, MI.: Baker Academic, 2002).

21) Donald W. Dayton, *Theological Roots of Pentecostalism*, 15-33.

22) 윌리엄 W. 멘지즈/로버트 P. 멘지즈, 『성령과 능력』, 배현성 역 (군포: 한세대학교출판부, 2005). 방언의 다양한 신학적 의미에 대한 상세한 연구로는 이창승, "오순절주의자들의 방언연구: 조직신학의 주요쟁점과 관련하여," (복음신학대학원대학교 박사학위논문, 2009)이 있다.

23) Faupel, D. William, *The Everlasting Gospel* (Sheffield, UK.: Sheffield Academic Press, 1996); Land, Steve J., *Pentecostal Spirituality: A Passion for the Kingdom* (Sheffield, UK.: Sheffield Academic Press, 1993).

24) Stronstad, Roger, *The Charismatic Theology of St. Luke* (Peabody, MA.: Hendrickson Publishers, 1960).

25) 조영모, "오순절성경해석을 위한 누가의 성령론 연구," 『오순절신학논단』 제7권 (2004): 48-70과 김동수, "오순절신학의 요한 신학적 토대: 오순절교회 자의식의 원형으로서의 요한 공동체의 자의식," 『오순절신학논단』 제8권(2005): 7-21.

26) Harvey Cox, *Fire From Heaven*, 161-84. 콕스는 해방신학적 관점의 연장선상에

서, 무속적 영성과 민중신학적 정신의 결합을 21세기 한국오순절운동의 미래적 대안으로 제시한다.

27) Robert M. Anderson, *Vision of the Disinherited: The Making of American Pentecostalism* (Peabody, MA.: Hendrickson Publishers, 1979). 하지만 그렌트 웨커는 초기 오순절운동의 기원을 사회학적 박탈이론에 근거하여 해석하는 것에 대해 주의를 촉구한다. 이에 대해선, Grant Wacker, *Heaven Below: Early Pentecostalism and American Culture* (Cambridge, MA.: Harvard University Press, 2001)을 참조하라.

28) 아주사부흥운동에 대한 탁월한 연구서로, Cecil M. Robeck, Jr., *The Azusa Street Mission & Revival: The Birth of the Global Pentecostal Movement* (Nashville, TN.: Nelson Reference & Electronic, 2006)이 있다.

29) Aimee Semple McPherson, *This Is That: Personal Experiences, Sermons and Writings* (Los Angeles, CA.: Foursquare Publications, 1919).

30) 로버츠 리아돈, 『치유사역의 거장들』, 박미가 역 (서울: 은혜출판사, 2004), 470-539.

31) 이 주제에 대한 흥미로운 논문은 다음과 같다. 조규형, "전쟁과 평화: 영국 오순절운동에서의 국가주의와 하나님 나라 사상의 평화주의의 갈등," 『성령과 하나님 나라』, 복음신학대학원대학교 오순절신학연구소 편 (대전: 복음신학대학원대학교출판부, 2011), 237-55.

32) Augustus Cerillo Jr., "Frank Bartleman: Pentecostal "Lone Ranger" and Social Critic," in Portraits of a Generation: Early Pentecostal Leaders, eds., James R. Goff Jr. and Grant Wacker (Fayetteville, AK.: The University of Arkansas Press, 2002), 118.

33) Frank D. Macchia, *Baptized in the Spirit: A Global Pentecostal Theology* (Grand Rapids, MI.: Zondervan, 2006); *The Trinity, Practically Speaking* (Colorado Springs, CO.: Biblica Publishing, 2010); *Justified in the Spirit: Creation, Redemption, and the Triune God* (Grand Rapids, MI.: Wm. B. Eerdmans Publishing Co., 2010).

34) Amos Yong, *The Spirit Poured Out on All Flesh: Pentecostalism and the Possibility of Global Theology* (Grand Rapids, MI.: Baker Academic, 2005); *The Spirit of Creation: Modern Science and Divine Action in the Pentecostal-Charismatic Imagination* (Grand Rapids, MI.: Wm. B. Eerdmans Publishing Company, 2011); *In the Days of Caesar: Pentecostalism and Political Theology* (Grand Rapids, MI.: Wm. B. Eerdmans Publishing Company, 2010); *Beyond the Impasse* (Grand Rapids, MI.: Baker Academics, 2003).

35) Simon Chan, *Spiritual Theology: A Systematic Study of the Christian Life* (Downers Grove, Illinois, 1998); *Liturgical Theology: The Church as Worshipping Community* (Downers Grove, Illinois, 2006); *Pentecostal*

Theology and the Christian Spiritual Tradition (Wipf & Stock Publishers, 2011)
36) 필립 젠킨스, 『신의 미래』, 김신권 · 최요한 공역 (서울: 도마의 길, 2009).
37) 도날드 밀러, 테스나오 야마모리 공저, 『왜 섬기는 교회에 세계가 열광하는가?』, 김경건 · 정종현 공역 (서울: 교회성장연구소, 2007).

3장

성령의 말하게 하심을 따라*
오순절운동과 방언

Ⅰ. 서론

 2008년에 한국교회에서 뜻밖의 논쟁이 벌어졌다. 방언을 "하늘의 언어"로 찬미한 김우현의 책이 발간되자,1) 이에 대해 옥성호가 『방언, 정말 하늘의 언어인가?』란 제목의 반박서를 출판함으로써, 평신도들 사이의 방언논쟁이 시작된 것이다.2) 얼마 후, 『방언은 고귀한 하늘의 언어』를 저술하여 신약학자 김동수가 옥성호를 비판하면서 이 논쟁에 뛰어들었다. 덕택에 논쟁은 한층 뜨겁고 전문화되었다.3) 이런 논쟁은 잡지들로 옮겨 붙었으며,4) 다른 작가들의 방언관련 저작들이 연속적으로 출판되면서, 그야말로 방언신드롬이 형성된 것이다.
 위의 논쟁에서 김우현은 자신의 체험에 근거해서 방언의 가치를 존중하고, 방언을 한국교회에 확산시키는 운동을 독자적으로 전개하고 있다. 한편, 옥성호와 김동수는 나름의 신학적 입장을 토대로 성경을 분석하며, 현재 한국교회에서 실천되는 방언을 각각 비성경적, 혹은 성경적이라고 주장한다. 다시 말하면, 한쪽에서는 경험과 현실에 근거해서, 다른 쪽에선 성경과 신학에 입각해서 방언의 진정성 문제를 논하고 있다. 비록, 서로 간의 입장차이가 확실하고, 타협과 공존의 가능성도 희박해 보이지만, 그럼에도 이렇게 방언에 대한 논의가 있다는 것 자체는 긍정적으로 보인다. 그 동안 한국교회 내에선 방언에 대한 일방적 추종이나 강조의 목소리가 강했고, 다른 쪽에선 과도한 편견과 무지에 근거한 방관/방치가 현실이었기 때문이다. 그런 상황에서 나름의 논리와 근거를 제시하며 자신의 주장을 공개적으로 전개했다는 사실 자체가 대단히 고무적인 것이다. 동시에 이런 논쟁을 통해 한국교회에서 방언이 차지하는 위치와 역할이 지대하다는 사실도 확실히 입증되었다.

이런 상황에서 본 글은 위의 저작들이 주목하지 않았던 방언의 역사적 측면을 검토하고자 한다. 물론, 현재의 방언이 성경적이냐의 문제도 중요하고, 그것에 대한 신학적·실천적 정당화의 과제도 절박하다. 하지만, 우리가 기억해야 할 한 가지는 현재의 방언현상이 초대교회로부터 줄기차게 이어져온 보편적 현상이 아니라, 20세기의 시작과 함께 시작된 근대오순절운동의 산물이란 점이다.5) 따라서 오늘 우리가 경험하는 방언에 대한 참조틀로, 성경뿐만 아니라, 근대오순절운동 탄생기의 경험도 권위를 지닌다고 생각한다. 결국, 오늘 우리의 방언을 검토하고 판단하기 위해선, 성경과 함께 오순절운동이 출현하던 당시에 사람들이 경험하고 이해했던 방언을 관찰할 필요가 있다는 것이다. 이런 문제의식에 근거해서, 본 글은 근대오순절운동의 탄생과 확산 과정에서 결정적 역할을 한 아주사부흥회를 통해, 근대오순절운동이 경험하고 이해한 방언의 실체를 파악해 보고자 한다.

이런 목적을 성취하기 위해, 본 글은 아주사부흥운동을 주도했던 사도적신앙선교회the Apostolic Faith Mission가 발간한 신문, *The Apostolic Faith*6)에 실린 기사들을 중심으로, 당시에 경험된 방언의 실체를 파악하고자 한다. 이 신문에는 사도적신앙선교회 뿐만 아니라, 이 단체와 관계를 맺고 있던 오순절 신자들의 간증과 관련기사들이 실려 있다. 따라서 이 글들을 통해 당시 이 운동을 통해 확산되고 있던 방언에 대한 일차적 증언 혹은 주장들을 확인할 수 있을 것이다.

결국, 이 글의 일차적 목적은 근대오순절운동의 원천으로 평가되는 아주사부흥회에서 나타난 방언의 다양한 측면들을 객관적으로 검토/분석하는 것이며, 이를 통해 현재 한국에서 경험/실천되고 있는 방언에 대한 또 하나의 평가기준을 확보하는 것이다. 이런 기준에 의해 한국교회를 평가함으로써, 과연 한국교회의 방언이 성경적 토대뿐만 아니라, 근대오순절운동의 역사적 전통에도 충실한지 여부를 판단할 수 있게 될 것이다. 따라서 이후의 장에서, *The Apostolic Faith*에 실린 방언관련 기사들을 면밀히 검토하고, 방언과 관련된 다양한 주제들을 발굴/분류하며, 그에 대한 역사적 증거들을 제시/분석함으로써, 당시의 방언에 대한 객관적이고 포괄적인 이해를 얻고, 현재 우리의 모습에 대한 객관적 판단의 준거틀을 확보하고자 한다.

Ⅱ. 본론

1. 방언은 무엇인가?

팔함과 시무어를 중심으로 시작된 근대 오순절운동은 성결운동을 배경으로 태동되었다. 물론 1914년에 구성된 하나님의 성회가 개혁주의 신학을 중심으로 자신의 신학과 운동을 발전시켰으나, 초창기 오순절운동은 웨슬리 신학에서 기원한 성결운동의 절대적 영향 하에 있었다.[7] 그 결과, 초기 오순절운동이 출현할 당시 가장 심각한 신학적 논쟁은 성결과 성령세례의 관계에 대한 성결파와 오순절파 간의 상반된 해석이었다. 그 이유는 전통적으로 성결운동이 성결/성화를 성령세례로 해석하며, 방언의 가치를 중시하지 않았으나, 오순절주의자들은 전통적인 성결운동의 입장을 거부하고, 성결이 성령세례가 아니며, 성령세례는 반드시 방언을 성경적 증거로 동반한다고 주장했기 때문이다. 그렇다면 오순절주의자들이 주장한 방언의 구체적 의미는 무엇인가?

먼저, 이들은 기본적으로 성결교리를 인정하지만, 추가적으로 성령세례가 필요하다고 반복해서 주장했다. 엄격한 신학적 의미에서, 성결은 성령세례가 아닌, 성령세례를 위한 선행조건이라는 것이다. 다음의 글들이 대표적 예라고 할 수 있다.

> 많은 사람들이 성화에 대한 아버지의 약속을 붙들었다. 하지만 우리가 성경을 세심히 읽어보고, 성경에 대한 여러 참고자료들을 검토해 보면, 우리는 성결과 성령세례가 완전히 다르다는 것을 알게 될 것이다.8)

> 성화되고, 정결하게 되고, 십자가에 달리고, 그리스도의 십자가에 못박히는 것은 큰 축복이다. 옛 것은 지나갔고, 옛 사람은 십자가에 달렸으며, 칼 베임을 당했고, 예수 그리스도가 그 옆에 좌정하여 통치하신다. 그는 우리 마음의 보좌에 앉아, 왕으로 다스리고, 의와 참된 성결의 홀을 흔드신다. 그리고 마음을 죄로부터 정결하고 깨끗하게 지키신다. 그렇다면, 이제 당신은 성령과 불 세례를 받을 준비가 된 것이다.9)

그렇다면 진정한 성령세례란 무엇인가? 오순절주의자들은 참다운 성령세례는 마음의 정결을 추구하는 성결/성화가 아닌, 말세에 복음을 전하기 위해 하늘로부터 받는 능력이라고 믿었다. 이 부분은 방언의 목적과 내용이 중복되므로, 여기서는 이 정도만 언급하고 지나가겠다.

오순절주의자들은 성결과 성령세례가 전혀 다르며, 그것의 결정적 차이는 방언의 동반유무에 있다고 주장했다. 즉, 진정한 성령세례는 방언이라는 성경적 증거가 반드시 동반한다는 것이다. *The Apostolic Faith*에 실린 수 많은 간증은 곧 방언에 대한 간증이다. 성결의 체험 이후 성령세례를 체험한 이들이 예외 없이 방언을 말하게 되었다는 기사가 지루할 정도로 반복되고 있기 때문이다. 그만큼 성령세례의 증거가 방언이라는 주장은 오순절운동의 신학적 핵심이라고 할 수 있다.

> 성령세례는 성화된 사람에게 주어지는 권능의 은사다. 그래서 우리가 그 은사를 받을 때, 우리는 제자들이 오순절 날에 받았던 것과 동일한 증거를 갖는다.행2:3~4 즉 새 방언으로 말하는 것이다.10)

> 그녀가 타고 갈 기차가 로스 엔젤레스를 떠나기 한 시간 전, 선교회의 작은 다락방에서, 주님께서 은혜로 그녀에게 성령세례를 베푸셨고, 성경적 증거를 주셨다. 그녀는 한 동안 영어를 말할 수 없었다. 그녀는 자신의 언어를 빼앗기고, 성령의 언어를 말했다. 이로써 그녀 주변에 있는 사람들에게 예수를 증거할 수 있었다.11)

> 그 후에 나는 아버지께 말씀 드렸다. "나는 아직 성령을 받지 못했습니다. 아직 오순절의 증거인 방언의 은사를 받지 않았기 때문입니다." 그러자 성령의 권능이 예전과는 전혀 다른 특이하고 강력한 방식으로 역사하기 시작했다. 바로 그날 밤에, 나는 그 증거를 받았다. 성령께서 두 가지 모르는 언어로 말하게 하신 것이다. 나는 그 두 언어의 차이를 명확히 구분할 수 있었다.12)

끝으로, 오순절주의자들은 성령세례에 대한 자신들의 주장을 반대하는 자들은 성령훼방의 죄를 범하는 것이라고 강력히 주장한다. 성경에서 용서 받을 수 없는 유일한 죄가 바로 성령을 반대하는 것이다.막3:28~30 그런데 성화와 성령세례를 동일시 해온 성결파 신자들이 오순절주의자들의 새로운 성령세례 교리를 이단으로 정죄하며 반대했다. 오순절주의자들의 관점에서, 이것은 성령의 은혜를 체험했음에도 불구하고, 자신의 독단에 빠져 성령의 역사를 방해하는 것으로, 용서받을 수 없는 죄가 된다는 것이다.

성령에 의해 이미 마음 속에 성령에 대한 참된 지식을 갖고 있는 사람들이, 후에 이 역사는 악마의 소행이며, 사람들이 마귀에 의해 방언을 말하는 것이라고 말한다. 그들이 이미 진리의 지식을 소유하고 있기 때문에, 그런 사람들은 성령을 반대하는 죄를 범하는 위험에 처해 있다.[13]

2. 방언을 사수하라

방언을 둘러싼 성결파와 오순절파 간의 갈등은 The Apostolic Faith에 실린 글들 속에 끊임없이 표출되었다. 성령세례를 성결로 이해하는 성결파와 권능으로 이해하고, 그것의 증거를 방언으로 주장하는 오순절파의 싸움은 신학적 논쟁에서 감정싸움으로 골이 깊어갔다. 장차 교회의 분열로까지 치닫게 되는 양자간의 갈등은 당시에도 매우 심각했던 것으로 보인다. 예를 들어, 이 신문을 발행했던 윌리엄 시무어가 소개하는 당시의 모습 속에서 갈등의 농도를 짐작할 수 있다.

나는 산타페 거리에 있는 한 선교회를 담임하기 위해 왔다. 어느 날 그들은 내가 들어가지 못하도록 선교회 문을 잠가버렸다. 그 후에 성결연합회 회장인 로버츠 형제가 성령세례 교리문제를 해결하기 위해 내려 왔다. 그는 많은 성결파 목사들과 함께 와서 성화가 성령세례라고 주장했다. 하지만 그들은 아직도 사도행전 2장의 증거를 갖고 있지 못했다. 왜냐하면 제자들이 성령에 충만했을 때, 그들은 성령의 말하게 하심을 따라 방언을 했기 때문이다.14)

이런 갈등은 각자의 상이한 경험과 신학적 해석에 기인한 것이다. 특별히 성결신자들은 성결성화과 성령세례를 동일시하는 그들의 전통적 가르침에 깊이 젖어 있었기 때문에, 오순절신자들을 이단으로 정죄했다. 그 결과, 성결운동의 캠프집회에서 성결과 성령세례를 구분하는 일체의 언급이 방언과 함께 금지되었다.15) 예를 들어, 성결운동의 대표적 교단인 나사렛 성결교회의 경우, 이미 성화된 신자에게 성령세례가 임한다는 오순절 교리를 법으로 금했다.16) 반면, 오순절주의자들은 성결파의 이런 반대에 기죽지 않고, 자신들의 입장을 더욱 견고하게 입증하기 위해 노력했다. 이런 노력은 대체로 다음과 같은 방식으로 전개되었다.

무엇보다, 오순절파 신자들은 구원의 순서ordo salutis를 회심→성화→성령세례로 규정하고, 이것을 성경적으로 입증하기 위해 노력했다. 예를 들면, 고전 12장을 분석하면서, 이런 패턴을 성서적 규범으로 제시한다.

고전12장에서 바울은 교회에 질서를 부여하고 있다. 즉, 교회는 일체의 분열이 존재해선 안 된다는 것이다. 여기에 칭의된 남자가 있고, 저기에 성화된 사람이 있다. 하지만 그들 중 누구도 방언을 하지 못한다. 여기 우리 몸에서, 어떤 이들은 단지 구원 받은 칭의의 사람들이다. 이제 우리가 그들에게 가르쳐야 할 것은 그들의 마음이 정결하게 되어야 한다는 것, 예수 그리스도의 보혈로 성화되어야 한다는 것이다. 그는 계속 노력해서 그 은혜를 누린다. 그 다음에 우리는 그에게 오순절세례와 성령의 말하게 하심을 따라 행하는 방언이 필요함을 보여준다. 그가 그의 오순절을 받을 때, 방언을 말할 것이다.17)

오순절파들은 성결과 성령세례가 상관없다는 주장을 입증하기 위해, 교회사적 접근을 시도했다. 이것은 후에 국제복음교회를 설립했던 에미미 샘플 맥펄슨의 역사관과 매우 흡사한 것으로,18) 교회사의 발전이 루터에 의한 이신칭의 교리->웨슬리에 의한 성화의 교리->컬리스를 통한 신유의 복음->오순절운동에 의한 성령세례 복음으로, 4중복음적 형태로 발전해 왔다고 주장했다.

모든 시대에 걸쳐 사람들은 부분적인 복음만을 설교해 왔다. 세계가 암흑시대에 접어들었을 때, 복음의 한 부분이 남아 있었다. 하나님은 때때로 사람들을 일으켜 교회에 진리를 회복시키셨다. 그는 루터를 세워, 세상에 이신칭의 교리를 회복시켰다. 그는 존 웨슬리라는 다른 개혁자를 세워 교회 내에 성경적 성결을 세웠다. 그 후에 그는 컬리스 박사를 세워 세계에 신유라는 놀라운 교리를 회복시켰다. 이제 그는 교회에 오순절세례를 회복시키는 중이다.19)

이처럼 이론적 규범에 따라 오순절을 체험한 사람들의 간증이 *The Apostolic Faith*에 끊임없이 소개되고 있다. 이 신문에 소개된 사람들의 간증은 거의 예외 없이 이런 패턴을 따르고 있다. 결국, 이런 간증을 통해, 오순절주의자들은 성결과 성령세례가 동일한 현상이 아님을 실제적 경험에 근거해서 주장하는 것이다.

나는 9년 전에 회심했다. 나는 주님을 영접한 후, 나의 죄를 회개하고 버렸다. 몇 년 후, 나는 3일간 금식하며 기도했는데, 그 동안 원죄 형태로 남아 있던 옛 사람 아담을 벗어버렸다. 하나님이 내 안에 들어오셔서 마귀의 작업장을 파괴했다. 마귀의 도구들을 밖으로 내던지면서 말이다. 하나님을 찬양하라. 나는 내가 그리스도의 보혈로 성화되었다는 진짜 증거를 갖고 있다. 그 후에 나는 성령과 불 세례를 받았고, 이제 나의 마음뿐만 아니라, 내 폐, 내 손, 그리고 내 몸 전체를 관통해서 성령의 현존을 느낀다…나는 또한 하나님의 명령으로 주어진 6개의 방언을 말할 수 있다.20)

구원받은 한 남자가 오후집회에서 성화되었고, 저녁집회에서 성령세례를 받고 방언을 말하며, 하나님께 영광을 돌렸다.21)

오순절주의자들은 집회의 결과를 보고할 때, 중생자, 성결자, 그리고 성령세례자를 구분하여 보고했다. 이것은 성결과 성령세례를 구분하는 그들의 신학이 구체적으로 반영된 예들이며, 성령세례를 성결 이후에 경험하는 새로운 은총이며, 그 증거가 방언이란 주장이 함축된 증거들이다.

오클랜드 시에서, 지난 4주 동안 집회가 있었다. 로스엔젤리스에서 온 일군의 사역자들, 즉 에반스 부부와 플로렌스 크로포드Florence Crawford가 인도한 집회에서, 65명이 성령세례를 받았고, 30명이 성화되었으며, 19명이 회심했다.22)

결국, 초창기 오순절주의자들에게 가장 심각한 문제 중 하나는 방언을 동반한 성령세례교리를 확립하는 것이었고, 이것에 대한 성경적, 신학적 정당성을 확인하는 것이었다. 특히, 당대에 성령운동을 주도하고 있던 성결운동 진영과 성령세례에 대한 해석의 차이를 분명히 하면서 자신들의 입장을 정당화 해야 했다. 이를 위해, 성경과 교회사에 대한 새로운 해석을 시도하고, 특별히 방언을 체험한 이들의 개인적 간증들을 통해, 이 새로운 교리의 현실적 증거들을 수집했다. 어떤 면에서 오순절주의자들이 자신의 교리와 체험을 지나치게 도식화하는 경향이 있었지만, 그럼에도 교리에 대한 이론적 논쟁에 한정되지 않고, 그것을 신자들의 체험에 근거한 임상적 증거들로 제시함으로써, 방언에 대한 나름의 신학적 정당성과 현실적 설득력을 동시에 추구하려고 노력했음을 확인할 수 있다.

3. 왜 그렇게 방언에 집착했을까?

그렇다면 왜 오순절주의자들은 방언에 그토록 관심을 집중했던 것일까? 그것은 일종의 신비적 종교체험으로서 방언의 출현 혹은 경험자체가 신자들에게는 대단히 매력적인 사건이며, 개인 및 공동체의 신앙증진에 대단히 효과적이기 때문이다. 성령의 임재를 가시적으로 확인할 수 있는 기회가 충분치 못했던 당시의 신자들에게, 또 세속화의 물결 속에서 신앙의 위기를 겪고 있던 이들에게는 이런 역동적 경험이 하나님의 존재뿐만 아니라 그분의 강력한 능력을 가시적으로 입증하는 충격적 사건이었다. 이것이 현재에도 대부분의 신자들이 방언에 대해 갖는 일반적 태도일 것이다. 하지만 초창기 오순절주의자들이 방언에 몰두했던 보다 중요한 이유와 목적은 다른 곳에 있었다. 그것은 바로 그들의 강력한 종말신앙과 복음전파에 대한 거대한 열정이었다. 이 두 가지 요소 때문에 그들이 방언을 열정적으로 환영하고, 그것을 체험하기 위해 몸부림쳤던 것이다.

당시 오순절주의자들이 방언을 동반한 성령세례에 몰두했던 일차적 이유는 자신들이 말세에 살고 있다는, 즉 그리스도의 재림이 임박했다는 시대인식 때문이었다. 따라서, 방언체험에 대한 간증에는 그들의 긴박한 종말신앙이 배경으로 깔려 있음을 알 수 있다. 다음의 글은 당시의 이런 분위기를 대변해준다.

120년 전에 성령이 임했을 때, 그것은 성령세대의 아침이었다. 오늘, 우리는 성령세대의 저녁에 살고 있다. 아침이었듯이, 저녁이 될 것이다. 이것은 마지막으로 복음전파를 위해 부름 받는 시대다. "너희는 주의 길을 예비하라"고 세례 요한이 광야에서 외쳤듯이, 오늘날 세상이 주 예수 그리스도의 재림을 준비해야 한다는 경고의 소리가 이 땅을 관통하고 있다.23)

동시에, 주의 재림이 임박했다고 확신할 수 있었던 가장 분명한 증거는 방언이었다. 당시 성결운동을 중심으로 전개된 성령운동은 일반적으로 종말론에 심취해 있었다.24) 달비의 세대주의에 깊이 영향 받았던 이들은 다양한 방식으로 시대를 구분하고 설명했으며, 특히 당대의 상황을 해석했다. 이런 방법 중 하나가 '이른 비와 늦은 비'였다. 즉, 이스라엘의 기후와 풍토를 유비로 사용하여, 신약성경의 오순절사건을 이른 비로, 현재의 성령운동을 늦은 비로 이해한 것이다. 오순절주의자들은 1901년 이후 강력하게 전개되고 있는 오순절운동을 늦은비로 해석하며, 자신들이 역사의 끝에 서 있다고 확신했다. 그리고 이런 확신의 열쇠가 바로 방언이었던 것이다.

뉴잉글랜드, 펜실베이니아, 그리고 버지니아에는, 수 년 동안 이런 모든 은사들이 교회를 위한 것이라고 믿었던 하나님의 자녀들이 있다. 그들은 "은사의 사람들"Gift People이란 별명을 얻었다. 그들 모두 방언을 포함한 은사들을 받았지만, 그것은 비가 내리기 직전에 떨어진 몇 방울의 빗물에 불과하며, 이제 '늦은 비'를 성취하는 역사가 일어나고 있다. 이곳 동부에는 이 일을 성취하기 위해 헌신할 준비가 된 사람들이 적지 않다. 우리는 이것이 바로

주의 임박한 재림의 증거라고 믿는다.25)

그래서 하나님께서 로스엔젤레스에서 우리에게 행하셨던 것처럼, 세계 도처에서 자신의 영을 부으시고, 그에 따른 징표를 보여주시고 있다. 우리는 우리가 그의 재림에 앞서 진행되는 "늦은 비"의 시대에 살고 있음을 깨닫는다.26)

방언의 출현을 종말의 증거로 이해한 오순절주의자들은 이런 해석을 거부하는 성결파들을 강력히 비난하기 시작했다. 아래서 좀더 상세히 다루겠지만, 오순절주의자들은 임박한 재림에 앞서 세계에 복음을 전하기 위해, 하나님께서 그들에게 방언의 은사를 초자연적으로 주신 것이라 믿었다. 그래서 성령세례를 성화/성결로 이해하는 성결파의 주장을 수용할 수 없었던 것이고, 성령세례에 대한 자신들의 주장을 더욱 확신했던 것이다. 바로 이 맥락에서 성령세례와 방언이 종말론과 연결되며, 이것이 다시 성결파에 대한 비판으로 이어지는 것이다. 성경의 종말론적 본문으로 유명한 현명한 처녀와 어리석은 처녀에 대한 예수의 비유를 그들은 다음과 같이 풀면서 성결파를 공격했다.

나는 내 앞에 열 처녀가 있는 환상을 보았다. 다섯은 현명하고 다섯은 어리석다. 어리석은 다섯 처녀의 그릇에 기름이 있고, 등불이 타오르고 있다. 현명한 다섯 처녀의 등불도 타오르고, 그 속에 기름이 담겨 있다. 이것은 단지 깨끗한 마음을 갖고 있는 것 이상의 무엇이다. 하지만 본질은 같다. 그들의 등불과 그릇에 담긴 기름은 성령과 불 세례였다. 어리석은 다섯 처녀는 말했다. "그 안에는 아무 것도 없다. 우리가 성화될 때 그것을 얻었고, 우리는 이제 만족한다." 하지만 하나님은 나에게 그 교리를 받아들이지 않고, 기름을 다시 공급받으려 하지 않는 어리석은 다섯 처녀들이 곧 자신들의 등불이 꺼지기 시작한다는 사실을 깨닫게 될 것임을 보여주었다. 그들은 더 이상 등불이 타오르게 할 수 없다. 기름이 떨어질 때가 도래할 것이다. 당신에게 경고하길 원한다. 성령과 불 세례를 반대하지 말라. 당신이 반대하면, 당신의 등불이 꺼질 것이다.27)

4. 왜 방언을 받아야 하는가?

초기 오순절주의자들은 종말론을 배경으로 방언의 출현을 이해했고, 이것은 성령세례에 대한 성결파의 전통적 해석을 거부하는 상황까지 초래했다. 그렇다면, 이들이 방언을 성령세례의 증거로 이해하고, 더욱이 이것을 종말론과 결합하여 단호하고 강력하게 주장한, 보다 직접적인 이유는 무엇일까? 위에서 살펴보았듯이, 오순절주의자들은 성령세례를 성화/성결, 즉 마음의 정결로 해석하는 성결파의 주장을 거부했다. 대신, 그들은 성령세례의 본질을 정결이 아닌 권능으로 이해했으며, 이 권능은 말세에 복음을 증거하기 위한 능력을 초자연적으로 공급 받는 것이라고 생각했다. 특히, 이 권능은 땅끝까지 복음을 증거하여 이방인들의 구원을 성취하기 위한 능력이며, 이 능력의 대표적 예가 방언이라고 규정했다. 이들이 방언을 외국어로 이해한 이유가 바로 여기에 있다. 자신들이 배운 적도 없고, 더욱이 뜻도 이해하지 못하는 언어를 초자연적으로 습득하게 된 이유를 이런 식으로 해석했던 것이다. 따라서 당시에 방언의 은사를 체험한 이들은 자신의 새로운 언어가 사용되는 나라에 선교사로 떠나거나, 그런 언어를 사용하는 사람들에게 전도하는 것을 사명으로 받아들였다. 그 결과, 오순절운동이 강력한 선교운동으로 이어지게 된 것이다. 이를 좀더 상세히 살펴보자.

먼저, 오순절주의자들은 성결한 신자들이 성령세례를 받아야 하는 근본적인 이유가 그리스도의 지상명령을 수행하기 위함이라고 확신했다. 이런 해석과 확신이 오순절운동이 성결운동과 결별하게 되는 결정적 요인이 되었다. 즉, 성결파들이 성령세례를 성화/성결, 즉 마음의 내적 정결로 이해한 반면, 오순절파들은 복음전파를 위한 권능을 얻은 것으로 생각한 것이다. 특히, 오순절파들은 성결/성화가 성령세례는 아니며, 단지 성령세례를 받기 위한 선결조건이라고 주장했다. 그러므로 성결을 체험한 신자들은 성령세례를 받아, 능력 있는 복음전도자가 되어야 한다는 것이다.

> 만약 우리가 성화되고 마음이 정결해졌다면, 그래서 순결하고 거룩한 삶을 살고 우리 영혼 속에 완전한 사랑이 존재한다면, 오, 아버지의 약속인 성령세례를 받자. 우리가 예루살렘, 유대, 사마리아, 그리고 땅끝까지 주님의 증인이 되기 위해서 말이다…오, 사랑하는 이들이여, 우리는 예수가 우리에게 명령한 모든 것을 가르치고 실천해야 한다. 만약 우리가 우리의 복된 그리스도의 충만을 온전히 받지 못했다면, 우리가 하나님의 충만으로 충만해질 때까지 계속하자. 예수 그리스도의 고귀한 부르심의 징표를 향해 힘써 나가자. 오, 사랑하는 이들이여, 이것은 우리 영혼에 성령과 불 세례를 받는 것을 뜻한다.28)

성령세례를 체험한 오순절주의자들은 먼저 자신의 사역지에서, 그리고 미국 전역에서 열정적으로 전도활동을 벌였다. 이를 계기로 오순절운동이 미국 전역으로 빠르게 확산되었으며, 수 많은 교회가 세워졌다. 기존교회의 편견과 오해 때문에 박해를 당하기도 했지만, 방언체험은 하나님이 자신들과 함께 한다는 확신의 부인할 수 없는 증거가 되었다. 결국, 그들의 열정적 사역의 결과 오순절운동이 전국적 사건으로 급속히 확산되었다.

파사데나에 사는 독일인 자매인 웨토쉬는 로마주의[천주교]의 어둠 속에 있었고, 1년 정도 극심한 육체적 고통 속에 살았으나, 경이적으로 구원받고 치유되었다. 최근에 그녀는 성령세례를 받고, 방언의 은사도 받았으며, 이 복음을 전하기 위해 밖으로 달려나갔다.29)

방언은 미국 내에 있는 타민족에게 복음을 전하는 도구로 적절히 활용되었다. 모두가 아는 사실이지만, 미국은 세계 최대의 이민국이며, 세계의 거의 모든 인종/민족들이 모여 사는 곳이다. 따라서 영어가 공용어로 사용되고 있으나, 각 민족들은 자신들만의 고유한 문화와 언어를 유지하며 독특한 삶을 살고 있다. 그런 맥락에서 미국은 전세계에서 가장 큰 선교지다. 그래서 외국어를 성령의 은사로 말할 수 있게 된 사람들은 이 은사를 사용하며 미국 전역에서 복음을 전했다.

존슨 형제는 7가지 다른 언어를 은사로 받았는데, 그 중 하나가 아랍어다. 래더맨 자매는 터키어를 말한다. 오크랜드에서 어떤 사람들이 거리에서 방언의 은사에 대해 이야기하고 있을 때, 래더맨 자매가 방언을 말했다. 마침 터키모자를 쓴 한 남자가 그 옆을 지나가고 있었다. 그는 그 소리를 듣고 깜짝 놀라서, 그녀에게 어느 대학을 다녔냐고 물었다. 그는 자신이 들었던 외국인의 터키어 중에서 그녀의 터키어가 가장 완벽했다고 말했다. 그는 콘스탄티노플에 있는 대학을 졸업한 지식인이었다. 그녀는 그에게 자기자신도 이해하지 못하는 언어를 성령께서 주셨다고 말했고, 그는 그녀를 위해 최초로 통역을 해주었다.30)

방언을 받은 사람들은 자신의 영적 체험을 선교의 사명으로 해석하고, 담대히 해외 선교지를 향해 떠났다. 물론, 방언을 체험한 이들이 모두 선교사가 된 것은 아니고, 또 방언을 받았다고 바로 선교사가 된 것도 아니다. 그러나 방언을 통해 외국어를 말하게 되었다고 믿은 그들은 그 언어를 사용하는 민족이나 국가를 대상으로 복음을 선포하는 것이 자신들의 사명이라고 확신했으며, 자신들이 사명을 성취할 수 있는 기회가 열리도록 기도했다. 이 과정에서 방언체험 후 선교지역으로 떠나기 위한 재정 및 동역자들이 필요했는데, 이런 문제들이 기적적으로 해결되면서 선교사역을 감당할 수 있게 되었다.

> 나는 구원받고, 성화되었으며, 성령세례를 받았고 성경의 증거도 얻었습니다. 주님은 내가 말하는 언어가 아프리카 언어임을 보여주었습니다. 나의 숙모는 나에게 어머니와 같은 존재이신데, 그분이 아프리카로 떠나려고 합니다. 나는 주님께서 내가 떠나길 원하시는지를 물었습니다. 그리고 만약 그렇다면 나를 위해 길을 열어달라고 구했습니다. 그 다음 날, 그분은 나를 위해 길을 열어주셨습니다. 나는 떠날 수 있는 수단들이 없었으나, 그분이 내게 여행경비를 제공해주었고, 나의 모든 필요를 공급해주셨습니다. 나는 아프리카로 가는 동안 그분을 전적으로 의지할 것입니다. 나는 주께서 내가 그곳에 가길 원하신다는 사실을 알고 있습니다. 나는 그 사람들에게 간증하고, 아이들에게 복된 주님에 대해 가르치며, 주님을 위해 일하고 싶습니다.

5. 방언에도 다양한 종류가 있었는가?

오늘날 한국교회에서 주로 나타나는 방언은 "모르는 언어"unknown language가 지배적이다. 간혹 외국어 방언을 한다는 소리가 들리기도 하지만 매우 드물게, 외국어처럼 들리지만 실제 외국어가 아닌 언어형태가 대부분이다. 하지만 초기 오순절주의자들은 대체로 방언을 외국어로 이해했다. 종말이 임박한 때에 복음을 전하기 위해, 배우지 않고 외국어를 성령의 은사로 말하게 되었다고 생각한 것이다. 이런 경우에, 방언을 하게 된 순간, 거의 자동적으로 해외 선교를 떠나야 한다는 신적 소명도 확신하게 되었다. "그는 많은 방언을 받았고, 예언의 은사도 받았다. 그리고 여러 외국어로 글을 쓰기 시작했으며, 외국으로의 부르심을 느꼈다."31) 이렇게 방언의 은사로 외국어를 말하게 된 사람들은 그 언어를 배운 적이 없음에도 불구하고 정확하게 발음하여, 그 언어를 사용하는 사람들이 그 말의 의미를 정확히 파악할 수 있었다.

> 8월 11일, 멕시코 중부에서 온 한 인디언 원주민이 집회에 참석했다. 그는 한 독일인 자매가 그의 모국어로 말하는 것을 들었다. 이것은 하나님께서 그녀에게 말하게 하신 것이다. 그는 그 말을 이해했다. 하나님께서 그녀를 통해 그에게 주신 메시지를 통해, 그는 행복하게 회심했다. 그는 기쁨을 억제할 수 없었다.32)

하지만, 방언하는 사람들은 자신이 하는 외국어 방언을 배운 적이 없기 때문에, 그 방언의 의미를 전혀 이해할 수 없었다. 그 언어를 사용하는 사람들이 와서 통역을 해줄 경우에만, 그도 자신의 입에서 터져 나오는 외국어의 의미를 해독할 수 있었다. 이것은 그들이 받은 외국어 방언이 외국어를 유창하게 사용할 수 있는 능력이 아니라, 외국어로 된 특정한 메시지라는 사실을 보여준다. 이것은 뒤에서 좀더 상세히 논할 것이다. 아무튼, 외국어 방언을 하게 된 사람들은 정작 자신이 하는 말을 이해하지 못했고, 타인의 통역에 의존해야 했다.

지금은 아프리카로 떠난 미드 형제가 우리와 함께 LA에 있을 때였다. 사실 그는 아프리카에서 이미 20년 이상 사역한 사역자로서, 그 지역의 언어를 유창하게 구사할 수 있는 사람이다. 그는 집회 중에 대부분의 사람들이 전혀 모르는 아프리카 언어로 방언이 터져 나오는 광경을 목격했다. 한 흑인 여성이 성령에 의해 방언으로 길게 말을 했다. 그녀가 말을 시작하자 마자, 미드 형제가 일어나서 그 여인이 말한 메시지를 통역했고, 그 언어가 속한 아프리카 부족의 이름을 알려주었다. 그리고 그는 그녀가 한 말을 똑 같이 반복했다.33)

그렇다면 당시에 사람들이 성령의 도움으로 말한 외국어는 어떤 것들이었을까? 위에서 언급한 대로, 20세기 초반에 출현한 오순절운동은 종말과 선교라는 신학적·목회적 배경 속에 출현했다. 또한 말세에 복음을 들어야 할 대상이 이 땅에 존재하는 모든 민족과 백성이었기 때문에, 방언의 종류도 이 땅에 존재하는 거의 모든 언어를 포괄했다. 라틴어와 그리스어를 포함한 고대언어, 프랑스어와 독일어를 포함한 현대의 유럽언어, 그리고 아프리카 방언과 인디안 언어에 이르기까지 거의 모든 종류의 언어가 방언을 통해 주어졌다. 그 결과, 오순절주의자들은 성령께서 세상의 모든 언어를 자신의 자녀들에게 주실 수 있다고 확신했다.

"너희는 온 천하에 다니며 만민에게 복음을 전파하라"라는 명령과 함께 방언의 은사가 주어진다. 주님께서 배우지 않은 그리스어, 라틴어, 히브리어, 프랑스어, 독일어, 이탈리아어, 중국어, 일본어, 줄루어를 포함한 아프리카어, 힌두어와 뱅갈어, 그리고 다른 인도의 방언, 치페와를 포함한 인디안 언어 등등. 사실 성령은 세상의 모든 언어를 그분의 자녀들에게 말씀하신다.34)

이렇게 다양한 언어들 중에도 *The Apostolic Faith*에 소개된 글들을 분석해 보면 아프리카어가 압도적으로 많았다. 이 신문에 나타난 방언들을 보면, 앞에서도 언급했듯이, 라틴어를 포함한 고대언어, 불어와 독어를 포함한 서유럽어, 러시아어를 포함한 동유럽어, 중국어와 일본어를 포함한 아시아어, 스페인어를 포함한 유럽과 남미의 언어, 그리고 아프리카와 인디언들의 언어가 모두 들어 있다. 그러나 가장 많이 언급되는 언어는 아프리카의 다양한 방언들이다. 이것은 당시 오순절운동이 흑인들을 중심으로 일어났기 때문에 아프리카에 대한 관심과 인지도가 높았던 것을 반영하는 것 같다. 반면, 아시아의 경우, 중국과 일본어가 빈번히 언급되었으나, 한국이나 베트남 등의 언어는 언급되지 않았다. 그 이유는 무엇일까? 아마도, 그것은 당시 미국에서 중국과 일본은 많은 이민자들을 통해 잘 알려졌으나, 한국은 아직까지 미지의 나라였기 때문인 것으로 풀이된다.35) 이처럼, 방언의 종류에 나타난 차이는 당시의 문화적 상황에 영향 받은 것으로 보인다.

결국, 초창기 오순절주의자들이 받았다고 주장하는 방언은 대부분이 외국어였다. 그래서 외국어 방언을 받았을 경우, 그 언어를 사용하는 곳으로 선교를 떠나야 한다는 생각이 당시에는 지배적이었다. 하지만 그런 외국어와 함께 "알지 못하는 언어" unknown language도 방언으로 받았다는 기록이 적지 않다. 외국어의 경우, "배우지 않은 언어" unlearned language가 초자연적으로 주어진 것이라고 이해했으나, 무슨 언어인지 분별할 수 없는 형태의 언어도 방언의 은사로 주어진 것이다. 따라서 외국어 방언의 경우, 그 언어를 사용하는 사람들이 의미를 해석해주었으나, 알지 못하는 언어의 방언인 경우는 통역의 은사를 통해 의미가 해석되곤 했다. 다음의 간증이 그런 예라고 볼 수 있다.

많은 예언들이 모르는 언어로 주어졌고, 주의 임박한 재림에 관해 하나님이 주신 환상도 많았다. 이교도들이 먼저 복음을 받아들여야 한다. 모르는 언어로 주어진 한 예언이 다음과 같이 통역되었다. "시간이 얼마 남지 않았다. 성령의 권능으로 온전한 복음을 전하기 위해 많은 사람들을 보낼 것이다."36)

이 맥락에서 두 가지를 더 언급해야 할 것 같다. 한 가지는 사람들이 방언의 은사를 받았을 때, 한 가지 언어를 말 하게 된 경우뿐만 아니라, 여러 가지 언어를 동시에 말하게 된 경우도 많았다는 점이다. 예를 들어, "한 소녀가 금요일 밤에 성령세례를 받고, 독일어로 말을 했다. 하나님이 우리에게 독일 사람을 보내어 통역하게 하셨다."37) 이 경우는 방언의 은사로 독일어를 말하게 된 경우다. 즉, 하나의 언어를 말하게 된 것이다. 하지만 다음에 소개할 사람처럼, 여러 가지 언어를 한꺼번에 은사로 받은 경우도 많았다.

이틀 전에 기도탑에서 있었던 준비모임에서, 라이언 자매가 오순절 은혜를 체험했다. 그녀는 거의 45분간 쉬지 않고 방언으로 말했다. 그것은 아직까지 내가 이 도시에서 보지 못했던 놀라운 광경이었다. 그 장면을 보았던 모든 사람이 놀랐고 그들의 신앙이 강화되었다. 그녀는 최소한 7가지 언어를 말했다. 예수께 영광을!38)

끝으로 언급할 것은 아직 방언에 대한 논쟁이 완결되지 않았고, 동시에 방언에 대한 열기가 급격히 고조되던 상황에서, "가짜 방언"에 대한 논쟁이 있었다는 것이다. 방언에 대한 강한 열망에도 불구하고 방언을 체험하지 못한 사람들 중에, 방언을 흉내 내는 사람들이 생겼다. 초기 오순절운동의 지도자들은 이 문제로 골치가 아팠던 것 같다. "사람들이 방언을 흉내 내었다." "사람들은 오늘날 성령의 역사를 모방 하려고 애쓰고 있다." "오늘날 하나님의 백성들 안에 있는 성령의 권능이 가짜들을 정죄하고 삼킨다"란 언급들이 나오고 있기 때문이다. 특별히 당시의 미국 종교계에서 독특한 영적 운동을 전개하고 있던 그룹들, 즉 영성주의spiritualism, 크리스챤사이언스, 그리고 신지학회Theosophy 회원들이 아주사집회에 참석하여 문제를 야기했던 것 같다. 비록 현상적으로는 유사한 모습을 보였으나, 근본적으로 그들의 운동을 인정할 수 없었던 오순절주의자들은 그들의 유사하지만 본질적으로 다른 운동들을 "가짜"로 강력히 정죄하고 반대했다.39)

6. 방언은 어떤 모양으로 나타났는가?

오늘날 방언은 대체로 기도의 형태로 나타난다. 그래서 방언기도라는 말이 일반적으로 통용되지만 초기 오순절운동에서 방언의 주류는 기도가 아니었다. 물론, 방언으로 기도하는 예들도 나타나지만, 더 많은 경우, 설교나 예언, 혹은 찬양 등의 모습으로 나타났다. 방언의 다양한 형태들을 살펴보자.

먼저, 초기오순절운동에 방언은 메시지를 선포하는 모습으로 자주 나타났다. 즉, 대중을 향한 설교나 예언을 선포하는 모습이 자주 기록에 등장하고 있는 것이다. 방언을 구하는 사람에게 성령이 임했을 때, 그들은 마치 구약의 선지자들처럼 성령에 취해 방언으로 메시지를 선포했다. 한가지 언어로 선포할 때가 있었고, 여러 개의 다양한 언어로 메시지를 선포할 때도 있었다. 이런 체험은 오순절운동이 말세에 복음을 이방인들에게 담대히 전하는 사명을 지녔다고 확신하게 만들었다. 근대오순절운동의 아버지로 불리는 찰스 팔함의 체험이 대표적 예라고 할 수 있다. 외부에서 집회를 마치고 돌아온 팔함은 자신의 부재 중 학생들이 성령을 체험한 사실을 목격하고, 자신도 그런 체험을 갈망하기 시작했다. 그가 이런 신비현상을 목격하고 당혹스러워할 때, 주님의 음성을 들었다.

"너는 박해와 성난 군중들 앞에서도 이 경험을 증거할 수 있느냐?" 그는 대답했다. "예, 주님, 당신이 제게 그것을 체험하게 한다면, 그렇게 하겠습니다. 그런 수고를 하기 위해선, 먼저 그 열매를 맛보아야 할 것입니다." 그 순간, 주께서 그의 음성기관을 장악하셨고, 그는 다른 언어로 말씀을 설교하기 시작했다. 이 남자는 여러 언어로 미국 전역에서 설교했고, 그 언어에 해당하는 남녀들이 제단 앞에 나아와서 하나님을 찾았다.40)

방언은 기도의 형태로도 나타났다. 예를 들어, 아주사거리에서 조셉 시무어가 인도한 부흥집회는 특정한 프로그램 없이 하루 종일 진행되었다. 당시의 예배장면을 소개한 글에 따르면, 시무어는 잠깐씩 설교하고, 대부분의 시간이 찬양과 기도로 채워졌다. 이때 수 백명의 사람들이 성령충만하여 방언으로 기도했다. 또 성령세례를 받고 싶은 사람들은 선교회 2층에 마련된 기도실에 들어가, 그 은혜를 체험할 때까지 끈질기게 기도했다.41) 따라서, 방언기도는 초기 오순절운동 기간에 일상적으로 발견할 수 있는 현상이었다. "소수의 사람들이 방언으로 기도하는 소리를 듣고, 한 시각장애인이 구원 받고 시력을 회복했다."42) "그녀는 즉시 그것을 듣고 위층으로 올라갔다. 그녀가 주님 앞에 무릎을 꿇자, 성령께서 강력한 권능 속에 그녀에게 임했고, 그녀가 방언으로 기도했다."43)

셋째, 방언으로 찬양하는 모습도 매우 자주 볼 수 있었다. 성령세례의 증거로 방언을 받은 후, 이어서 그 언어로 하나님을 찬양하게 된 것이다. 자신이 전혀 알지 못했던 낯선 언어가 초자연적으로 입에서 발음되며, 때로는 강하고 큰 소리로, 때로는 조용하고 부드러운 소리로 노래를 부르기 시작했다. 방언찬양을 한 사람들은 그 소리와 언어의 아름다움에 취해 황홀한 기분을 경험하곤 했다.

기도 중에 얼마나 엄청난 권능이 임했던가! 나의 전 존재가 불 속에 있는 것만 같았다. 그 후에, 나는 조용히 외국어로 달콤한 찬양을 부르기 시작했다. 오, 내 영혼 깊은 곳에서 그의 자비를 구하는 찬양이 올라왔다. 나는 사자처럼 강해진 것 같았고, 삼손과 다윗의 힘이 어디에서 온 것인지 알게 되었다. 오늘, 나는 가는 곳마다 방언으로 말하고 찬양했다. 하나님께 영광을. 계속 기도하라.44)

우리가 성령세례를 받을 때, 방언으로 노래할 수도 있다. 주님께서 하나님의 낙원으로부터 달콤한 찬양을 떨어뜨리시고, 모든 마음을 자극하기 때문이다. 여러 차례, 우리는 세상의 찬송가책이 필요 없고, 단지 주님이 우리를 전능한 성령으로 만지면 그만이다. 그러면 우리는 오르간이나 피아노가 필요 없어진다. 성령이 우리 마음 속에서 피아노를 연주하시고, 그 노래에 대해 해석해주시며, 또 영어로 노래를 부른다. 그것은 너무 달콤하다. 여기가 곧 하늘이다.45)

방언의 은사로 모르는 언어를 쓰기도 했다. 한국에선 소위 "영서"로 알려진 이 현상이 오순절운동 초기에도 드물지 않게 나타난 것으로 보인다. 전혀 배운 적이 없는 외국어를 성령세례의 결과로 정확하게 쓸 수 있게 된 것이다. 이 현상의 주인공은 그 언어의 내용을 전혀 알지 못했으나, 그 언어에 익숙한 사람들을 만나, 그 언어의 정체와 글의 내용을 이해할 수 있었다.

주께서 한 히브리 청년을 보내셨고, 그는 다음 날 밤에 회심했다. 그는 슬피 울고 통곡을 했는데, 그 소리가 어찌나 컸던지 당신이 한 블록 밖에서도 그 소리를 들을 수 있을 정도였다… 내가 성경책을 꺼내 그에게 읽어주려 했을 때, 그는 내가 오크랜드에서 성령의 권능 아래 썼던 글을 발견했다. 그가 그 글을 발견했을 때, 히브리어로 읽기 시작했다. 우리가 해야 했던 가장 힘든 일은 내가 그 언어를 배운 적이 없다는 사실을 그에게 납득시키는 것이었다. 이 사실을 이해하자, 그는 온몸을 떨면서, 정말 메시아가 왔음을 자신이 믿는다고 말했다…그가 내 글을 히브리 학자에게 가져갔는데, 그것은 바로 사 55:2, 시46:3, 주의 기도, 그리고 롬3:26이었다.46)

끝으로, 방언의 언어적 특성과는 크게 상관이 없어 보이지만, 이 항목에서 추가적으로 언급하고 싶은 것이 있다. 그것은 당시에 어린이들이 방언을 하는 경우가 많았다는 사실이다. 물론, 오늘에도 어린이들이 방언의 은사를 체험하는 경우가 있지만, 점점 그런 모습은 예외적이 되고 있다. 하지만, 오순절운동 초창기에는 특별히 어린이들만을 위한 성령집회가 많았고, 그 집회들을 통해 어린이들이 방언을 하게 되는 경우는 비일비재했다.

많은 어린이들이 성령세례를 받았다. 헐몬에 사는 한 여인이 일일 어린이 부흥회를 개최했는데, 세명의 아이들이 성령세례를 받았다. 또한 어느 주일 밤에, 아주사거리선교회에서 세명의 어린 소녀들이 성령세례를 받고, 모두가 다른 언어로 말하게 되었다. 그들이 다른 사람들을 위해 제단에서 기도하기 위해 앞으로 나가는 모습을 지켜보는 것은 대단히 감동적이다. 그들은 어머니와 함께 캐나다로 떠나야 했다. 그곳에서 바다를 건널 계획이었는데, 그들이 떠나기 전, 주께서 그들에게 오순절 은혜를 베푸신 것이다.47)

7. 도대체 방언은 어떻게 받았는가?

방언을 성령세례의 증거로 주장한 초기 오순절운동은 오순절교리 및 체험을 확산시키기 위해 최선을 다했다. 모양을 갖춘 정기집회뿐만 아니라,

길거리에서도 기회만 되면 오순절교리를 선포하고 기도했다. 따라서 다양한 환경과 상황에서 방언이 나타나게 되었다. 그렇다면, 오순절운동 초창기에 사람들은 어떤 상황에서 어떤 방법으로 방언을 받았을까?

　방언을 받는 대표적인 방법은 안수였다. 근대오순절운동의 기원이 되는 캔자스주 토페카의 베델성서학원에서 아그네스 오즈만이 방언의 은사를 받았을 때도, 찰스 팔함이 그녀에게 안수했을 때였다.48) 아주사에서 부흥운동이 강력히 일어났을 때도, 방언을 통해 수 많은 사람들이 방언을 받았다. 이미 방언을 체험한 사역자가 방언 받길 소원하는 사람들의 머리에 손을 얹었을 때, 성령세례를 받고 방언을 말하게 되었다는 기록이 많이 나온다.

> 하나님이 기름 부은 여종, 루시 페로우 부인이 약 4개월 전 텍사스 휴스턴에서 LA로 온전한 복음을 가져 왔다. 하나님께서 그녀를 크게 쓰셔서, 그녀가 안수한 많은 사람들이 성령세례를 받고 방언을 말하게 되었다. 이제 그녀는 버지니아의 노폭을 거쳐 휴스턴으로 돌아갔다.49)

　성도들이 성령세례와 그 증거로서 방언을 체험하기 위해 열정적으로 기도할 때, 방언을 받았다. 예배시간에 방언에 대한 설교나 간증을 듣고, 혹은 오순절기관에서 발행한 잡지나 신문을 통해 오순절체험에 대해 들은 후, 자신도 그 체험을 얻기 위해 간절히 기도한 결과, 많은 사람들이 방언을 체험하게 된 것이다. 예를 들어, 오토 브롤린Otto Braulin이란 사람은 어느 날 신문과 편지를 통해 오순절체험에 대해 알게 되었다. 갑자기 자신도 그런 체험을 하고 싶어, 그는 읽던 신문을 내려 놓고 방안에 들어가, 하나님께 그런 체험을 달라고 기도하기 시작했다.

그 후 나는 아버지께 말했다. "나는 아직 성령세례를 받지 못했습니다. 오순절의 증거인 방언의 은사를 받지 못했기 때문입니다." 그러자 권능이 이전에는 경험해 보지 못한 기이하고 강력하게 역사하기 시작했다. 바로 그날, 나는 그 증거를 받았다. 성령은 두 가지 언어를 주셨다. 나는 그 두 가지 사이의 차이를 구별할 수 있었다.50)

안수와 기도가 방언을 체험하는 주된 방법으로 사용되었지만, 전혀 뜻하지 않은 상황에서 방언이 터진 경우도 많다. 예를 들면, 어떤 사람은 성경을 읽던 도중에 방언을 받기도 했다. "처음에는 오순절 진리를 반대했던 한 설교자의 아내가 집에 가서 사도행전 2장을 읽었다. 그녀가 성경을 읽고 있던 중, 성령이 그녀 위에 임했고, 그녀는 방언을 말하기 시작했다."51) 어떤 사람은 아주사에서 발행한 the Apostolic Faith를 읽던 도중, 방언을 체험하기도 했다. "어떤 사람은 이 신문의 첫 페이지를 읽다가 성령과 방언의 은사를 받았다."52) 혼자서 찬양하던 도중에 성령세례를 받고 방언을 말하게 된 사람도 있었다. 과일마차를 운전하는 지글러 형제는 아침 일찍 마차를 몰면서 하나님을 찬양하고 있었다. 그런데 "갑자기, 나는 새로운 언어로 말하기 시작했다."53) 이처럼, 언제 어디서나, 또 모든 가능한 방법으로 방언현상이 나타난 것이다.

8. 방언의 내용은 무엇이었을까?

*The Apostolic Faith*에는 방언의 내용이 통역되어 실린 경우들이 많다. 방언이 외국어인 경우, 그 언어에 정통한 사람들에 의해 통역된 내용이 실렸고, 알지 못하는 언어인 경우, 통역의 은사를 받은 사람들의 도움으로 그 내용이 해석되기도 했다. 그렇다면, 그렇게 소개된 방언들은 주로 어떤 내용을 담고 있었을까? 이제 그 내용을 몇 가지 범주로 분류하여 살펴보자.

가장 주목할 만한 내용은 예수의 재림에 관한 예언이다. 위에서도 이미 언급했듯이, 오순절운동의 가장 중요한 신학적 배경 중 하나는 종말론이다. 특히, 당대에는 주의 재림이 임박했다는 의식이 역사상 그 어느 때보다 팽배했었다. 이런 강력한 종말의식이 성령세례 교리와 결합하면서 열정적인 선교운동을 촉발시켰던 것이다. 아마도 이런 상황이 방언의 내용을 강화시켰거나, 혹은 방언을 통해 예언된 임박한 주의 재림이 이런 상황을 더욱 부추겼을 수도 있다. 혹은 이 모든 요소들이 결합하여 시너지효과를 내었을 가능성도 있다. 아무튼, 당시에 통역된 방언들 중 적지 않은 내용은 종말에 관한 것이었다. 한 소녀의 아프리카어 방언은 다음과 같이 통역되었다.

> 예수께서 곧 다시 오실 것이다. 정말 곧 다시 오실 것이다. 그러므로 우리는 그때 그분을 맞이할 준비를 해야 한다. 지금 당신의 마음을 준비하라. 주께서 곧 오실 것이나, 당신이 그 시간을 알지 못하기 때문이다. 만약 당신이 준비되지 않으면, 당신은 예수와 함께 가지 못할 것이다. 그분은 각자의 마음을 살피시고, 그들이 자신의 재림을 준비하기 원하신다. 이제 그분을 구하라, 나중에는 너무 늦을 것이다.[54]

다음으로 주목할 내용은 하나님에 대한 찬양이다. 성령에 취한 성도들의 입을 통해 방언으로 선포된 말씀들 중 상당수는 예수님이 누구시며, 그분에게 찬양과 영광을 돌려야 한다는 내용을 담고 있었다. 예를 들면, "주님은 나의 신랑이다."[55] "오, 예수님은 위대한 하나님이다."[56] 같은 내용의 방언은 예수님의 정체를 선포한 것이다. 주님에 대한 이런 인식은 주님에 대한 찬양으로 연결된다. "예수님께선 분명히 우리와 함께 계신다. 오, 그분을 찬양하라."[57] "온 하늘아, 한 마음으로 울려라. 우리 하나님과 왕게 찬양하라. 땅들아, 우리 함께 찬양하자. 늘 그분을 찬양하자."58) 이처럼, 주님에 대한 신앙고백과 찬미가 방언의 주요한 내용을 구성하고 있다.

당시의 방언에는 신자들을 향한 하나님의 훈계와 명령, 그리고 약속과 사명 등도 함께 담겨 있었다. 당시 내용들을 분석해 보면, 성도들의 영적 상태를 수면상태로 진단하고, 각성을 촉구하는 메시지가 보인다. "깨어 있으라. 잠들지 말라. 내가 너의 집을 방문할 것이다."59) 혹은 영적 교만에 빠져 하나님 앞에 범죄하는 사람들을 향해, 겸손을 명령하는 예언적 발언도 나타난다. "하나님의 전능한 손 아래서 겸손하라."60) 선교의 사명을 선포하고 확인하는 말씀도 있었다. "나는 이 사랑스런 자를 나의 영으로 기름 부었다. 그는 내가 아프리카에서 많은 이들에게 복음을 선포하고, 순교의 고통을 당하도록 선택한 그릇이다."61) 무엇보다 중요한 메시지는 성령을 받아야 한다는 것이다. 방언을 동반한 성령세례를 강조했던 오순절운동에서 이것보다 더 심각하고 절박한 메시지는 없었을 것이다.

> 너의 마음을 열고 성령의 은사를 받아라. 나는 자녀들에게 선한 은사들을 선물로 줄 것이다. 나를 신뢰하는 자들은 복을 받을 것이다. 오, 생수를 마셔라. 나를 믿어라. 그러면 너희가 구하는 모든 것을 발견할 것이다.62)

이처럼, 신앙생활과 관련된 구체적 메시지가 마치 예언처럼 방언을 통해 선포되었다. 따라서 이렇게 신비롭게 선포된 예언의 말씀은 그 말씀을 듣고 말하는 자들에게 절대적인 영향을 끼칠 수 밖에 없었다.

방언을 통해 성경말씀이 선포된 경우도 있었다. 위에서 언급된 방언의 내용과 유사한 성결구절들이 방언을 통해 선포되었다. 방언을 통해 성경말씀이 선포되었을 때, 즉 성경이 갖는 고유한 권위와 방언이라는 초자연적 권위가 결합되었을 때, 이것이 오순절신자들에게 갖는 영적 권위와 무게는 대단했을 것임에 틀림없다. 다음에 인용할 기사의 경우, 선포된 성경구절들은 위로, 구원, 성령세례 등의 내용을 담고 있었다. 이런 유형의 성경구절이 방언을 통해 자주 선포된 것으로 보인다.

알지 못하는 언어로 선포되고 통역된 성경구절들은 다음과 같이 아름다운 말씀들이다. "수고하고 무거운 짐 진 자들아 다 내게로 오라 내가 너희를 쉬게 하리라." 또한 다음의 본문도 통역된 말씀이다. "보라, 지금은 은혜 받을 만한 때요, 보라 지금은 구원의 날이로다." "믿고 세례를 받는 사람은 구원을 얻을 것이요 믿지 않는 사람은 정죄를 받으리라. 믿는 자들에게는 이런 표적이 따르리니 곧 그들이 내 이름으로 귀신을 쫓아내며 새 방언을 말하며, 뱀을 집어올리며 무슨 독을 마실지라도 해를 받지 아니하며 병든 사람에게 손을 얹은 즉 나으리라 하시더라."63)

9. 방언 때문에 무슨 일이 벌어졌는가?

오순절주의자들에게 방언은 성령세례의 증거로서, 또 말세에 선교사명을 감당할 수 있는 성령의 능력으로 이해되면서, 그들 신앙의 핵심으로 수용되고 실천되었다. 결국, 수 많은 논쟁과 갈등에도 불구하고, 방언의 체험이 당시 신자들에게 하나님에 대한 믿음을 강화하고, 신앙생활에 강력한 동력을 부여함으로써, 오순절운동의 폭발적 성장에 결정적인 기여를 한 것이다. 이 사실을 부인하긴 힘들다. 하지만 이렇게 거룩한 의미와 실제적 효용성을 겸비한 방언 때문에, 흥미로운 사건들도 많이 일어났다. 이것은 긍정적인 측면과 부정적인 측면으로 구분하여 살펴볼 수 있다.

방언의 긍정적인 결과는 불신자들에게 회심의 동기를 제공하고, 기존 신자들에게는 성령세례를 추구하도록 도전한 것이다. 즉, 기존의 전도방식이나 설교에 별다른 반응을 보이지 않던 불신앙의 사람들이 오순절주의자들의 방언을 들은 후 극적으로 변화된 경우가 많았던 것이다. 배우지 않은 외국어를 말하는 현상 자체가 신비롭기도 했고, 방언을 통해 자신의 숨겨진 과거가 폭로될 때는 경악하기도 했다. 그 결과, 좀처럼 변화되지 않았던 사람들이 회심하여 구원을 얻은 경우가 많다.

어느 날 그녀가 말하고 있을 때 성령께서 그녀를 통해 다른 언어를 말하기 시작했다. 처음에는 아무도 그 언어를 이해하지 못했다. 그런데 갑자기 그 방의 뒤쪽에서 소란이 벌어졌다. 그곳에는 일본인들이 앉아 있었는데, 그들이 자신들의 손을 비틀면서 울부짖고, 손으로 얼굴을 감쌌다. 어떤 사람이 그들에게 다가가자, 그들이 말했다. "우리 말로 말해주세요. 하나님께서 어떻게 일본인들을 위해 죽었는지에 대해서 말입니다." 그들은 전에 그런 말을 들어본 적이 없었던 것이다.64)

한 시각 장애인이 구원 받고 시력이 회복되었는데, 그가 구원 받은 것은 몇 사람이 방언하는 것을 들었기 때문이다. 그는 죄인이었으며, 매우 세속적이었다. 그런데 방언 때문에 죄를 깨닫게 되었다. 사람들에게 행하시는 하나님의 놀라운 사역을 찬양하자!65)

또한, 그 동안 무기력한 신앙생활을 하던 사람들, 특히 성령세례에 대해 무관심하거나 적대적이었던 사람들이 타인의 방언을 보고 영적 도전을 받는 경우도 많았다. 즉, 성령세례를 받고 방언하는 다른 신자들의 모습에 충격을 받아, 자신도 방언을 받기 위해 애쓰는 과정에서, 신앙이 뜨거워지고 성장하는 경우가 많았던 것이다. 특별히 예전에 성결운동에 관여했던 사람들이 방언에 대한 편견 때문에 극심한 내적 갈등을 겪은 후, 결국 방언을 체험하고 오순절운동에 가담하게 된 경우들이 많았다.

대부분의 설교자들이 그랬듯이, 나는 우리가 성화의 은총을 받을 때, 성령을 받는다고 가르쳤다. 하지만 내가 기도의 영으로 나의 성경에 다가 갔을 때, 하나님께서 나에게 보여주셨다. 그리스도의 승천 이전에 제자들이 칭의를 얻었으나, 오순절 날 전에는 성령세례를 받지 못했음을 말이다. 둘째 날에 나는 그 집회에 갔다. 주님은 내 마음 속에 앞으로 나가고 싶은 간절한 마음을 주셨다. 하지만 나는 복음사역자로서의 교만이 지나쳐서, 그렇게 초라한 선교회에서 나 자신을 겸손하게 낮추지 못했고, 내가 성령의 은사를 받도록 여인들이 기도하는 것을 거부했다…나는 한 시간 반 동안 하나님의 권능 아래 놓였고, 모든 자만, 자아, 그리고 교만이 사라졌다. 그리스도께서 내 속에 온전히 임하셨기 때문에, 나는 세상에 대해 정말로 죽은 자가 되었다. 나는 성령세례를 받고, 방언을 말하게 되었다. 나는 그 빛에 대해 하나님을 찬양하며, 이제 나는 그 빛 속에 걷고 있다. 내 마음의 소망은 그리스도의 복음을 설교하는 모든 사람들이 성령세례 받는 모습을 보는 것이다. 왜냐하면 성령 없이, 우리가 세상에게 죄, 의, 그리고 심판에 대해 확신시키는 것은 거의 불가능하기 때문이다.66)

하지만, 이같은 긍정적인 결과 외에도, 의도하지 않은 부정적인 결과들도 적지 않았다. 무엇보다, 방언 때문에 오순절파 사람들이 여러 가지 고난을 당해야 했던 것이다. 그들이 기존 교회들로부터 이단시비에 휘말리고, 신학적으로 혹독한 비난을 받기도 했으며, 광신도 집단으로 몰려 감옥에 가거나 법정에 서는 경우도 많았다. 다음의 이야기는 성령에 취했던 초기 사역자들의 열정과 그것이 초래한 현실과의 갈등을 적나라하게 보여준다.

나는 아주사거리선교회에서 운영하는 성경학교에 참석하기 위해 차를 탔다. 나는 선교회 근처에서 내렸는데, 약간 알고 지내던 두 명의 흑인 경찰관들을 보았다. 나는 주님께서 나의 영혼에 행하신 일에 대해 그들에게 말해주어야 겠다고 생각했다. 나는 방언으로 말하기 시작했고, 그들은 내가 미쳤다고 말한 후, 나를 경찰서로 데려갔다. 모퉁이에서 순찰마차를 기다리고 있을 때, 나는 모여 있던 많은 사람들에게 설교할 수 있었다. 나는 경찰서에서도 영어와 방언으로 설교했다. 그들은 나를 유치장에 집어 넣었다. 내가 계속 설교하자, 그들은 재빨리 나를 그곳에서 꺼내어, 병원 응급실로 데려가서, 밤새도록 그곳에 두었다.67)

뿐만 아니라, 방언에 의한 신학적 갈등은 결국 교회분열의 아픔을 피할 수 없었다. 기본적으로는 원하지 않았지만, 성령세례에 대한 해석의 차이를 현실적으로 극복할 수 없었기 때문에, 성결파와 오순절파는 분리할 수 밖에 없었다. 이때, 분열은 성결교회에서 오순절파들이 축출되는 형태가 대부분이었다.

윌리엄 팬들톤 형제와 그의 교우들 35명이 성결교회에서 쫓겨났으며, 그들에게 교회 문은 닫히고 말았다. 그때, 그들은 바틀맨 형제과 다른 사역자들에 의해 8번가와 메이플 애버뉴에 위치한 교회에서 예배드릴 수 있도록 초대 되었다. 그 교회는 오순절 사역을 위해 개방된 곳이다. 하나님께서 이전과는 다르게 그곳을 사용하고 계신다. 엘리시안 하이츠에 있는 나사렛 교회에서 일군의 신자들이 성령세례와 방언의 증거 때문에 거부되었을 때, 그들은 기도처를 열었고, 그곳에 굶주린 영혼들이 모여들었다. 위에서 언급한 두 개의 장소에서, 집회가 밤새도록 진행되고, 많은 영혼들이 성경적 체험을 얻고 있다.68)

또한 기존 교회로부터 박해와 고난을 경험하면서, 오순절교회는 분리주의적 성향을 지니며 일종의 분파주의적 특성을 지니게 되었다. 그들은 지속적으로 자신들의 운동이 "교회일치"를 추구한다고 주장하며, 자신들은 결코 기존교회에 반대하는 것이 아니라고 항변했다. 자신들은 오직 성경과 진리에 충실하고 애쓸 뿐, 결코 교회분열과 갈등의 원인이 되길 원치 않는다고 해명했다.69) 하지만, 시간이 지나면서 상황은 점점 더 악화되었고, 더 이상 기존 교회와의 공존이 현실적으로 불가능해졌다. 기존 교회에서 자신의 신앙을 포기하고 살든지, 아니면 자신의 새로운 신앙을 유지하기 위해 기존 교회의 문을 박차고 나오든지, 둘 중의 하나를 선택해야 하는 상황으로 몰리게 되었다. 이런 상황에서 다수의 사람들은 분리를 불가피한 선택으로 받아들였고, 결국 초창기 오순절운동은 분파주의적 성격을 지니게 되었다. 물론, 그 이후에 오순절교단이 형성되고, 이 교회들이 급성장하여 제3의 기독교 전통으로 입지를 확고히 하면서, 이런 초기의 분파주의적 특성은 거의 사라지게 되었지만 말이다.

2년 전에 하나님께서 이 곳에서 당신의 자녀들에게 세례주기를 시작하셨다. 일부가 방언으로 말하기 시작했고, 일부는 예언의 은사 등을 받았다. 다른 이들은 하나님의 권능 아래 쓰러졌고, 하나님은 그들에게 놀라운 일들을 보여주셨는데, "준비하라. 내가 곧 오리라"는 말씀을 이루시는 것 같다. 하지만 그 세례가 하나님께로부터 온 것이란 사실을 믿는 자가 너무 적다. 세상 사람들과 교인들 모두 그것에 반대하며, 모든 것이 마귀의 짓이라고 생각한다. 그래서 우리는 세상과 분리된다. 곧 우리는 영원토록 분리될 것이며, 예수님과 그의 성도들과 영원히 함께 있을 것이다.70)

Ⅲ. 결론

이상에서 1906년 미국 아주사부흥운동을 통해 나타난 방언의 다양한 측면을 The Apostolic Faith에 실린 기사들을 중심으로 살펴보았다. 그렇다면 이런 자료들을 통해 드러난 근대오순절운동 방언의 특징은 무엇일까?

첫째, 근대오순절운동의 방언은 방언에 대한 성서적·신학적 사색의 결과로 자연스럽게 탄생한 것이 아니라, 방언의 경험이 선행하고, 이 경험에 대한 성서적·신학적 논쟁이 뒤따랐다. 오순절운동은 성결운동가들 내에서 발생한 방언체험을 놓고, 성령세례에 대한 전통적 성결운동의 입장을 고수하는 그룹과, 이 체험을 설명하기 위해 기존의 이론을 거부하고 새로운 설명체계를 수립하려는 그룹 간의 신학적 갈등의 산물로 출현하였다. 성결파들은 방언자체에 큰 의미를 두지 않고, 성령세례를 내적 성결로 이해하는 전통적 입장을 배타적으로 고수했다. 반면, 오순절파들은 방언에 결정적 강조점을 두면서, 이 현상을 설명하기 위해, 성결파의 전통적 입장을 거부하게 된 것이다. 즉, 성결운동 내에 방언현상이 강력하고 광범위하게 발생하자, 이 새로운 현상을 기존의 신학적 틀에 근거해 거부하려는 입장과 이 현상을 존중하며 새로운 신학적 패러다임을 추구하는 그룹 사이의 갈등의 결과, 근대 오순절운동이 출현했고, 그들에 의해 방언에 새로운 신학적 의미가 부여된 것이다. 이것은 신학이 영구불변의 결정체가 아니라, 새로운 현상과 체험에 의해 지속적으로 변화/진화하는 유동체라는 사실을 보여주는 대목이다. 이것은 부인할 수 없는 역사적 현실이요 경험이다.

둘째, 근대오순절운동이 강조한 방언은 성령세례의 증거라는 것이며, 이때 방언은 말세에 만민에게 복음을 전하기 위한 초자연적 도구였다. 결국, 방언이 그 자체로도 신학적 가치와 신앙적 의미를 갖지만, 보다 정확하고 분명한 의미와 가치는 성령세례의 가시적 증거라는 신학적 의미, 말세라는 시대적 배경, 복음전도라는 구체적 역할을 함께 고려할 때, 보다 명확히 드러난다. 이같이 방언에 대한 포괄적이고 정확한 이해가 결핍된 결과, 오늘날 교회에서 방언체험 자체에 지나친 의미를 부여하는 신학적·목회적 기현상이 나타나고 있다. 다시 말해, 방언 자체가 목적이 아니라, 방언은 대사명을 감당하기 위한 도구라는 사실을 오늘날 많은 오순절주의자들이 간과하고 있다는 것이다. 따라서, 방언 자체에 지나친 의미를 부여하여, 마치 방언이 신앙의 궁극적 목적인 듯이 중시하는 경향은 교정될 필요가 있다. 결국, 방언이 본래의 의미와 자리를 확립하는 것은 단지 오순절주의자들뿐만 아니라, 방언을 중시하는 한국교회 전체가 감당해야 할 중요하고 긴박한 신학적·목회적 문제다.

셋째, 근대오순절운동 초기에 나타난 방언은 분명히 외국어가 주류를 이루었다. 물론, 알지 못하는 언어도 있었다. 그러나 초기 오순절주의자들이 경험하고, 그래서 특별한 의미를 부여했던 것은 그들이 성령세례를 체험한 후, 외국어를 초자연적으로 말하게 되었다는 사실이었다. 이런 은사체험은 대사명을 이룰 수 있는 신적 도움으로 이해했고, 동시에 그 언어를 사용하는 사람과 국가를 위해 사역하라는 부인할 수 없는 신적 명령/소명으로 해석했다. 초기오순절운동이 강력한 선교운동으로 이어질 수 있었던 것은 분명히 당시에 나타난 방언이 정체불명의 언어가 아닌, 이 땅에 존재하고 사용되는 외국어였기 때문이었다. 하지만 현재 교회에서 일반적으로 나타나는 방언은 외국어가 아닌, 정체불명의 언어현상이다. 이것은 또 다른 영적 은사인 통역의 은사 없이는 이해할 수 없다. 그렇다면 현재의 상황을 어떻게 이해해야 할까? 초기의 기록이 거짓일까? 아니면, 시간이 경과하면서 외국어 방언은 사라지고 정체불명의 언어만 남게 된 것일까? 아니면 또 다른 어떤 이유가 있는 것일까? 물론, 현재까지의 연구로 이 문제에 대한 대답을 명쾌히 제시할 수는 없다. 하지만 분명한 것은 지금과 달리 1900년대 초반에 나타난 오순절파들이 체험한 방언에는 외국어가 지배적이었다는 사실이다. 적어도 기록된 문헌을 사실로 인정한다면 말이다.

넷째, 근대오순절운동의 방언은 기도뿐만 아니라, 설교, 찬양, 글쓰기 등의 다양한 형태로 나타났다. 물론, 방언이 기도의 형식으로 표현되는 경우도 많았다. 하지만 기도 외에, 방언으로 설교하는 현상도 매우 빈번했다. 영어와 방언을 함께 섞어 마치 2개국어로 말하듯이 설교하거나, 혹은 외국인들에게 그들의 언어로 일관되게 설교하는 경우도 있었다. 방언으로 하는 그들의 설교를 듣고 회심하거나 성령을 체험한 경우들이 많았다. 뿐만 아니라, 방언으로 찬양하는 경우, 또 방언을 글씨로 표현한 경우도 흔했다. 반면, 오늘날 우리가 경험하는 방언은 절대적으로 기도가 많다. 그래서 방언기도라는 말이 일반적으로 통용될 정도다. 또 방언찬양이나 영서 현상도 드물지 않게 보고되고 있지만, 방언으로 설교하는 경우는 거의 없다. 이것 또한 더 많은 연구가 필요한 주제이다. 왜 초창기에 빈번했던 방언설교가 오늘날에는 거의 나타나지 않으며, 방언기도가 주류를 이루게 되었는지 말이다.

다섯째, 근대오순절운동 초기에 나타난 방언은 외국어인 경우가 많았다. 하지만 그것은 대부분 특정한 메시지를 담고 있는 일정한 문장이나 문단이었지, 외국어로 외국인과 의사소통이 가능한 능력을 완벽하게 습득한 것은 아니었다. 외국어 방언을 받은 사람들은 자신이 하는 말을 이해하지 못했고, 그 언어를 사용하는 사람들의 통역을 통해, 그 의미를 파악할 수 있었다. 따라서 그들은 그 언어를 사용하는 사람들이 하는 말을 알아들을 수 없었으며, 그들과 자연스런 대화가 불가능했다. 현대의 오순절주의자들이 20세기 초기에 발생한 외국어 방언에 대해 상상할 때, 이것이 초자연적으로 외국어 구사능력을 완벽하게 부여 받은 것으로 생각하는 경향이 있으나, 사실은 그렇지 않았던 것이다. 사실, 당시 신자들이 성령세례를 받고 외국어 방언을 하게 되었을 경우, 이것을 그 언어를 사용하는 지역과 민족을 위한 사역으로의 부르심으로 이해하여, 선교사가 된 경우가 많았다. 하지만, 그들이 그 선교지역에서 초자연적으로 그 언어를 습득해서 그 언어로 사역을 했다는 기록은 찾아 볼 수 없다. 즉, 당시나 현재나, 외국어를 체계적으로 학습하여 능숙하게 말하게 된 경우와 방언을 통해 외국어를 말하게 된 것은 근본적으로 다른 문제였던 것이다.

여섯째, 근대 오순절운동 초기에 신자들이 방언을 할 때, 한 가지 언어뿐만 아니라 여러 가지 언어를 한꺼번에 은사로 받은 경우들이 많았다. 어떤 사람은 두 가지, 어떤 사람은 7~8가지 언어를 동시에 말하게 되었다는 기록들이 많다. 물론, 이것이 7개국 어를 유창하게 말하게 되었다는 뜻이 아님은 위에서도 언급했지만, 최소한 구분할 수 있는 다른 나라 언어들이 동시에 방언으로 발언되었다고 추측할 수는 있다. 이것은 최근 우리 주변에서 발견하는 방언들이 대부분 일정한 음절이나 구절을 반복하는 경우가 대부분임을 볼 때, 매우 특이한 현상이라고 할 수 있다. 또 이런 현상이 예외적인 것이 아니라, 당시 기록에 빈번하게 나타나고 있음을 볼 때, 현재의 상황과 분명히 구분되는 특징이라 할 수 있다.

일곱 번째, 초기에는 어린이들이 방언을 체험하는 경우가 일반적이었다는 사실이다. 일단, 당시에 오순절주의자들은 어린이들이 성령을 체험하는 일에 특별한 관심을 갖고, 이를 위해 많은 수고를 했던 것으로 보인다. 어린이들을 위한 특별 집회를 지속적, 전국적으로 개최하고, 아이들의 성령체험을 신문에 기재하여 널리 알렸다. 5~6살부터 10대에 이르기까지 다양한 연령층의 아이들이 다양한 언어의 방언을 말하고, 흥분하여 하나님께 찬미하는 모습을 보는 것은 가히 충격적이다. 반면, 최근에 우리 주변에서는 이런 모습을 보는 것이 흔하지 않다. 물론, 중고등부 학생들의 경우, 수련회와 각종 집회를 통해 이런 체험을 하는 경우가 드물지 않으나, 아이들이 이런 체험의 주인공이 되고 있다는 소리는 쉽게 듣기 어렵다. 은사가 어른들의 독점물처럼 여겨지고 있는 오늘의 상황을 고려할 때, 매우 특이한 현상임에 틀림없다.

끝으로, 초기에 보고된 오순절운동의 방언체험은 대단히 도식적인 순서/절차를 보여준다. 방언체험에 대한 신문기록들은 예외 없이, 방언을 체험하기 전에 반드시 중생과 성화의 체험을 거치게 되어 있다. 성령세례와 방언을 구분하는 과정에서 오순절주의자들은 성령세례가 성결/성화 이후의 경험이라고 강조하면서, 이런 체험들의 시간적 순서를 명시적으로 규정했다. 그 결과, 신문에 등장하는 모든 간증들은 회심-〉성결-〉성령세례(방언)의 틀을 고수했다. 마치 이 순서를 어기면 문제가 있는 듯 하며, 성령이 이런 순서에 따라 기계적으로 역사하는 듯한 인상마저 강하게 준다. 하지만 이런 식의 주장은 그들의 주장에 설득력을 제공하기 보다는 지나치게 기계적이란 느낌을 준다. 즉, 성령의 역사를 신학적 틀에 한정 지으려는 듯한 인상을 피할 수가 없다. 장차, 개혁주의 신학에 영향 받은 윌리엄 덜함과 하나님의 성회의 신학이 이런 틀을 웨슬리안주의라고 거부하고, 자신들만의 새로운 이론을 세우게 되는 것을 고려할 때, 이렇게 성령의 역사를 특정한 신학의 틀로 한정하는 것은 오히려 신학적으로 위험해 보인다. 따라서 성령의 역사를 법칙화하려는 노력은 항상 위험하며, 따라서 성령신학은 규범적normative이기 보다는 기술적descriptive이 되어야 할 것이다.

이처럼 오늘날 우리가 경험하고 실천하는 방언과 20세기 초반에 출현한 방언 사이에는 일정 부분의 유사점과 함께 심각한 차이점이 존재한다. 이런 차이를 어떻게 이해해야 할까? 혹자는 이것을 방언의 변질이라고 규정하고, 방언의 금지를 요청하기도 한다. 어떤 이들은 맹목적, 배타적으로 현재의 경험을 절대시하며 일반화하려 한다. 이런 입장 중 어떤 것이 보다 성경적이며, 신학적으로 건전할까? 이런 질문에 대해 정답을 제시하는 것이 본 논문의 목적은 아니다. 또한 이 문제에 대한 답은 쉽게 찾을 수 없으며, 어느 한 분야의 독자적 연구로도 해결될 수 없다. 앞으로, 이 문제에 관심을 갖고 있는 학자들이 지속적으로 힘을 모아 연구함으로써, 조금씩 실마리를 찾아 갈 수 있을 것이다. 더욱이 교단신학이나 특정 이념에 근거해서 이 문제를 간과하거나, 한쪽의 입장을 배타적으로 고수해선 안 된다. 오순절주의자든, 반오순절주의자든, 이 문제에 대해 진지한 학문적 관심을 유지/심화시키며, 보다 온전한 답을 찾기 위해 부단히 노력해야 할 것이다.

물론, 현재 우리 가운데 나타나고 있는 방언현상의 부정적 측면에도 불구하고, 이것을 배타적으로 부정하거나 거부할 수는 없다. 그래서도 안 된다. 부정적인 측면뿐만 아니라, 긍정적인 측면도 너무 많기 때문이다. 즉, 현대교회의 부흥 한복판에 오순절운동이 위치하고, 오순절운동의 핵심이 방언이었음을 부인할 수 없기 때문이다. 하지만 성경 및 아주사 경험과 비교할 때, 현재 우리 안에 벌어지는 현상이 그것들과 많은 차이를 보인다는 사실도 무시해선 안 된다. 그것은 신학뿐만 아니라 신앙 면에서도 바람직하지 않기 때문이다. 왜 이런 차이가 발생하게 되었는지, 그런 차이가 바람직하고 정당한 것인지, 그렇지 않다면 이 문제를 현 상황에서 어떻게 교정/보완할 것인지에 대한 진지한 반성과 연구가 진행되어야 한다. 아무리 목회적 측면에서 효과적이고, 현실적으로 대중적 인기가 높아도, 그것에 대한 성경적 근거가 부족하고, 신학적 설명이 미흡하다면, 그것은 복음으로서, 기독교적 가르침으로서 의미와 가치를 상실하기 때문이다. 부디, 이 글을 계기로, 이런 문제들에 대한 연구들이 지속적으로 이어지길 기대한다.

*이 글은 복음신학대학원대학교 오순절신학연구소 편, 『성령과 언어』(대전:복음신학대학원대학교 출판부, 2010):271~315에 "근대 오순절운동 초창기에 나타난 방언 연구: The Apostolic Faith에 실린 기사들을 중심으로"란 제목으로 실렸던 것이다.

1) 김우현, 『하늘의 언어』(서울: 규정, 2007).
2) 옥성호, 『방언, 정말 하늘의 언어인가?』(서울: 부흥과개혁사, 2008).
3) 김동수, 『방언은 고귀한 하늘의 언어』(서울: 이레서원, 2008).
4) 예를 들면, 기독교대한성결교회의 교단잡지인 『활천』은 제659호 (2008년 10월)에서 "하늘의 언어로 말하라(방어)"란 제목 하에 특집으로 이 문제를 다루었다.
5) 물론 방언은 근대오순절운동의 출현 이전에도 나타났다. 특히 메노나이트, 퀘이커, 그리고 성결운동에서 빈번하게 출현했던 것이다. 하지만 그것이 교회의 공인된 전통으로 보편적 승인을 얻지 못했던 것이다.
6) 이 신문은 1906년 9월부터 2008년 5월까지 총13회에 걸쳐 발행되었으며, 아주사신앙선교회를 이끌었던 윌리엄 조셉 시무어(William Joseph Seymour)가 발행인이었다. 이 잡지는 아주사부흥회를 미국전역과 전세계로 빠르게 확산되는데 결정적인 매체로 기능했으며, 초기 오순절운동을 연구하는데 가장 중요한 일차자료 중 하나로 꼽힌다. 이 신문은 여러 형태로 재인쇄되어 출판되었다. 이 논문에서는 William Soseph Seymour, *The Azusa Street Papers* (Foley, AL: Together in the Harvest Publication, 1997)을 사용했다. 본 논문에서 인용된 페이지 수는 이 책의 페이지다.
7) 오순절운동의 웨슬리적 기원을 주장하는 연구서로는, Vinson Synan, *The Holiness-Pentecostal Tradition* (Grand Rapids, MI.: William B. Eerdmans Publishing Company, 1971, 1997); Robert M. Anderson, *Vision of the Disinherited* (Peabody, MA.: Hendrickson Publishers, Inc., 1979); Donald W. Dayton, *The Theological Roots of Pentecostalism* (Peabody, MA.: Hendrickson Publishers Inc., 1987) 등이 대표적이다.
8) "The Enduement of Power," 3.
9) 22.
10) "The Apostolic Faith Movement," 11.
11) "Ask What Ye Will," 16.
12) "Baptized in Minneapolis," 25.
13) "The Sin against the Holy Ghost," 25.
14) "Bro. Seymour's Call," 10.
15) "처음에, 성결지도자들은 선교회의 사역을 지지했다. 하지만 그들의 캠프집회에선, 성화와 구별되는 것으로 오순절 세례와 방언에 반대하기로 결정했다. 캠프집회에선 이 모든 것이 제거되고, 언급도 되지 않았다." 16.
16) "나사렛교회는 방언과 성화된 신자에게 성령세례가 임한다는 일체의 간증을 금지시켰다." *The Apostolic Faith*, 18.
17) "The True Pentecost," 23.
18) 맥퍼슨의 역사관에 대해선, Aimee Semple McPherson, *The Centennial Edition of Aimee Semple McPherson's Original Writings: Lost and Restored*,

Sermons and Her Personal Testimony (LA.: Foursquare Publications, 1990)을 참조하시오.
19) "The Pentecostal Baptism Restored: The Promised Latter Rain Now Being Poured Out and God's Humble People," 14.
20) "Bro. G. W. Batman's Testimony," 25.
21) "Pentecost in Danville, VA.", 15.
22) "Fire Still Falling," 14.
23) "This Same Jesus," 16.
24) 오순절운동 초기의 종말론에 대해선, 배덕만, "초기 오순절운동 지도자들의 종말론 연구: 사회개혁에 대한 시각을 중심으로"『역사신학논총』제11집 (2006): 132-65를 참조하시오.
25) "Other Pentecostal Saints," 24.
26) Ibid.
27) "The Ten Virgins," 21.
28) "Sanctification and Power," 21.
29) 11.
30) "Missionaries to Jerusalem," 13.
31) 10.
32) 12.
33) 25. 드문 경우이긴 하지만, 방언하는 사람이 직접 자신의 방언을 통역한 예도 보인다. "설교가 진행되는 동안, 성령이 한 설교자에게 임했다. 그는 껑충껑충 뛰며 '할렐루야'를 외치더니, 곧 방언으로 말하기 시작했다. 그는 줄루어와 다른 여러 언어를 말했는데, 영어보다 더 유창하게 말했고, 자신이 말한 것을 해석했다." 11.
34) 10.
35) 예를 들어, 1906년 9월부터 12월까지 발행된 4부의 신문에서 명시적으로 언어의 종류를 밝힌 기사들을 검토한 결과, 총 16개의 언어(그리스, 라틴, 히브리, 프랑스, 독일, 이탈리아, 중국, 일본, 아프리카, 인도, 인디안, 러시아, 터키, 티벳, 아랍, 스페인)가 언급되었으며, 아프리카어(6회), 인디안어(5회), 중국어(4회) 순서로 빈도수가 높았고, 독일어, 이탈리아어, 인도, 멕시코가 각각 2회씩, 그 외의 언어들이 1회씩 언급되었다.
36) 10.
37) "Pentecost in Danville, VA.," 15.
38) "In the Upper Room," 25.
39) "Counterfeits," 23.
4) "The Pentecostal Baptism Restored," 14.
41) 아주사 집회의 광경에 대해선, Cecil M. Robeck, Jr., *The Azusa Street Mission & Revival* (Nashville, TN.: Thomas Nelson, Inc., 2006), 129-86을 참조하시오.
42) 18.
43) 14.

44) "Baptized in New York," 24.
45) 23.
46) "Pentecost in Seattle," 22.
47) "Little Children Receive the Holy Ghost," 16.
48) Sarah E. Parham, *The Life of Charles F. Parham* (Joplin, Missouri: Tri-State Printing Co., 1930; reprinted ed., Birmingham, Alabama: Commercial Printing Co., 1977), 51-3.
49) 10.
50) "Baptized in Minneapolis," 25.
51) "The Second Chapter of Acts," 15.
52) 21.
53) "Baptized on a Fruit Wagon," 18.
54) "A Message Concerning His Coming," 16.
55) 13.
56) 19.
57) 19.
58) 13.
59) "Pentecost among the Young People," 22.
60) "Message from God," 13.
61) "The Lord Sends Him," 13.
62) 22.
63) 24.
64) "Japanese Hear in Their Own Tongue," 25.
65) 18.
66) "Bro. Rosa's Testimony," 14.
67) "Arrested for Jesus' Sake," 24.
68) "Spreads the Fire," 17.
69) 예를 들면, 아주사운동을 이끌었던 윌리엄 시무어는 *The Apostolic Faith* 창간호에 자신의 운동의 정체성을 천명하면서, 다음과 같이 말했다. "우리는 싸우는 사람들도, 싸우는 교회도 아니다. 단지 죽은 형식과 신조, 그리고 과도한 광신주의를 살아 있고, 실천적인 기독교로 대체하려 할 뿐이다. '사랑, 믿음, 일치'가 우리의 표어이며, '구속의 보혈을 통한 승리'가 우리의 슬로건이다." "The Apostolic Faith Movement," 11.
70) "Other Pentecostal Saints," 24

4장

하나님의 영이 수면 위에*
오순절운동과 하나님나라

I. 서론

   일반적으로, 오순절운동은 방언운동으로 인식되어 왔다. 이것은 오순절운동 안팎의 공통된 현상이다. 하지만 오순절운동의 일차적 특징을 방언에서 찾는 관행에 대해, 여러 오순절운동 연구가들이 심각하게 문제를 제기해 왔다. 아주사부흥운동의 주역이었던 윌리엄 시무어William J. Seymour도, "그리스도 안에서 성령세례를 구하는 자들이여, 방언을 구하지 말고, 아버지의 약속을 구하십시오. 그리고 성령세례를 위해 기도하십시오. 그러면 아버지께서 사도행전 2장 4절에 따라 방언도 주실 것입니다"라며, 이미 20세기 초반에 이 문제를 언급했다.1) 대표적인 오순절운동 연구가인 도널드 데이튼Donald W. Dayton도 그의 책 『오순절운동의 신학적 뿌리』 Theological Roots of Pentecostalism에서 동일한 문제를 지적했다.2) 오순절운동과 방언의 긴밀한 상관관계를 결코 부인할 수 없지만, 방언을 오순절운동의 핵심으로 규정하는 것은 오순절운동에 대한 근본적 왜곡이라는 것이 이들의 공통된 주장이다.

   사실, 오순절운동의 핵심은 성령세례에 대한 독특한 해석이다. 웨슬리안 성결운동 내에서 촉발된 성령세례에 대한 오랜 신학적 논쟁의 결과물로 근대오순절운동이 탄생했으며, 성령세례를 "쓴 뿌리 제거"에 근거한 내적 정결로 이해했던 성결파와 달리, 오순절운동은 "섬김복음증거을 위한 권능부여"empowerment for service라고 주장했던 것이다. 이런 성령세례의 물리적 증거가 방언이었고, 이런 해석과 갈등의 결정적 배후에는 주의 재림이 임박했다는 강력한 종말의식이 놓여 있었다. 따라서 윌리엄 포펠D. William Faupel과 스티브 랜드Steven J. Land 같은 학자들은 오순절운동의 핵심을 강력한 종말신앙에서 찾아야 한다고, 최소한 묵시적 종말론과의 긴밀한 관계 속에서 오순절운동의 본질을 이해해야 한다고 목소리를 높였다.3)

그렇다면 오순절운동의 종말론적 특징은 무엇일까? 데이튼의 분석에 따르면, 오순절운동의 종말론은 세대주의의 전통에 충실히 서 있다. 성령세례에 대한 해석의 차이 외에, 19세기 말의 급진적 성결운동과 오순절운동 간에는 신학적 차이가 거의 없고, 급진적 성결운동은 세대주의적 전천년설을 신봉했다는 것이 그의 결론이기 때문이다. 물론, 최근의 오순절운동 내에 종말론적 분화현상이 나타나고 있지만,4) 적어도 초기오순절운동의 경우, 데이튼의 결론에 이론의 여지는 없어 보인다. 동시에, 오순절운동의 하나님 나라 사상에 대해 글을 쓴 쿠즈믹P. Kuzmic의 주장에 따르면, 오순절-은사주의자들은 하나님 나라에 대한 대망과 함께 그것의 현재적 실현에 대한 믿음도 유지했다고 한다.5) 이것은 하나님 나라의 시간적 구조를 "이미 그러나 아직"의 변증법적 긴장 속에 파악해온 복음주의진영의 전통적 입장에 충실히 서 있음과 동시에,6) 강력한 성령체험을 통해 보다 철저하고 현실적인 확신을 갖게 되었다는 것이다. 이런 이중적 구조가 오순절운동의 특징이라고 그는 결론을 내렸다.

이처럼 종말론은 오순절운동의 신학적 핵심이며, 이 운동의 폭발적 성장의 결정적인 동인이었음에 틀림없다. 하지만 정작 오순절운동 내에서

"하나님 나라"Kingdom of God에 대한 언급 자체는 쉽게 찾아보기 어렵다. 종말론에 대한 다수의 연구에도 불구하고, 하나님 나라에 주목한 연구는 스티브 랜드의 작품 외에 찾기가 쉽지 않으며, 아주사부흥을 연구했던 세실 로벡Cecil M. Robeck, Jr.이나 아주사부흥의 일차자료인 『사도적 신앙』The Apostolic Faith의 색인에서도 "하나님 나라"라는 항목은 발견할 수 없다. 따라서 초기 오순절운동의 종말론을 '하나님 나라'의 관점에서 분석하려는 본 글은 오순절운동의 종말론 속에서 하나님 나라 사상을 간접적으로 도출할 수밖에 없었다. 이런 현실적 상황이 본 연구의 일차적 어려움이자, 본 글의 가치가 될 것이다.

이런 맥락에서, 본 글은 초기오순절운동의 종말론 속에 나타난 하나님 나라 사상을 발굴하며, 그 속에 내재된 이중구조를 규명하는데 일차적 목적이 있다. 기존 연구자들의 주장을 충실히 수용하면서, 동시에 오순절운동의 하나님 나라 사상 안에 내재된 단지 시간적 이중구조뿐만 아니라, 하나님 나라의 작용범주 및 신학적 틀 내에 존재하는 이중구조까지 지적하고자 한다. 이를 위해, 아주사부흥운동에 대한 일차자료인 『사도적 신앙』을 기본 자료로 사용하고, 관련된 주변 연구들을 참고하였다.7) 본론에서, 초기 오순절운동의 종말론에서 드러난 하나님 나라의 이중적 특징, 즉 하나님 나라의 미래적 측면과 현재적 측면을 각각 분석하고, 이어서 이것의 신학적 특징을 세대주의적 요소와 오순절적 요소로 구분하여 설명하며, 결론에서 이런 특징들을 세 가지로 분류하여 제시하고자 한다. 결국, 본 글을 통해, 초기 오순절운동의 하나님 나라 사상 안에 내재하는 이중구조가 좀 더 분명하고 포괄적으로 드러날 것이다.

II. 하나님 나라의 신학적 이중구조

아주사부흥운동의 가장 주목할 특징은 강력한 성령임재와 그 결과로 발생한 다양한 형태의 신비현상들이다. 특별히 이 신비체험들은 예수의 임박한 재림에 대한 기대감 속에서 독특한 오순절적 정체성을 형성하게 되었다. 단지 신비체험 자체에 만족한 것이 아니라, 이 체험의 신학적 의미를 종말론과의 긴밀한 관련 속에서 독창적으로 구성한 것이다. 그렇다면, 초기 오순절주의자들이 주장한 종말론의 신학적 특징은 무엇인가?

1. 하나님 나라와 세대주의

아주사선교회를 중심으로 한 초기 오순절주의자들의 종말론은 세대주의적 전천년설을 충실히 따르고 있다. 이것은 이 운동의 핵심인물인 윌리엄 시무어가 열렬한 세대주적 전천년설주의자였기 때문에, 또한 아주사운동이 세대주의 전천년설을 신봉했던 흑인성결그룹 내에서 기원했기 때문에, 지극히 자연스러운 결과였다.8) 시무어 연구자들에 따르면, 시무어는 성결운동에 참여하면서, 이 운동의 핵심인물인 마틴 냅Martin W. Knapp과 찰스 팔함Charles F. Parham의 영향을 깊이 받았고, 그들의 종말론도 그대로 수용했다고 한다.9) 물론, 이들은 19세기 말의 급진적 성결파들 속에서 유행하던 세대주의적 전천년설의 강력한 전도자들이었다.10) 결국, 이런 이유들로 인해, 『사도적 신앙』에 수록된 재림관련 글들에는 세대주의적 특성이 농후하게 나타나고 있다.

무엇보다 초기 오순절주의자들은 자신들의 종말론을 설명하기 위해 "세대"개념을 사용했다. 『사도적 신앙』에 실린 글들 속에는 세대주의적 전천년설에 대한 충분한 설명이나, 그것에 근거한 상세한 신학적 논의는 거의 찾아볼 수 없다. 세대에 관한 분석도 마찬가지다. 하지만 다음의 인용 글처럼, 시무어는 아주사의 부흥을 종말론적 관점에서 설명하면서, 세대주의적 모티브를 차용하고 있다. 이것은 세대주의가 초기 오순절운동에 끼친 영향의 중요한 흔적이다.

> 성령께서 120명에게 임했을 때, 그것은 성령세대의 아침이었다. 오늘날 우리는 성령세대의 저녁에 살고 있다. 그 아침처럼, 저녁에도 동일한 일이 벌어질 것이다. 그것은 이 시대 최후의 복음전도를 향한 부름이다. 세례 요한이 광야에서 외치는 자의 소리였듯이, 세상이 주 예수 그리스도의 재림을 준비하도록, 경고의 목소리가 오늘날 이 땅을 관통하여 선포되는 중이다.11)

아주사부흥운동에 참여한 이들은 이중재림을 믿었다. 주의 재림을 공중재림과 지상재림으로 구분하는 것은 세대주의적 전천년설의 대표적 특징 중 하나다. 이런 특징은 초기 오순절주의자들의 종말론에서도 약간의 변형 혹은 각색을 거쳐 반복적으로 나타났다. 시무어의 경우, 공중재림을 '휴거'로, 지상재림을 '계시'로 명명하여, 이중재림을 설명하고 있다.

> 예수께서 다시 오실 때, 두 번의 출현이 있을 것이다. 첫 번째 출현은 휴거라고 불릴 것이며, 이때에 주님은 밤에 찾아오는 도둑처럼 오셔서, 그의 신부를 공중으로 데려 가실 것이다. 두 번째 출현은 계시라고 불리며, 이때에 주님은 수만 명의 성도들과 함께 오셔서, 재림의 광채로 악한 자들을 멸하실 것이다.12)

초기 오순절주의자들은 환란전 휴거설을 신봉했다. 19세기 후반부터 세대주의의 인기가 미국에서 급상승한 이유 중 하나는 바로 '환란전 휴거설' 때문이었다. 전통적인 천년왕국론은 신자들도 대환란을 통과해야 한다고 주장했다. 이것은 당시의 많은 신자들에게 커다란 부담거리였다. 하지만 선택된 자들, 혹은 참된 신자들이 휴거를 통해 대환란을 피할 수 있다고 가르친 세대주의적 종말론은 대중들의 열광적인 지지를 촉발시켰다. 이것은 팔함, 시무어, 맥퍼슨Aimee S. McPherson을 포함하여 20세기 초반의 오순절주의자들 안에서 보편적으로 발견되는 특징이다. 다음에 인용하는 팔함의 글은 당시의 분위기를 단적으로 대변해 준다. "근대오순절운동의 아버지"로 인정되는 그의 종말론은 초기 오순절주의자들의 일반적인 입장으로 정착되었다.

> 이런 이유로 우리는 도처에 있는 기독교인들에게 성령의 인침을 받으라고 주장하는 것이다. 그렇게 함으로써 그들이 흑사병과 진노뿐만 아니라, 적그리스도의 통치를 피할 수 있기 때문이다. 그것이 마지막 때에 약속된 유일한 도피책이다. 당신이 개인적 오순절을 소유하지 못하면, 당신은 짐승의 표를 받도록 압력을 받거나 순교의 고통을 당할 수밖에 없다.13)

오순절주의자들은 과학기술의 발전과 시오니즘 등을 대표적인 종말의 증거로 제시했다. 그들은 철도, 기차, 조선, 전기, 전신, 전화 등의 발전을 임박한 재림의 증거로 간주했으며,14) 당시에 급물살을 타고 있던 시온주의를 가장 확실한 종말의 증거로 주목했다. 1907년에 쓴 글에서, 시무어는 유대인들이 팔레스타인으로 몰려드는 현상을 하나님 나라가 임박했다는 증거로 해석하고 있다. 이처럼, 시온주의를 종말론적 관점에서 해석했던 것은 이후 오순절운동의 역사 속에서 지속되었고, 심지어 이스라엘이 건국된 이후에도 변형된 모습으로 계속되고 있다.

> 그들 안에서, 그들이 팔레스타인으로 모여드는 모습에서, 새로운 생명의 징

조들을 본다. 그곳에서 그들의 수가 수천 명에 이르렀고, 곧 하나의 국가가 형성될 것처럼 보인다…그러므로 우리는 무화과나무가 가지를 뻗는 때에 살고 있으며, 예수님은 우리에게 이 사실을 통해 하나님 나라가 가깝다는 사실을 알아야 한다고 말씀하셨다.15)

이런 내용들에 주목할 때, 초기 오순절운동의 하나님 나라 이해가 기본적으로 세대주의적 전천년설에 근거하고 있음이 틀림없다. 세대개념의 사용, 이중재림, 환란적 휴거설, 과학기술의 발전과 시온주의에 대한 입장 등은 세대주의 종말론의 전형적인 특징이며, 이것을 오순절주의자들이 거의 수정 없이 받아들인 것으로 보인다. 결국, 초기 오순절주의자들은 세대주의적 전천년설의 핵심적 내용을 수용하여, 자신의 하나님 나라 사상의 이론적 뼈대로 사용한 것이다.

2. 하나님 나라와 오순절운동

초기 오순절운동의 종말론은 세대주의적 특성을 유지하면서, 동시에 오순절적 특성을 함께 발전시켰다. 이런 특성 때문에, 오순절운동의 종말론은 세대주의적 전천년설과 배타적으로 동일시될 수 없다. 이것은 최소한 네 가지로 구분하여 설명할 수 있다.

먼저, 오순절주의자들은 성령세례의 일차적 목적을 주의 재림이 임박한 상황에서 복음을 선포하는 것으로 해석했다. 오늘날의 대중적 오해와 달리, 오순절주의자들이 성령세례를 추구한 것은 방언을 받기 위한 것이 아니었다. 대신, 임박한 재림에 대한 위기의식을 배경으로, 복음을 전하기 위한 능력을 하늘로부터 받는 것이 성령세례의 일차적 목적이었다. 이것이 바로, 동일하게 세대주의적 전천년설을 자신의 종말론으로 수용했으나 성령세례를 내적 성결로 이해했던 성결그룹, 혹은 성령세례 자체를 거부했던 근본주의그룹과 오순절 그룹이 분명한 차이를 보이는 대목이다.

여러 언어를 갖춘 선교사들이 해외선교지로 이동 중이며, 어떤 이들은 자신들에게 길이 열리기를, 그리고 주께서 '가래' 고 말하시길 기다리고 있다. 우리는 하나님 앞에 엎드려 있다. 주의 백성들아, 함께 기도하자. 깨어나라! 깨어나래! 옷을 입고 준비하자. '신랑이 오신다' 란 소리가 곧 울려 퍼질 것이다.16)

아주사에서 폭발적인 성령세례를 체험한 사람들은 자신들 안에서 성경의 예언들, 특히 요엘 2장 18절~19절과 누가복음 16장 16절~18절이 실현되고 있다고 믿었다. 어떤 이들은 아주사에서 죽은 자가 살아난 것을 제외하고, 눈 먼 자가 눈을 뜨고, 걷지 못하던 자가 걸으며, 우연히 독을 마신 자가 치유되고, 마귀가 쫓겨나고, 많은 사람들이 방언을 말한다고 주장하면서, 이것은 마가복음 16장의 예언이 성취된 것이라고 확신했다. 또한 그들은 자신들 안에 나타나는 다양한 형태의 은사들과 다양한 인종집단들이 함께 예배드리는 모습을 목격하면서, 이것은 요엘 2장의 예언이 성취된 증거라고 주장했다. 이처럼, 성령세례를 성서적 예언의 성취로 해석한 오순절주의자들은 자신들이 말세에 살고 있다는 확신을 더욱 강화하면서, 자신들의 종말론을 오순절적으로 재구성했다.

우리는 성령에 대한 추구를 미신적인 것으로 비난하는 사람들을 발견한다. 그들은 하나님 대신 악마의 힘을 얻게 될까봐 두려워한다. 하지만 빛 가운데 행하는 남녀들은 이 현상이 하나님으로부터 기원한 것임을 금방 알아차릴 것이다. 이것이 바로 요엘 선지자가 예언한 것임을 주께서 그들에게 보여주실 것이다. 우리는 주께서 자신의 영을 모든 육체에 부어주시는 마지막 때에 살고 있다.17)

뿐만 아니라, 그들은 오직 오순절체험을 한 자들, 즉 성령세례를 받은 자들만이 휴거될 수 있다고 주장했다. 이런 '대담한' 주장은 당시에 그들과 첨예하게 대립하고 있던 성결파들에 대한 공격의 핵심적 주장이었고,18) 동시에 주류교회들로부터 거친 비판을 촉발했던 요인이기도 했다. 결국, 오순절운동의 발생초기에, 방언으로 입증된 성령세례를 경험한 오순절주의자들만이 휴거되어 대환란을 피할 수 있다는 주장은 이 운동에 분파적 특징을 강력하게 부여했다. 그들의 목소리를 직접 들어보자.

사랑하는 자들이여, 성경이 말합니다. "어린 양의 혼인 잔치에 청함을 받은 자들은 복이 있도다".계19:9 그러므로 그 부름을 받은 자들은 복됩니다. 그 잔치에 입장이 허락된 자들은 칭의, 성화, 그리고 성령세례를 받은 자들, 즉 구원의 날에 인침 받은 자들입니다. 오, 하나님, 사방에 있는 당신의 신부들을 자극하여, 그들이 혼인잔치에 입장할 수 있도록, 자신들의 등잔에 기름을 채우도록 하옵소서. 성령께서 의의 예복을 입고, 이마에 인침 받은 사람들을 골라내실 것입니다…오늘날 많은 소중한 영혼들이 성화를 통해 그 모든 것을 쟁취했다고, 자신들이 이미 성령세례나 권능을 받았다고 믿고 있습니다. 하지만 그 날에 그들은 자신들이 틀렸음을 알게 될 것입니다…무엇보다, 우리는 그 기름, 즉 성령을 얻고 싶습니다. 모든 그리스도인은 성령세례를 받아야 합니다. 그 날에 많은 불쌍한 영혼들이 실망할 것입니다. 오늘, 우리는 그분을, 성령과 불의 세례를 구해야 합니다. 지금이야 말로 그 기름을 살 시간입니다. 지금이야 말로, 예수 그리스도 앞에서 성령세례를 받아야 할 때입니다.

끝으로, 전형적인 세대주의자들과 달리, 그들의 성령체험은 현재와 미래에 대한 그들의 생각에 낙관적 요소를 첨가했다. 이런 체험은 오순절주의자들에게 성경의 예언들이 자신들 안에서 성취되고 있다는 확신, 그리고 자신들이 시간적으로 주의 재림 직전에 위치해 있다는 믿음을 부여하면서, 대단한 환희와 희망으로 충만하게 만들었다. 결국, 이런 희열은 주의 재림에 대한 기대감을 넘어, 자신들 안에 이미 하나님의 나라가 실현되고 있다는 확신으로 이어졌다. 자신들이 체험한 성령현상이 성경에 약속된 "늦은 비"의 성취로서, 주의 재림 직전에 발생한 대부흥이라는 확신 속에서, 우리는 당대의 묵시적 종말론자들에게서 공통적으로 감지하는 '현재에 대한 암울한 진단과 미래에 대한 비관적 전망'의 분위기를 느낄 수 없다.19) 오히려, 내부에서 분출하는 환희와 다가올 미래에 대한 벅찬 기대감을 확인할 수 있을 뿐이다. "하나님께서 세계의 다른 지역에서 역사하고 계신다. 자신의 영을 다른 이들에게 부으실 때, 로스앤젤리스에서 우리가 경험한 것과 동일한 표적들이 뒤따르고 있다. 우리는 주님의 재림 전인 '늦은 비'의 때에 살고 있음을 깨닫는다."20)

이처럼, 세대주의적 전천년설을 맹목적으로 추종하는 듯했던 오순절주의자들은 자신들의 독특하고 강렬한 성령체험을 통해, 자신들만의 종말론적 특성을 첨가했다. 성령세례의 필요성을 종말론과 연결하고, 자신들이 체험한 성령의 은사들을 성경예언의 실현으로 해석하며, 성령세례 받은 자들에게 천국입장을 제한했다. 또한 이런 체험들은 예수의 재림이 임박했다는 팽팽한 긴장감 속에 대단히 낙관적인 기대감을 촉발함으로써, 다른 세대주의자들과 극명한 차이를 야기했다.

III. 하나님 나라의 체험적 이중구조

전통적으로 하나님 나라는 교회에서 다루기 부담스러운 주제였다. 학자들은 '이미 그러나 아직'의 변증법적 틀 속에서 하나님 나라의 실체를 정교하게 이론적으로 설명했지만, 그것의 진정한 실체를 삶에서 체험하도록 유도하지는 못했다. 결국, 주류교회 내에서 하나님 나라는 추상적인 이념의 한계를 넘지 못했다. 하지만 초기 오순절주의자들에게 하나님 나라는 신학적 혹은 관념적 차원의 문제가 아니었다. 이것은 현실 속에서, 직접적인 체험을 통해 확인/확신할 수 있는 현실적인 이슈였다. 이처럼, 하나님 나라에 대한 체험적 접근이 오순절적 종말론의 가장 두드러진 특징이었다.

1. 임박한 하나님 나라

아주사부흥운동 기간 동안, 예수의 임박한 재림은 설교의 중심주제들 중 하나였다. 아주사부흥운동을 연구했던 세실 로벡의 지적처럼, 아주사에서 설교는 예배의 중심이 아니었다. 오히려 기도와 찬양이 예배의 더 중요한 구성요소들이었다.[21] 그럼에도, 윌리엄 시무어를 중심으로 한 설교자들은 주기적으로 설교했고, 또『사도적 신앙』에도 여러 편의 설교들이 수록되었다.[22] 물론, 설교의 내용들은 매우 다양했다. 성령세례에 대한 내용이 압도적으로 많았지만, 예수의 임박한 재림도 대단히 중요하고 빈번한 설교 주제였다. 1906년 1월에 시무어가 행한 다음의 설교는 임박한 주의 재림을 대단히 강력한 논조로 설파하고 있다.

"보라, 신랑이 오신다!" 오, 정말 때가 다 되었습니다. 지난 몇 달 동안 계속된, 그의 재림에 대한 모든 증거들은 그의 재림이 임박했다는 것입니다. 하지만 나팔이 울리면, 더 이상 준비할 시간이 없습니다. 휴거 때에 준비되지 못한 사람들은 장차 지상에 닥칠 끔찍한 환란을 통과해야 할 것입니다. 지혜로운 처녀들은 혼인잔치에 참여하여, 대환란기 동안 주 예수와 함께 있을 것입니다. 그들의 몸은 영화롭게 될 것입니다. 주께서 오실 때까지 남아 있는 우리는 눈 깜짝할 사이에 변화될 것입니다.23)

아주사부흥회에서 가장 주목할 현상은 성령세례의 증거로 방언이 나타났던 것이다. 이미 방언의 은사를 받았던 사람들의 모습에 자극되어, 더 많은 사람들이 이 부흥의 현장으로 몰려들었고, 마침내 열정적으로 기도하거나 말씀을 듣는 중에 방언을 말하게 되었다. 오늘날 방언은 대체로 기도형태로 드러나지만, 아주사 부흥회에선 방언 외에도 설교나 예언의 형태로 나타난 경우가 많았다. 오늘날엔 방언의 내용을 거의 알 수 없지만, 당시에는 방언의 내용들이 통역의 은사를 받은 사람들의 도움으로 통역된 경우가 빈번했다. 그때 소개된 방언의 내용들 중, 주님의 임박한 재림에 관한 것들이 많았다. 다음에 인용한 것도 본래 아프리카어 방언으로 발언된 것이 통역되어 『사도적 신앙』에 소개된 것이며, 임박한 재림의 메시지를 담고 있다.

예수께서 곧 다시 오실 것이다. 정말 곧 다시 오실 것이다. 그러므로 우리는 그분 맞을 준비를 해야 한다. 지금, 당신의 마음을 준비하라. 주께서 곧 오실 것이나, 당신이 그 시간을 알지 못하기 때문이다. 만약 준비되지 않으면, 당신은 예수와 함께 가지 못할 것이다. 그분은 각자의 마음을 살피시고, 그들이 재림을 준비하길 원하신다. 이제 그분을 구하라. 나중에는 너무 늦을 것이다.24)

설교와 방언 외에, 초기 오순절운동에서 천상의 메시지를 전달하는 방법으로 환상혹은 계시이 빈번하게 출현했다. 부흥의 열기가 대단했던 당시, 오순절주의자들은 열광적인 예배 속에서, 혹은 뜨거운 개인적 기도 속에서 황홀경에 빠지는 경우가 많았다. 그런 영적 상태에서 많은 사람들이 환상을 보거나 계시를 받았다고 주장했다. 그런 체험을 한 사람들 중, 자신들이 경험한 환상의 내용을 공개적으로 밝힌 사람들도 적지 않았다. 환상의 내용들은 다양했고, 특히 천국과 지옥에 대한 환상이 많았다. 동시에, 임박한 재림에 관한 환상도 적지 않았다. 다음에 소개할 환상은 휴스턴 출신으로 로스엔젤리스에서 사역하던 안나 홀Anna Hall이 체험한 것이다. 그녀의 환상은 임박한 천국에 대한 강력한 메시지다.

> 저는 제 딸의 집으로 가서 잠자리를 준비했습니다. 새벽이 동터올 때, 저는 누군가 저의 어깨를 건드리는 것 같아, 잠을 깼습니다. 저는 새 한 마리가 지저귀는 소리를 듣고, 앵무새가 운다고 생각했습니다. 하지만 그렇지 않았습니다. 그것은 마치 제 영혼 깊은 곳에서 들려오는 것 같았습니다. 그 아름다운 새가 다시 울기 시작했을 때, 저는 제 눈앞에서 한 아기의 얼굴을 보았습니다. 그리고 그 새 소리가 퍼져나가기 시작했을 때, 그것은 마치 조약돌 위로 흐르는 물 같았습니다. 그 소리는 점점 커져, 마치 거대한 물줄기처럼 되었고, 그 아기의 얼굴도 어른의 것만큼 커졌습니다. "그래, 이것은 거룩한 나라에서 온 사신임에 틀림없어"라고 저는 말했습니다. 그 목소리가 대답했습니다. "그렇다. 그리고 나는 네게 예수의 재림을 알려주러 왔다. 내 이름으로 전진하여, 천국의 복음을 선포하라. 왕의 계획이 급하다. 내 백성들은 예복을 입고, 천국의 혼인잔치에 참여할 준비를 하라." 사랑하는 여러분, 의의 아름다운 예복을 입으셨나요? 저는 말했습니다. "주님, 새 소리와 물결소리의 뜻을 알려주세요." 그러자 하나님께서 제게 대답하셨습니다. "아름다운 새 소리와 아기 얼굴은 예수의 초림에 대한 선포였다. 그리고 많은 물소리는 곧 다시 올 예수 그리스도에 대한 선포다." 이제 회개하고 복음을 믿으십시오. 천국이 가깝습니다.[25]

끝으로, 이 운동에 참여한 사람들에게는, 다양한 신비체험에 근거한 아주사부흥운동 자체가 주의 재림이 임박했다는 가장 강력한 증거였다. 위에서 언급한 것처럼, 설교, 방언, 환상 등을 통해 하나님 나라가 곧 임할 것이라는 긴박한 메시지가 세상에 선포되었지만, 그런 신비적 현상이 아주사에서 발생하고 있다는 사실만큼 그런 메시지의 진정성을 입증하는 증거도 없었다. 최근에 성령체험을 통해 오순절운동에 가담한 포스트A. H. Post 목사의 간증 속에서, 당시 오순절적 체험혹은 성령세례과 종말 간의 상관관계를 확인할 수 있다.

> 지난 몇 달 동안, 기도하며 금식했던 사람들이 오래 기다렸던 천국체험을 했습니다. 예수께서 그들에게 성령으로 세례를 주셨고, 지금까지 이 사역이 확장되어, 세계의 절반에 이르렀습니다. 나이, 인종, 상태, 능력, 교육과 상관없이, 모두가 성령세례를 받았습니다. 틀림없이, 복된 주님의 영광스러운 재림이 매우 가깝습니다. 하나님의 이 모든 초자연적 역사는 그 사역이 완성되기 위해 필요한 것입니다.26)

이처럼 아주사 부흥운동에서 임박한 하나님 나라는 다양한 체험적 메시지를 통해 확신되고, 선포되었다. 기존의 전통적인 부흥운동과 달리, 성령의 강력한 임재 속에 다양한 형태의 신비현상이 나타난 현장에서, 종말에 대한 신앙은 설교, 방언, 환상이란 고유한 오순절적 의사소통구조를 통해 선포되고 강화된 것이다. 임박한 예수의 재림, 그것을 통해 실현될 하나님 나라에 대한 기대감은 초기 오순절운동의 핵심적 신앙이었고, 그것은 다양한 초자연적 체험을 통해 오순절주의자들 속에 내재화된 것으로 보인다.

2. 현재 임한 하나님 나라

초기 오순절주의자들은 임박한 종말의식 속에서 열정적으로 신앙생활에 몰두했을 뿐만 아니라, 자신들이 체험한 다양한 영적 현상들을 통해, 하나님 나라가 자신들 안에 이미 임했다고 확신했다. 많은 오순절주의자들은 자신들의 운동을 통해 천국 문이 열리고, 수많은 영혼들이 그 안으로 들어가는 중이라고 믿었다.27) 결국, 그들이 체험한 초자연적 현상들은 그들에게 하나님 나라가 임했다는 사실을 알려주는 소통의 매체로 기능할 뿐만 아니라, 때로는 그런 현상들 자체가 현재 임한 하나님 나라의 구체적 증거들이 되었다. 그렇다면, 초기 오순절주의자들에게 하나님 나라의 현재성을 체험하게 했던 경험들은 구체적으로 무엇이었을까?

가장 대표적인 경험은 역시 방언이었다. 방언 혹은 방언찬양을 통해, 초기 오순절주의자들은 하나님 나라가 자신들의 육체와 영혼 속에 임했다고 확신했다. 방언을 말하는 것은 자신들의 혀가 성령의 통제 아래 놓이는 것이며, 성령세례는 자신들 속에 성령이 내주하시는 것이며, 성령의 권능으로 복음을 전하는 것은 하나님 나라 건설에 동참하는 것으로 확신했기 때문이다. 따라서 그들이 방언을 동반한 성령세례에 그토록 집착했던 이유 중 하나도 하나님 나라의 현재적 체험에 대한 그들의 간절한 갈망 때문이었을 것이다.

> 오, 사랑하는 여러분, 우리는 예수님이 명령하신 모든 것을 전파하고 가르치며 실천해야 합니다. 만약 우리가 복된 그리스도의 충만함을 온전히 받지 못했다면, 우리가 하나님의 충만함으로 가득할 때까지 계속 노력합시다. 예수 그리스도의 고귀한 부르심의 징표를 향해 전진합시다. 오, 사랑하는 여러분, 이것은 바로 우리 영혼 속의 성령세례와 불을 의미합니다. 그것이 바로 여기에서 우리 영혼 속에 임한 천국입니다.28)

방언과 함께 초기 오순절주의자들에게 하나님 나라의 현재성을 체험하도록 했던 강력한 기제는 신유였다. 당시에 성결그룹과 오순절파들은 질병을 죄의 결과와 사탄의 작용으로 해석했다.29) 이런 해석에 근거하여, 일부 극단적인 그룹들은 일체의 의학적 도움을 거절하고, 믿음에 의한 기적적 치유를 주장했다. 이런 맥락에서, 성령의 권능에 의한 기적적 치유는 사죄의 은총과 함께 사탄의 권세가 몰락하는 뚜렷한 증거로 간주되었다. 결국, 신유를 체험한 오순절파들에게, 이 초자연적 경험은 하나님 나라가 그들의 삶 속에 실현되었다는 명백한 징표가 되었던 것이다.

저는 여러분 모두에게 어떻게 하나님께서 지난 8년 동안 저를 괴롭혔던 불치병에서 치유하여, 저를 온전케 만드셨는지에 대해 알려드리고 싶습니다. 하나님께 영광을 돌립니다! 하나님은 제게 영적 분별력을 허락하셔서, 그토록 오랫동안 저를 괴롭혔던 간질병 마귀를 깨닫게 하셨습니다. 주께서 레드랜즈Redlands에서 케니슨Kennison 자매를 보내, 저를 위해 기도하게 하셨습니다. 그녀와 저는 4일 동안 금식하며 기도했습니다. 우리는 마귀와 힘든 싸움을 했습니다. 하지만 하나님의 은혜로, 우리는 마침내 영광스런 승리를 쟁취했습니다. 또한 주님은 저의 눈을 치료하셔서, 지난 4년 동안 썼던 안경을 벗게 하셨습니다. 주님을 찬양합니다…저는 오순절 체험을 믿지 않았고, 오히려 그것에 강력히 저항했었습니다. 하지만 제가 그 체험의 가치를 깨달은 후에는, 사람들에게 저를 위해 기도해 달라고 부탁했고, 마침내 그것을 체험할 수 있었습니다. 이제 저는 주님을 섬기며, 그분의 인도를 기대하고 있습니다. 땅이든지 바다든지, 그곳이 어디든지, 예수가 계신 곳이 바로 천국입니다.30)

환상vision도 초기 오순절주의자들이 하나님 나라를 체험했던 중요한 방법이었다. 세실 로벡에 의하면, 윌리엄 시무어는 마틴 냅의 영향을 받아, '특별계시'에 대한 깊은 관심을 갖게 되었다고 한다.31) 그런 영향 때문인지, 혹은 오순절운동의 고유한 신비주의적 특성 때문인지,『사도적 신앙』에는 환상체험에 대한 간증이 매우 많다. 환상을 체험한 계기와 환상의 내용도 매우 다양하다. 그러나 적지 않은 경우, 그것들이 천국에 대한 체험과 관련되어 있다. 황홀경에서 체험한 천국은 현재의 물리적 세계 속에서 초자연적으로 천국을 체험하는 오순절운동의 특징적 관행이었다. 루시 레더맨Lucy Leatherman 부인의 다음 간증은 그런 체험을 대표적으로 보여준다.

> 나는 하나님을 찬양했고, 천국에 계신 구세주를 보았습니다. 그리고 제가 찬양하는 동안, 저는 구세주께 점점 더 가까이 갔고, 저는 너무 작았습니다. 저는 서서히 그분의 옆구리에 난 상처 속으로 들어갔고, 제가 그분 안에, 그분이 제 안에 계신 상태가 되었습니다. 그곳에서 저는 인간적 이해를 초월하는 평안을 발견했습니다. "너는 아버지 품 안에 있다"고 그분이 제게 말씀하셨습니다. 그분은 제가 하나님의 은밀한 곳에 있다고 말씀하셨습니다. 하지만 제가 말씀드렸지요. "아버지, 저는 성령의 은사를 원합니다." 그러자 하늘의 문이 열리고, 저를 덮었습니다. 강력한 힘이 제 위에 임하여, 저를 관통했습니다.32)

아주사 부흥회에서 빈번하게 나타난 또 하나의 주목할 만한 현상은 소위 "성령에 의한 쓰러짐"이었다. 성령이 신자들에게 강하게 임했을 때, 그 압도적인 힘에 눌려 신자들은 힘없이 쓰러졌다. 이 상태에서 많은 이들이 환상을 보기도 했고, 어떤 이들은 심령이 정화되는 체험을 했다. 그리고 이 과정에서 예외 없이 방언이 터졌다. 결국, 이런 체험을 통해, 오순절신자들은 자신들이 성령의 통제 아래 있다는 생각, 즉 하나님의 통치 하에 있다는 확신을 갖게 되었던 것이다.

> 나는 한동안 심하게 울었고, 하나님의 권능이 내게 임했다. 결국, 나는 바닥에 쓰러졌다. 나는 한 시간 반 정도 하나님의 권능 아래 있었다. 그때, 모든 교만과 자아, 그리고 오만이 사라졌다. 그리스도가 내 안에 충만했기 때문에, 나는 정말 세상에 대해 죽었다. 나는 성령세례를 받았고, 새 방언으로 말했다.33)

끝으로, 아주사에서 실현된 인종통합예배도 초기 오순절 신자들에게 하나님 나라가 자신들 안에 실현되었다는 확신을 심어 주었다. 여전히 인종차별이 사회적 관습으로 살아 있던 시절에 백인, 흑인, 아시아인, 미국 원주민, 그리고 스페인계가 함께 드리는 예배는 그 자체가 경이로운 현상이었다. 백인우월주의를 극복하지 못했던 찰스 팔함은 아주사의 이런 현상에 극심한 혐오감을 느꼈고, 결국 시무어와 결별하는 결정적 이유가 되었다. 그 정도로, 인종통합은 당시에 극복하기 어려운 문제였다. 물론, 모든 오순절주의자들이 인종적 편견을 극복한 것은 아니다. 하지만 바로 이것이 아주사부흥운동의 가장 주목할 만한 특징이었다. 이런 이유에서, 홀렌버거Walter Hollenweger 같은 학자들은 성령세례의 영향 하에 인종통합이 실현되었던 아주사 시절을 오순절운동의 원형으로 인정하고, 단지 방언과 성령세례를 연결한 팔함을 오순절운동의 창시자로 규정하는 고프James R. Goff, Jr.의 주장에 단호히 반대했다.34) 아주사 부흥운동을 연구했던 세실 로벡은 당시 예배의 인종적 특징을 다음과 같이 묘사했다.

> 아주사거리선교회의 예배는 이런 점에서 달랐다. 즉, 이렇게 다양한 문화들이 한 곳에 모였다. 로스엔젤리스의 전통적 기독교인들(정말, 시 전체)이 아

직 수용할 준비가 되지 않았던 새로운 현상이 발생했다. 이것은 로스엔젤리스의 다른 도시들에서는 미처 경험하지 못했던 부흥회였다…이것은 정말 새로운 현상이었다. 이것은 아프리카계 미국인, 라틴계, 아르메니아인, 러시아인, 스웨덴인, 독일인, 이탈리아인, 중국인, 일본인, 미국인디언, 그리고 다른 인종집단들이 그곳에서 방언, 예언, 꿈과 환상, 황홀경, 신유, 축귀, 그리고 "성령 안에" 쓰러짐 같은 신비로운 경험을 했다.35)

이처럼 초기 오순절주의자들은 자신들의 강력한 성령체험을 통해 하나님 나라의 임재를 확신했다. 그들은 수 없이 주의 재림이 임박했다고 선포했지만, 많은 경우엔 의식하지 못한 채, 때로는 분명한 인식 하에, 하나님 나라를 체험했다. 이 운동이 교리적으로 묵시적 종말론을 수용했음에도, 이런 체험 덕택에, 낙관적 전망을 강력히 유지할 수 있었다.

V. 결론 : 하나님 나라의 이중구조

이상에서 초기 오순절운동에 나타난 하나님 나라 개념을 개괄적으로 고찰했다. 본 글은 오순절운동의 하나님 나라 개념에 나타난 이중구조를 드러내려는 목적 하에 집필되었다. 이제 앞에서 분석한 초기 오순절운동의 종말론적 특징을 이중구조란 관점에서 요약함으로써, 글을 마무리하고자 한다. 이를 통해, 현대 기독교 종말론을 대표하는 "이미 그러나 아직" already but not yet 구조를 오순절주의자들이 충실히 따르면서, 동시에 그들만의 고유한 특성을 어떻게 창조적으로 형성했는지를 보다 명확히 인지할 수 있을 것이다.

먼저, 초기 오순절운동의 하나님 나라는 미래적 요소와 현재적 요소를 동시에 지니고 있었다. 이 운동에 참여했던 이들은 임박한 하나님 나라에 대한 강렬하고 긴박한 기대감을 갖고 있었다. 아주사의 예배 속에서 경험한 설교, 방언, 환상을 통해, 예수의 임박한 재림이 신자들에게 선포되었고, 그곳에서 체험한 다양한 성령현상들을 통해, 그런 메시지가 사실임을 확신할 수 있었다. 이런 경로를 통해, 오순절신자들에게 하나님 나라는 가까운 미래적 사건으로 인식되었다. 동시에, 이런 체험들은 신자들에게 하나님 나라가 미래적 사건이면서 지금 그들 가운데 실현되고 있다는 확신도 갖게 해주었다. 성령세례는 성령이 신자들의 존재를 장악한 현상으로, 신유와 축귀는 신자들의 몸에서 마귀의 권세를 축출하고 하나님의 통치권이 실현된 것으로, 심지어 성령 안에서 실현된 인종통합예배는 성경적 예언이 실현됨으로써 하나님의 뜻이 이 땅에 이루어진 증거로 인식된 것이다. 이처럼 초기 오순절운동 안에는 하나님 나라가 미래적 사건이자 현재적 사건으로 공존했다. 따라서 오순절운동을 내세적 혹은 현세적 성령운동으로 단정하는 것은 적절하지 못하다.

　초기 오순절주의자들이 추구했던 하나님 나라에는 개인적 차원과 사회적 차원이 공존했다. 각종 질병에서 치유된 사람들, 귀신에게서 벗어난 사람들, 환상을 체험한 사람들, 그리고 다양한 방언을 말한 사람들은 자신들의 개인적 삶에 하나님 나라가 임한 것으로 믿었다. 하나님 나라라는 개념 자체가 공동체적·사회적 차원을 지니지만, 성령의 현존을 개인적으로 체험한 오순절주의자들에, 하나님 나라는 대단히 개인적인 의미를 지니게 되었다. 반면, 아주사거리 선교회에는 강령한 성령의 임재를 통해, 인종통합예배가 실현되었다. 이것은 당시의 사회적 통념과 관습을 초월한 대단히 획기적인 사건이었다. 하나님 나라는 개인적 문제를 해결해주는 차원뿐만 아니라, 사회적 통합과 공생을 실현하는 사회적 차원까지 포괄했다. 많은 오순절운동 연구가들이 오순절운동의 이 측면에 주목했고, 이것을 오순절운동의 핵심으로 지적하기도 했다. 이런 맥락에서, 오순절운동을 탈사회적 신비운동으로 규정하는 것은 신학적으로 정확한 판단이 아니다.

초기 오순절주의자들의 하나님 나라 이해에는 세대주의적 전천년설과 오순절운동 고유의 특성이 동시에 나타나고 있다. 일차적으로, 오순절주의자들은 세대주의적 전천년설에 기초하여 하나님 나라에 대한 자신들의 생각을 발전시켰다. 그들은 천년왕국 전에 예수의 재림을 대망했으며, '세대' 개념을 사용하여 자신들의 역사적 가치를 정당화했고, 환란 전 휴거설과 이중재림 같은 세대주의적 종말론의 고유한 주장들을 그대로 수용했다. 심지어 과학기술의 발달 및 시온주의를 대표적인 종말의 징조로 인식했던 모습에서 세대주의의 전형적인 특성을 노출했다. 하지만 이런 종말론적 특성은 오순절운동 특유의 관념 및 주장들과 병행되어 나타났다. 즉, 그들은 성령세례의 일차적 목적이 예수의 재림이 임박한 상황에서 복음전도를 위한 권능을 받는 것으로 이해했고, 오순절운동의 대표적 특징인 방언을 통해 예수의 임박한 재림을 반복적으로 선포했으며, 방언을 동반한 성령세례를 받은 자들만이 휴거되어 대환란의 비극을 피할 수 있다고 주장했다. 이처럼 오순절주의자들은 세대주의에 기초해서 자신들의 종말론을 형성했고, 여기에 오순절적 특성을 첨가하여, 자신들만의 독특한 종말론/하나님 나라 개념을 완성한 것으로 보인다. 세대주의를 수용한 면에서 당시의 일반적 흐름을 충실히 따르면서, 자신들만의 정당성을 고집하는 분파적 요소도 함께 지닌 것으로 판단된다.

이처럼, 초기 오순절주의자들은 하나님 나라에 대한 간절한 대망과 그 나라에 대한 현재적 체험 속에, 자신들만의 독특한 종말론적 성령운동을 전개했다. 이것은 "이미"와 "아직"의 시간적 이중구조뿐만 아니라, 개인적 체험과 사회적 변혁이라는 활동영역의 이중구조, 그리고 종말론적 측면에서 당대의 주류입장을 수용함과 동시에 자신만의 고유한 색체를 덧입히는 신학적 이중구조까지 함께 지닌 것으로 드러났다. 결국, 이런 종말론적 이중구조가 초기 오순절운동의 고유한 특징이었으며, 동시에 이런 변증법적 긴장구조 속에 초기 오순절운동이 폭발적으로 팽창했다. 종말론적 이중구조, 오순절운동이 설파한 하나님 나라의 고유한 틀이다.

* 이 글은 복음신학대학원대학교 오순절신학연구소 편, 『성령과 하나님 나라』(대전:복음신학대학원대학교출판부, 2011):257~82에 "초기 오순절운동의 하나님 나라 이해 : 그 이중구조""란 제목으로 실렸던 것이다.

---

1) William J. Seymour, *Azusa Street Sermons* (Joplin, Missiouri: Christian Life Books, 1999), 65.
2) Donald W. Dayton, *Theological Roots of Pentecostalism* (Peabody, MA.: Hendrickson Publishers Inc., 1987). 데이튼은 방언이 오순절운동 외에도 메노나이트와 쉐이커 같은 그룹들에서도 행해졌기 때문에, 오순절운동만의 고유한 특징으로 규정하기 어렵다고 지적했으며, 오히려 중생, 성령세례, 신유, 재림이란 사중복음의 틀 속에서 신학적 특성을 찾아야 한다고 제안했다.
3) 포펠은 자신의 책, *The Everlasting Gosep: The Significance of Eschatology in the Development of Pentecostal Thought* (Sheffield, U.K.: Sheffield Academic Press, 1996)에서, 이 책의 중심주제가 "미국오순절운동을 19세기 완전주의 내의 패러다임변형에 기인한 천년왕국신앙으로 이해하는 것"이라고 밝혔다. 한편, 포펠과 같은 입장에 서 있는 스티브 랜드도 "예수 그리스도는 독특한 오순절영성의 중심이여, 성령은 그 둘레다"라고 규정하면서, 오순절운동의 독특한 묵시적 정서들이 그런 신앙과 실천의 핵심을 구성한다고 주장했다. 이에 덧붙여, "그런 신앙, 실천, 그리고 정서를 가장 효과적이고 포괄적으로 드러내기 위한 결정적인 맥락이자 현재적인 지평은 종말론적이다. 즉, 침입하는 중이며, 곧 절정에 달할 하나님 나라의 대행자이신 성령으로서 하나님의 현존 말이다"라고 설명했다. Steve Land, *Pentecostal Spirituality: A Passion for the Kingdom* (Sheffield, U.K.: Sheffield Academic Press, 1993), 23을 참조하시오.
4) 제2차 세계대전을 기준으로 오순절운동 종말론의 주목할 만한 변화에 대해선, Dawk-Mahn Bae, "'Kingdom Now': Social Implication of Eschatology in the Pentecostal-Charismatic Movement in America," (Drew University Ph.D. Dissertation, 2004)를 참조하시오.
5) P. Kuzmic, "Kingdom of God," in *Dictionary of Pentecostal and Charismatic Movements*, eds. Stanley M. Burgess and Gary B. McGee (Grand Rapids,

Michigan: Zondervan Publishing House, 1988): 521-26을 참조하시오.
6) 이 주제에 대한 복음주의 진영의 대표적 목소리는 헤르만 리델보스, 『하나님 나라』 (서울: 엠마오, 1988)에서 발견할 수 있다. 그는 기독론 중심으로 현림 천국, 과도적 천국, 그리고 미래천국을 구분하여 설명함으로써, 성령론 중심의 오순절적 입장과는 차이를 보인다.
7) 『사도적 신앙』(Apostolic Faith)은 1906년부터 1908년까지 윌리엄 시무어의 주도 하에 발간된 아주사거리선교회의 기관지로서, 초기오순절운동의 확산에 결정적으로 기여한 문서선교의 도구였으며, 현재에는 초기 오순절운동의 실상을 파악할 수 있는 귀중한 역사적 자료다. 본 논문에서는 1997년에 Together in the Harvest Publications에서 The Azusa Street Papers란 제목으로 편집/출판된 것을 사용했다. 이하에서는 원래의 제목인 The Apostolic Faith를 따라 AF로 표기한다.
8) 윌리엄 시무어의 종말론에 대해선, 배덕만, "윌리엄 조셉 시무어의 종말론 연구," 『오순절신학논단』 vol. 6. (2008): 37-64를 참조하시오. 이 장에선 이 논문의 도움을 많이 받았다. 이 외에, 시무어에 대한 주요 연구서들로는 다음의 것들을 참조하시오. Larry E. Martin, The Life and Ministry of William J. Seymour and a History of the Azusa Street Revival (Pensacola, FL.: Christian Life Books, 1996); Craig Borlase, William Seymour: A Biography (Lake Mary, FL.: Charisma House, 2006); Rufus G. W. Sanders, William Joseph Seymour (Sandusky, OH.: Xulon Press, 2003).
9) 시무어가 냅과 팔함으로부터 세대주의적 전천년설의 영향을 받은 과정에 대해선, Cecil M. Robeck, Jr. The Azusa Street: Mission & Revival (Neshville, Tennessee: Nelson Reference & Electronic, 2006), 31-52을 참조하시오.
10) 마틴 냅에 대해선, 윌리엄 코스틀레비, "마틴 웰즈 냅, 찰스 카우만, 그리고 동양선교회의 기원," 배덕만 역, 『성결교회와 신학』 제4호 (2000): 101-23을 참조하시오. 또한 찰스 팔함의 생애와 사상에 대해선, James R. Goff, Jr., Fields White Unto Harvest: Charles F. Parham and The Missionary Origins of Pentecostalism (Fayetteville · London: The University of Arkansas Press, 1988)을 참조하시오.
11) "This Same Jesus," AF (Oct., 1906), 3.
12) William J. Seymour, Azusa Street Sermons, 46.
13) Charles Fox Parham, A Voice Crying in the Wilderness (Baxter Springs, KS.: 1944, orig. pub. 1902), 123.
14) 초기 오순절운동이 과학기술의 발전을 종말의 증거로 지적했던 것에 대해선, 배덕만, "초기오순절운동 지도자들의 종말론 연구: 사회개혁에 대한 시각을 중심으로," 『역사신학논총』 제11집 (2006): 132-65를 참조하시오.
15) William J. Seymour, "Signs of His Coming," AF (Feb. to Mar., 1907), 6. 오순절운동 내에서 시온주의와 종말론의 밀접한 상관관계에 대한 구체적인 예들은, 배덕만, "초기 오순절운동 지도자들의 종말론 연구"에서 확인할 수 있다. 또한 이스라엘의 건국 이후 이스라엘 문제와 종말론의 관계에 대한 오순절-은사주의자들의 입

장에 대해선, 배덕만, "오순절-은사주의 운동의 새로운 모형: 팻 로벗슨(Pat Roberetson)을 중심으로," 『종교와 문화』 제11호 (2005): 119-52를 참조하시오.
16) 이 글에서 "여러 언어를 갖춘"이란 말은 방언의 은사를 받았다는 뜻이다. 이처럼, 방언을 체험한 이들(성령세례 받은 자들=오순절주의자들)이 해외선교지로 떠나기 시작했고, 그 배경에는 강력한 재림신앙이 위치하고 있었다. "Fire Still Falling," *AF* (Oct. 1906), 1.
17) *AF* (Nov., 1906), 2.
18) 성결파들은 그들이 주장한 성령세례, 즉 성화를 체험한 사람들만 휴거될 수 있다고 주장했다. W. B. Godbey and Seth C. Rees, "The Return of Jesus," in *Six Tracts*. With a preface by D. William Faupel (New York: Garland Publishers, 1985), 20을 참조하시오.
19) 박명수, 『근대복음주의 주요 흐름』 (서울: 대한기독교서회, 1998), 194-95을 참조하시오.
20) "Other Pentecostal Saints," *AF* (Dec. 1906), 3.
21) 아주사부흥운동의 예배적 특성에 대해서는 Cecil M. Robeck, *The Azusa Street*, 129-86을 참조하시오.
22) *Apostolic Faith*에 실렸던 시무어의 설교들 중 중요한 것들이 편집되어 단행본으로 출판되었다. William J. Seymour, *Azusa Street Sermons* (Joplin, Missiouri: Christian Life Books, 1999).
23) William J. Seymour, *Azusa Street Sermons*, 45.
24) "A Message Concerning His Coming," 16.
25) "Jesus is Coming," *AF* (Sept, 1906), 4.
26) A. H. Post, "Testimony of a Minister," *AF* (Jan. 1907), 4.
27) "Pentecost Restored," *AF* (Jan. 1907), 1.
28) "Sanctification and Power," *AF* (Nov. 6), 4.
29) 근대 신유운동의 역사에 대해선, 박명수, 『근대복음주의의 주요흐름』 (서울: 대한기독교서회, 1998), 137-71을 참조하시오. 질병의 원인을 죄와 귀신에게서 찾는 경향은 조용기 목사 안에서도 여전히 발견된다. 이것은 오순절운동 안에서 지속되고 있는 신유론이다. 배덕만, "'치료하시는 예수님': 치료자 예수 그리스도를 통해 본 영산의 기독론 연구," 『영산신학저널』 통권 제5호 (2005): 114-38.
30) "Testimonies of Healing," *AF* (Feb. to Mar., 1907), 6.
31) Cecil M. Robeck,Jr., *The Azusa Street*, 33.
32) Cecil M. Robeck, Jr., *The Azusa Street*, 182.
33) Ibid., 178.
34) 고프의 주장에 대한 홀렌버그의 비판은 Walter J. Hollenweger, *Pentecostalism: Origins and Developments Worldwide* (Peabody, MA.: Hendrickson, 1997), 20-24에서 확인할 수 있다.
35) Ibid., 138.

5장

"회개하라, 천국이 가까왔다"*
오순절운동의 종말론

I. 서론

　전통적으로 오순절운동은 방언을 중심으로 한 성령운동으로 이해되었다. 물론 오순절운동이 20세기에 출현한 강력한 성령운동임을 부정할 사람은 없다. 또 오순절운동의 대표적 상징이 방언임을 거부할 수도 없다. 그러나 많은 학자들이 오순절운동을 성령운동으로 환원하고, 방언만을 지나치게 강조하는 것에 대해 끊임없이 문제를 제기해 왔다.[1] 특별히 일부 학자들은 오순절운동을 성령운동뿐만 아니라 종말운동으로 이해해야 한다고 강하게 주장하고 있다. 예를 들면, 오순절 사회학자인 로버트 앤더슨 Robert M. Anderson은 오순절운동의 중심 메시지가 "재림"이었다고 주장하면서, 오순절운동을 특정한 형태의 천년왕국운동으로 규정했다. 오순절운동의 종말론을 주제로 박사학위논문을 집필했던 윌리엄 포펠D. William Faupel도 미국의 오순절 운동이 "19세기 완전주의 내에서 발생한 패러다임의 변환에 따른 일종의 천년왕국 신앙체계"라고 주장했다.[2] 물론 오순절운동을 방언으로 환원시키는 것만큼, 오순절운동을 천년왕국운동으로 환원하는 것도 신학적으로 용납하기 어렵다. 그러나 이런 학자들의 주장을 토대로 오순절운동 내에서 종말론이 차지하는 위치와 가치는 충분히 인식될 수 있다.

한편, 윌리엄 조셉 시무어를 논하지 않고 초기 오순절운동의 역사를 논할 수는 없다. 그가 주도했던 아주사 거리의 부흥집회가 없었다면, 오늘날 기독교의 모습은 무척 달라졌을 것이다. 따라서 학자들은 시무어를 "오순절 운동의 아버지,"3) 혹은 "오순절 운동의 촉매자"4)로 호칭하며, 그의 역사적·신학적 자리를 매김하려 한다. 물론 학자들에 따라 찰스 팔함 Charles F. Parham에게 더 무게를 두는 경우도 있으나,5) 그럼에도 불구하고 20세기 오순절운동의 성장과정에서 시무어의 가치를 폄하하거나 부정할 순 없을 것이다. 하지만 지금까지 시무어에 대한 학문적 연구는 그가 지닌 역사적·신학적 중요성에 비해 너무나 빈약했다. 물론, 그에 대한 두 편의 박사학위 논문이 영국과 미국에서 집필되었고,6) 몇 편의 전기가 출판되었으며,7) 소수의 논문들이 학술지에 개재되었다.8) 그러나 양과 질에 있어서, 윌리엄 시무어에 대한 연구는 아직도 초보적 수준에 머물러 있음이 사실이다. 더욱이 이 문제가 그의 종말론에 대한 연구로 확장될 때, 문제는 더욱 더 심각해진다. 그가 발간한 『사도적 신앙』The Apostolic Faith에는 방언과 신유에 대한 기록과 함께, 주의 임박한 재림에 대한 시무어의 설교와 다른 오순절 신자들의 글들이 가득하다. 이것은 종말에 대한 시무어 자신의 강렬한 신앙과 기대를 단적으로 지적해 주는 대목이다. 그럼에도 불구하고, 필자는 아직까지 시무어의 종말론에 대한 단 한편의 논문도 찾아볼 수 없었다. 국내뿐만 아니라 해외에서도 시무어의 종말론 연구는 전무했다. 물론 그의 전기들 속에서 종말론에 대한 언급이 있었으나, 학문적 연구라고 말하기에는 턱없이 부족한 수준이다.

이런 면에서 시무어의 종말론에 대한 본 글은 이 분야 최초의 본격적 연구가 될 것이다. 필자는 시무어가 발간한 『사도적 신앙』the Apostolic Faith, 1906~1908과 그가 편집한 사도적신앙운동의 『교리장전』The Doctrine and Discipline of the Azusa Street, 1915, 그리고 래리 마틴Larry Martin이 편집한 시무어의 설교집, 『아주사거리 설교들』Azusa Street Sermons, 9)을 일차자료로 선택하여, 시무어의 종말론을 탐색해 보고자 한다. 먼저, 그의 생애를 간략히 스케치한 후, 그의 핵심적 신학사상들을 정리하고, 이어서 본격적으로 그의 종말론의 기본적 내용과 그것의 사회학적 함의에 대해 논할 것이다. 끝으로, 그의 종말론이 지닌 특징, 공헌, 그리고 한계 등을 지적함으로써 글을 마무리 하고자 한다.

II. 본론

1. 윌리엄 조셉 시무어의 삶10)

아주사 부흥운동을 주도했던 윌리엄 조셉 시무어William Joseph Seymour는 1870년 5월 2일 루이지애나주 센터빌에서 사이먼 시무어Simon Seymour와 필리스 시무어Phyllis Seymour의 아들로 태어났다. 그의 부모들은 전직 노예들이었다. 그는 이미 노예제도가 폐지 된 상태에서 성장했지만, 그의 아버지가 일찍 세상을 떠나면서, 지독한 가난 속에 청소년기를 보내야 했다. 그러나 그는 "어릴 적부터 환상을 경험하면서 예수님의 재림을 목말라 사모하였다."11)

25세가 되던 1895년, 시무어는 인디애나주 인디애나폴리스로 이주했다. 이곳에서 한 호텔의 웨이터로 일하며, 심슨채플 감리교회에 출석하게 되었다. 그 교회는 인종차별에 반대하던 교회였다. 그 교회에 다니는 동안, 인종차별이 비성서적임을 확신하게 되었다. 이어서 그는 오하이오주신시내티로 이사하여, "저녁 빛 성도들"Evening Lights Saints이란 기독교 단체에 가입하였다. 이 단체는 하나님의 교회 개혁운동Church of God Reformation을 주도하던 성결운동의 일파였다. 이 그룹은 사중복음을 신앙하며, 강력한 성령운동 및 재림운동을 추구하였다. 이 기간 동안 시무어는 천연두에 걸려 한쪽 눈의 시력을 잃는 아픔을 겪었지만, 동시에 자신을 향한 하나님의 소명을 발견했다. 그는 이 단체에서 안수를 받고 자비량 전도자가 되어, 전도활동을 시작했다.

신시네티에서 텍사스 주까지 선교여행을 떠난 그는 휴스턴에서 가족과 재회하였다. 이곳에서 그는 평소 친분이 있던 루시 페로우Lucy Farrow 부인의 소개로 찰스 팔함이 운영하던 단기 성경학교에 등록하였다. 이 학교에서 공부하는 동안, 그는 팔함을 통해 성령세례와 방언의 관계에 대한 오순절적 해석에 접하게 되었다. 결국, 시무어는 오순절주의를 신봉하게 되었고, 그 은혜를 체험하기 위해 기도하기 시작했다. 한편, 그가 임시로 사역하던 교회를 방문했던 닐리 테리Neely Terry 양의 소개로, 시무어는 로스앤젤레스에서 새로 모이기 시작한 한 작은 흑인 성결교회의 목회자로 청빙을 받았다.

1906년 2월부터 시무어는 로스앤젤레스에서 사역을 시작했다. 그러나 성령세례에 대한 그의 오순절적 설교는 곧 일부 성도들의 격렬한 반대에 직면했고, 결국 애즈베리 부부의 도움으로 북 보니 브레거리 214번지214 North Bonnie Brae Street에서 새로운 모임을 시작하게 되었다. 동년 4월 9일, 강력한 성령의 임재가 그곳에 나타났고, 4월 20일에는 마침내 시무어도 방언을 말하게 되었다. 이후 그 집회는 폭발적 성장을 경험하면서, 밀려드는 성도들을 더 이상 수용할 수 없게 되어, 아주사 거리 312번지에 위치한 한 건물(예전에는 흑인감리교 예배당이었으며 당시에는 건축자재 창고로 사용되고 있었다)을 임대하게 되었다. 교회 바닥에는 톱밥이 깔렸고, 나무상자 두 개를 포개어 강대상으로 사용했다. 이곳에서 인종, 성별, 국적, 교파에 상관없이 성령세례를 갈망하는 모든 이들이 모여, 매일 평균 10시간 이상씩 집회가 지속되었다. 이 부흥의 열기는 미국전역과 전 세계로 급격히 확장되었다. 아주사거리 부흥회는 3년간 지속되었고, 그 역사의 한복판에 윌리엄 시무어가 있었다.

그러나 그런 부흥의 내부에 분열의 씨앗이 숨겨져 있었다. 그는 스승인 팔함과 1906년 인종문제와 아주사부흥회의 주도권을 놓고 결별했으며, 1908년에는 그와 함께 『사도적 신앙』The Apostolic Faith을 발행하던 클라라 럼Clara Lum이 구독자 명단을 갖고 오리건의 플로렌스 크로포드에게로 떠나버렸다. 1910년에는 그가 아끼고 축복했던 윌리엄 덜햄과 교리문제 때문에 갈라서고 말았다. 결국, 이런 와중에 아주사 부흥운동의 불길은 1909년을 기점으로 서서히 꺼져가기 시작했으며, 이후에는 창립자들만이 외롭게 남아 빈자리를 지키게 되었다. 점점 건강이 악화되던 시무어는 1922년 9월 28일에 심장마비로 세상을 떠났다. 그의 육신은 로스앤젤레스의 에버그린 공동묘지에 안장되었으며, 그의 묘비에는 "우리의 목사"Our Pastor라고 새겨졌다.

2. 윌리엄 조셉 시무어의 중심 사상

1) 웨슬리안 오순절운동

초기 오순절신학 형성에 결정적 공헌을 한 시무어는, 자신의 오순절신학이 웨슬리안 전통에 서 있음을 분명히 밝혔다. 시무어가 웨슬리안 계열의 오순절운동을 전개하게 된 일차적 원인은 전직 감리교 목사였던 찰스 팔함으로부터 오순절신학의 기본지식을 전수받았기 때문이며, 이어서 개혁주의 노선을 선언한 윌리엄 덜햄과 결별함으로써 그의 입장은 더욱 확고해졌다. 시무어는 중생과 성화를 시기적으로 구분함으로써 성결운동의 전통을 충실히 따르고, 동시에 성화와 성령세례를 명확히 구분함으로써 양자를 동일시한 성결운동과 결별하며 오순절운동에 가담한 것이다.

이런 그의 입장은 그가 발간한 신문, 『사도적 신앙』The Apostolic Faith에서 수 없이 제시되고 논의되었다. 예를 들면, 1906년 9월에 발간된 창간호에서, 시무어는 자신이 주도하는 사도적 신앙운동이 "한 때 성도들에게 전수된 신앙-구식종교, 천막집회, 부흥회, 선교, 노방 및 교도소 전도, 그리고 모든 곳에서 성도의 연합-의 회복을 목표로 한다"라고 천명하면서, 이 운동의 교리적 핵심이 칭의justification, 성화sanctification, 그리고 성령세례the baptism with the Holy Ghost라고 선언했다. 그는 중생이 하나님께서 값없이 주시는 은총의 행위이며, 이를 통해 우리의 죄가 사함을 얻는다고 설명했다. 이어서 성화는 두 번째 은총으로서, 이 또한 하나님의 값없는 은총이며, 이를 통해 우리가 거룩하게 된다고 주장했다. 끝으로 성령세례는 이미 성화된 생명 위에 부어지는 권능의 은사이며, 방언을 동반한다고 선언했다.12)

뿐만 아니라 칭의, 성화, 성령세례를 시간적으로 구분한 시무어는 칭의와 성화를 그리스도의 구속사역의 결과로, 그리고 성령세례를 성령의 역사로 각각 구분하였다. 그러면서, 중생과 성화를 동시적 사건으로 간주하는 덜함의 입장을 반대했고, 성화와 성령세례를 동일시하는 성결운동도 단호히 거부했다.13) 이런 면에서, 시무어의 신학이 웨슬리안 전통에 서 있음이 분명하다.

2) 성령세례의 증거로서 방언

오순절 사역자로서 시무어는 성결한 신자가 성령세례를 받으면, 방언이 뒤따른다고 믿었다. "성령세례는 성결한 삶 위에 주어지는 권능의 은사이다. 그래서 우리가 그 은사를 받을 때, 제자들이 오순절 날에 받았던 것과 동일한 증거를 갖게 된다. 즉, 새 방언으로 말하게 되는 것이다."14) 또한 교회 내에 방언의 가치를 폄하하는 경향을 비판하면서, 방언이 지닌 성서적 정당성과 실제적 유용성을 강력히 변호했다.15) 뿐만 아니라, 18세기 이후 현대 교회사에서 목격된 방언의 실례들을 열거함으로써, 은사중지론자들을 비판함과 동시에 방언의 역사적 진실성을 옹호했다.16)

 동시에 그는 방언에 대해 매우 신중한 태도를 견지 했다. 즉, 방언이 성령세례의 증거이긴 하지만 방언을 성령세례의 유일한 증거로 주장하는 것에 대해선 반대한 것이다.17) 또한 방언이 하나님의 소중한 은사임에는 틀림없으나, 우리가 궁극적으로 추구해야 할 것은 방언이 아니라, 성령세례임을 혼동해선 안 된다고 경고했다.18) 뿐만 아니라, 성령의 역사로 신자들이 방언을 말하게 되나, 공중예배 시에는 침묵하는 것이 현명한 태도라고 주의를 주었다. "흔히 하나님께서 우리에게 복된 파도를 보낼 때, 우리 모두는 잠시 동안 방언을 말할 수도 있다. 그러나 설교가 진행될 때에는 절제해야 한다."19)

 방언에 대한 시무어의 설명들을 관찰해 보면, 그는 두 가지 종류의 방언, 즉 외국어로서의 방언Xenolalia과 알지 못하는 언어Glossolalia로서의 방언 모두를 인정하는 것 같다. 그가 자신의 신문에서 인용한 수많은 방언의 사례들은 초자연적으로 외국어를 습득한 경우들이 대부분이었다.20) 동시에 그는 알아듣지 못하는 방언에 대해 여러 차례 설명하면서, 예언과 설교는 대중들에게 유익이 있으나, 방언은 개인적으로 유익이 있으며, 하나님께서 통역의 은사를 베푸실 것이라고 위로했다. 이런 사례들을 종합해 볼 때, 시무어는 방언을 통해, 외국어를 습득하는 경우와 그 뜻을 알지 못하는 경우 모두를 인정하고 있음이 틀림없다.

3) 신유에 대한 강조

아주사거리 부흥회의 특징 중 하나는 강력한 성령의 임재를 통해 수많은 병자들이 고침을 받은 것이다. 『사도적 신앙』에는 아주사거리에서 발생한 신유뿐만 아니라, 미국전역과 전 세계의 부흥현장에서 날아온 신유의 간증들로 가득하다. 시무어가 소개한 신유의 한 기사는 다음과 같다.

> 의사도 포기했던 킹 부인(J. King의 폐암이 8월 8일에 치유되었다. 이미 한쪽 폐가 완전히 마비된 상태였었다. 그녀가 기도를 받았을 때, 주께서 즉시 그녀의 몸을 만지셨고, 그녀를 치유하셨다. 그녀는 한 시간 동안 건강한 폐로 소리쳤으며, 당신이 지금까지 만난 사람들 중에서 가장 행복한 사람이 되었다.[21]

이런 기적적 치유를 현장에서 직접 목격하고, 그런 류의 간증들을 수없이 보고 받으면서, 자연스럽게 시무어도 신유를 성령의 중요한 은사로 간주하게 되었다. 그에게 신유는 방언만큼 중요한 성령의 증거였다. 따라서 시무어는 사도적 신앙운동의 신학적 핵심을 진술할 때마다, 칭의, 성화, 성령세례와 함께 신유를 반드시 언급했다. "신유를 구하라―우리는 하나님께서 치유할 수 있음을 믿어야만 한다."[22] 뿐만 아니라, 시무어에게 신유는 현재적 사건이었다. 이점에서 그는 은사중지론자들과 달랐다. 그는 지금도 예수께서 치유하신다고 믿었다. 그의 관점에, 예수님은 "어제나 오늘이나 내일이나 동일하시다."[23]

기본적으로 시무어는 인간이 겪는 질병의 고통이 아담의 타락에서 기원했으며, 이 땅의 질병들은 악마와 관련된 것으로 파악했다. "원죄가 아이들 속에 태어났듯이, 질병도 아이들 속에 태어난다."[24] "모든 질병은 악마에게서 기원한다."[25] 따라서 인간의 모든 죄가 그리스도의 보혈을 통해 용서받듯이, 인간의 모든 질병도 그리스도의 구속을 통해 해결된다고 그는 믿었다. "질병은 예수님의 고귀한 구속을 통해 파괴된다."26) 그는 우리가 예수님의 말씀을 받아들일 때, 우리의 영과 혼뿐만 아니라, 육체까지도 생명을 얻게 된다고 믿었다. 이런 맥락에서, 그는 약물은 불신자들을 위한 것이며, 성도들이 약을 먹는 것은 비성서적이라고 못을 박았다.27)

4) 임박한 종말의식

시무어의 오순절신학은 철저하게 종말론적 특성을 지닌다. 기본적으로 그는 오순절운동을 시대의 끝에 발생한 종말적 사건으로 이해하였다. 그가 이 운동을 "늦은 비" 운동으로 이해하는 것이 단적인 증거이다. "이것은 종말에 하나님께서 자신의 겸손한 자녀들에게 부어주시는 늦은 비이다."28) 뿐만 아니라, 그가 성령세례의 증거로 방언을 강조하는 것도 종말의 때에 숨 가쁘게 진행되는 세계선교 사역과 깊이 연결되어 있다.29) 그는 자신의 집회에서 출현한 수많은 방언기도, 혹은 방언예언의 내용이 주로 재림에 관한 것이었다고 밝힌 바 있다. "성령에 의해 방언으로 말해진 거의 모든 메시지들을 해석해 보면, 그 내용은 '예수께서 다시 오신다' 라는 것이다."30)

이런 그의 신학적 입장뿐만 아니라, 종말에 대한 그의 지대한 관심은 그가 발간한 『사도적 신앙』에 수록된 수많은 종말관련 내용들을 통해 확인할 수 있다. 거의 모든 호에 종말에 대한 간증, 예언, 시, 그리고 설교가 수록되어 있기 때문이다. "회개하고 복음을 믿으라. 하나님의 나라가 임박했다."31) "깨어라! 깨어라! 옷 입고 준비할 시간이 없다. 신랑이 오셨다는 소리가 곧 들려 올 것이다."32) "우리는 하나님께서 모든 육체 위에 성령을 부어주시는 종말의 때에 살고 있다."33) "시간이 얼마 남지 않았다. 우리의 복된 예수님께서 이 땅에 다시 오셔서, 그분의 신부를 하늘로 데려가실 것이다."34) 그는 종말의 한 복판을 살고 있었다.

3. 윌리엄 조셉 시무어의 종말론
1) 세대주의적 특성

일반적으로 시무어의 종말론은 세대주의적 전천년설의 전통을 충실히 계승하고 있다. 다른 세대주의자들처럼, 역사를 일곱 세대로 구분하며, 그 내용을 상술하고 있진 않지만, 그는 "세대"dispensation 개념을 사용하여 역사를 구분하고, 자신이 지금 "성령세대"에 살고 있다고 선언했다.

성령께서 120명에게 임했을 때, 그것은 성령세대의 아침이었다. 오늘날 우리는 성령세대의 저녁에 살고 있다. 그 아침처럼, 저녁에도 동일한 일이 벌어질 것이다. 그것은 이 시대 최후의 복음전도를 향한 부름이다. 세례요한이 광야에서 외치는 자의 소리였듯이, 세상이 주 예수 그리스도의 재림을 준비하도록, 경고의 목소리가 오늘날 이 땅을 관통하여 선포되는 중이다.35)

둘째, 시무어는 예수 그리스도의 전천년설적 재림을 믿었다. 그에 따르면 예수 그리스도의 재림 전에 이 땅에선 대 환란이 시작되고, 예수의 재림 이후 천년왕국이 시작될 것이다.

하나님께서 우리 모두를 주의 재림에 적합하도록 준비시킬 것이다. 우리는 그와 함께 백마를 타고 돌아와 이 땅에서 심판을 돕고, 천년왕국을 시작할 것이다. 그는 이 땅 전체를 다스릴 것이며, 물이 바다를 덮음 같이 정의가 이 땅에 가득할 것이다.36)

셋째, 시무어는 예수 그리스도의 이중 재림을 강조했다. 예수의 재림과

정을 공중 재림과 지상 재림으로 구분하는 것은 세대주의적 전천년설의 가장 독특한 특징 중 하나이다. 그는 첫 번째 재림을 "휴거"the Rapture로, 두 번째 재림은 "계시"the Revelation로 각각 명명했다. 이 점에서 시무어는 명백히 예수의 이중 재림을 신앙하고 있었다.

> 예수께서 다시 오실 때, 두 번의 출현이 있을 것이다. 첫 번째 출현은 휴거라고 불릴 것이며, 이때에 주님은 밤에 찾아오는 도둑처럼 오셔서, 그의 신부를 공중으로 데려 가실 것이다. 두 번째 출현은 계시라고 불리며, 이때에 주님은 수만 명의 성도들과 함께 오셔서, 재림의 광채로 악한 자들을 멸하실 것이다.37)

넷째, 시무어는 이중 재림을 통한 휴거를 주장할 뿐만 아니라, 선택된 성도들의 환란 전 휴거설을 옹호했다. 세대주의적 전천년설주의자들은 전통적으로 대 환란 전에 성도들이 휴거됨으로써, 그 혹독한 환란을 피하게 될 것이라고 믿었다. 시무어도 같은 맥락에서 성도들이 휴거를 통해 대 환란의 고통을 피하리라고 주장한 것이다.

> 휴거 때 준비되지 않은 자들은 남겨져서, 이 땅에 임하는 끔찍한 환란을 겪게 될 것이다. 지혜로운 처녀들은 혼인잔치에 참여할 것이고, 대환란의 시간 동안 주님과 함께 지낼 것이다.38)

다섯 째, 다른 세대주의자들처럼, 시무어도 과학과 기술의 발전에 대해 부정적 태도를 보였다. 그가 보기에, 과학과 기술의 발전은 구약성경에 예언된 말세의 징조들이며, 그런 문명의 발달은 인간들을 타락과 배교의 길로 유혹할 뿐이다. 시무어는 철도와 기차, 조선업의 발달을 종말의 징조로 간주했고, 전기, 전신, 전화의 발전도 임박한 재림의 증거로 지적했다. 그는 이런 문명의 발달이 하나님 나라의 확장을 위한 긍정적 도구로 활용될 수 있다는 가능성보다, 성경의 예언들이 당대에 성취되는 증거들로 여기며 흥분했다. 이런 현실을 지켜보면서, 시무어는 이렇게 외쳤다.

> 그래서 우리는 수천 년 전 선지자들에 의해 기록된 예언이 지금 성취되는 것을 보며, 그것은 또한 우리에게 오늘이 바로 그분의 준비 기간임을 말해준다. 하나님께서 우리를 도우사, 주의 재림이 임박했음을 보게 하소서.39)

끝으로, 시무어가 종말의 징조로 유대인들의 회복, 즉 시오니즘을 언급한다는 면에서, 그의 종말론은 세대주의의 전통에 서 있다. 그는 누가복음 21장 29절-32절의 기록을 비유적으로 해석하면서, 예수께서 무화과나무를 저주한 것이, 그를 거절한 유대인들의 운명을 예언한 것이라고 풀이했다. 그러면서 이방인의 시대가 끝날 때, 그 나무의 열매가 맺힐 것이라고 예언했다. 이런 성서적 이해를 근거로, 그는 당시에 진행 중이던 시온주의 운동에 주목하고, 이것이 이방시대가 막을 내리는 증거라고 주장했다.

> 우리는 그들 안에서, 그들이 팔레스타인으로 모여드는 모습에서, 새로운 생명의 징조들을 본다. 그곳에서 그들의 수가 수 천 명에 이르렀고, 곧 하나의 국가가 형성될 것처럼 보인다…그러므로 우리는 무화과나무가 가지를 뻗는 때에 살고 있으며, 예수님은 우리에게 이 사실을 통해 하나님의 나라가 가깝다는 사실을 알아야 한다고 말씀하셨다.40)

이처럼 시무어의 종말론에는 세대주의적 전천년설의 전형적 특징들이 상당수 나타나고 있다. 역사를 세대별로 구분하는 방식, 전천년설적 재림,

예수 그리스도의 이중적 재림 , 환란 전 휴거설, 시오니즘에 대한 관심 등은 시무어의 종말론이 기본적으로 세대주의 전통에 서 있음을 보여주는 구체적 증거들이다.

2) 오순절적 특성

위에서 살펴본 것처럼, 윌리엄 시무어의 종말론은 세대주의적 전천년설의 전통에 굳건히 서 있다. 그러나 동시에 오순절운동가로서 그의 독특한 신학적 정체성이 그의 종말론에도 중요한 영향을 끼치면서, 기존의 세대주의자들과는 다른 특징들을 첨가시켰다. 먼저 지적할 점은 그의 강렬한 종말의식이다. 그는 주의 재림이 임박했다는 실존적 긴장 속에 살았을 뿐만 아니라, 자신이 종말의 한 복판에 서 있다고 믿었다. 그는 알프레도 벡 Alfred Beck의 시를 소개함으로써, 주의 재림을 목전에 둔 자신의 심정을 대신 표현했다.

> 사랑하는 주님, 우리의 마음은
> 당신이 곧 오시리라는 생각에 기쁩니다.
> 우리는 땅과 하늘에서 징조들을 보며,
> 당신이 가까이 오셨음을 압니다.
>
> 아멘, 사랑의 주님, 우리는 말합니다.
> 예수여 오소서, 빨리 오소서,
> 이곳에서 끔찍스런 전쟁을 끝내고
> 당신의 사랑하는 자들을 본향으로 인도하소서.41)

둘째, 시무어의 종말론의 특징 중 하나는 오직 성령세례를 체험한 신자들만 휴거될 수 있다는 주장이다. 그에 따르면, 중생, 성결, 성령세례는 시간적으로 순서가 정해져 있다. 중생과 성화는 시간적으로 구별되며, 동시에 성결과 성령세례도 앞뒤가 정해져 있다. 그러므로 중생의 과정을 통과하지 않고, 성화될 수 없다. 또 성결을 체험하지 않은 사람들에게 성령세례가 허락될 수 없다. 이런 맥락에서 볼 때, 중생과 성결을 동일시하는 덜햄파와 성결과 성령세례를 동일시하는 성결파 모두, 휴거의 대상에서 제외된다. 결국 그의 논리에 따르면, 성령세례를 체험한 자, 즉 진정한 오순절신자들만이 주의 재림에 참여할 수 있는 참된 신부들이다. 그는 자신의 논리를 현명한 다섯 처녀의 비유를 해석하며 이렇게 설명했다.

> 친애하는 성도들이여, 우리 주 예수 그리스도를 만나서 그와 함께 어린양의 혼인잔치에 참석할 사람들은 현명한 다섯 처녀들입니다. 그들은 구원받았을 뿐만 아니라 성화되어, 마음이 정결하고 깨끗해졌습니다. 하지만 그들은 성령세례를 소유한 자들이기도 합니다. 다른 이들은 제대로 준비되지 못할 것입니다. 그들은 자신들의 등잔에 약간의 기름을 갖고 있지만, 필요한 곱절의 성령은 갖고 있지 못하기 때문입니다.42)

셋째, 세대주의 영향 하에 과학문명의 발달을 부정적으로 바라보던 시무어는 성령세례를 통한 부흥의 가능성을 신앙함으로써, 자신의 종말론에 긍정적 측면을 확보할 수 있었다. 기본적으로 시무어는 오순절운동을 '늦은 비 운동'으로 정의한다. 팔레스타인에선 곡물재배를 위해 두 가지의 비가 내렸다. 가을에 땅을 경작하고 씨앗을 심으면, 곡물의 성장을 위해 비가 내렸다. 이를 "이른 비"라고 불렀다. 또한 추수 직전에 곡물이 완전히 익도록 비가 한번 더 내렸다. 이 비를 "늦은 비"라고 했다. 같은 논리로, 오순절 교회에 임한 성령세례의 역사는 추수를 목전에 두고 내린 진정한 의미의 "늦은 비"였다. 이를 통해, 신자들이 방언을 말하고, 기사와 이적들이 나타났다. 뿐만 아니라 교회는 성령의 능력 속에 "빛과 권능과 영광"을 회복하고, 이 땅에서 다시 한 번 "활활 타오르며 밝은 빛을 발산하는 빛"이 되고 있다. 이처럼 주의 재림 직전에 내린 성령세례는 어두운 말세에 교회가 빛이 되게 하고, 성도들을 거룩하고 능력 있게 변화시킴으로써 주의 재림을 대비하게 만든다. 이런 성령세례에 대한 낙관적 기대가 미래에 대한 전천년설의 일방적 비관주의에 새로운 색체를 가미함으로써, 오순절 종말론의 두드러진 특징이 되었다.43)

끝으로, 시무어는 지옥의 존재를 부정하는 영혼멸절설을 강력히 반대했다. 사실, 시무어에게 결정적 영향을 끼쳤던 찰스 팔함은 영혼멸절설을 굳게 믿었다. 죽음과 동시에 사악한 영혼은 소멸된다는 주장이다. 결과적으로, 이것은 지옥의 존재를 부정한다. 팔함의 다른 신학에 대해선 적극적으로 지지를 표명했던 시무어도 영혼멸절설에 대한 팔함의 입장만은 용납할 수 없었다. 성서적으로 근거가 없다는 것이 주된 이유였다. "사악한 자의 멸절, 혹은 영혼의 멸절은 성경에 위배되는 것이다(마10:28)"44) 성경에 대한 이런 이해를 토대로, 시무어는 지옥이 존재하며, 악한 영혼도 사후에 사라지지 않고 지옥에서 형벌을 당할 것이라고 주장했다. 영원히 죽지 않고, 생전의 악행에 대한 대가를 톡톡히 치르게 될 것이다.

> 우리는 하나님의 말씀에서 사악한 자들이 소멸하지 않는다는 사실을 볼 수 있다. 오히려 활활 불길이 타오르는 지옥이 그들을 기다리고 있다. 그들의 집은 영원한 불길이 될 것이다. 그곳에서 그들은 영원토록 밤낮으로 고통을 당할 것이다.45)

한편, 시무어는 영혼멸절설이 유행하는 이유를 종말적 시대상황과 연결해서 설명한다. 종말의 때에 악한 풍조가 만연하면서, 성서에 대한 믿음이 약화되고, 그 결과 영혼멸절설 같은 비성서적 교리들이 유행하게 되었다는 설명이다.

당신이 믿거나 말거나 지옥은 끔찍한 실제로 존재한다. 그리고 다수의 사람들이 지옥을 향해 질주하고 있다. "악인이 음부로 돌아감이여 하나님을 잊어버린 모든 열방이 그리하리로다."시9:17 예수님은 지옥을 믿었고, 사람들이에게 거기에서 벗어나라고 경고했다. 그렇다면 왜 오늘의 강단들은 그렇게 조용한가? 우리가 종말의 배반의 때에 살고 있기 때문이다.46)

4. 윌리엄 조셉 시무어의 종말론과 사회적 논점들
1) 남녀평등

시무어는 오순절운동이 요엘 선지자의 예언이 실현된 것으로 이해했다. "주께서 그들에게 이 사건이 요엘 선지자에 의해 선포된 말씀임을 보여주는 것은 쉬운 일이다. 우리는 하나님께서 모든 육체 위에 자신의 영을 부어주시는 종말의 때에 살고 있다."47) 이 예언이 성취 된 증거 중 하나는 성령세례가 남녀의 차별 없이, 여성들에게도 허락되었다는 것이다. 그의 집회에서 여성들 위에 성령이 임하는 광경들을 목격하면서, 시무어는 자신이 종말의 때에 살고 있다는 확신과 함께, 성령께서 역사하는 범위가 성적 장벽을 넘어서고 있다는 사실을 확인했다.

예수께서 승천하시기 전에는 거룩한 기름이 단 한 명의 여성 위에도 부어지지 않았다. 그러나 주께서 당신의 교회를 세우시기 전, 남자들과 여자들을 다락방으로 부르셨고, 그들에게 성령의 기름을 부어주셨다. 이로써 그들이 복음의 사역자로서 자격을 획득했다. 오순절 날, 그들 모두는 성령의 권능으

로 설교했다. 예수 그리스도 안에는 남자와 여자의 구별이 없다. 모두가 하나일 뿐이다.48)

이처럼 시무어의 남녀평등사상은 성령세례를 통한 종말사상과 깊이 연관되어 있다. 뿐만 아니라, 이런 사상은 실제 그의 사역 속에서 여성들의 영적 능력을 경험하면서 보다 현실적인 인식을 소유하게 되었다. 그가 팔함을 만나고, 그를 통해 성령세례에 대한 신학을 학습하며, 또 로스앤젤레스에서 성령을 체험하는 과정에서 루시 페로우Lucy Farrow의 영향이 결정적이었다. 또한 장차 그의 아내가 된 제니 무어Jennie E. Moore도 초기 아주사운동에서 탁월한 리더십을 발휘한 여성 지도자였다. 뿐만 아니라 그와 함께 『사도적 신앙』을 편집했던 클라라 럼Clara Lum, 그리고 그의 동료였으며 후에 오리건 주에서 사도적신앙운동을 주도했던 플로렌스 크로포드Florence Crowford도 시무어를 도왔던 탁월한 여성들이었다.49) 이들의 강렬한 영적 체험과 뛰어난 능력을 직접 체험하면서, 여성에 대한 시무어의 생각이 당대의 다른 사람들보다 훨씬 앞서갈 수 있었다.

하지만 그의 사역이 후기로 접어들고 제도화되는 과정에서 여성들의 역할에 대한 그의 생각은 점점 더 보수적인 입장을 노출하기 시작했다. 결혼에 대한 생각에서, 그는 남녀 간의 협력과 조화를 강조하면서도, 궁극적으로 남성의 우위권을 인정했다. 또한 결혼과정에서 유독 여성에게만 부모의 동의 없이 결혼하는 것을 금지했다. 뿐만 아니라, 여성들에게 사역은 허용했으나, 안수나 세례집행은 허락하지 않았다.50) 성령이 남녀의 구분 없이 불로 세례 주시는 것을 체험했고, 사역자로서 여성들의 역량도 확인했지만, 결국 제도화과정에서 보수적 입장으로 선회한 것은 그의 사역에서 아쉬움으로 남는 대목이다.

2) 인종차별 반대

노예의 후손으로서 시무어의 뼈아픈 기억과 경험은 사역 초기부터 인종차별에 대해 단호히 반대하는 입장을 갖게 만들었다. 그런 개인적 신념은 1906년에 시작된 아주사 부흥회에서 성령의 임재를 통해 가시화되기 시작했다. 프랭크 바틀맨의 증언처럼, 이미 그의 아주사 집회에서 인종간의 갈등과 차별은 극복되고 있었다. "흑인보다 백인들이 더 많이 오고 있었다. 인종분리의 선이 그리스도의 보혈 속에서 제거되었다."51) 특별히, 오순절 부흥운동을 "늦은 비" 운동, 즉 일종의 종말현상으로 이해한 시무어는 아주사 집회에서 성령세례가 인종의 벽을 초월하는 모습을 목격하면서, 오순절 사역의 사회적 의미를 더욱 확신하게 되었다.

> 그 사역은 흑인들 사이에서 시작되었다. 하나님께서 몇몇 성화된 여인들에게 성령으로 세례를 주셨다. 로스앤젤레스에서 오순절과 방언의 은사를 받은 최초의 백인 여성은 에반스 부인이었다. 그녀는 현재 오크랜드Oakland에서 사역하고 있다. 그 이후, 수 많은 사람들이 찾아 왔다. 하나님은 국적에 차이를 두지 않으신다. 이디오피아인, 인도인, 멕시코인, 그리고 다른 국적을 지닌 사람들이 함께 예배하고 있다.52)

인종차별을 반대했고, 예배 속에서 그 벽이 허물어지는 것을 목격했던 시무어는 자신의 운동이 제도화되는 과정에서, 이 문제에 대한 자신의 입장을 법적으로 명문화했다. 시무어는 1915년, 자신이 이끌던 사도적신앙선교회The Apostolic Faith Mission의 교리와 제도를 정리하면서, "노예제도"에 대한 항목을 포함시켰다. 이미 미국에서 노예제도가 법적으로 폐지된 상태였음에도 불구하고 이 조항을 삽입한 것을 볼 때, 이 문제에 대한 그의 깊은 상처와 확고한 신념을 동시에 읽을 수 있다.

노예제도 ▶ 우리는 노예제도가 심대한 악이라고 확신한다. 우리는 가축처럼 인간을 사고, 팔고, 소유하는 것이 하나님과 자연의 법칙에 위배되며, 황금율에 상치되고, 우리 가운데 "어떤 해악도 없고," "모든 악을 피하길" 소망하는 우리의 교리장전과도 일치하지 않는다고 선언하는 바이다. 그러므로 우리는 우리의 모든 사역자들과 성도들에게 이 거대한 악으로부터 자신들을 보호하고 모든 합법적이고 기독교적인 방법으로 그 제도를 폐지하도록 노력하라고 충고하는 바이다.53)

3) 교회의 일치추구

시무어는 종말의 때에 성령의 강력한 강림을 통해, 분열된 교회의 회복을 꿈꾸었다. 여성과 흑인에 대한 차별을 거부했던 그는 또한 하나님 백성의 궁극적 일치를 갈망하였다. 시무어는 『사도적 신앙』을 발간할 때마다, 자신의 신학적 표제를 개재했으며, 그 속에 다음과 같은 문구를 삽입함으로써, 교회일치를 향한 자신들의 의지와 입장을 분명히 선언했다. "우리는 사람이나 교회와 싸우지 않고, 죽은 형식과 신조, 그리고 과도한 광신주의를 살아 있고, 실천적인 기독교로 대치하려고 노력할 뿐이다. '사랑, 믿음, 일치'가 우리의 표어이다."54)

교회일치를 위해 시무어는 일차적으로 교회들이 자신들만이 진리를 독점하고 있는 특권의식을 거부해야 하며, 복음과 보혈에 대해 기본적 일치만 보장된다면, 성도와 교회 간에 평화와 조화를 추구해야 한다고 주장했다. 그는 자신의 운동이 그런 독선과 분열의 위험에 빠지지 않도록 회원들에게 강력히 촉구했다.

사람들이 하나님의 사랑에서 벗어날 때, 그들은 다른 어떤 것, 즉 옷, 고기, 그리고 인간에 대한 교리에 대해 설교하고, 교회를 비판하는 설교를 하게 된다. 이런 교단들 모두가 우리의 형제들이다. 성령이 그들 모두를 지옥으로 끌고 가진 않을 것이다. 우리는 보혈을 존중하는 모든 사람을 인정해야 한다. 그러므로 화평을 추구하고 혼동을 피하자. 진리를 소유한 우리는 그 문제를 매우 신중히 다루어야 한다. 우리만이 그 진리를 소유했다고, 혹은 다른 이들보다 더 많이 소유했다고 느끼는 순간, 우리는 추락할 것이다.55)

이런 신학적 신념과 함께, 시무어는 하나님 앞에서 인간의 겉모양, 피부색, 혹은 이름의 차이는 사라지고, 오직 하나님의 영광만이 드러나야 한다고 주장했다. 동시에 자신의 집회에서 종말의 영인 성령에 의해, 하나님 백성들의 거룩한 연합이 성취되고 있다고 확신했다.

우리는 완벽한 조화 속에 성회와 교회로서 존재한다. 아주사선교회는 어디서나 하나님 백성들의 일치를 주장한다. 하나님께서 당신의 한분 영을 통해 그의 백성들에게 세례를 베푸심으로 그들을 한 몸으로 연합시키신다.56)

4) 기존 교회에 대한 비판

시무어의 종말론은 기성사회, 특히 기성교회에 대한 신랄한 비판을 낳았다. 흑인노예 후손으로서의 뼈아픈 경험, 빈곤한 흑인들의 주도하에 시작된 오순절운동의 미천한 출생배경, 그들의 독특한 교리와 열광적 예배에 대한 기존교회들의 혹독한 비난, 그리고 성령운동을 토대로 한 독특한 종말론이 결합하여, 사회를 바라보는 그의 시각에 결정적 영향을 끼친 것으로 보인다.

먼저, 시무어는 당대의 교회가 성령의 능력을 상실한 채, 교회의 외적 성장과 치장에 몰두하는 경향을 혹독하게 비판했다. 그는 기존 교회 성도들이 자신들의 값비싼 교회건물, 멋진 장식들, 현대적 장비, 훌륭한 교회

음악 등을 자랑한다고 지적했다. 그러나 그런 외적 환경에도 불구하고, "교회들은 고귀한 영혼들에게 거룩한 권능과 구원을 가져다주지 못한다." 고 비판했다. 죄인들이 교회에 가서 멋진 설교를 듣고, 달콤한 음악과 눈부신 장식품을 구경하나, 그들의 변화되는 모습을 발견하는 것은 어렵다. 그는 반문한다. "우리는 죄인들이 왜 회심하지 않는지, 왜 교회의 겉모습은 발전하나, 그리스도께서 부르신 그 사역은 제대로 수행하지 못하는지 당혹스럽다. 그것은 인간들이 그리스도와 성령의 자리를 차지했기 때문이다."57)

이어서 그의 비판은 진정한 사역의 권위인 성령의 능력 대신 세상의 지식과 학위에 몰두하는 사역자들을 향한다. 시무어에 의하면, 초대교회에서 제자들의 자격과 권위는 외적인 학위가 아닌, 성령의 권능이었다.

> 주 예수께서 그의 제자들에게 복된 손을 얹고 안수하신 후 제자들을 파송하셨다. 하지만 그는 오순절 날 그들이 성령과 불로 세례를 받았을 때, 그들의 마음속에 신임장을 부여하셨다. 이것이 바로 그들을 땅 끝을 향한 증인으로 세우실 때 부여하신 권위였다. 왜냐하면 복된 성령 없이, 그분을 충만히 소유하지 못한 채, 우리는 땅 끝까지 증인이 될 수 없기 때문이다.58)

이런 관점에서 볼 때, 진정한 영적 권위인 성령세례 없이, 단지 인간들이 부여하는 학위와 교육에 의존하여 사역하는 목회자들, 특히 월급의 액수에 따라 사역지를 옮겨 다니는 목회자들을 그는 인정할 수 없었다. 무능하고 타락한 목회자들을 향해 시무어는 대단히 자극적인 예화를 들려주며 통렬한 비판의 화살을 날린다.

14세의 한 소녀가 구원받고, 성화되고, 성령세례를 받았다. 그녀는 일군의 사역자들과 함께 밖으로 나가서 부흥회를 인도했다. 그 집회에서 190명이 구원받았다. 참 복음을 거절하는 월급쟁이 목사들은 목회를 그만두어야 할 것이다. 주님은 돈과 대가 없이 갈 사람들을 보내실 것이다. 이 사도적 시대를 위해 하나님께 영광을!59)

III. 결론

이상에서 오순절운동의 초기발전에 결정적 공헌을 한 흑인목사 윌리엄 조셉 시무어의 종말론을 다양한 각도에서 조명해 보았다. 이제 그의 종말론이 지닌 특징, 종말론이 미친 영향, 그리고 앞으로 극복해야 할 과제 등에 대해 논함으로써, 글을 마무리하고자 한다.

먼저, 시무어의 종말론은 당대의 종말론 논쟁을 주도하던 두 그룹, 즉 성결운동과 근본주의와 일정부분 공통된 톤, 즉 세대주의적 전천년설을 공유하면서, 동시에 오순절운동으로서의 독특한 입장도 강조함으로써 차별성도 분명히 제시했다. 기본적으로 성결운동과 근본주의는 세대주의적 전천년설을 공유한다. 이 점은 시무어의 경우도 마찬가지이다. 하지만 시무어는 성결운동이 성화와 성령운동을 동일시하는 점을 철저히 비판한다. 그의 관점에서 성화는 성령세례의 전제조건일 뿐이며, 성화가 아닌 성령세례를 경험한 신자들만이 주의 재림에 참여할 수 있다고 주장한다. 또한 시무어는 근본주의자들처럼 인류의 역사를 세대주의적 관점에서 분석한다. 역사의 퇴보를 믿는 그의 입장도 근본주의자들과 차이가 없다. 그러나 시무어는 자신의 오순절운동을 "늦은 비" 운동으로 이해하고, 성령의 권능에 기초한 강력한 선교운동을 추진했다. 이점에서 그는 근본주의자들의 일방적인 비관적 역사관과 선을 긋고, 나름의 낙관적 미래관을 확보한다.

이처럼, 시무어의 종말론은 당대의 대표적 종말론들과 일정수준 보조를 같이 하면서, 동시에 분명한 자기입장을 견지함으로써, 자기만의 브랜드를 창출할 수 있었다.

둘째, 시무어의 종말론은 최소한 두 가지 면에서 교회사에 귀중한 기여를 했다. 무엇보다 시무어는 자신의 종말론을 강력한 성령운동과 연결 지었다. 그의 아주사 집회에서 발생한 다양하고 강력한 성령임재 현상들특히 방언과 신유은 하나님의 주권적인 종말의 사역이었다. 특히, 방언의 출현은 임박한 종말을 대비한 강력한 선교적 동력으로 해석되고 수용되었다. 그의 집회에서 성령을 체험 했던 많은 이들이 선교사로 헌신했던 것도 그 증거이다. 그런 면에서 단순한 묵시적 종말론에 근거해서 해외선교에 투신했던 근본주의자들보다 시무어의 집회가 20세기 세계선교에 더 강력한 동력을 제공했을 것으로 사료된다. 또한 시무어의 종말론은 이후 오순절운동의 종말론이 독특한 패러다임을 형성하는데 중요한 발판을 제공했다. 그의 아주사 부흥회와 그가 발간한 『사도적 신앙』이 초기 오순절운동의 국내 및 세계적 확산과 교리형성에 끼친 공헌을 고려할 때, 또 후에 거대교단으로 발전한 오순절교단들의 종말론이 시무어의 종말론과 대동소이 하다는 점을 고려할 때, 이 부분은 쉽게 동의할 수 있을 것이다.

셋째, 이 같은 특징과 공헌 외에도 시무어의 종말론 내에는 향후 극복되어야 할 몇 가지 문제와 한계를 지니고 있다. 그 중 가장 심각한 문제는 내적 불일치의 문제이다. 일차적으로, 시무어의 종말론 내에는 미래에 대한 염세적 관념과 낙관적 기대감이 공존하고 있다. 그가 부분적으로 근본주의의 영향을 받았기 때문에, 미래에 대한 그의 전망은 대체로 암울하다. 동시에 그 자신이 세계적 부흥의 중심에 서 있었기 때문에, 그는 교회의 회복과 선교의 가능성에 대한 큰 기대감도 갖게 되었다. 따라서 그의 종말론이 좀 더 치밀한 내적 통일성을 확보하기 위해선 이처럼 미묘하지만 중요한 차이점들을 슬기롭게 극복해야 한다. 뿐만 아니라, 시무어는 역사와 과학의 미묘한 관계에 대해서도 모호한 태도를 보이고 있다. 기본적으로, 그는 과학기술의 발전을 종말의 부정적 징조로 간주한다. 운송 및 통신장비의 발전이 대표적 실례들이었다. 동시에 그는 자신의 종말론을 강력한 선교운동과 연결 지었다. 그런데 그의 선교적 비전을 가시화시키는데 운송과 통신의 혁명적 발전이 결정적 도움을 주고 있었다는 사실을 그는 충분히 숙고하지 못했다. 결국, 과학과 기술의 발전이 부정적 영향만을 끼치는 것은 아닐 것이다. 이런 점에서 그의 생각은 충분히 포괄적이지 못하다. 또한 시무어는 방언에 대해서도 이중적 해석을 내렸다. 그는 방언에 대한 수많은 간증들을 전하면서, 사람들이 기적적으로 외국어를 말하게 되었고, 그것이 선교에 효과적으로 기능하게 되었다고 주장했다. 동시에, 그는 수차례에 걸쳐 방언을 '알지 못하는 언어'로 규정하고, 그것의 개인적 유용성과 한계를 조심스럽게 지적하였다. 그런 면에서 그가 방언을 외국어로 이해했는지, 아니면 알지 못하는 언어로 이해했는지, 혹은 양자의 가능성 모두를 열어 놓았는지는 분명치 않다. 끝으로, 그 같은 이중적이고 모호한 내적 갈등 외에도, 시무어는 방언으로 표현되는 성령세례를 체험하지 않으면 어린 양의 혼인잔치에 참여할 수 없다고 강하게 주장했다. 이 주장에 따르면, 오순절운동을 거부하는 다른 기독교인들은 온전한 신자들이 아니다. 다시 말해, 주의 재림에 참석할 수 있는 자격이 중생이 아닌 성령세례라면, 이것은 기독교 구원론과 종말론의 기본 전제를 뒤흔드는 치명적 위협이다. 이 문제도 시무어가 해결해야할 심각한 신학적 논점임에 틀림없다.

*이 글은 『오순절신학논단』 제6호(2008):37~64에 "윌리엄 조셉 시무어의 종말론 연구"란 제목으로 실렸다.

1) 이에 대한 대표적 학자가 도널드 데이튼이다. 그는 이미 방언이 메노나이트와 퀘이커들에 의해 빈번히 행해졌기 때문에, 오순절운동만의 전유물이 될 수 없다고 지적했다. 그러면서 오순절운동을 "중생, 성령세례, 신유, 재림"의 사중복음 패러다임을 통해 접근하는 것이 보다 타당하다고 주장했다. 그의 주장에 대해서는 *Theological Roots of Pentecostalism* (Peabody, MA.: Hendrickson Publishers, 1987), 15-33을 참조하시오.
2) D. William Faupel, *The Everlasting Gospel: The Significance of Eschatology in the Development of Pentecostal Thought* (Sheffield, UK.: Sheffield Academci Press, 1996), 18.
3) Rufus G. W. Sanders, *William Joseph Seymour: Black Father of the 20th Century Pentecostal/Charismatic Movement* (Xulon Press, 2003), 5.
4) 로버츠 라이돈, 『치유사역의 거장들』 박미가 역 (서울: 은혜출판사, 2004), 283.
5) 이런 입장을 대표하는 학자는 팔함의 전기를 쓴 제임스 고프(James R. Goff, Jr.)다. James R. Goff, Jr., *Fields Wihte Unto Harvest : Charles F. Parham: and the Missionary Origins of Pentecostalism* (Fayetteville: The University of Arkansas Press, 2002)을 참고하시오.
6) 시무어에 대한 박사학위 논문들은 Douglas Nelson, "For Such a Time As This: The Story of Bishop William J. Seymour and the Azusa Street Revival," unpublished Ph.D. dissertation (Birmingham, UK: University of Birmingham, UK, 1981); Rufus G. W. Sanders, *William Joseph Seymour: Black Father of the 20th Century Pentecostal/Charismatic Movement* (Xulon Press, 2003)가 있다.
7) 시무어에 대한 대표적 전기로는 Larry E. Martin, *The Life and Ministry of William Seymour and a History of the Azusa Street Revival* (Pensacolar, Florida: Christian Life Books, 1999)와 Craig Borlase, *William Seymour: A Biography* (Lake Mary, Florida: Charisma House, 2006)가 있다.
8) Dale T. Irvin, "Drawing All Together in One Bond of Love': The Ecumenical Vision of William J. Seymour and the Azusa Street Revival," in *Journal of Pentecostal Theology* vol. 6 (1995): 25-53과 김동주, "윌리엄 시모어의 아주사 거리 운동에 관한 종교적 사회적 양상," 『한국교회사학회지』 제14집 (2001): 9-36.
9) 이 설교집은 『사도적 신앙』에 실린 시무어의 설교들을 선별하여 편집한 것이다. 따라서 본 논문에서는 주로 『사도적 신앙』의 설교를 사용하고, 경우에 따라서 이 설교집을 사용하였다. 이하에서 『사도적 신앙』(The Apostolic Faith)은 AF로 표기할 것이며, 여기에서 인용하는 쪽수는 이 신문의 CD에 담긴 내용을 겉장을 제거하고 본 연구자가 임의로 붙인 것이다.
10) 윌리엄 조셉 시무어의 생애에 대해서는 위에서 언급한 그의 박사학위논문들과 전기들을 참고하시오. 특별히, 이 논문에서는 Craig Borlase와 로버츠 리아돈의 책에

많이 의존하였음.
11) 로버츠 리아돈, 『치유사역의 거장들』, 239.
12) William J. Seymour, "The Apostolic Faith Movement," *AF* (Sep. 1906).
13) 시무어는 이에 대해 다음과 같이 주장했다. "너무나 많은 사람들이 성화의 은총과 성령세례 혹은 권능의 부여를 혼동하고 있다. 다른 이들은 내주하는 기름부음을 성령세례로 간주함으로써, 참된 오순절의 영광과 권능에 이르지 못하였다." Ibid..
14) "The Apostolic Faith Mission," *AF* (September, 1906), 8-9.
15) William J. Seymour, *Azusa Street Sermon* (Joplin, Missouri: Christian Life Books, 1999), 54.
16) "The Promise Still Good," *AF* (September, 1906), 23.
17) "사람이 성령세례를 받은 진정한 증거가 무엇입니까"라는 질문에 대해 시무어는 "거룩한 사랑, 즉 자애(charity). 자애는 예수님의 영이다. 그것이 성령의 열매이다"라고 답했다. "Questions Answered," *AF* (October to January, 1908), 10.
18) "사랑하는 자여, 우리가 성신과 불세례를 받을 때, 우리는 분명히 방언을 말하게 될 것이다. 그러나 우리가 추구하는 것은 방언이 아니라 성신과 불세례이다." in William J. Seymour, *Azusa Street Sermon*, 65.
19) "Gifts of the Spirit," *AF* (January. 1907), 26.
20) 예를 들면, 어느 여인이 길거리에서 한 프랑스 전도자를 만났을 때, 그녀가 방언으로 말하기 시작했다. 그 프랑스 남자는 깜짝 놀라며 물었다. "당신은 어디서 프랑스어를 배웠습니까?" "제가 뭐라고 말했나요?" 그녀가 다시 물었다. "당신은 지금, '준비하라! 준비하라! 주님이 곧 오신다!' 라고 말했어요." *AF* (October. 1906)
21) "Fire Still Falling," *AF* (October, 1906), 4.
22) "The Apostolic Faith Mission," *AF* (September 1907), 10.
23) "Healing,"*AF* (February-March, 1907), 48.
24) "The Precious Atonement," *AF* (September, 1906), 10.
25) Ibid.
26) Ibid.
27) "Questions Answered," *AF* (October to January, 1908), 9.
28) "The Baptism of the Holy Ghost," in *Azusa Street Sermon*, 112.
29) 1906년 10월에 발간된 『사도적 신앙』에 따르면, "몇 달 전 이 운동이 로스앤젤레스에서 시작된 이후, 8명의 선교사들이 해외 선교현장으로 떠났다. 거의 30여명의 사역자들이 사역지로 출발했다."
30) "Music From Heaven," *AF* (May, 1907), 29.
31) "Jesus Is Coming," *AF* (September, 1906), 29.
32) "Fire Still Falling," *AF* (October, 1907), 3.
33) "The Apostolic Faith Movement," *AF* (November, 1906), 12.
34) "Testimony and Praise to God, " *AF* (June to September, 1907), 26.
35) "This Same Jesus," *AF* (October, 1906), 24.
36) "Behold the Bridegroom Cometh," in *Azusa Street Sermon*, 46

37) "Notes on the Coming of Jesus," *AF* (September, 1907), 30-1.
38) "Behold the Bridegroom Cometh," 17.
39) "Signs of His Coming," *AF* (February-March, 1907), 52.
40) Ibid., 53.
41) "When Jesus Comes," *AF* (January, 1907), 15.
42) "Receive Ye the Holy Ghost," *AF* (January, 1907), 24.
43) "Signs of His Coming," *AF* (February-March, 1907), 53.
44) William Joseph Seymour, *The Doctrine and Discipline of the Apostolic Faith Mission* (Joplin, Missouri: Christian Life Books, 2000), 87.
45) "Annihilation of the Wicked," *AF* (January, 1907), 20.
46) "Awful Realities of Hell," *AF* (October, 1906), 13.
47) "The Apostolic Faith Mission," *AF* (November, 1906), 12.
48) "Pentecostal Notes," *AF* (September, 1907), 23.
49) 아주사거리 부흥을 주도했던 여성들에 대한 종합적 연구로는 Estrelda Alexander, *The Women of Azusa Street* (Cleveland, Ohio.: Pilgrim Press, 2005)이 있다.
50) 시무어의 후기 사상에서 여성에 대한 그의 입장이 보수화된 증거로 Willaim J. Seymour, *The Doctrine and Discipline of the Azusa Street*, 110, 116 등을 참조하시오.
51) Frank Bartleman, *Azusa Street* (New Kensington, PA.,: Whitaker House, 1982), 51.
52) "The Same Old Way," *AF* (September, 1906), 18-9.
53) William J. Seymour, *The Doctrine and Discipline of the Azusa Street*, 125. 그러나 동시에 시무어는 "감독, 부감독, 이사들은 반드시 흑인이어야 한다."는 조항을 삽입시킴으로써, 사도적신앙선교회가 흑인들의 주도하에 운영되도록 제도적 장치를 마련했다. 이는 백인들에 의한 선교회의 분열의 아픔을 겪은 후유증으로 보인다. 같은 책 38페이지를 참조하시오.
54) "The Apostolic Faith Mission," *AF* (September, 1907), 10.
55) "The Church Question," *AF* (January, 1907), 19.
56) "Beginning of World Wide Revival," *AF* (January, 1907), 2.
57) "The Holy Spirit Bishop of the Church," *AF* (September, 1907), 19.
58) Ibid.
59) "Back to Pentecost," *AF* (October, 1906), 25.

6장

성령의 능력으로 무너진 세상을*
오순절운동과 사회개혁

I. 서론

오순절운동만큼 현대 기독교인들의 특별한 관심을 끌고 있는 기독교 운동도 없을 것이다. 20세기의 시작과 더불어 미국에서 작은 분파로 시작된 오순절운동은 1세기가 지난 현재, 분파의 담장을 넘어 개신교와 천주교 속으로, 그리고 미국의 국경을 넘어 5대양 6대주로 널리 확산되었다. 현재 세계에서 천주교 다음으로 많은 신자 수를 자랑하는 오순절운동은 그 엄청난 규모 자체만으로도 학자들의 관심을 끌기에 충분하다. 이런 맥락에서 오순절 역사가인 빈슨 사이난Vinson Synan은 오순절운동이 천주교, 정교회, 그리고 개신교를 이은 '제4의 전통'으로 확고히 자리를 잡았다고 주장했다.1) 하버드대학교의 하비 콕스Harvey Cox도 오순절운동의 강력한 부흥을 확인하면서, 20세기에 종교는 세속화의 물결 속에 몰락할 것이라던 자신의 70년대 예언을 공식적으로 철회하고, 21세기에도 오순절운동을 축으로 한 종교의 부흥은 지속될 것이라고 선언하기에 이르렀다.2) 심지어 필립 젠킨스는 이 관점을 더욱 확대하여, 21세기에 전 세계의 종교는 기독교와 이슬람으로 양분될 것이며, 기독교의 생명력은 오순절 및 독립교회들에 의해 유지될 것이라고 예언하여, 뜨거운 논쟁을 야기했다.3) 물론, 오순절운동의 성장과 영향력에 대한 이런 평가들이 만인의 보편적 동의를 얻고 있는 것은 아니다. 그러나 이런 학자들의 견해들은 현실 속에서 점점 더 구체적으로 확증되고 있다. 이런 상황에서 오순절운동에 대한 충분한 고려 없이 현대 종교현상에 대한 학문적 담론을 전개하는 것은 거의 무의미하다.

오순절운동에 대한 관심의 증대와 연구의 발전에도 불구하고, 오순절운동의 신학적 실체와 역사적 위치에 대한 심각한 오해와 논쟁이 끊이지 않고 있다. 특히, 성령세례에 대한 오순절운동의 독특한 교리, 방언으로 상징되는 열광적 예배, 그리고 구성원들의 열악한 사회적 배경은, 오순절운동 안과 밖에서 이 운동에 대한 오해와 논쟁을 쉬지 않고 야기해왔다. 물론 방언을 말하지 않고 오순절운동을 논할 수 없고, 열광적 예배에 주목하지 않은 채 오순절운동의 영성을 발언할 수 없으며, 이 운동의 구성원들이 지닌 독특한 사회학적 특성들에 대한 고려없이, 이 운동의 사회적 동력을 이해할 수는 없다. 그러나 문제는 오순절운동에 대한 기존의 학문적 탐구가 이런 현상들의 또 다른 측면들을 충분히 읽어내지 못함으로써, 그 속에 담긴 심오한 의미들을 명쾌히 드러내는데 실패했다는 것이다. 예를 들면, 오순절운동이 방언을 축으로 한 성령세례에 대한 신학적 재해석의 산물임은 틀림없으나, 오순절운동에 대한 이런 해석에 강력히 반대하는 시각들이 존재한다는 사실은 충분히 거론되지 못했다. 또한 격렬한 음악, 강력한 설교, 뜨거운 기도, 그리고 신비한 종교적 체험 등으로 가득한 예배가 현 오순절운동의 제의적 특징임은 부정할 수 없지만, 이 운동이 당대의 심각한 사회적 이슈들에 대해 예민하고 순발력 있게 반응해 왔던 역사들은 흔히 간과되어 왔다. 뿐만 아니라 오순절운동의 탄생을 가능케 했던 요인으로 이 운동의 초기 구성원들의 열악한 사회적 신분 및 환경 등은 오랫동안 학문적 연구의 주된 주제였다. 그러나 지난 100년 동안 오순절신자들의 사회적 신분이 급상승했으며, 이에 비례하여 사회에 대한 그들의 태도와 반응도 급변했음은 아직까지 충분히 연구되지 못했다. 이런 현실들을 고려할 때, 오순절운동을 여전히 묵시적 종말론과 열광적 성령론에 심취한 빈자들의 분파운동으로 규정할 것인가, 아니면 변화된 환경과 신분 속에서 이 운동의 실체와 정체성을 재 정의할 것인가 하는 문제는 매우 중요한 학문적 과제로 우리 앞에 놓여 있다.

이제 본 글에서 필자는 오순절운동의 역사 속에서 이 운동이 당대의 예민한 사회적 문제들에 대해 자신들의 독특한 입장을 견지 혹은 발전시켰던 모습을 소개함으로써, 이 운동을 묵시적 분파운동으로 규정하던 종전의 이해에 수정을 요구하고, 동시에 이 운동 내에 존재하는 태생적 혹은 시대적 한계들을 지적함으로써, 향후 이 운동이 보다 건전한 사회운동으로 발전하는데 도움을 주고자 한다. 물론 이 짧은 글로 이 모든 과제를 온전히 수행하는 것은 불가능하다. 다만 이런 작은 노력들이 21세기의 종교적 공룡으로 군림하고 있는 오순절운동을 보다 거시적으로 이해하고, 그 운동의 방향을 적절히 조율하는데 작게나마 도움이 되고자 할 뿐이다. 따라서 이 글에서는 지난 100년간 미국을 중심으로 전개된 오순절운동의 사회활동들을 인종, 빈곤, 자본, 평화, 여성의 범주로 구분하여 간략히 살펴보고, 진보적 사회운동으로서 오순절운동의 가능성을 타진할 것이다.[4]

II. 본론

1. 오순절운동과 인종문제

지금까지 발견된 오순절운동에 대한 가장 심각한 오해는, 오순절운동을 '방언운동'으로 정의하는 것이다. 물론 방언이 오순절운동의 가장 중요한 상징임은 부인할 수 없다. 그러나 방언은 오순절운동의 중요한 신학적 특징으로서, 성령세례에 대한 보다 심각한 논쟁의 한 주제이다. 이 외에도 중생, 성결, 신유, 재림 등의 중요한 교리들이 동일한 무게로 그 운동 안에서 신앙 되고 있다. 그러므로 오순절운동을 방언운동으로 환원하는 것은 오순절운동에 대한 가장 지독한 왜곡이다.[5]

전통적으로 오순절운동은 비사회적·비정치적 신앙운동으로 간주되어 왔다. 물론, 이런 이해도 일정부분 역사적·신학적 근거를 지니고 있다. 오순절 사회학자인 로버트 앤더슨Robert M. Anderson에 따르면, 본래 오순절운동은 주로 하층계급 출신들로 구성되었기에, 그러한 계급적 특성상 사회변혁운동으로 성장할 가능성이 있었지만, 근본주의의 영향 하에 묵시적 종말론을 수용하면서, 비사회적 보수운동으로 변질되었다고 한다.[6] 하지만 이런 일반적 인식과 현실에도 불구하고, 오순절운동 내에 진지하고 심각한 사회적 관심 및 구체적 참여의 기록들도 수없이 존재한다. 따라서 오순절운동을 비사회적·타계적 운동으로 규정하는 것도 오순절운동에 대한 피상적 이해에 불과하다.

또 하나의 오해는 오순절운동이 인종 차별적 종교라는 주장이다. 오순절운동의 대표적 교단들이 흑인교회와 백인교회로 분열된 현실, 초기 오순절 선교사들이 선교지에서 보여준 인종 차별적 태도, 그리고 남아프리카 공화국에서 오순절 교회들이 인종 차별적 국가정책에 충실했던 경험들이 그런 비판의 근거들이다.[7] 물론 이런 비판도 설득력이 있고, 귀담아들어야 할 중요한 지적이다. 그러나 이것도 오순절운동의 역사와 현실에 대한 전체적 이해에 실패한 일방적 오해일 뿐이다. 오히려 인종차별에 반대하고, 이 문제의 해결을 위해 치열하게 노력했던 수많은 역사적 증거들이 존재하기 때문이다.

인종문제는 오순절운동의 태동과 함께 시작되었다. 일반적으로 현대 오순절운동은 1901년 1월 1일, 토페카에서 찰스 팔함Charles F. Parham이 운영하던 베델 성경학교에서 아그네스 오즈만Agnes Ozman이란 여학생이 방언을 한 사건에서 기원을 찾는다. 그런데 백인이었던 팔함은 당시 미국의 대표적 백인 극우 단체인 KKK와 친밀한 관계를 맺고 있을 정도로 백인우월의식이 투철했던 인물이다.8) 하지만 1906년부터 1909년까지 로스엔젤레스 아주사 거리에서 '오순절부흥운동'을 주도하며, 이 운동을 미국 전역과 세계로 확대하는 데 결정적 역할을 했던 윌리엄 조셉 시무어William Joseph Seymour는 흑인 목사였다. 시무어의 집회에 참석했던 프랭크 바틀맨Frank Bartleman에 따르면, 아주사 부흥집회에서 흑인과 백인을 구분하는 전통적 경계선이 성령에 의해 지워졌다.9) 실제로 그 집회에 '흑인, 백인, 멕시칸, 이탈리안, 중국인, 러시아인, 인도인'이 함께 참석했던 것이다. 뿐만 아니라 1907년에 찍은 그 선교회 사역자들의 단체사진에는, 거의 비슷한 비율로 흑인과 백인이 섞여 있다. 또한 시무어의 전기를 쓴 더글라스 넬슨Douglas Nelson은, 아주사 거리집회에서 시무어 설교의 핵심은 방언이 아니라, 성령 안에서 인종의 장벽을 허무는 것이었다고 주장한다.10) 이런 기록과 평가는 오순절운동의 탄생과 인종문제 해결을 위한 노력이 운명적으로 결합되어 있었음을 보여준다.

이런 초기의 이상적 경험은 당시 미국사회가 처한 문화적 환경 속에서 극심한 갈등과 위기를 경험하며 굴절되었다. 그것은 미국이 내전을 치를 정도로 흑인 문제가 미국사회의 아킬레스건이었고, 특별히 오순절운동이 급속히 확산된 남부에선 흑인에 대한 인종적 편견이 극에 달해 있었기 때문이다. 성령의 초자연적 현존을 통해, 예배 속에서 인종차별의 벽이 무너졌으나, 이 운동이 제도화되는 과정에서 만난 사회적 장벽은 너무 높았다. 오랫동안 인종 차별적 문화 속에서 성장한 대다수의 백인들은 그런 오순절적 체험에도 불구하고, 자신들의 편견을 쉽게 극복할 수 없었다. 결국 이런 현실적 장애와 한계 앞에서, 1914년 이후 미국 오순절운동은 인종적 차이에 따라 교단이 분열되는 역사적 홍역을 치러왔다. 미국에서 가장 큰 두 개의 오순절 교단인 하나님의 성회Assemblies of God와 하나님의 교회 그리스도파Church of God in Christ가 각각 백인과 흑인을 대표하는 교단이 된 것은 그 홍역이 남긴 뼈아픈 상처들이다.11)

그러나 이런 현실적 난관 속에서도 인종차별의 문제를 극복하려는 오순절운동 내의 노력은 한 번도 중단된 적이 없다. 에이미 샘플 맥펄슨Aimee Semple MacPherson과 오랄 로버츠Oral Roberts를 포함한 수많은 오순절 부흥사들이 자신들의 집회를 모든 인종들에게 개방했고, 클리브랜드에 본부를 둔 하나님의 교회Church of God를 비롯한 여러 오순절 교단들이 민권운동이 한창이던 1964년, "그리스도인의 사랑과 인내는 인종차별과 혐오를 용납할 수 없다"는 결의문을 채택했으며, 백인인 존 미어즈John L. Meares와 얼 퍽Earl Paulk 같은 오순절 목사들이 워싱턴 D.C와 아틀랜타에 흑인과 백인이 비슷한 비율로 구성된 초대형 교회들을 세웠던 것이다.12) 뿐만 아니라 1994년 멤피스에서는 그동안 백인들로만 구성되었던 '북미오순절협회'가 해체되고, 모든 인종을 포함한 '북미 오순절 및 은사주의 교회 협의회'가 조직되었다. 이 회의에서 백인 지도자들이 자신들의 과거의 잘못을 회개하고, "앞으로 모든 표현들 가운데 나타나는 인종차별에 반대한다"는 '인종화해성명서'를 발표했다. 이 지도자들은 과거의 죄에 대한 회개의 표현으로 흑인 목사가 백인 목사의 발을, 다시 백인 목사가 흑인 목사의 발을 씻

겨주었다. 이것은 지금도 '멤피스의 기적'으로 기억되고 있다.13)

지금도 인종 문제는 오순절운동의 뜨거운 감자로 논쟁과 갈등의 원인으로 작용하고 있다. 인종적 편견과 차별은 여전히 존재하지만, 이를 극복하고 해결하려는 진지한 노력이 병행되고 있기 때문이다. 따라서 오순절 밖에 있는 사람들은 오순절운동에 대한 그대들의 편향된 이해와 평가를 수정해야 할 것이다. 반면 오순절 신자들은 그들의 빛나는 전통을 회복하기 위해 최선을 다해야 할 것이다. 문화와 전통, 그리고 이념으로 경직된 사회에서 인종적 편견의 벽을 허무는 일이 거의 불가능해 보였을 때, 초기 오순절 운동가들은 성령의 권능으로 거대한 벽을 허물었다. 흑인과 백인이 성령에 취해 함께 찬양하고 기도하며 복음을 전했다. 사회적 위협과 문화적 장벽이 대단했지만, 끊임없이 그 벽을 향해 자신들의 몸을 던졌다. 그러므로 그들이 그토록 소중히 여기는 방언의 교리보다 더 중요한 성령세례의 증거는, 인간의 힘으로 극복하기 어려운 사회적 통념을 성령의 능력 안에서 거뜬히 넘어섰던 역사적 경험과 동력인지도 모른다. 그런 의미에서 오순절운동의 가치를 단지 방언에 한정하지 말고, 인종문제 앞에서 보여준 오순절 선진들의 경험을 기억하며, 보다 거시적이고 변혁적인 권능을 발휘하는 것이 절실히 필요하다.

2. 오순절운동과 빈곤문제

흔히 오순절운동은 빈민의 종교로 인식되어 왔다. 오순절운동에 참여한 사람들이 대체로 가난했기 때문이다. 미국의 초창기 오순절 신자들은 가난한 백인, 혹은 전직 노예출신 흑인들이 주를 이루었고, 발생 지역도 아주사 거리Azusa Street처럼 도시 빈민가나, 애팔래치아 산맥의 가난한 시골마을들이 대부분이었다. 미국 밖의 사정도 마찬가지였다. 한국 오순절운동의 상징인 여의도순복음교회도, 도시 빈민들을 중심으로 설립되었으며,

남미와 아프리카 지역의 오순절운동도 비슷한 환경에서 발생하고 성장했다. 따라서 그 동안 대부분의 종교사회학자들은 오순절운동을 "상대적 박탈감"의 산물로 설명해 왔으며, 이것은 큰 반론 없이 정설로 인정되어 왔다.14)

그러나 최근에 나온 연구들은 오순절운동을 가난한 자들의 분파운동으로 인식하던 기존의 설명에 강력히 도전하고 있다. 예를 들어, 듀크 대학교의 그랜트 웨커Grant Wacker 교수는 초기 오순절 신자들의 경제적 형편을 분석한 후, 20세기 초반 미국 오순절 운동에 참여한 사람들의 경제적 수준이 당시 미국인들의 평균 수준보다 결코 열등하지 않았으며, 그 중에는 수준 높은 교육을 받고, 상당한 규모의 부도 축적한 신자들이 많았다고 주장했다.15) 또한 학자들은 1960년대 이후 미국 경제의 호황 속에 오순절 신자들의 경제적 상황과 교육적 환경이 개선되었으며, 그 결과 그들의 사회적 신분도 하류층에서 중산층으로 상승했고, 그들의 종교적 특성도 분파운동에서 주류신앙으로 도약했다는 해석을 꾸준히 제시해 왔다.16) 이 현상은 한국에서도 동일하게 입증될 수 있다. 더 이상 그 누구도 여의도순복음교회를 가난한 자들의 교회라고 부를 수 없지 않겠는가!

결국, 오순절운동을 '빈자들의 분파운동'으로 규정하는 것은 더 이상 적절치 못하다. 비록 오순절운동의 설립자들이 가난했고, 그래서 초기에 분파적 특성을 보였다고 해도, 더 이상 가난한 자들의 종교로 규정할 수 없을 만큼, 현재 그들의 경제적 상황과 사회적 지위는 향상되었으며, 교회와 사회 내에서 막대한 영향력을 행사하고 있기 때문이다.

오순절운동의 중요한 특징 중 하나는 임박한 종말에 대한 철저한 믿음이다. 사실, 성령세례에 대한 신앙은 그들에게 현실의 고난을 극복할 수 있는 진취적 동력을 제공해 주었다. 하지만 그들의 묵시적 종말론이 현재와 미래에 대한 그들의 눈을 검정색 커튼으로 가려버렸다. 이것은 빈곤문제에도 동일한 영향을 끼쳤다. 사실 초기 오순절 신자들은 그들의 가난한 사회적 현실과 강력한 성령체험 때문에, 변혁적이고 역동적인 종말신앙을 품을 수 있었다. 하지만 그들은 근본주의의 영향 하에 묵시적 종말론을 수용했고, 결국 사회와 역사에 대해 상당히 보수적이고 반동적인 태도를 견지하게 되었다. 이 현상을 로버트 앤더슨은 다음과 같이 서술했다.

> 오순절운동의 근원은 사회적 불평자들이었다. 그들이 처음에 가졌던 종말의 비전은 사회질서에 대한 거부와 새롭고 보다 공정한 사회에 대한 희망을 담고 있었다. 그러나 천년왕국이 인간의 노력 없이 도래할 것이라는 믿음이 오순절주의자들의 실제적 삶의 이해에 해악을 끼치고 말았다. 소외된 자들의 비전속에 전수된 급진적인 사회개혁의 충동은 사회적 소극성, 신비주의적 도피, 그리고 가장 보수적인 순응주의로 변질되고 말았다.17)

이런 현상은 근대 오순절운동의 탄생에 결정적 역할을 했던 찰스 팔함 속에서 그 실례를 발견할 수 있다. 그가 사역했던 캔자스 주 토페카는 후에 사회복음the Social Gospel의 대표적 인물이자, 소설 『예수라면 어떻게 할 것인가?』의 저자인 찰스 쉘든Charles Sheldon이 사역했던 곳으로, 민중주의가 강력하게 발흥한 곳이었다. 이곳에서 팔함은 인민주의에 깊이 동조하며 빈민들을 위한 사회운동에 적극적으로 참여했다. 그러나 오순절운동에 관여하기 시작하면서, 팔함은 사회의 약자들에 대한 개인적 관심은 포기하지 않았으나, 참여방식은 사회학적 차원에서 종교적 차원으로 철저하게 변하고 말았다.18)

하지만 이런 일반적 현상 속에도 중요한 예외들이 있었음을 주목할 필요가 있다. 빈곤 문제를 사역의 핵심으로 수용하고 적극적으로 실천했던 오순절 교회들이 존재했고, 오순절운동이 빈곤문제에 대해 무관심, 무책임했다는 냉철한 자기반성들이 최근에 뚜렷이 나타나고 있기 때문이다. 예를 들어, 1923년에 에이미 샘플 맥펄슨Aimee Semple McPherson이 로스앤젤레스에 설립한 국제복음교회의 '천사성전' Angelus Temple은 미국의 대공황 때에 광범위한 사회구제활동으로 전국적 명성을 얻은 바 있고, 현재에도 도시 빈민, 고아, 그리고 노숙자들을 위한 다양한 구제활동을 전개하면서 지역사회의 귀감이 되고 있다.19) 또 조지아 주 애틀랜타에 소재한 얼 펔Earl Paulk 목사의 '채플 힐 하비스터 교회' Chapel Hill Harvester Church도 애틀랜타 시의 흑인빈민 지역을 대상으로 구제활동의 차원을 넘어, 정부기관과 긴밀한 협조 하에 그들의 주택문제해결, 인종차별극복, 그리고 교육환경 개선 등, 보다 구조적이고 체계적인 사역을 전개하고 있다. 특별히 얼 펔의 경우, 자신의 오순절적 특성을 강하게 유지하면서, 동시에 오순절운동의 전통적 종말론인 전천년설 대신 후천년설을 수용하며, 강력한 사회개혁 프로그램을 추진하고 있다.20)

이처럼 오순절운동 안에서 종말론은 빈곤에 대한 이 운동의 태도에 중요한 영향을 끼쳐왔다. 초기에는 묵시적 종말론 때문에 빈곤문제에 대해 수동적 태도를 보였으나, 최근에는 이 같은 구습을 극복하기 위한 노력들이 다각도로 전개되고 있다. 결국 오순절운동 안에서 성령세례와 종말론이 기형적으로 결합했을 때, 이 운동은 사회의 약자들에게 등을 돌리고, 사회악에 대해 눈을 감았다. 그러나 오순절운동이 성령의 권능에 힘입어 복음을 전파하고, 성령의 마음으로 사회적 약자들을 돌보며, 성령의 공동체와 함께 사회문제들에 적극 대응할 때, 이 운동은 가난한 자들에게 "복음"이 되고, 가장 "성경적인" 운동이 될 수 있었다. 이것이 바로 우리가 오순절 운동을 향해 따가운 시선을 보내면서도 여전히 그들로부터 우리의 시선을 거두지 못하는 이유이다.

3. 오순절운동과 자본주의

1901년 미국 캔자스 주 토페카에서 방언현상의 출현과 함께 출발한 근대 오순절운동은 초대교회의 탄생을 가져온 오순절 성령강림 사건의 근대적 재현으로 이해된다. 소위 "은사중지론"을 근거로, 초대교회에 발생한 초자연적 사건들이 현재에는 더 이상 발생하지 않는다고 믿는 개혁주의 신학에 대항하여, 오순절주의자들은 자신들의 운동을 "늦은 비 운동"Later Rain Movement으로 칭하며, 성령에 의한 신비적 현상들이 자신들을 통해 반복되고 있다고 주장한다.21) 오순절운동의 중요한 성서적 본문인 사도행전 2장 43절~47절에는 성령강림 이후의 상황에 대해 다음과 같이 기록하고 있다.

> 사람마다 두려워하는데 사도들로 인하여 기사와 표적이 많이 나타나니, 믿는 사람이 다 함께 있어 모든 물건을 서로 통용하고, 또 재산과 소유를 팔아 각 사람의 필요를 따라 나눠주고 날마다 마음을 같이 하여 성전에 모이기를 힘쓰고 집에서 떡을 떼어 기쁨과 순전한 마음으로 음식을 먹고, 하나님을 찬미하여 또 온 백성에게 칭송을 받으니 주께서 구원 받는 사람을 날마다 더하게 하시니라.

오순절 성령강림을 통해 탄생한 초대교회에는 두 가지의 중요한 변화가 일어났다. '기사와 표적의 출현' 과 '물질을 공유하는 신앙·생활공동체의 탄생' 이 바로 그것이다. 이것을 오순절 사건의 종교적 측면과 사회적 측면으로 구분하여 언급할 수 있다. 다시 말하면, 오순절에 성령이 임하자, 방언과 신유 같은 초자연적 은사들이 나타났고, 동시에 성령을 체험한 이들이 사적 이익 및 소유를 포기하면서 경제적·종교적 공동생활을 실천한 것이다. 그 결과 교회가 세상의 칭송을 받게 되었고, 양적 성장도 경험할 수 있었다. 그것이 초대교회의 모습이었고, 성령강림의 구체적 결과물이었으며, 무엇보다 예수 그리스도의 케리그마의 핵심이었다.

오순절 신자들은 자신들이야말로 초대교회 오순절의 정신을 가장 온전히 보존하는 교회라고 믿고 있으며, 20세기에 이 운동이 전 세계에서 폭발적으로 성장한 것을 그런 믿음의 구체적 증거로 제시한다. 그러나 오순절의 역사를 면밀히 검토해 보면, 상황은 그처럼 간단하지 않다. 일반적으로 근대 오순절운동은 성령의 역사를 '기사와 표적의 출현'에 한정함으로써, '물질을 공유하는 신앙・생활공동체 형성'에까지 온전히 이르지 못했고, 그런 불균형은 초기보다 현재에 이르러 더욱 심화되었기 때문이다. 이것은 오순절운동과 물질 혹은 자본과의 관계를 초기와 현재로 대비하여 살펴볼 때, 분명히 드러난다.

먼저, 초기 미국 오순절운동은 빈민들을 중심으로 출현했고, 신비주의적 종교체험과 묵시적 종말신앙에 몰두했기 때문에, 물질에 대한 관심은 상대적으로 적었다. 오히려 당시 그 영향력이 급증하던 상업주의, 자본주의, 그리고 제국주의의 위험성을 감지하고, 이를 맹렬히 비판하며 경계하는 목소리가 오순절 그룹 내에서 터져 나왔다. 예를 들어, 근대 오순절 운동을 시작한 찰스 팔함Charles F. Parham은 "미국이 상업적, 제국주의적 팽창의 제단에 받쳐진 수천의 인간 희생물이 피로 물들었다", "시정부의 핵심적 자원은 아들과 딸의 피가 무자비하게 짓밟히는 살롱, 사창가, 술통에서 거두어들인 피 묻은 돈이다", "세상의 정부들은 민중 대신 부자, 귀족, 그리고 금권정치가의 손에 장악되었다"라고 현대 자본주의의 병폐를 통렬히 비판했다. 적어도 팔함의 눈에는 상업주의, 자본주의, 제국주의가 서로 긴밀히 연결되어 있고, 이것이 미국의 정치, 경제, 외교, 그리고 교회를 장악하여, 미국의 운명이 파국으로 치닫는 것처럼 보였다. 그래서 그는 "이 나라가 벌을 받지 않고 얼마나 버틸 수 있을까?" "하나님께서 분명히 이 나라를 멸하실 것이다"라고 준엄한 심판의 메시지를 선포하며, "고통 중에 있는 과부와 고아들을 방문하여, 정결하고 흠 없는 신앙을 실천하는 것"을 그 해법으로 제시했다.22)

하지만, 최근의 오순절운동은 전혀 다른 생각과 관행의 지배를 받고 있다. 오순절 신자들의 신분과 경제력이 상승하고, 오순절운동의 규모가 거대해지면서 오순절 지도자들의 생각도 큰 변화를 겪었다. 한국에서도 오순절운동을 대표하는 여의도순복음교회가 가장 부요한 교회가 되었고, 조용기 목사의 '오중복음과 삼중축복' 에는 물질적 축복이 핵심요소로 기능하고 있으며, 많은 학자들이 조용기 목사와 여의도 교회를 자본주의 경제체제에 가장 성공적으로 적응한 사례로 꼽는다.23) 오순절운동의 대표적 나라 중 하나인 브라질의 경우, 6백만 명의 회원을 자랑하는 '우주적 하나님 나라 교회' Igreja Universal do Reino de Deus는 가난한 신자들에게 강렬한 영적 체험과 '번영과 물질적 축복' 을 약속하면서 초대형 교회로 급성장했고, 브라질 최대의 텔레비전 방송국, 정당, 그리고 프로축구팀을 소유한 재벌교회가 되었다.24) 이처럼 오순절 교회들은 영적 신비체험과 물질적 축복에 동일한 가치를 부여하면서, 자본주의 체제에 탁월하게 적응했다. 심지어 미국의 대표적 은사주의자인 팻 로벗슨Pat Robertson은 한발 더 나아가, 자본주의 체제를 옹호할 뿐만 아니라, 신학적으로 정당화했다. 그는 정부의 확대, 부의 재분배, 누진세 등을 공산주의 음모로 규정하며 반대했는데, 특히 부의 재분배에 대해, "하나님의 질서 속에, 부의 재분배 같은 것은 없다"고 단언했다. 또 "가난한 사람들이 부자들에게 질투심을 갖고 있으며, 정부권력을 이용해서 부자들의 재산을 빼앗을 것이다"라고 주장하며 사회복지제도를 반대했다. 뿐만 아니라 제3세계 빈곤 국가들이 미국을 시기하여 UN을 통해 미국의 부를 유출시키고 있다며, UN을 맹렬히 공격하기도 했다.25) 이것은 자본주의에 성공적으로 적응한 수준을 넘어,

자본주의의 수호자가 된 경우라고 할 수 있다.

초대교회에 임했던 성령은 인간의 이기적 욕심을 억제하고, 그들이 소유한 물질을 타인들과 공유케 함으로써, 더불어 살아가는 '신령한 공동체'를 탄생시켰다. 성령은 '물질' 그 자체를 부정하진 않았다. 물질도 창조의 일부이기 때문이다. 대신, 성령은 물질에 대한 신자들의 태도를 근본적으로 바꾸었다. 물질의 노예가 아니라, 공공의 이익을 위해 물질을 현명하게 사용하는 선한 청지기로 말이다. 이 점에서, 현대 오순절운동은 분명히 어려운 과제를 안고 있다. 성령이 물질축복의 동력으로, 오순절운동이 자본주의의 시민종교civil religion로 환원되는 것은 성령과 오순절운동의 심각한 왜곡이기 때문이다. 역으로, 성령을 통해 물질적 한계를 극복하고, 자본주의의 병폐를 치유하며, 맘몬의 폭력에 저항할 수 있다면, 오순절운동은 다시 한 번 부흥과 개혁의 중심에 설 수 있을 것이다.

4. 오순절운동과 평화운동

오순절운동을 이해하는 방법은 다양하다. 관찰 주체의 관점에 따라, 이 운동은 방언운동으로 정의되기도 하고, 세기말의 종말적 현상으로 규정되기도 한다. 성령론을 중심으로 한 신학논쟁의 산물로 이해되기도 하며, 소외된 자들의 저항적 사회운동으로 풀이되기도 한다. 하지만 오순절운동의 정체성에 대한 다양한 관점과 규정에도 불구하고, 우리가 반드시 기억해야 할 진실이 있다. 그것은 운동이 성령, 종말, 방언 같은 특수한 종교적 신념을 품은 사람들에 의해 '20세기 초반의 미국 사회'라는 구체적 정황 속에서 출현하고 성장했다는 사실이다. 이 땅에 발을 딛고 서서 하늘을 우러르는 사람들, 여전히 육을 지닌 채 영의 권능에 붙들린 사람들, 이 땅의 시민이면서 동시에 천국 시민권을 소유한 사람들, 종교적 이상을 품고 있으나, 현실의 물리적 압력에 노출되어 살아가는 사람들. 그들이 오순절 신자들이었다. 그리고 그들의 그런 역설적 존재론을 가장 극명하게 표출시킨 사건이 전쟁이었다.

  이런 역설적 존재론을 살아가는 오순절 신자들은 전쟁을 어떻게 이해했을까? 결론부터 말하자면, 전쟁에 대한 그들의 입장은 그들의 역설적 존재론에 직접적 영향을 받으며, 다양하게, 때로는 모순적 실체를 노출하며 전개되었다. 일반적으로 오순절운동 초기의 지도자들은 평화주의에 근거해서 전쟁에 반대했다. 예를 들어, 찰스 팔함은 1898년에 발발한 미국-스페인 전쟁을 반대했고, 미국이 필리핀 문제에 관여하는 것에 대해서도 비판적 견해를 피력했다. 그는 전쟁에 참여하는 사람들을 "자발적 살인자들"이라고 비판할 정도로 강력한 반전주의자였다. 한편 초기 오순절운동의 확산에 크게 기여한 프랭크 바틀맨Frank Bartleman은 롬12:19, 13:9, 마5:9, 갈6:10, 딤전2:8, 약4:1 등을 토대로, 어떤 이유로든 피 흘리는 것에 반대했고, 국가에 의해 합법적으로 수행되는 전쟁마저 "합법적 살인"에 불과하며, 인간적·경제적 자원을 탕진하고, 복음전파를 방해할 뿐이라며 강력히 반대했다. 특별히 그가 유럽에 머무는 동안 제1차 세계대전이 발생하자, 그는 기독교인들, 특히 오순절 신자들에게 국가의 전쟁 수행에 어떤 형태로든 참여하지 말라고 강력히 촉구하였다. 뿐만 아니라, 1917년 4월 28일에, 하나님의 성회 이사회는 자신들의 평화주의 원칙에 근거해서 다음과 같은 결의문을 발표했다. "그러므로, 기독교인들인 우리는 비록 충성된 시민으로서의 모든 의무를 충실히 수행하지만, 그럼에도 불구하고 인간의 생명을 실제로 파괴하는 전쟁과 무력 저항에는 양심상 참여할 수 없다고 선언할 수밖에 없다." 이런 평화주의 원칙에 근거한 반전사상은 톰린슨A. J. Tomlinson의 하나님의 교회와 찰스 메이슨Charles Mason의 하나님의 교회그리스도파 같은 대표적 오순절 교단들에 의해서도 핵심적 신앙고백으로 선포되고 실천되었다.

이 같은 초기 오순절운동 지도자들의 평화주의 및 반전사상은 미국이 제1차 세계대전에 참전하면서 근본적 변화를 겪게 되었다. 미국에서 평화주의는 비현실적이고 무책임한 도피주의로 규정되기 시작했고, 그 결과 메노나이트와 퀘이커주의 같은 평화주의 교회들이 심한 비난과 박해의 대상이 되었다.26) 그런 사회적 분위기 속에서 평화주의를 지지하던 오순절 교회들도 심각한 위협에 직면하게 되었다. 예를 들어, 대표적 반전교단이었던 하나님의 교회그리스도파를 이끌던 찰스 메이슨은 장병징집을 반대하고, 전쟁에 반대하는 선동적 발언들 때문에 두 차례나 FBI 조사를 받았으며, 같은 교단의 제시 페인 목사도 1918년 4월에 그 지역의 폭도들에 의해 심한 모욕과 폭행을 당하였다.27)

결국 이런 사회적 압력과 국가적 탄압이 강화되면서, 초기에 평화주의를 지지하던 오순절 교회 지도자들 및 교단들이 종전의 입장을 수정하고, 적극적으로 전쟁을 지원하고 정당화하기 시작했다. 전쟁 개입에 강력히 반대했던 찰스 메이슨은 1917년 8월부터 미국의 제1차 세계대전 참전을 지지하며, 전쟁채권과 전쟁우표 구입에 열정적으로 참여했고, 미국의 참전을 결정한 우드로 윌슨 대통령을 공개적으로 치하했으며, 동시에 독일 황제를 요한계시록 13장에 나오는 "전쟁 짐승"으로 선포하며 비난했다. 한편 하나님의 성회 총회장을 두 차례나 지낸 벨E. N. Bell은 평화주의자들의 주장에 반대했으며, 하나님의 성회 신자들을 향해 군대에 자원하도록 독려했고, 전투요원으로 참여할 수 없는 사람들은 인류를 위한 다른 봉사를 통해서라도 국가에 대한 자신들의 감사를 표현해야 한다고 역설했다. 또한 예수님도 로마 정부에게 세금을 내셨으므로, 그들도 전쟁 채권을 구입해야 하며, 국가 권력이 하나님에 의해 세워졌음을 명심해야 한다고 설교했다.28)

그렇다면, 설립초기부터 평화주의를 신봉했던 오순절 교회들이 왜 전쟁

기간 동안 자신들의 소신을 철회하고 전쟁을 인정하거나, 혹은 적극적으로 지원하는 세력으로 돌변했을까? 듀크 대학교의 그랜트 웨커Grant Wacker 교수에 따르면, 먼저, 초기 오순절 신자들이 자신들의 이중적 시민권, 즉 천국시민과 미국시민 사이에서 정확한 자리를 확보하지 못했기 때문에, 둘째, 그들이 자신들의 성령론을 현실의 구체적 문제에 학문적으로 철저히 적용하는데 실패했기 때문에, 셋째, 자신들의 이상과 억압적 현실 사이의 간격을 극복할 준비가 되어 있지 않기 때문에, 그런 결과가 초래되었다고 한다.29) 결국, 천국과 미국, 영과 육, 그리고 이상과 현실의 긴장 속에서, 오순절 신자들은 그런 실존적 긴장을 변증법적 지양으로 승화하는 대신, 현실에 굴복, 혹은 적응하는 길을 선택했다고 할 수 있다.

물론 이런 현실적 적응 혹은 굴복의 역사는 오순절운동만의 어두운 과거가 아니었다. 그들만이 유독 역사에 대해 무관심하고, 사회에 대해 무책임하기 때문만도 아니었다. 당시 대부분의 종교들이 동일한 길을 선택했고, 동일한 역사의 흔적을 남기었기 때문이다. 하지만 그것이 오순절운동의 역사적 굴절에 대한 신학적 면죄부는 될 수 없다. 정녕 성령이 자유와 해방과 평화의 영이라면, 그리고 초기 오순절 신자들이 그런 신념 속에 당대의 주류 문화에 용기 있게 항거했다면, 21세기 오순절 신자들도 이 문제에 대해 역사적 재평가를 시도하고, 현재의 자신들을 진지하게 성찰하는 시간을 가져야 한다. 특별히 우리의 청년들이 중동의 전쟁터에 파병되어 있고, 한반도에서 전쟁의 긴장이 해소되지 않는 현실에서, 평화의 영이신 성령의 본질과 오순절운동의 평화주의 역사는 한국 교회를 위해 중요한 신학적·역사적 준거가 될 수 있다.

5. 오순절운동과 여성운동

흔히 오순절운동의 기원에 대한 역사적 서술은 찰스 팔함Charles F.

Parham과 윌리엄 시무어William J. Seymour라는 두 명의 걸출한 남성 지도자들을 중심으로 전개된다. 전자는 성령세례와 방언을 결합하여 오순절운동의 신학적 토대를 마련했고, 후자는 로스 엔젤레스 아주사 거리 부흥회를 주도함으로써, 이 운동의 세계적 확산을 가능케 했기 때문이다. 그러나 이들의 배후에 혹은 그들과 동등한 입장에서 오순절운동의 탄생에 결정적 기여를 한 여성들이 있었음은 쉽게 간과되고 있다.

현대 오순절운동의 기원은 1901년 1월 1일, 캔자스 주 토페카에서 팔함의 베델 성서학원 송구영신 기도모임에서 발생한 방언사건이다. 이때 최초로 방언을 한사람은 아그네스 오즈만Agnes Ozman이라는 당시 30세의 여학생이었다.30) 비록 그녀 전에도 방언을 했던 사람들이 있었고, 성령세례를 받았던 사람들도 많았지만, 오즈만의 방언에서 이 두 가지가 최초로 결합되어 나타났다. 이로써 팔함이 세운 오순절 신학이 구체적 경험에 바탕을 둔 신앙운동으로 발전할 수 있는 결정적 전기가 마련되었다.

한편, 흑인 성결운동가였던 윌리엄 시무어를 권면하여 텍사스 주 휴스턴에서 팔함이 운영하던 임시 성경학교에 참석하여 오순절운동을 체험하게 하고, 후에 시무어가 로스 엔젤레스의 보니 브레이 가Bonnie Brea Street(이곳에서 먼저 시무어의 주도로 성령운동이 일어났고, 보다 넓은 장소를 물색하다 아주사 거리로 이주하여, 그 곳에서 오순절운동이 세계적 운동으로 확산됨)에서 오순절운동을 위해 분투할 때, 그의 초청으로 그곳을 방문하여 시무어가 이끌던 모임에서 방언이 터지게 만들었던 인물이 루시 페로우Luch Farrow였다. 그녀의 권면과 영적 능력이 없었다면, 시무어는 오순절주의자가 될 수 없었고, 아주사 거리의 부흥운동도 가능하지 않았을 것이다. 루시 페로우 외에도 시무어의 오순절 사역에서 기억해야 할 인물은 그의 아내였던 제니 무어Jennie E. Moore였다. 그녀는 아주사 거리 부흥기간 동안, 그 모임을 이끌던 주요 인물가운데 한 사람이었고, 시무어가 세상을 떠난 1922년부터 자신이 세상을 떠난 1936년까지, 남편이 설립한 아주사 거리 선교회를 이끌었다. 뿐만 아니라, 플로렌스 크로포드 Florence Crowford는 1906년부터 아주사 거리 부흥회에서 윌리엄 시무어와 동역했던 여성 지도자였으며, 1909년에 오리건 주로 이주하여 '사도적 신앙교회' Apostolic Faith Church라는 새로운 오순절 교단을 설립했다.31)

이 외에도, 에이미 샘플 맥펄슨은 하나님의 성회에서 안수를 받은 여성 전도자로서, 탁월한 설교능력과 신유은사를 기반으로 미대륙을 횡단하며 놀라운 사역을 전개했다. 그녀는 1923년에 당시 미국에서 가장 큰 5300석 규모의 천사성전 Angeles Temple을 건축하였고, 다음 해에 '국제복음교회' the International Church of the Foursquare Gospel라는 또 하나의 대표적 오순절 교단을 설립했다. 한 달 후, 그녀는 L.I.F.E. 성서대학의 문을 열었으며, 1927년에는 미국 최초의 기독교 라디오 방송국 KFSG를 설립하여 다시 한번 세상을 놀라게 했다.32) 맥펄슨 외에도 20세기 대표적 여성 신유운동 가로 명성을 날린 캐써린 쿨만 Kathryn Kuhlman도 오순절운동 여성사에서 꼭 기억해야 할 소중한 이름이다.33)

이 같은 오순절운동의 미국적 상황과 더불어, 한국의 오순절 운동사에서도 여성들은 중요한 자취를 남기었다. 1907년 아주사 거리 부흥집회에서 오순절 은혜를 체험한 후, 아시아 선교의 꿈을 키워오던 메리 럼지 Mary Rumsey는 1928년에 인천항에 도착하여 한국에 최초로 오순절 복음을 전해주었다. 그녀는 구세군 출신 허홍과 함께 서울에 "서빙고 오순절교회"란 최초의 한국 오순절 교회를 개척함으로써, 이후 한국의 오순절운동이 세계 오순절 운동의 대표적 경우로 성장하는 토대를 놓았다.34) 또한 세계 최대의 규모를 자랑하는 하나님 성회 소속의 여의도순복음교회는 그 설립 과정에서 조용기 목사의 장모이자 한국 오순절 교회의 최초 여성목사인 최자실 목사가 주도적 역할을 담당했다. 그녀는 오산리국제금식기도원을 설립하여, 기도원운동이 한국 교회의 중요한 특징 가운데 하나로 발전하는데도 결정적 역할을 했다.35) 뿐만 아니라, 한국의 오순절 교단들 중, 충청권을 중심으로 활발히 성장하고 있는 '기독교대한예수교복음교회'가 있다. 이 교회는 위에서 언급한 에이미 샘플 맥펄슨의 '국제복음교회'를 통해 한국에 세워진 교단으로, 여성 목사인 김신옥 목사에 의해 1970년에 설립되었다.36)

이렇게 미국과 한국에서 오순절운동이 크게 발전하고, 그 배후에 여성들의 역할이 크게 부각된 것은 교회사에서 여러 모로 주목할 만한 가치가 있다. 초대교회 이후, 여성들은 교회에서 침묵을 강요당했고, 남성들에게 종속된 제2의 성으로서 2차적 지위에 머물러 있었다. 특별히 기존 교회가 신학, 교리, 예전, 전통, 그리고 엘리트 중심의 교권구조를 완성한 이후, 사회적 약자였던 여성들이 교회에서 주도적 역할을 담당할 수 있는 가능성은 구조적으로 박탈되었다. 그러나 엄격히 제도화되어 있는 전통적 예전보다 성령의 자유로운 역사에 근거한 영적 체험을 강조하고, 체계적인 신학교육과 학위를 중시하는 대신, 성령의 체험과 능력구비를 강조하는 오순절운동 안에서 여성들은 훨씬 자유로운 신앙체험과 사역의 기회를 확보할 수 있었다. 즉, 열정적 기도, 찬양, 간증, 춤, 그리고 그 외의 다양한 형태의 영적 반응을 강조하는 오순절 예배 속에서 여성들은 영적 카타르시스와 해방을 체험할 수 있었고, 성령의 강림에 의한 영적 · 사회적 해방을 꿈꾸는 구약의 요엘서를 중시하는 오순절 신학을 배경으로 오순절운동 안에서 신앙적 · 신학적 친화성을 발견할 수 있었던 것이다. 그 결과 여성들은 그 어떤 기독교 운동 및 기관들 보다 오순절운동 안에서 신앙인으로서, 그리고 사역자로서 자신들의 능력을 마음껏 발휘할 수 있는 소중한 기회를 얻을 수 있었다. 그런 점에서 오순절운동은 교회사에서 여성의 역할을 증대하고 그 가치를 고양시키는데 그 어떤 운동 및 단체보다 중요한 기여를 했다고 평할 수 있을 것이다.

하지만 오순절 운동 내에는 이런 긍정적 측면과 함께 심각한 문제점도 존재한다. 그것은 소수의 예외를 제외하고, 미국과 한국의 오순절운동에서 여성들의 사역이 근원적 한계를 갖고 있기 때문이다. 즉 많은 오순절 교단들이 여성 안수를 허용하고 있지만, 그들의 사역 범위는 설교자 혹은 선교사의 역할에 한정되고, 성찬, 주례, 장례 등의 목회적 임무는 수행할 수 없도록 금지되어 있다. 또한 많은 교단들이 여성들에게 교단 내에서 정치적으로 책임 있는 직위를 허락하지 않고 있다. 그 결과, 여성의 역할 및 참여와 관련해서, 그 동안 교회사에서 중요한 공헌을 해온 오순절운동이 주류 교단들에게 뒤쳐지는 모습을 보이게 되었다. 결국, 오순절 교회가 여성들에게 남성들과 동등한 정치적 자격과 권한을 부여하고, 그들이 자신들의 다양한 능력을 성령의 해방적 능력 속에서 자유롭게 발휘하도록 허용하는 것은 오순절운동의 정체성을 명확히 하고, 오순절운동이 교회사에서 지속적으로 의미 있는 운동으로 발전하기 위해 반드시 넘어야 할 시험대가 될 것이다.

III. 결론

이상에서 진보적 사회운동이란 측면에서 오순절운동의 역사를 간략히 살펴보았다. 이미 언급했듯이, 오랫동안 오순절운동은 묵시적 종말론과 열광적 성령운동에 몰두한 결과, 탈역사적, 반사회적, 비정치적 성향의 분파운동으로 혹독한 비난의 대상이 되어 왔다. 하지만 위에서 살펴본 것처럼, 오순절운동을 그렇게 일방적으로 규정하는 것은 더 이상 학문적 설득력이 부족하다. 물론 오순절운동을 진보적 사회운동으로 정의하는 것도 명백한 역사적 기록들을 무시한, 비현실적 독백으로 전락할 위험이 있다. 그러나 오순절운동 내부의 신학적 약점과 부정적 역사경험에도 불구하고, 이 운동이 진보적 사회운동으로 발전할 가능성은 충분하다. 이제, 오순절운동이 진보적 사회운동으로 발전하기 위해 고려해야 할 몇 가지 사항들을 제시하면서 글을 맺고자 한다.

먼저, 오순절운동이 진보적 사회운동으로 발전할 수 있는 신학적·역사적 근거와 전거는 충분하다. 오순절운동은 극심한 인종차별의 문화 속에서 인종적 편견과 장벽을 성령의 능력으로 극복하려고 했던 선구적 경험을 갖고 있다. 오순절운동은 전쟁의 광증이 편만했던 시절, 반전의 깃발을 흔들던 평화의 전령들로서 기능했었다. 오순절운동은 대공황의 한파가 맹위를 떨치던 시절, 빈자들을 위해 동분서주하던 선한 사마리아인들이었다. 오순절운동은 가부장적 통념이 시대적 에토스로 기능하던 시절, 여성들의 해방을 선도하던 성령의 여인들을 알고 있었다. 오순절운동은 자본의 폭력 하에 세계가 제국의 식민지로 전락하던 시절, 거대한 맘몬을 향해 정의의 돌을 던지던 소년 다윗과 같았다. 이런 모습들이 보다 다듬어지고 정교해진 모습으로 복원될 수 있다면, 21세기의 오순절운동은 교회의 담장 안팎에서 막강한 영향력을 계속 행사할 수 있을 것이다.

둘째, 이런 주목할 만한 신학적 가능성과 역사적 경험이 있었음에도 불구하고, 이런 측면들은 그동안 오순절운동에 대한 학문적 연구에서 크게 주목받지 못했었다. 물론 해방신학적 관점을 선호하는 일부 학자들에 의해 오순절운동의 사회학적 측면이 탐구되긴 했지만, 아직 그 깊이와 범위에 있어서 만족할만한 수준에 이르진 못했다. 오히려 오순절운동의 신학적 특성(특히, 성령론, 신유론, 종말론)과 방언을 중심으로 한 초자연적 종교현상에 연구가 집중되었다. 그 결과, 일종의 사회현상으로서 오순절운동의 특성, 오순절운동의 본질적 특성의 하나로서 사회 개혁적 성향, 그리고 오순절운동 구성원들의 사회적 신분상승으로 초래된 오순절운동의 사회적 정체성 변화 등에 대한 적절한 연구가 아직도 충분히 진행되지 못하고 있다. 따라서 이미 분파적 특성의 종교현상에서 대표적 종교전통의 하나로, 미국의 토착적 종교운동에서 범세계적 종교문화로, 순수한 종교집단에서 거대한 정치권력으로 성장한 오순절운동은 이제 신학과 역사학의 범주를 넘어, 사회학, 정치학, 그리고 경제학의 영역에서 심도 있게 검토되고 평가되어야 한다. 이런 학문적 여과과정을 통해, 오순절운동의 현재적 의미와 가치가 더욱 분명히 드러나고, 이 운동의 건강한 성장을 위한 지침들이 보다 총체적으로 제시될 수 있을 것이다.

끝으로, 오순절운동이 건전한 사회운동으로 성숙하기 위해 반드시 극복해야 할 중요한 과제가 하나 있다. 본래 오순절운동은 미국에서 도시와 농촌의 소박한 성도들을 중심으로 탄생되었고, 그들을 중심으로 역사가 형성되어 왔다. 그러나 제2차 세계대전 이후, 미국사회의 전반적 경제성장과 그들 내부의 신분상승을 통해, 오순절운동은 미국의 종교서클 안에서뿐만 아니라, 미국사회 내에서도 무시할 수 없는 영향력을 갖게 되었다. 일단 오순절운동은 수적으로 미국에서 가장 큰 개신교 집단이 되었다. 오순절운동은 미국복음주의협회National Association of Evangelicals뿐만 아니라, 세계교회협의회World Council of Churches 안에서도 그 영향력이 점증하고 있다. 이 운동은 이미 전통적인 오순절의 범주를 넘어서, 미국의 대표적 주류교단들 속으로 강력히 침투하였다. 심지어 그들의 영향력은 학계, 경제계, 그리고 정치계에까지 광범위하게 확산되었다. 더 이상 오순절운동은 미국사회의 비주류가 아닌, 주류가 되었다. 이 현상은 한국에서도 동일하게 반복되고 있다. 그 대표적 상징이 여의도순복음교회이다. 여의도순복음교회는 오순절운동을 대표하는 교회의 차원을 넘어서, 20세기 기독교를 대표하는 교회가 되었다. 여의도순복음교회는 오순절의 담을 넘어, 한국개신교 연합운동의 물적·인적 중심으로 기능하고 있다. 여의도 순복음교회의 담임목사인 조용기 목사는 한국의 교회뿐만 아니라 언론과 정계에까지 막강한 영향력을 행사하고 있다. 이 같은 현대오순절운동의 세력 확장은 오순절운동이 진보적 사회운동으로 성장하는데 매우 부정적인 영향을 끼치고 있다. 사회의 주변이 아닌 중심에 위치함으로써 예언자적 비판기능을 상실하고, 자본주의 은총의 가장 큰 수혜자들이 됨으로써, 맘몬에 대한 지지자들이 되었으며, 자본, 빈곤, 여성, 평화, 그리고 환경문제에 대해 침묵함으로써, 대표적 보수주의자들이 되었다. 이런 상황에서 오순절운동이 자신과 사회에 대해 비판적 거리를 유지하며, 예언자적 기능과 제사장적 기능을 건강하게 수행하는 것은 대단히 중요한 시대적 과제로 떠오르고 있다. 이 과제를 성공적으로 수행한다면, 오순절운동은 21세기를 선도하는 시대의 희망이 될 것이다. 그러나 만약 실패한다면, 21세기를 역사의 황무지로 변질시키는 시대적 재앙이 될 수도 있다.

* 이 글은 『종교와 문화』 제13호(2007):65~87에 "진보적 사회운동으로서 오순절운동의 가능성 모색 : 현대 종교적 담론의 한 모델"이란 제목으로 실렸던 것이다.

---

1) 사이난은 이런 맥락에서 오순절운동을 천주교, 정교회, 그리고 개신교를 이은 "제4의 전통"으로 명명했다. Vinson Synan, *The Holiness-Pentecostal Tradition: Charismantic Movements in the Twentieth Century* (Grand Rapids, MI.: Wm. B. Eerdmans Publishing Co., 1971, 1997), xi. 이 책은 한국어로 출판되었다. 『세계오순절성결운동의 역사』, 이영훈·박명수 역 (서울: 서울말씀사, 2000).
2) Harvey Cox, *Fire From Heaven* (New York: Addison-Wesley Publishing Ccmpany, 1995).
3) Philip Jenkins, *The Next Christendom: The Coming of Global Christianity* (New York: Oxford University Press, 2002).
4) 이 분야의 선구적 연구로는, 빈슨 사이난, 『세계오순절성결운동의 역사』, 233-70과 Alan Anderson, *An Introduction to Pentecostalism* (UK.: Cambridge University Press, 2004), 261-78이다.

5) Donald W. Dayton, *Theological Roots of Pentecostalism* (Peabody, MA.: Hendrickson Publishers, 1987). 이 책도 한국어로 번역되었다. 조종남 역, 『오순절 운동의 신학적 뿌리』(서울: 기독교서회, 1993).
6) Robert M. Anderson, *Vision of The Disinherited: The Making of American Pentecostalism* (Peabody, MA.: Hendrickson Publishers, 1979).
7) Allan Anderson, "The Dubious Legacy of Charles Parham: Racism and Culture Insensitivities among Pentecostals," in *Pneuma* vol. 27 (Spring, 2005): 57-63.
8) 팔함의 인종차별주의에 대한 상반된 해석이 존재한다. 대부분의 팔함 비판자들은 팔함을 인종차별주의자로 비난하지만, 팔함을 옹호하는 사람들은 팔함이 당대의 다른 인종차별주의자들에 비해서 상당히 온건한 입장을 견지한 것이라고 반박한다. 이런 상반된 입장에 대해서는 James R. Goff, Jr, *Fields White Unto Harvest*, 와 Craig Borlase, *William Seymour: A Biography* (Lake Mary, FL.: Charisma House, 2006), 77-84과 Allan Anderson, "The Dubious Legacy of Charles Parham: Racism and Culture Insensitivities among Pentecostals," 51-64를 참조하시오.
9) Frank Bartleman, *Azusa Street* (New Kensington, PA.: Whitaker House, 2000), 54.
10) Nelson Douglas, "For Such a Time As This: The Story of Bishop William J. Seymour and the Azusa Street Revival," unpublished Ph. D. dissertation (Birmingham, UK.: University of Birmingham, UK, 1981).
11) 미국 오순절교단들의 분열과 인종문제의 관련성에 대해서는 빈슨 사이난, 『세계오순절성결운동의 역사』, 209-32 참조.
12) 배덕만, "한국 신학과 세계 신학의 한 가교로서 오순절 신학," 『종교연구』 제38집 (2005년 봄): 186-89를 참조하시오.
13) 빈슨 사이난, 『세계오순절성결운동의 역사』, 231.
14) 이 분야의 대표적 연구서는 Robert M. Anderson, *The Vision of Disinherited: The Making of American Pentecostalism* (Peabody, MA.: Hendrickson Publishers, 1979)이다.
15) Grant Wacker, *Heaven Bellow: Early Pentecostal and American Culture* (Cambridge, MA.: Harvard University Press, 2001).
16) 오순절운동의 사회적 신분상승에 대한 설명은, 빈슨 사이난, 『세계오순절성결운동의 역사』, 251-56에서 찾아 볼 수 있다.
17) Robert M. Anderson, *Vision of The Disinherited: The Making of American Pentecostalism*, 240.
18) 팔함의 생애와 사상에 대해서는 James R. Goff, Jr., *Fields White Unto Harvest: Charles F. Parham and the Missionary Origins of Pentecostalism* (Fayetteville: The University of Arkansas Press, 1988) 참고.
19) 에이미 샘플 맥펄슨에 대해서는 Edith B. Blumhofer, *Aimee Semple McPherson: Everybody's Sister* (Grand Rapids, MI.: William B. Eerdmans

Publishing Company, 1993)을 참조하시오. 천사성전의 최근사역에 대해서는 이 교회의 홈페이지 http://www.angelustemple.org 참조.
20) 얼 퍽 2세의 종말론과 사회개혁 간의 관계성에 대해서는, 배덕만, "오순절 운동의 새로운 한 모형: 얼 퍽의 '현재 임한 하나님 나라' 신학," 『한국교회사학회집』 제 23집 (2007년 가을) 참고.
21) Donald W. Dayton, *Theological Roots of Pentecostalism*, 26-8.
22) 자본주의에 대한 팔함의 비판적 시각에 대해서는, 배덕만, "초기 오순절운동 지도자들의 종말론 연구: 사회개혁에 대한 시각을 중심으로," 『역사신학논총』제11집 (2006. 6): 132-65 참조.
23) 박명수, "한국교회사를 통해 조명해 본 조용기 목사의 오중복음," 『영성과 리더십』, 홍영기 저 (서울: 교회성장연구소, 2003), 236-38.
24) 이 교회에 대한 최근의 상세한 정보는 http://newsmission.com/news/2006/09/01/1112.12970.html에서 찾아볼 수 있다.
25) 배덕만, "오순절-은사주의 운동의 새로운 한 모형: 팻 로벗슨(Pat Robertson)을 중심으로," 『종교와 문화』 제11호 (2005): 137-8.
26) 제1차 세계대전의 발발과 함께 미국교회의 입장이 반전에서 참전으로 선회하는 과정에 대해서는 George M. Marsden, *Fundamentalism and American Culture* (New York: Oxford University Press,1980), 141-53 참고.
27) 초기 오순절운동의 반전사상과 그로 인한 고초에 대해서는 Mickey Crews, *The Church of God: A Social History* (Knoxville, T N.: The University of Tennessee Press, 1990) 참조.
28) Grant Wacker, *Heaven Below* (Cambridge, MA.: Harvard University Press, 2001), 246.
29)
30) 빈슨 사이난, 『세계오순절성결운동의 역사』, 120.
31) 아주사 거리 부흥을 주도했던 여성들에 대한 종합적 연구로는 Estrelda Alexander, *The Women of Azusa Street* (Cleveland, Ohio: Pilgrim Press, 2005)이 있다.
32) 맥펄슨에 대해서는 위에 언급한 Blumhofer의 연구를 참조하시오.
33) 쿨만의 생애와 사역에 대해서는 Allen Spraggett, *Kathryn Kuuhlman: The Woman who Believes in Miracles* (NY: World Publishing Co., 1970)가 있다.
34) Vinson Synan, *The Holiness-Pentecostal Tradition*, 139-41.
35) 최자실, 『나는 할렐루야 아줌마였다』(서울: 서울서적, 2005) 참조.
36) 김신옥 목사에 대해서는, 임열수, "김신옥 목사의 사역과 목회신학," 『건신 김신옥 목사 성역 33주년 기념논문집: 리더십, 영성, 신학』, 기념논문집간행위원회 편 (대전: 복음신학대학원대학교 출판부, 2005), 29-60과 김신옥, 『행함으로 믿음을 온전케 하라:김신옥 목사 자서전』(대전:대장간, 2010) 참조.

제2부

내 영을 만민에게 부어주리니

7장

성령으로 한국을, 성령으로 세계를*
오순절신학의 새로운 가능성

I. 서론

오순절주의Pentecostalism는 20세기의 시작과 더불어 미국에서 출현하였다.1) 이 운동의 출현에 대한 주변의 일차적 반응은 경악과 혐오였다.2) 이 운동의 극단적 열광주의, 인종혼합적 예배, 그리고 방언을 축으로 한 기이한 교리는 이 운동의 모체인 성결운동 뿐만 아니라 주류교단들에 의해 삼류 컬트a narrow cult로 거부되기에 충분했다. 이 운동은 그렇게 이 세상에 나왔다. 그러나 그 후 100년이 지난 지금 오순절주의는 그때와는 전혀 다른 모습으로 우리들 앞에 있다. 그것은 침체 일로에 있던 미국교회에 새로운 부흥을 가져다주면서 삼류 컬트에서 "제3의 세력"3)으로 성장했고, 그 열기가 미국의 경계를 넘어 전 세계로 확산되면서 가톨릭, 정교회, 그리고 개신교 전통과 어깨를 나란히 하는 또 하나의 전통tradition으로 자리를 잡았다.4)

한편, 지난 100년의 한국교회사에서도 오순절주의는 미운오리새끼였다. 장로교와 감리교가 주류 교단으로 자리를 확고히 한 상태에서 오순절주의가 들어설 입지는 상대적으로 취약했고, 주류교단들에 의해 주도되던 근본주의신학, 에큐메니칼운동, 토착화신학, 그리고 민중신학의 틈 속에서 오순절주의의 메시지는 저급하고 시대착오적인 것으로 냉대와 괄시를 받았다. 한 쪽에서는 무당종교로, 다른 쪽에서는 이단으로, 어떤 이들에게는 신학이 부재한 빈민들의 종교로, 다른 이들에게는 역사의식이 결여된 광신자 집단으로 몰리면서 "험난한 세월"을 보냈다. 그러나 그런 비난과 질시와 천대에도, 오순절주의는 한국 땅에 깊이 뿌리를 내렸다. 시골에서 올라온 도시 빈민들, 사회와 가정에서 천대받던 여인들, 그리고 세상이 사형선고를 내린 병자들, 영적 기근에 시달리던 굶주린 영혼들이 오순절 교회를 찾아 들었다. 그들만이 아니었다. 방언을 천대하던 장로교의 교양 있는 신자들이 성령세례를 갈망하며 여의도 교회로 몰려들었고, 각종 질병으로 사형선고를 받은 강남 부자들이 병원의 문을 나서 오산리 금식기도원으로 발길을 돌렸으며, 교회성장을 물량주의의 천박한 신학으로 비난하던 주류교회 목회자들이 사람들의 눈을 피해 하나 둘 순복음 교회성장 세미나에 참석했다. 피터 와그너가 말했다. "인간의 전 역사에서 그 어떤 비정치적, 비군사적, 그리고 자발적 운동도 지난 25년 동안 오순절·은사주의 운동처럼 빠르게 성장하지 못했다." 그의 말은 한국에도 문자적으로 적용될 수 있었다. 이제 한국의 오순절주의자들은 주류교회의 일원이 되었다.

본 글에서 필자는 이 같은 한국의 오순절주의와 세계 오순절주의 간의 만남을 매개로, 오순절 신학이 한국 신학과 세계 신학을 연결하는 또 하나의 축으로 가능할 수 있는지, 그 가능성을 타진해 보고자 한다. 이를 위해 먼저 세계 오순절주의의 역사와 신학적 특징, 그리고 현재의 새로운 방향들을 점검하고, 이어서 한국 오순절주의의 특성과 이에 대한 세계 신학계의 관심을 검토하면서 한국 오순절주의와 세계 오순절주의간의 만남의 가능성을 진단할 것이다. 그리고 이런 성공을 바라면서 필자의 개인적 의견을 결론으로 제시하고자 한다.

II. 기독교 제4의 전통으로서 오순절주의

1. 부흥적 측면에서 오순절주의

오순절주의는 20세기 부흥운동을 주도했다. 이 부흥의 물고를 튼 사람은 감리교 출신 성결운동가 찰스 팔함Charles F. Parham 목사였다. 그는 캔자스주 토페카에 있는 자신의 신학교에서 방언이 터진 것을 성령세례의 일차적 증거로 해석하면서, 감리교 및 성결운동과 구별된 독특한 오순절 교리를 만들어 냈다. 그의 오순절 신학은 단순히 방언운동의 범주를 넘어, 신유와 재림의 교리를 수용하면서, 캔자스와 텍사스 지역에 부흥의 불길을 확산시켰다. 한편 팔함이 텍사스에 임시로 개설한 단기 성경학교에서 공부했던 흑인 성결운동가 윌리엄 시무어William J. Seymour 목사는 로스앤젤레스의 아주사스트릿에서 폭발적인 부흥운동을 이끌었다. 이 부흥운동의 소식은 로스 앤젤레스의 경계를 넘어 미국 전역과 전 세계로 급속히 확산되었다. 얼마 후 이 아주사스트릿은 새로 임한 오순절의 불길을 목격하고 체험하기 위해 미국 전역과 세계 각지에서 몰려온 사람들로 북새통을 이루었고, 그곳에서 동일한 성령체험을 한 사람들이 자신들의 고향과 고국으로 이 운동의 불길을 확산시켰다. 특히, 노르웨이를 위시한 북유럽, 아프리카, 남아메리카, 그리고 한국을 포함한 아시아로 이 운동이 퍼져 나갔다. 이 과정에서 미국 내에서는 하나님의 성회Asswmblies of God, 하나님의 교회Church of God, Cleveland, 하나님의 교회 그리스도파Church of God in Christ, 국제복음교회International Church of the Foursquare Gospel, 그리고 오순절성결교회Pentecostal Holiness of Church 같은 오순절 교단들이 탄생되었

다.5)

　이러한 전통적 오순절운동의 불길은 1940년대와 1950년대에 윌리엄 브랜햄William Branham과 오랄 로버츠Oral Roberts가 주도한 신유운동으로 이어졌고, 이 기간 동안 미국은 이들이 세운 거대한 천막 속에서, 방언과 신유가 어우러진 부흥의 물결에 휩싸였다.6) 60년대에 이르러서는 이 부흥의 물결이 성공회를 비롯한 주류교단들과 가톨릭교회로 확산되면서, 소위 신오순절주의Neo-Pentecostalism 혹은 은사주의운동Charismatic movement의 시대를 열었다. 이 운동의 막을 연 사람은 휘튼 트리니티 성공회 교회 목사였던 리차드 윙클러Richard Winkler와 로스앤젤레스의 성 마가 성공회 교회 목사인 데니스 베넷Denis Bennet이었다. 이들은 성령세례를 체험한 이후에도 자신의 교단을 떠나지 않고, 그곳에 남아서 성령운동의 확산에 기여했다. 또 데모스 쉐커리언Demos Shakarian이 1952년에 설립한 국제순복음실업인연합회Full Gospel Business Men's Fellowship International와 오순절 에큐메니컬 운동을 주도했던 데이비드 듀 플레시스David J. Du Plessis 같은 이들이 성령의 불길을 오순절 교단의 담장을 넘어 개신교 전 교단으로 확산시켰다. 이런 현상은 1963년 예일대학에서, 1966년 펜실베이니아의 가톨릭 대학인 듀크슨 대학Duquesne University에서, 그리고 1967년에 노트르담 대학에서 방언이 터지면서 더욱 탄력을 받았다. 이로써, 오순절 운동은 개신교와 가톨릭을 모두 아우르는 범 기독교적 성령운동으로 발전하였다.7)

　빈슨 사이난 교수가 제시한 통계에 따르면, 이렇게 20세기의 영적 부흥을 주도하며 세계적 성령운동으로 확장된 오순절주의는 1995년 현재, 순수 오순절파 신자가 217,000,000명, 은사주의와 제3의 물결파를 포함한 수가 463,000,000명에 달하면서, 전 세계에서 가톨릭 다음으로 큰 기독교 세력이 되었다.8) 그 결과, 1970년대에 『세속도시』를 저술하여 종교이후시대postreligious age를 예견했던 하버드 대학교의 하비 콕스Harvey Cox

교수는 이런 오순절 운동의 열정과 성장을 목격한 후, "멸종을 향해 돌진하는 것은 영성이 아닌, 세속성"이며, "우리는 분명히 갱신된 종교적 활력, 또 다른 '대각성' 속에 있다."고 선언했다. 그는 계속해서 이런 부흥의 중심에 오순절 운동이 있으며, 그러기에 이 오순절주의의 내적 의미를 밝혀내고, 그 엄청난 호소력의 원천을 찾아내는 것이 이런 부흥을 이해하는 결정적 열쇠를 제공해줄 것이라고 천명했다.9)

2. 신학적 측면에서 오순절주의

일반적으로 오순절주의는 성령운동으로 알려져 왔다. 방언으로 대표되는 그들의 열광주의적 특성 때문에 오순절주의에는 "신학이 없다," 비록 있더라도 "그것은 오순절 영성의 창자 안에서나 발견되는 것"10)쯤으로 여겨져 왔다. 더욱이 오순절주의자들 자신이 신학은 성령의 역사를 제한하거나 소멸시키는 위험한 것으로 간주하면서 오순절 운동의 신학화에 반대해 왔다. 하지만 그렇다고 해서 오순절주의에 신학이 없다거나 그들만의 신학적 전통이 부재한 것은 결코 아니다.

오히려 오순절주의의 신학적 기원과 특성을 발굴하려는 진지한 노력이 학계에서 지속적으로 전개되어 왔다. 이 방면의 주요한 업적은 휫튼 대학의 교회사 교수인 에디스 불룸하퍼Edith L. Blumhofer와 아주사 패시픽 대학의 신학과 윤리학 교수인 도널드 데이튼Donald W. Dayton에 의해 이루어졌다. 먼저, 불룸하퍼는 자신의 하버드대학 박사학위논문에서, 오순절운동의 신학적 기원을 19세기 복음주의에서 찾았다.11) 그는 당시의 대표적 복음주의자들인 A. B. 심슨, A. J. 고든, R. A. 토레이 등의 성결운동을 연구하고, 그들의 교단적·신학적 배경이 개혁주의인 점에 착안하여, 오순절 운동의 한 축하나님의 성회이 개혁주의 신학에 기원한다고 주장했다. 반면, 데이튼 교수는 자신의 시카고 대학 박사학위 논문에서 오순절 운동이 방언운동과 동일시되는 일반적 견해에 이의를 제기하면서, 방언은 오순절 운동의 출현 이전에 이미 퀘이커를 비롯한 다른 교단들에서 번번히 행해지고 있었기 때문에, 오순절 운동과 여타 기독교 운동을 웨슬리의 감리교회와 19세기 성결운동(피비 팔머의 웨슬레안 성결운동과 찰스 피니의 개혁파 성결운동), 그리고 19세기말의 복음주의 운동의 결합물로 설명하면서, 중생, 성령세례, 신유, 재림의 사중복음을 오순절 운동의 신학적 틀로 제시한다.12) 지금도 이 두 사람의 견해는 오순절 운동의 신학적 배경을 이해하는 교과서적 해석으로 인정되고 있다.

한편, 하나님의 교회클리브랜드의 대표적 신학자인 스티브 랜드Steven J. Land는 자신의 에모리 대학 박사학위논문에 기초한 저서『오순절 영성』에서 오순절 신학의 독특성을 흥미로운 방식으로 설명했다.

오순절 운동은 다른 기독교 전통들과의 역설적 연속성 및 불연속성 가운데 흘러간다. 이 운동이 초기 역사 10년과 유사성을 유지하는 한, 인간의 역할과 견인의 문제에 대한 접근에 있어서 칼뱅주의보다는 알미니안에 가깝다. 기독교적 성장과 행동에 대한 안내자로서 소위 율법의 제3의 역할에 대한 인식에 있어서는, 루터란보다 칼뱅주의에 가깝다. 이 운동이 완전이나 신적인 삶(theosis)의 참여로서 영성을 이해한다는 점에서 서방교회보다는 동방교회에 가깝다.…오순절 운동은 법정적 칭의보다 성화·변화를 강조한다는 면에서 개신교적이라기보다 가톨릭적이라고 말할 수 있다. 그러나 신앙, 관례, 교회정치제도, 그리고 양육과 같은 문제들에 대해서, 말씀이 교회와 전통보다 상위의 권위를 갖는다는 확신에 있어서 가톨릭보다는 개신교에 가깝다. 그 기원에 있어서 오순절 운동은 평화에 대한 관심, 성도들의 삶에서 제자도와 양육을 중시하는 "계약적 성도들의 교회"에 대한 관심에 있어서 주류 종교개혁파들보다는 재침례교도들에 가깝다. 오순절 운동은 성경의 실제적 사용과 이성의 역할에 대한 이해에 있어서 근본주의적 복음주의 전통보다는 성결 운동적 복음주의 해석에 친밀감을 느낀다. 끝으로 이 운동의 신학하는 방식이 생명체에 대한 분별적 사고를 한다는 점에서 스콜라적 근본주의보다는 해방신학적 변혁주의에 가깝다. 그러므로 오순절 운동은 다른 기독교 영성들과 연속성 및 뚜렷한 불연속선상에 존재한다. 그것이 나름의 독특한 영성과 신학을 보유하는 한, 그것은 어느 한 경험이나 경험적 사건들로 간주되거나 사용되거나 동일시 될 수는 없다. 오순절적 경험들이 있을 수 있으나, 오순절 영성은 전혀 다른 문제이다.13)

랜드 교수의 이 글은 오순절주의의 신학적 특성이 얼마나 광범위하며 탄력적인지 명쾌하게 보여준다. 오순절주의의 일차적 관심이 "성령"에 집중되어 있고, 신학강단보다는 교회 회중석에서, 그리고 사색보다는 체험이 우선되어 형성, 발전되어 왔기 때문에, 특정한 신학적 틀에 매이지 않고 시대적 흐름에 탄력적으로 반응하며, 자신의 독특한 신학체계를 형성할 수 있었다. 일부에서는 이런 오순절 신학의 특징을 혼합주의나 신학적 정체성의 부재로 비판하기도 하지만, 오히려 오순절주의의 이런 신학적 특성은 소수의 목소리가 존중되고, 각자의 독특한 시각이 부각되며, 다원성과 관용을 기초로 조화를 지향하는 포스트모던 사회에서 다른 신학전통들보다 건강한 적응력을 가질 수 있다. 뿐만 아니라, 자신의 고유한 영적 파워를 유지하면서 그 신학적 틀과 내용을 자유롭게 형성해온 오순절 신학은 "영성"이 신학계의 새로운 화두로 떠오르는 지금, 가톨릭 영성에 대응하는 개신교 영성의 중요한 대안으로 주목받기 시작했다. 이 분야에 주목할 만한 학자로 부상하는 인물이 싱가포르의 오순절 신학자 사이먼 챈 Simon Chan이다. 그는 계몽주의 이전의 신학이 지성적 사색과 기도를 분리하지 않았다는 사실에 주목하면서, 오순절의 방언을 "기도"로 풀고, 기도를 축으로 한 오순절 영성 신학이 지성주의의 덫에 걸린 서구신학의 대안 신학으로 기여할 수 있음을 시사했다. 뿐만 아니라, 성찬식에서 발생하는 그리스도의 영적 임재를 오순절의 성령세례와 연결 짓고, 기존의 가스펠 음악 중심의 오순절 예배를 성례전 중심의 예배로 전환하면서, 오순절 예배의 갱신을 요구하였다.14) 그의 제안이 오순절 전통과 현재의 신학적 유행 사이에서 어떤 식으로 수용되고 발전될지는 좀 더 시간을 두고 지켜봐야겠지만, 오순절 운동을 영성 신학의 관점에서 접근하는 그의 시도는 시기적으로 큰 의미를 갖는다.

3. 사회적 측면에서 오순절주의

일반적으로 오순절주의는 세대주의적 종말론을 신봉하며, 교리적으로 근본주의와 유사하다는 이유로 사회에 대해 무관심하고 역사에 대해 비관적 견해를 갖는 것으로 이해되어 왔다. 오순절주의에 대한 이 같은 비판적 견해는 충분한 역사적·신학적 근거를 갖고 있다. 그러나 그와 동시에 이런 비판을 무색케 할 만큼 귀중한 유산도 갖고 있으며, 근래에 이르러 이 부분에 대한 연구도 급증하고 있다.

먼저, 오순절주의는 미국의 인종차별 문제를 극복하는데 중요한 기여를 했다. 1906년 아주사에서 일어난 오순절 부흥운동은 흑인 성결운동가인 윌리엄 시무어에 의해 주도되었다. 20세기 초반은 아직도 미국에서 인종차별이 극심하던 시절이었다. 그런 시대에 미국과 전 세계를 뒤흔든 부흥운동이 남부 출신의 흑인 목사에 의해 주도되었다는 사실은 대단히 중요한 역사적 의미를 갖는다. 뿐만 아니라 그의 아주사 선교회의 집회에는 흑인과 백인, 그리고 남미와 아시아에서 온 사람들이 함께 뒤섞여 예배를 드렸다. 이 예배에서 지도자 시무어가 외친 메시지의 핵심도 "성령세례"와 함께 "그리스도 안에서 온 인류의 하나됨"이었다.15) 성령이 지배하는 예배 속에서는 당시 미국사회를 갈라놓았던 피부색의 차이도 아무런 장애가 되지 못했다. 이런 인종차별을 반대하는 메시지와 사역은 이후에도 에이미 샘플 맥펄슨Aimee Semple McPherson 16)과 오랄 로버츠Oral Roberts 17)같은 거물급 전도자들에 의해 반복되었다.

두 번째, 오순절주의 역사는 그 초기부터 여성들의 눈부신 활약을 가득 담고 있다. 1901년 토페카에서 방언이 터졌을 때, 그 주인공은 아그네스 오즈만Agnes Ozman이라는 여학생이었고, 그녀는 후에 여성 전도자로 헌신하여 초기 오순절운동에 중요한 공헌을 했다.18) 그리고 오순절운동 초창기에 미국의 성령운동을 주도했던 가장 유명한 부흥사는 마리아 우드워스-이터Maria Woodworth-Etter라는 여성 전도자였다.19) 미국 오순절 교단들 가운데 대단히 중요한 위치를 차지하는 국제복음교회의 창시자도 당대 최고의 인기를 누리던 미모의 여성 설교가 에이미 샘플 맥펄슨이었다.20) 그리고 20세기 동안 여성 전도자로서 전 세계적 명성을 얻었던 캐서린 쿨만Kathryn Kuhlman, 1907~76도 오순절 운동을 대표하는 여성사역자였다.21) 이것은 오순절 운동 내에서 중추적 역할을 했던 수많은 여성 지도자들 가운데 대표적 소수에 불과하다.

세 번째, 오순절주의는 사회에 대한 책임을 소홀히 하지 않았다. 흔히 오순절 운동은 세대주의 전천년설이란 그들의 묵시적 종말론 때문에, 사회적 책임을 회피하거나 혹은 현체제status quo를 강화시키는 부정적 기능을 해왔다고 비난받아 왔다. 예를 들어, 사회학적 관점에서 오순절 운동의 역사를 분석했던 로버트 앤더슨Robert M. Anderson은 초기 오순절주의자들의 낮은 사회적 신분이 성령운동과 접목되면서 이 운동에 혁명적 성격을 부여했으나, 오히려 반동적 보수집단으로 전락했다고 비난했다.22) 그러나 이런 비판은 오순절 운동의 역사를 좀 더 세밀하게 관찰 분석함으로 어느 정도 극복될 수 있다. 위에서 언급한 바와 같이, 오순절 운동 초기부터 인종문제와 여성문제에 있어서 오순절주의는 당대의 사회적 통념을 넘어섰다. 또 찰스 팔함 같은 대표적 종말론자들은 자신들의 종말론에 근거해서, 미국의 자본주의와 제국주의를 날카롭게 비판했다.23) 에이미 샘플 맥펄슨은 1차대전과 그 이후 공황기간 동안 자신의 교회에 "시의 자매들"City Sisters이란 대규모 빈민구제 기관을 설립하여, 대대적 구제사업을 전개했다. 그 결과, 시의 구제기관에서 그들에게 자문을 구할 정도가 되었고, 그 교회는 이 사업에 과도한 경비를 지출하여, 교회가 재정적 위기를 맞기도 했었다.24) 그리고 현재에도 버지니아의 팻 로버트슨은 "기독교 연합" Christian Coalition이란 단체를 조직해거 미국정치에 큰 영향을 끼치고 있으며,25) 조지아 아틀란타에 있는 채플 힐 하비스터 교회Chapel Hill Harverster Church의 얼 퍽Earl Paulk 목사는 후천년설에 입각하여 다양한 사회개혁 프로그램을 실천하고 있다.26) 이런 일련의 경우들은 오순절 운동이 비역사적, 반사회적이란 통념의 재고를 강력히 요청한다.

III. 한국적 신학으로서 오순절 신학

1. 한국교회 신앙유형으로서 오순절주의

감리교 신학자인 연세대학교의 유동식 교수는 그의 저서 『한국 신학의 광맥』의 마지막 장에서 "한국교회와 성령운동의 유형"이란 제목 하에 한국교회의 신앙유형을 결정한 성령 운동에 대해 논하였다.27) 그에 의하면 한국교회의 성령운동은 크게 부성적 성령운동과 모성적 성령운동으로 구별되며, 부성적 성령운동은 유교적 전통에 뿌리를 둔 것으로 민중 신학이 그 대표적 예이고, 모성적 성령운동은 무교적 전통에서 기원하며 여의도 순복음교회가 그 흐름을 대표한다. 민중 신학을 유교와, 오순절운동을 무교와 연결 짓는 유동식 교수의 시도가 얼마나 학문적 설득력을 지니는가 하는 문제를 제기할 수 있지만, 또 민중 신학이 민중의 사회적 한(恨)을 치유하고, 오순절 운동이 민중의 개인적 한을 치유하는 기능을 담당한다는 그의 설명이 지나치게 도식적이고 단순하다는 인상을 지울 수 없지만, 기본적으로 그가 한국교회의 신앙유형을 성령운동으로 파악한 것은 한국교회 안에서 오순절신학의 위치와 가치를 이해하는데 중요한 단초를 제공해 준다.

한국교회와 성령운동 간의 관계에 대한 이 같은 이해는 케냐에서 활동하는 한국의 장로교 신학자 유부웅에 의해 좀 더 체계적인 논문으로 발전하였다. 그는 자신의 버밍햄대학 박사학위논문에서 한국교회의 역사를 성령운동의 역사로 규정하고 서술하였다.[28] 그는 부성적 성령운동과 모성적 성령운동을 구분한 유동식의 체계를 기본적으로 수용하고, 여기에 샤머니즘에 대한 자신의 일차적 관심을 추가하면서, 이것을 오순절 용어로 좀더 세분하여 설명했다. 즉, 그는 한국의 오순절운동을 근본주의적 오순절운동1900~1930, 신비적 오순절운동1930년대, 그리고 민중 오순절운동1970년대으로 구분하였다. 그는 한국의 오순절운동이 서양선교사들에 의해 전수된 것이 아니라, 한국의 전통문화, 특별한 샤머니즘의 영향 하에 독자적으로 형성되었다고 주장하면서, 이것이 한국형 오순절운동과 다른 나라의 오순절운동을 구분하는 중요한 특징이라고 언급했다, 다시 말해서, 유부웅에 의하면, 한국교회의 신앙유형과 역사는 오순절운동으로 설명될 수 있고, 이 오순절운동의 핵심은 한국 샤머니즘이다. 그가 부흥운동과 오순절운동을 구분하지 않고, 오순절운동의 외국적 기원 및 종교현상으로서 오순절운동과 샤머니즘간의 유사성 및 차이점을 면밀히 구분하는데 실패하였지만, 그가 한국교회의 체질을 오순절의 시각에서 파악했다는 사실은 주목할 필요가 있다.

오순절 운동과 한국교회의 관계를 이해하려는 또 하나의 시도는 오순절파 학자인 이재범 목사에 의해서 이루어졌다. 그는 풀러신학교에 제출한 자신의 박사학위 논문에서 한국의 대표적 교회들, 즉 오순절의 여의도순복음교회, 장로교의 영락교회, 감리교의 숭의교회, 침례교의 성락교회, 그리고 성결교회의 중앙교회 목회자, 예배, 활동 등을 분석한 후, 그 교회들이 공통적으로 "오순절적 특징"Pentecostal Type Distinctives을 보인다고 지적했다.29) 그는 이 교회의 목회자들이 개인적으로 신유나 방언 같은 오순절적 체험을 했고, 그 교회들의 철야기도와 부흥회에서 열정적 기도, 신유, 성령세례 등의 현상이 나타나며, 이런 체험에 집중하기 위한 자체 기도원을 소유하고 있다는 점을 들어, 이 교회들이 오순절적 특징을 지닌다고 주장했다. 이 교회들이 한국의 각 교단을 대표하는 교회들이라는 측면을 고려해 볼 때, 결국 한국교회 일반이 오순절적 성향을 지닌다는 결론에 이르게 된 것이다. 물론 성락교회가 한국의 침례교를 대표하느냐, 영락교회와 순복음교회를 같은 차원에서 비교하는 것이 가능한 일인가 하는 문제가 있고, 위에서 인용한 스티븐 랜드의 지적처럼, 오순절적 현상과 오순절 영성을 구분하지 않고, 외형적 현상에 근거해서 위에 언급한 교회들을 오순절적 교회로 규정하는 것이 학문적 타당성을 지니는가의 문제가 자연스럽게 제기되지만, 교단의 차이를 넘어 현재 한국교회를 하나로 묶는 유일한 끈으로서 오순절적 특징을 제시한 것은 쉽게 간과할 수 없는 학문적 소득임에 틀림없다.

결국, 한국교회와 오순절주의 간의 관계를 규명하려는 한국 학자들의 이 같은 노력은 많은 논쟁점과 내적 결함을 지님에도 불구하고, 양자 간의 부인할 수 없는 역사적·신학적 관련성을 분명히 지적해 주었다. 더욱이 세 사람의 교단적·신학적 배경이 전혀 다름에도 불구하고, 같은 문제에 대해 유사한 결론을 내렸다는 사실에서, 우리는 이들의 결론에 좀더 진지한 눈길을 보내야 할 것이다.

2. 세계가 주목하는 한국 오순절주의

한국의 오순절주의에 대한 신학적 관심이 한국 내에 국한된 것은 아니다. 사실 그 어느 때보다 한국의 오순절주의에 대한 세계의 관심은 고조되고 있다. 세계에서 가장 큰 오순절 교회가 한국에 있다는 사실,[30] 그 교회의 목회자가 영어에 능통하다는 사실, 그의 저서들이 영어로 번역되어 서구교회에 보급되었다는 사실,[31] 그 교회출신의 선교사들이 전 세계에 진출했다는 사실 외에도, 오순절운동 본래의 에큐메니컬한 특성과 현재 진행 중인 범세계화 현상이 맞물려, 한국 오순절 교회에 대한 세계의 관심이 점증하고 있다. 한국 오순절운동에 대한 세계 학계의 관심 중 일부만 소개하면 다음과 같다.

먼저, 스위스 태생의 오순절 신학자 월터 홀렌베거는 1997년에 『오순절주의: 기원들과 세계적 발전』이란 기념비적 저서를 출판하였다. 그는 이 책에서 오순절주의와 관련된 거의 모든 주제를 다루었다. 특히 이 저작이 우리의 주목을 끄는 이유는, 그가 세계 여러 나라의 오순절운동의 기원을 추적하는 장에서, 미국, 영국, 멕시코, 칠레, 자이레, 그리고 남아프리카의 경우를 다루었는데, 이들 나라와 함께 아시아에서 오직 한국을 선택해 다루었다는 사실 때문이다. 그런데 그는 위에 인용한 유부웅 교수의 박사논문 지도교수였기에, 한국에 대해 다룬 부분에서 유부웅의 연구에 절대적으로 의존하면서, "샤머니즘이 한국 오순절운동의 발전에 중심세력"이었다고 결론지었다.[32]

둘째로, 미국 오순절운동의 대표적 역사가인 리전트 대학의 빈슨 사이난 교수도 그의 명저『성결-오순절전통: 20세기 은사주의 운동』에서 오순절 운동의 세계적 확산과정을 기술하고 있다. 그는 여기서 유럽, 이탈리아, 브라질, 남아프리카, 러시아, 나이제리아와 더불어 한국을 다루고 있다. 유부웅에게 절대적으로 의존하여 한국 상황을 기술했던 홀렌베거와는 달리 사이난은 유부웅의 논문 외에도 오순절 측의 이재범의 논문과 이영훈 목사와의 개별 인터뷰를 확보하여 자료의 범위를 확장했다. 뿐만 아니라, 한국 오순절운동을 선교사의 도움 없이 발생한 자생적 운동으로 단정하고 샤머니즘의 영향을 강조했던 홀렌베거와는 달리, 사이난은 한국에서 고전적 오순절운동의 기원을 오순절파 여자 선교사인 메리 럼지Mary Rumsey가 입국했던 1928년으로 규정하고, 오순절운동과 기존의 다른 부흥운동을 구분한다. 그러면서 동시에 1928년에 이용도 목사에 의해 일어난 성령운동을 한국의 자생적 오순절운동으로 규정하고, 럼시를 통해 수입된 오순절 운동과 이용도의 자생적 오순절운동이 그 이후 전개되는 한국의 오순절운동의 역사에 동일한 영향을 끼쳤다고 주장했다.33)

셋째로, 스티브 브라우어, 폴 기포드, 그리고 수잔 로스가 공동 저술한 『미국적 복음 수출하기』Exploring the American Gospel의 제6장에서 한국의 상황을 다루면서, 여의도 순복음 교회의 조용기 목사를 집중적으로 분석하였다. 이 장은 이렇게 시작된다. "사람들이 중앙아메리카, 아프리카, 남아메리카, 혹은 필리핀에 있는 기독교인들을 방문하면, 미국의 교회들과 선교단체들, 그리고 그들의 독특한 유형의 보수적 복음주의의 영향이 지대함을 쉽게 발견할 것이다. 이런 사실에도 불구하고, 세계의 여러 지역에서 신자들이 미국인도 아니요 자신들의 동족도 아닌 한 한국인 전도자에 대해 대단히 열광하고 있다. 그들은 신오순절주의 지도자인 조용기 목사에 대해 이야기한다."34) 하비 콕스도 그의 저서 『하늘에서 내린 불』Fire From Heaven 제11장에서 한국의 오순절 운동을 다루는데, 여의도순복음교회를 중심으로 설명하면서, 자신이 방문했던 그 교회의 예배가 "대단히 샤머니즘적이었다"고 기록했다.35) 뿐만 아니라 가장 권위 있는 오순절 운동 사전인 『오순절-은사주의 운동 사전』Dictionary of Pentecostal and Charismatic Movement에서 한국 사람으로는 유일하게 조용기 목사에 대한 항목이 들어 있다. 이 항목을 집필한 D. J. Wilson은 조용기 목사를 "세계에서 가장 큰 교회의 담임 목사이며 적극적 사고방식의 한국 예언자"라고 소개하였다.36)

이상에서 우리는 세계의 학자들이 한국 오순절 운동을 어떤 비중으로 다루고 있는지 확인할 수 있다. 우리의 상황에 대한 그들의 이해와 평가가 얼마나 정확하고 적합한 것인가의 문제도 중요하지만, 기본적으로 세계의 오순절 운동을 파악하고 평가하는 그들의 잣대에 한국이 중요한 위치를 차지하고 있다는 사실, 그래서 그들이 한국에 관심을 집중하고 한국에 대한 보다 정확하고 체계적인 정보를 수집하려 애쓰고 있다는 사실은 그동안 여의도순복음교회를 중심으로 한 한국의 오순절운동을 무당종교, 샤머니즘, 방언, 삼박자축복, 교회성장 등으로 폄하하며 그 영향을 부인하려 했던 우리들에게 신선한 자극과 충격을 준다. 오순절운동에 대한 우리의 시각을 교정해야 할 때인 것이다.

3. 세계 신학과 한국 신학을 연결 짓는 가교로서 오순절 신학의 가능성

미국의 저명한 종교사회작자인 로드니 스탁Rodney Stark은 그의 논문 "새로운 종교적 성공: 하나의 이론적 모델"How New Religions Succeed: A Theoretical Mode에서 미국에서 급성장하는 종교들의 성공 및 실패의 원인들을 분석하고, 그 공통된 요인을 8가지로 제시했다.37) 즉, 그가 제시한 성공요소들은 ①문화적 연속성, ②적절한 긴장, ③효과적 동원력, ④정상적인 연령 및 성별 구조, ⑤우호적 환경, ⑥강력한 내적 연결망, ⑦세속화, ⑧적절한 사회화이다. 문화적 연속성은 새로운 종교가 기존의 종교적 전통 및 문화와 일정 수준의 연속성을 유지해야 한다는 것이다. 이것이 부재할 경우, 지나친 이질감에 의해 사람들로부터 외면을 받게 된다. 동시에 기존의 종교들과 구별되는 자신들만의 독특성을 제시해야 한다. 그렇지 않으면 사람들이 이 종교에 관심을 기울일 이유가 없기 때문이다. 이것을 로드니 스탁은 "적절한 긴장"이라고 명명했다. 그리고 사람들을 얼마나 효과적으로 동원할 수 있는가, 그 단체의 구성원들의 연령과 성별이 얼마나 건강한 구조를 갖고 있느냐의 문제도 성장의 중요한 요인이다. "우호적 환경"은 기존의 종교들이 제대로 기능하지 못함으로써 새로운 종교가 출현할 여지를 마련해 주는 바로 그 적절한 때와 장소를 지칭한다. 아무리 신흥 종교가 참신한 내용과 구조를 갖추고 출현해도 기존의 종교들이 여전히 맹위를 떨치고 있다면, 신흥 종교의 성공은 불투명하며 생존마저 보장될 수 없기 때문이다. 새로 형성된 종교의 구성원을 강력히 결속하고 유지할 수 있는 "내적 연결망"이 필요하고, 이를 관리할 견고한 조직도 요청된다. 뿐만 아니라, 사람들이 계속해서 교회를 찾을 수 있도록 동기를 유발하는 외적 환경으로 로드니 스탁은 "사회의 세속화"를 지적했다. 세속화의 위협이 점증할 때, 사람들은 자신들의 영적·도덕적 순수성을 지키기 위해 종교로 관심을 돌린다는 것이다. 끝으로 이렇게 형성된 교회의 회원들이 낳은 2세들이 세상의 압력과 유혹을 극복하고 그 교회의 성숙한 회원으로 성장할 수 있도록 돕는 일체의 과정을 "사회화"라고 스탁은 정의했다. 이 사회화가 실패하면 2세들은 교회를 떠나게 되어, 그 교회의 장래가 대단히 불투명하게 된다.

 물론 이러한 로드니 스탁의 연구는 미국의 신흥종교 운동을 대상으로 한 것이었기 때문에 한국 오순절운동을 직접 다루지는 않았다. 그러나 이 이론을 한국 오순절운동의 대표적 기관인 여의도순복음교회(이하 순복음교회)에 적용할 경우, 거의 모든 요소들이 순복음교회에서 발견되고, 실제로 그 요인들이 여의도순복음교회 성장에 기여했음을 알 수 있다. 스탁의 이론을 순복음교회에 간략히 적용해 보면 다음과 같은 사실들이 드러난다.

먼저, 순복음교회는 문화적 연속성과 적절한 긴장의 요소를 잘 갖추고 있었다. 순복음교회의 출현 이전, 한국교회의 신앙에 깊이 영향을 끼친 무속적 요소와 부흥운동의 전통은 순복음교회의 예배와 메시지가 신자들에게 부담 없이 수용될 수 있도록 종교적 배경을 제공해 주었고, 동시에 그의 오중복음중생, 성령세례, 신유, 재림, 축복은 기존의 부흥회 전통과 적절한 긴장을 유지했다. 다시 말해서, 성령세례를 강조하되 이것을 방언과 연결시키고, 전천년설 재림을 선포하되, 실현된 종말론과 연결짓고, 영적인 축복을 설교하되 물질적 축복을 첨가하였으며, 전도를 강조하되 이것에 교회성장이론을 적용하고, 기도를 가르치되, 적극적 사고방식을 접목함으로써, 종전의 전통적 신앙에 변화와 긴장을 유도했던 것이다.38)

두 번째, 스탁이 제시한 효과적 동원력, 정상적인 연령 및 성별 구조, 강력한 내적 연결망의 요소도 순복음교회의 성장에 크게 기여했다. 순복음교회의 동원력과 내적 결속력은 그들의 거미줄 같이 세밀하고 동아줄 같이 튼튼한 조직구조에 기반을 두고 있다. 동시에 순복음교회 같은 초대형 교회가 결여할 수 있는 친교의 문제도 이 끈끈한 구역조직을 통해 해결해 왔다. 또한 순복음교회는 도시 빈민을 토대로 형성되었으나, "순복음실업인선교회"를 통해서 상류층 신자들을 위한 출구도 마련했고, 청소년들에 대한 집중 투자와 함께 최자실 목사를 비롯한 여성들의 활동 기회를 다양하게 제공함으로써 교회의 연령 및 성별의 균형을 이끌어 냈다. 뿐만 아니라, 교회의 행정을 위해 효과적 조직 체계를 수립하여, 거대한 교회를 대단히 능률적으로 운영하게 했다. 그래서 사회학자 최신덕은 "순복음교회의 조직은 거대하나 적절한 구조를 지니고 있다. 교회 조직표를 보면 그 효율성과 조용기 목사의 행정능력을 발견할 수 있다. 비록 그 조직이 총회에 집중되어 있는 듯하나, 그 실제적 기능은 철저하게 분산되어 작동하고 있다."39) 2000년도 순복음교회 통계에 의하면, 28,957명의 구역장,

7,903명의 지역장, 292명의 교구장, 171명의 목회자, 356명의 전도자, 그리고 1명의 담임목사가 있다.40)

세 번째, 우호적 환경과 세속화의 문제도 순복음교회 성장요인에서 간파할 수 없는 중요한 부분이다. 순복음교회가 문을 연 것은 1958년이다. 6·25전쟁이 끝난 직후다. 또 이 교회가 성장한 60년대 70년대는 한국의 도시화·산업화가 진행되던 시기요, 도시 빈민이 급증하던 시기이며, 산업화의 후유증이 폭발하던 시기였다. 순복음교회는 바로 그 시기, 그리고 바로 그 문제의 한복판에서 목회했고, 성장했다. 순복음교회 신자들의 절반 이상이 중산층 이하의 하층계급 출신이며, 상당수가 전라도에서 이주한 도시 빈민들이고, 그들 중 많은 사람들이 질병, 알콜, 가난, 그리고 미신에 젖어 있던 사람들이란 사실에서 이런 점들을 확인할 수 있다. 또한 당시 군부독재의 주도 하에 경제개발이 본격적으로 추진되면서, 빈곤퇴치를 목적으로 한 경제적 가치, 물질주의가 시대의 에토스로 자리를 잡던 시기였다. 따라서 이 시기에 이런 사람들에게 순복음교회의 오중복음이 친화성을 갖게 된 것은 지극히 당연하다고 할 수 있다. 뿐만 아니라 당시의 군부독재가 일체의 군중집회를 불허하던 시기에, 빌리 그래함Billy Granham의 전도집회를 연속적으로 허용하고, 그 집회 대부분이 순복음교회가 위치한 여의도 광장, 그리고 순복음교회 시설물들 안에서 이루어짐으로써, 순복음교회가 빈민을 위한 분파에서 중산층을 위한 주류교회로 상승할 수 있는 결정적 기회를 마련해 주었다.41)

이상에서 본인은 로드니 스탁의 이론을 여의도 순복음교회의 성장요인으로 적용해 보았다. 한국 신학과 세계 신학의 연결 가능성을 타진하는 본 논문에서 순복음교회의 성장을 분석하는 것이 일견 무관해 보이지만, 한편으로 이 분석 안에서 우리는 앞으로 순복음교회에서 발굴해 낼 무한한 신학적 재료를 발견할 수 있기에, 이 분석에 좀더 진지한 관심을 기울일 필요가 있다고 생각한다. 적어도 세 가지의 가능성을 지적할 수 있을 것이다. 첫째는 순복음교회가 한국 교회의 부흥 운동 전통을 계승하되, 그것과 일정 수준의 긴장을 유지했다는 사실에서, 그리고 그 교회의 목회와 신학이 진정한 의미에서 한국의 민중을 대상으로 형성되었다는 사실에서, 순복음교회를 토대로 한 한국의 오순절신학은 토착화신학과 민중신학에 버금하는 또 하나의 한국신학으로 발전할 충분한 근거와 가능성을 지닌다. 둘째, 순복음교회의 오중복음은 한국교회의 전통적 신앙내용과 기본적으로 일치하면서 동시에 미묘한 해석의 차이를 갖고 있다. 이것은 세계 주류 오순절신학과 동일한 오중복음적 구조를 갖고 있으면서도 그것과 분명한 차이를 보이는 한국형 오순절주의의 독특성을 지니고 있다. 이런 한국 오순절신학의 특징은 미국 중심의 현 오순절신학에 대한 해석학적 대안으로 세계 오순절신학의 폭과 깊이를 심화할 수 있는 잠재력을 지니고 있다. 끝으로, 순복음교회의 신학은 한국의 근대화, 즉 도시화 산업화 과정에서 빈민계층을 대상으로 형성되었고, 하나의 분파에서 주류교회로 성장하였다. 수많은 신학적·사회적 문제들을 경험했고, 무수한 시행착오를 겪으며 독자적 신학과 목회양식을 개발했으며, 나름의 충분한 노하우를 축적했다. 이러한 순복음교회의 경험은 현재 아프리카, 남아메리카, 그리고 동남아시아에서 진행 중인 제3세계 오순절교회들에게 귀중한 모델을 제공할 수 있다. 그들은 순복음교회가 지난 60년대, 70년대에 겪었던 과정을 거의 동일하게 반복하고 있다. 그러나 제3세계 오순절교회들에게 제1세계인 미국의 오순절교회가 대안이나 모델이 될 수는 없다. 오히려 얼마 전 제3세계의 옷을 벗은 한국 오순절교회들이 그들에게 보다 현실적인 대안이 될 수 있을 것이다. 여기서 한국 오순절신학이 세계 오순절신학에 기여할 수 있는 제3의 길이 있다고 믿는다.

IV. 결론

이제 본인은 한국 오순절주의가 한국 신학과 세계 신학을 연결 짓는 새로운 가교로서 가능하기 위해 필요한 몇 가지 사항을 제안함으로써 글을 맺고자 한다.

먼저, 한국 오순절신학이 훌륭한 신학으로 성장할 수 있다는 그 가능성을 모두가 인식하고 또 인정해야 한다. 위에서 필자는 한국 오순절운동이 한국 교회의 전통적 신앙과 세계 오순절운동의 전통에 충실하면서 동시에 독특성을 개발해 왔다고 말했다. 또한 세계 신학계가 한국 오순절운동에 대해 지대한 관심을 쏟고 있다는 점도 지적했다. 그러나 정작 심각한 문제는 오순절운동에 대한 한국교인들, 특별히 신학자들의 편견과, 오순절파 당사자들의 지적 열등감이다. 한국교인들이나 신학자들 일반이 한국종교의 근원이 무속이며, 한국 교회 또한 이 영향을 깊이 받았다고 인정한다. 그리고 이것이 오순절운동에서 보다 분명하게 가시화되었다고 생각한다. 그런데 한국 교회는 이 같은 오순절운동의 종교적 특성을 인간의 근원적 종교성으로 이해하지 못하고 단지 극복해야 할 미신의 잔재로 비판해 왔다. 세계 신학계의 동양 종교에 관심을 돌리면서 샤머니즘 연구에 열을 올리고, 한국 오순절교회의 그 같은 특징을 독특성과 심지어 장점으로 인식하는 시점에서, 오히려 그 현장에 살고 있는 한국 교인들은 이것을 이교도 조상들이 물려준 부끄러운 유산으로 폄하해 왔다. 더욱이 오순절주의자들은 자신들이 갖고 있는 이런 독특성과 그 안에 잠재한 가능성을 깊이 인식하고, 이것들을 더욱 발전시키기 위해 분투하기보다는, 주류 교회에 편입하기 위해 주류 신학을 모방하는 일에 몰두해 왔다. 현재 한국에 오순절의 역사나 신학을 본격적으로 전공한 학자가 소수라는 사실에, 심지어 한세대학교 신학과에 그런 학자가 거의 없다는 사실은 이러한 현실을 단적으로 증명해 주고 있다. 개인적으로 필자는 오순절운동을 샤머니즘으로 해석하는 시도에 반대하고, 오순절운동의 샤머니즘적 특성을 찬양할 의사도 전혀 없다. 그러나 한국 오순절운동이 한국 신앙의 근원에 가까이 닿고 있고, 세계 오순절운동의 전통을 계승하면서, 이 둘의 만남을 창조적으로 이끌어 왔다는 사실을 주목한다면, 이런 특성을 좀 더 진지하게 발전시키려는 노력이 한국 신학계에, 특별히 한국 오순절 신학계에 필요하다고 생각하는 것이다.

둘째, 한국 오순절신학이 세계적 신학으로 발전하기 위해서는 여전히 극복해야 할 많은 과제들이 있다. 사실 미국의 오순절교회는 다양한 신학적 전통과 사회적 특성에 의해서 여러 교단과 흑인 오순절 교단, 그리고 인종혼합적 특성과 교단들이 공존하고 있다. 또 교리적 특성에 따라 삼위일체를 신앙하는 그룹과 유니테리언적 그룹이 존재하고 있으며, 신학적 전통의 차이에 따라 웨슬레안 그룹과 개혁파 그룹으로 나뉘어져 있다. 또 방언에 대한 해석에 있어서 이것을 성령세례의 유일한 증거로 주장하는 전통적 그룹과 그것을 여러 증거들의 하나로 이해하는 은사주의 그룹으로 양분되어 있으며, 예배방식에 있어서 가스펠 중심의 열린 예배를 지향하는 그룹과 성만찬 중심의 전통적 예전을 중시하는 그룹이 상호 경제 속에 자신들의 전통을 발전시켜 나간다. 또 종말론과 사회개혁의 관계에 대해서도 전통적인 전천년설에 근거해서 사회적 책임을 회피하는 그룹과 후천년설에 근거해서 적극적 사회참여를 부르짖는 그룹들이 공존하고 있으며, 종교 간의 대화 문제에 대해서도 대화의 불가능을 외치는 근본주위적 그룹과 대화의 개방성을 옹호하는 진보적 그룹들이 논쟁을 통해 서로에게 도전과 자극이 되고 있다.

그런데 한국 오순절주의 안에는 이러한 다양성을 찾을 길이 없다. 그 많은 오순절교단들 중에서 한국은 오직 "하나님의 성회"가 독보적 지위를 차지하고 있다. "하나님의 교회"와 "복음교회" 같은 다른 오순절 교단들이 있긴 하지만 그 교세가 너무 미비하여 존재마저 거의 알려지지 않은 상태이다. 또 순복음교회가 풍부한 오순절적 영성을 생산하고 유통해 왔지만, 자신들의 신학을 정교하게 다듬고 정립하는 일에는 소홀해 왔으며, 그 신학화 작업 또한 조용기 목사 한 사람의 생각과 역량에 절대적으로 의존해 왔다. 군사독재와 반공이데올로기 속에서 다양한 신학적 가능성을 타진하지 못하고, 또 사회의 구조적 문제를 오순절신학의 독특한 시각과 다이내믹 속에 접근하지 못하고, 스스로 반공과 자본주의 체제에 자신을 밀착시키며, 순응적 태도를 견지해 왔다. 뿐만 아니라 교회의 세력이 거대해지고, 물질적·정치적 파워가 급성장하면서, 교회의 주된 관심이 종교적 영역에서 점차 세속적 영역으로 확대 혹은 전환되어 왔다. 순복음 신학교가 일반대학인 한세대학교로 전환되고, 자신들의 교단신문을 만들던 단계에서 일반 정규 신문인 〈국민 일보〉로, 또다시 선정성의 물의를 일으키는 〈스포츠 투데이〉로 확대하면서, 복음의 영향력을 사회로 확대하는 대신, 세속화의 물결에 교회의 영역이 침탈될 위험에 처하게 되었다. 따라서 한국 오순절주의가 이 같은 유혹과 시험을 극복하고, 21세기 세계 신학의 한 대안으로 부상하기 위해서는 정직하고 엄격한 자기 성찰이 끊임없이 요구되며, 그들을 향해 제기되는 비판 속에서 예언자의 정직한 충고를 감지하는 지성적 성숙함이 절실히 필요하다. 자신이 갖고 있는 무한한 가능성과 소중한 가치를 깊이 인식함과 동시에 자신이 당면하고 있는 수많은 난관들을 현명하게 극복하려는 영적 민감성과 거룩한 용기, 그리고 청년의 열정이 있어야 할 것이다. 한국 오순절주의를 향한 하비 콕스의 조언이 오늘따라 가슴에 깊이 와 닿는다.

만약 오순절주의가 한국 기독교의 내적 힘을 보존하면서, 사회복음이나 남미 해방신학의 한국적 모형을 발전시킨다면, 그 결과는 참으로 대단할 것이다. 이것이 가능한가 하는 문제는 많은 요인들에 달려 있다. 특히 그 중에서 제2세대 신학자들이 샤머니즘의 원초적 에너지와 오순절 복음전도의 열정, 그리고 민중 신학의 정의justice에 대한 갈망을 결합할 수 있느냐의 여부에 달려 있다.42)

* 이 글은 「종교연구」 제38집(2005,봄):179~203에 "한국신학과 세계신학의 한 가교로서 오순절신학"이란 제목으로 실렸던 것이다.

---

1) 미국 오순절주의의 역사적 기원은 오순절 학계의 주요 논쟁점 가운데 하나이다. 1901년 토페카에서 찰스 팔함의 지도 하에 그의 성경학교에서 방언이 터진 것을 오순절의 기원으로 주장하는 측과, 1906년 로스앤젤레스 아주사 스트릿에서 팔함의 제자인 윌리엄 시무어의 인도 하에 발생한 부흥운동을 그 기원으로 주장하는 측으로 나뉘어져 있다. 전자를 대표하는 사람은 팔함의 전기작가 제임스 고프 2세이며, 후자를 지지하는 사람은 저명한 오순절 운동 역사가 월터 홀렌베거이다. 이에 대한 상세한 내용은 다름의 저서들에서 찾아볼 수 있다. James R. Goff. Jr., *Fields White Unto Harvest* (Fayetteville: The University of Arkansas Press. 1988); Walter J. Hollenweger, *Pentecostalism* (Peabody, MA: Hendrickson Publishers. Inc., 1997).
2) 오순절주의의 출현에 대해 가장 민감한 반응을 보인 그룹은 소위 "성결운동"이었다. 이들은 오순절 운동을 "일시적 유행," "단순한 흥분," "지옥에서 날아온 이단," "사탄의 사악한 공작," "악마적 사기" 등으로 공격했다. 초기 오순절운동에 대한 성결운동 비판에 대해서는 Grant Wacker, "Travail of a Broken Family: Radical Evangelical Response to the Emergence of Pentecostalism in America, 1906-16," *Pentecostal Currents in American Pentecostalism*, Edith. L. Blumhofer, Russell P. Spittler, and Grant A. Wacker (Urbana and Chicago: University of Illinois Press, 1990): 23-49를 참조하시오.
3) 유니언신학교(뉴욕) 학장이었던 반 듀센은 기독교 세계에서 새로운 종교적 부흥을 일으키는 제3의 세력(the third force)의 하나로 오순절 운동을 꼽았다. Henry P. Van Dusen, "The Third Force in Christendom," *Life* (June 9, 1958).
4) 권위있는 오순절 운동 역사가인 빈슨 사이난은 "오순절 운동은 진정 로마 가톨릭, 정교회, 그리고 종교개혁의 개신교 전통들과 마찬가지로 주된 기독교 전통의 하나로

간주될 수 있다"고 주장한다. Vinson Synan, *The Holiness-Pentecostal Tradition* (Grand Rapids: Wm. B. Eerdmans Publishing Co., 1997). 이 책은 한국어로 번역 되었다. 빈슨 사이난, 『세계 오순절 성결 운동의 역사』, 이영훈, 박명수 역(서울: 서울말씀사, 2000).

5) 오순절 운동이 역사에 대해서는 Vinson Synan, *The Holiness-Pentecostal Tradition*을 참조하시오.

6) David E. Harrell, Jr., *All Things Possible: The Healing and Charismatic Revivals in Modern America* (Bloomington: Indiana University Press, 1975)을 참조.

7) 가톨릭의 성령쇄신 운동, 신오순절 운동/은사주의 운동에 대해서는 Vinson Synan, *The Holiness-Pentecostal Tradition*, 220-78을 참고.

8) Ibid., ix.

9) Harvey Cox, *Fire From Heaven* (New York: Addison-Wesley Publishing Company, 1995), ⅹⅴ-ⅹⅶ.

10) Ibid., 319.

11) Waldvogel E. L., "The 'Overcoming Life': A Study in the Reformed Evangelical Origins of Pentecostalism" (Ph. D. Diss. Harvard University, 1977).

12) Donald W. Dayton, *The Theological Roots of Pentecostalism* (Peabody, MA.: Hendrickson Publishers, 1987). 이 책은 한국어로 번역되었다. 도날드 W. 데이튼, 『오순절운동의 신학적 뿌리』, 조종남 옮김(서울: 대한기독교서회, 1993).

13) Steven J. Land, *Pentecostal Spirituality: A Passion for the Kingdom* (Sheffield: Sheffield Academic Press, 1993, 1994, 1997), 29-30.

14) Simon Chan, *Pentecostal Theology and the Christian Spiritual Tradition* (Sheffield Academic Press, 2000)과 *Spiritual Theology: A Systematic Study of the Christian Life* (Downers Grove, Ⅲ.: InterVarisity Press, 1998). 이 두 번째 책은 한국어로 번역되었다. 사이몬 챈, 『영성신학』, 김병오 옮김(서울: IVP, 2002).

15) Douglas J. Nelson, "For Such a Time as This: The Story of Bishop William J. Seymour and the Azusa Street Revival" (Ph, D. Diss. University of Birmingham, 1981).

16) 맥펄슨 여사는 공황에 직면한 도시 빈민들의 구제 사업을 시작하면서, 그 봉사대원들 앞에서 이렇게 말했다. "우리는 형제들의 짐을 가볍게 하고, 자매들의 눈물을 닦아주어야 합니다. 인종, 교리, 그리고 사회적 신분의 차이는 전혀 문제가 되지 않습니다. 우리 모두는 주님 앞에서 하나입니다." Edith L. Blumhofer, *Aimee Semple McPherson* (Grand Rapids, MI.: William B. Eerdmans Publishing Company, 1993), 345에서 재인용.

17) 로버츠는 기회가 있을 때마다 인종차별의 철폐를 부르짖었다. "저는 땅 끝까지 달려 갈 것입니다. 저는 새로운 일을 하나 시작했습니다. 하나님께서 제게 그 일을 하

라고 말씀하셨습니다. 저는 모든 일꾼들을 불러모아 함께 일할 것입니다. 우리는 인종의 경계를 허물 것입니다." Oral Roberts, *Oral Roberts' Best Sermons and Stories* (Tulsa: Oral Roberts, 1956), 50.

18) 오즈만의 사역에 대해서는 Agnes O. LaBerge, *What God Hath Wrought* (n. d.)를 참조.

19) 오순절 역사가인 David W. Faupel은 그녀가 "복음주의적 메시지를 확신시킨 측면에서 기념비적 인물이었다"고 평했고, 우드워스-이터의 전기작가인 Warner는 "그녀는 오순절주의를 받아들인 가장 유명한 성결운동 설교가가 되었다"고 기록했다. W. E. Warner, "Woodworth-Etter, Maria Beulah(1844-1924)," *Dictionary of Pentecostal and Charismatic Movements*, 901. Cf) W. E. Warner, *The Woman Evangelist: The Life and Times of Charismatic Evangelist Maria B. Woodworth-Etter* (Metuchen, NJ.: Scarecrow Press, 1986).

20) 맥펄슨 여사에 대한 최고의 전기는 Edith. L. Blumhofer. *Aimee Semple McPherson: Everybody's Sister*이다.

21) D. J. Wilson은 쿨만 여사가 "1960년대와 1970년대 동안 미국에서 가장 유명한 전도자들 가운데 한 명이 되었다"고 평했다. 쿨만의 생애와 사역에 대해서는 Allen Spaggett, *Kathryn Kuhlman: The Woman who Believes in Miracles* (NY: World Publishing Co., 1970)를 보시오.

22) Robert M. Anderson, *Vision of the Disinherited: The Making of American Pentecostalism* (Peabody, MA.: Hendrickson, 1988), 195-240을 참조하시오. 앤더슨은 "소외된 자들 안에 전해져 내려오던 급진적인 사회적 충동이 사회적 소극성, 탈흔적 도피, 그리고 가장 보수적인 순응으로 변형되고 말았다"고 개탄했다(p. 240).

23) Charles Fox Parham, *The Everlasting Gospel* (n. p., n. d., orig. 1991), 30.

24) "시의 자매들"로 대표되는 맥펄슨의 사회사업에 대해서는 Gregg D. Townsend, "The Material Dream of Aimee Semple McPherson: A Lesson in Pentecostal Spirituality," *Pneuma*, 14. 2 (Fall 1992)를 참조하시오.

25) 팻 로벗슨의 생애와 사역, 그리고 사상에 대해서 David Harrell, Jr. *Pat Robertson* (San Francisco Harper & Row, 1987)을 참조하시오. "기독교 연합"에 대해서는 Justin Watson, *Christian Coalition* (New York: St. Martin's Griffin, 1997, 1999)을 참조하시오.

26) 얼 퍽에 대한 전기로는 Tricia Weeks, *The Provoker* (Atlanta, GA.: K Dimension Publishers, 1986)가 있다.

27) 유동식, 『한국 신학의 광맥』(서울: 다산글방, 2000).

28) 이 논문은 단행본으로 출판되었다. Boo-Wohg Yoo, *Korean Pentecostalism : Its History and Theology* (New York: Verlag Peter Lang, 1987). Walter Hollenweger는 유부웅의 논문에 의존하여 자신의 저서 *Pentecostalism*에서 한국 오순절 운동에 대해 소개하고 있다. 이것은 유부웅 논문의 요약이다. Hollenweger, *Pentecostalim*, 99-105.

29) Jae Bum Lee, "Pentecostal Type Distinctives and Korean Protestant Church Growth." (Ph. D. Diss. Fuller Theological Seminary, 1986).
30) 빈슨 사이난이 인용한 통계자료에 의하면, 여의도 순복음 교회의 교인 수는 700,000명으로 세계에서 가장 큰 교회이고, 그 다음이 칠레의 산티아고에 위치한 Jotabeche Methodist Pentacostal Church로서 성도수가 350,000명이다. Vinson Synan, 287.
31) 조용기 목사의 저서 중 영문으로 출판된 것은 *The Four Dimension* I. II.를 비롯하여 20여권에 이른다.
32) Walter J. Holleweger, 105.
33) Vinson Synan, 139-41.
34) Steve Brouwer, Paul Gifford, amnd Susan D. Rose, *Exporting the American Gospel: Global Christian Fundamentalism* (New York and London: Routlege, 1996), 105.
35) Harvey Cox, 213-41.
36) D. J. Wilson, "Cho, Paul Yonggi, 1936- ," *Dictionary of Pentecostal and Charismatic Movement*, 161. 하지만 이 사전의 2002년 개정판에는 조용기 목사와 함께 대한예수교 복음교회 설립자인 김신옥 목사도 포함되었다. Y. S. Eim, "Ahn, Seen Ok(Kim), 19240," *The New International Dictionary of Pentecostal and Charismatic Movements*, ed., Stanley M. Burgess (Grand Rapids, MI.: Zondervan, 2002), 309-10.
37) Rodney Stark, "How New Religion Succeed: A Theological Model," The Future of New Religions Movements, Ed. David Bromley and Philip Hammond (Macon, GA: Mercer University Press, 1987).
38) 여의도 순복음 교회의 초기 역사에 대해서는 최자실, 『나는 할렐루야 아줌마였다!』 (서울: 서울서적, 1991)와 신학과 역사에 대해서는 국제신학연구소, 『여의도 순복음 교회의 신앙과 신학』 I, II. (서울: 서울말씀사, 1993)를 참조하시오.
39) Syn Duk Choi, "Comparative Study of The New Religion Movement in the Republic of Korea: the Unification Church and the Full Gospel Central Church," Ed. James Beckford, *New Religious Movement and Rapid Social Change* (Beverly Hills, CA.: Sage Publications, 1986), 123.
40) 여의도 순복음 교회의 조직, 구역 등에 대한 연구서로는 Jae Bum Lee, "Pentecostal Type Districtive amd Korean Protestant Church Growth,"; John N. Vaughan, *The World 20 Largest Churches: Church Growth Principles in Action* (Grand Rapids, MI.: Baker Book House, 1984); Byong Suh Kim, "The Explosive Growth of the Korean Church Today: A Sociological Analysis," *International Review of Mission* 74(January 1985)가 있다.
41) 여의도 순복음 교회의 성장과 사회적 배경 간의 관계에 대해서는 김병서의 위 논문과 최신덕의 논문을 참조하시오.
42) Harvey Cox, *Fire from Heaven*, 240.

8장

역사의 혼돈 속에 성령의 동력으로*
여의도순복음교회 역사

I. 서론

복음주의evangelicalism는 한국교회를 설명하는 매우 중요한 개념이다. 물론 한국교회 내에는 핵심교리, 사회참여, 그리고 신앙양태 등에 따라 다양한 교회들혹은 교인들이 존재한다. 따라서 복음주의와 상관 없는 그룹의 규모도 상당하다. 그럼에도, 한국교회 대다수는 복음주의를 자신들의 신학적 정체성으로 천명하고 있다. 이처럼 복음주의가 한국교회를 설명하는 대표적 개념이라면, 한국교회에 대한 올바른 이해를 위해, 복음주의에 대한 선 이해가 절대적으로 필요하다.

그렇다면 복음주의는 무엇인가? 사실, 이 질문 자체가 난해한 수수께끼다. 왜냐하면, 복음주의에 대한 합의된 보편적 정의가 존재하지 않기 때문이다. 복음주의에 대한 이해가 너무 다양하고 복잡하여, 모든 사람을 만족시킬 만한 정의를 내리는 것이 현실적으로 불가능하다. 복음주의 연구가인 조지 마즈던George Marsden에 따르면, 1950년대와 60년대에는 "빌리 그래함을 좋아하는 사람들"을 복음주의자로 분류할 수 있었으나, 현재에는 그렇게 할 수 없을 만큼 복음주의가 매우 복잡하게 변화/분화되었다고 한다.1) 복음주의 신학자인 도널드 데이튼Donald W. Dayton은 복음주의에 대한 정의가 너무 다양하므로, 복음주의란 개념 자체에 대해 사용중지를 요구했다.2) 이처럼 복음주의를 이해하는 것 자체가 힘들게 되었다. 이런 상황에서, 영국 교회사가 데이비드 베빙턴David Bebbington이 제시한 복음주의의 4가지 특징회심주의, 행동주의, 성경주의, 십자가중심주의을 많은 학자들이 부분적으로 동의하며 인용하고 있다.3) 본 연구자도 작업의 편의를 위해, 베빙턴의 입장을 수용하고, '회심, 전도, 성경, 십자가'를 중시하는 개신교 운동을 복음주의로 간략히 규정하고자 한다.

이런 관점에서 해방 이후 한국교회를 회고할 때, 복음주의와 한국교회, 특히 복음주의와 한국교회의 급성장 간에는 대단히 긴밀한 관계가 있었음을 쉽게 확인할 수 있다. 예를 들어, 한국교회의 부흥을 주도했던 것은 전국교회와 기도원을 중심으로 전개된 부흥운동이었다. 대부분의 교회는 매년 부흥회와 수련회를 개최했고, 전국의 기도원은 성령운동의 진원지가 되었으며, 부흥강사들이 전국의 강단을 누볐다. 이런 뜨거운 부흥운동을 통해 선포된 강력한 메시는 회개와 성령충만이었고, 이를 통해 수 많은 사람들이 극적인 회심을 경험했다. 또한 이런 강력한 성령운동은 동시에 열정적인 복음전파로 이어졌다. 유명 목회자들을 중심으로 전개된 초대형 전도집회뿐만 아니라, 모든 교회는 복음전파를 주님의 지상명령으로 이해하고, "때를 얻든지 못 얻든지" 전도에 매진했다. 그 결과, 노방전도, 총동원주일, 전도폭발은 한국교회의 상징이 되었다. 뿐만 아니라, 전통적으로 한국교회는 성경에 대한 절대적 신뢰를 보여왔다. 성경공부, 성경암송, 성경통독, 성경퀴즈는 교파를 초월하여 한국교회의 보편적 문화현상으로 정착했다. 끝으로, 십자가는 한국교회를 대표하는 상징이요 메시지다. 우리가 즐겨 부르는 찬송가 중 상당수가 보혈과 십자가에 대한 것이며, 한국의 밤하늘을 뒤덮는 것도 붉은 십자가며, 우리의 삶으로 실천해야 할 궁극적 가치도 십자가다. 이런 면에서, 최소한 해방 이후 한국교회가 "복음주의"를 추구하고 실천해 왔으며, 복음주의가 한국교회의 성장에 결정적으로 기여했음을 부인할 수 없다.

복음주의에 대한 이런 이해, 또 복음주의와 한국교회 간의 역사적 관계를 토대로, 본 논문은 한국 복음주의 교회의 역사를 '성장사적 관점'에서 간략히 정리해 보고자 한다. 하지만 지면의 한계상, 한국의 모든 복음주의 교회들을 다루는 것은 불가능하다. 따라서 여의도순복음교회를 대표적인 모델로 선정하여, 한국 복음주의 교회의 성장과정을 단적으로 파악해 보고자 한다. 그렇다면 한국교회의 많은 복음주의 교회들 중, 여의도순복음교회를 선택한 이유는 무엇인가? 두 가지 이유가 있다. 첫째, 여의도순복음교회는 한국의 대표적 교회이기 때문이다. 1958년 서울 변두리의 한 빈촌에서 5명의 성도로 출발한 여의도순복음교회는 2010년 현재 등록교인 75만 명에 이르는 세계 최대교회가 되었다. 천재적 목회자인 조용기 목사의 카리스마적 지도력 하에, 방언, 신유, 전도로 대표되는 오순절적 메시지와 목회방식이 한국교회와 전세계로 확장되어, 20세기 교회의 영적 형성spiritual formation 및 목회 패러다임에 혁명적 변화를 가져왔다. 그런 면에서 여의도순복음교회는 한국의 대표적 교회임에 틀림없다. 둘째, 여의도순복음교회는 한국의 대표적인 복음주의교회다. 무엇보다 여의도순복음교회는 복음주의교단들의 초교파적 연합체인 한국기독교총연맹의 회원이다. 또한, 이 교회는 자신이 주장하는 순복음신앙을 "전인적인 구원을 강조하는 신앙이요, 순수한 복음주의 신앙을 의미한다"고 공적으로 천명했다.4) 뿐만 아니라, 이 교회의 예배와 사역은 베빙턴이 제시한 회심, 전도, 성경, 십자가에 집중되어 왔다. 이런 면에서, 여의도순복음교회는 분명히 복음주의 교회다.

사실, 여의도순복음교회의 성장에 대한 연구가 다양한 영역과 관점에서 진행되어 왔다.5) 연구자의 관점에 따라, 긍정적 평가와 부정적 평가가 다양한 논증과 해석을 통해 제시되었다. 또한 『여의도순복음교회 50년사』가 발간되어, 이 교회 성장의 역사가 일목요연하게 정리되었다.6) 하지만 이 논문에서는 여의도교회를 한국 복음주의 교회 성장의 한 모델로 설정하고, 이 교회의 복잡하면서 역동적인 성장의 역사를 객관적 관점에서 간략히 소개하며, 그 특징을 지적하고자 한다. 이를 통해, 한국 복음주의 교회 성장의 단면을 제시하고자 한다.

II. 본론

1. 교회성장

『여의도순복음교회 50년사』는 여의도순복음교회의 탄생을 다음과 같이 기록하고 있다. "1958년 5월 18일 저녁 8시가 넘은 시각이었다. 서울시 서대문구현 은평구 대조동 산기슭 최자실 전도사의 집 거실에서 조용기 전도사가 최자실 전도사와 그 3자녀 성혜, 성수, 성광을 좌우에 앉히고 예배를 드리기 시작했다."7) 이렇게 시작한 '순복음교회'는 빠르게 성장하여 어느새 성도가 50여명에 이르렀다. 더 이상 최자실 전도사 집만으로 감당할 수 없어, 1959년 4월, 최자실 전도사 집 앞마당에 천막을 치고 예배를 드렸다. 얼마 후, 최자실 전도사가 기증 받은 100여 평의 땅에 "조용기 전도사가 후배 유임영과 목수 한 사람을 데려와 부엌이 딸린 방 3칸짜리 집을 손수 지었다…이 집이 바로 하나님의 역사하심에 따라 대조동 달동네 공동묘지 옆 깨밭 위에 세워진 개척교회의 첫 모습이었다."8) 교회는 계속 성장했고, 1961년 말 출석성도가 800명에 달했다.9)

조용기 목사와 최자실 전도사는 오랜 고민 끝에 교회를 대조동에서 서대문으로 이전했다. 1961년 10월 15일, 서대문로타리에 천막을 치고 개척예배를 드렸다. 4개월 후, 서대문구 충정로1가 90-12번지에 새 건물이 완공되어 '순복음중앙부흥회관'으로 명명하고, 1962년 2월 18일에 헌당예배를 드렸다. 1500석 규모의 이 건물은 당시 국내에서 가장 큰 예배당이었다. 순복음중앙부흥회관은 1962년 5월 13일에 교회 명칭을 '순복음중앙교회'로 변경했다. 여의도로 이전한 1972년 전까지, 이 교회의 성도는 다음과 같이 경이적 속도로 증가했다.

연도	1962	1963	1964	1965	1966	1967	1968	1969	1970	1971
성도	1,218	1,785	3,857	4,924	5,814	7,750	7,982	8,082	8,252	9,816

이렇게 급증하는 성도를 감당할 수 없어, 순복음중앙교회는 지속적으로 증축공사를 진행해야 했다. 즉, 1964년에 3층 증축공사를 진행했고, 1966년에는 본관 4층 증축공사를, 1967년에는 5층 증축공사를 연이어 추진할 수 밖에 없었다. 1968년에 이르러 성도가 8,000명에 이르자 예배를 3부로 늘렸으나, 기존 성전으로는 더 이상 예배를 드릴 수 없을 지경이 되었다. 결국, 조용기 목사는 교회 이전을 심각하게 고민하기 시작했고, 마침내 1969년 4월 6일, 영등포구 여의도동 11번지에 확보한 5,000평의 터 위에 여의도 새 성전 착공예배를 드렸다. 수 많은 난관 속에, 1973년 8월 15일, 10,000명이 함께 앉아 예배드릴 수 있는 여의도성전이 완공되었다. 이 때, 서대문에서 여의도로 옮겨온 성도는 모두 8,000여 명이었으며,[10] 이후, 여의도교회는 말 그대로 경이적인 부흥을 이루기 시작했다. 여의도로 이전하기 직전인 1972년에 이미 성도수가 1만 명을 넘었으며, 1979년에는 10만 명, 1981년에는 20만 명, 1984년에는 40만 명을 돌파했다. 이런 기적 같은 성장을 경험하던 1984년 1월 1일, 순복음중앙교회는 '여의도순복음

교회'로 교회명칭을 다시 한번 바꾸었다. 이 시기의 성도 수 증가추세는 아래의 도표와 같다.

연도	1972	1973	1979	1981	1987	1988	1989	1991	1996	2007
성도	10,970	12,556	100,930	200,144	346,369	454,383	535,921	645,296	706,770	765,301

이렇게 성도가 급증하면서, 여의도순복음교회의 건물들도 지속적으로 증가했다. 1974년에 오산리기도원 성전을 준공했고, 1977년에는 연건평 2,448평, 지상 10층 규모의 세계선교센터(현 제1교육관)와 교회창립 20주년 기념관을 헌당했다. 1981년에는 1,250평의 대지 위에 지상 13층, 지하 3층 규모로 세계선교센터(현 제2교육관)가 건립되었다. 1982년부터는 지하성전 증축공사가 시작되어, 같은 해 12월 대성전 지하 증축 1차 공사 준공예배, 1983년에 대성전 지하 증축 2차 공사 헌당예배, 1984년에는 십자가탑 준공예배를 각각 드렸고, 1985년에 대성전 증축공사가 최종 마무리되었다. 이로써 여의도순복음교회는 성도의 수뿐만 아니라 교회건물의 규모 면에서도 세계적인 초대형 교회가 되었다.11)

2. 조직 및 기구의 발전

여의도순복음교회에서 제일 먼저 조직된 기관은 주일학교다. 『여의도순복음교회 50년사』는 여의도순복음교회 주일학교 탄생과정을 다음과 같이 기록한다. "천막교회가 세워지기 전에 최자실 전도사는 어른들이 모두 일을 나간 후 아무도 돌보지 않는 아이들을 모아서 씻기고 품에 안아주면서 성경을 가르쳤다. 이것이 여의도순복음교회 주일학교의 시작이다. 대다수 교회들이 설립 후 또는 설립과 동시에 주일학교를 개설하는 것과는 큰 차이가 있다."12) 한편, 서대문로타리로 이전하여 '순복음중앙부흥회관' 시대를 시작한 후, 성도들이 급증하면서 정식교회의 필요성이 제기되었다. 1961년에 최초의 집사 5인을 임명하였고, 1964년에 최초의 장로 8인이 임명되었다. 1966년에는 조용기 목사의 위임식과 함께 2년 전 임명된 장로들의 장립식이 거행되어, 비로소 여의도순복음교회 최초의 당회가 구성되었다. 1975년에는 장로들의 친목을 목적으로 장로친목회가 결성되었으며, 이 단체는 1988년 장로회로 개편되었고, 2004년에 원로장로회가 창립되었다.13)

당회가 구성되기 전에 남선교회와 여선교회가 먼저 조직되었다. 먼저, 여선교회는 대조동 천막교회 시절, "조용기 최자실 전도사로부터 전도를 받은 5~6명이 여전도회를 구성하면서 시작되었다."14) 서대문으로 이전한 후, 1962년에 12명의 서리집사를 중심으로 본격적인 활동을 시작했다. 1969년에 '여전도회'에서 '부인선교회'로 개칭했고, 1975년에 '여선교회'로 다시 한번 이름을 바꾸었다. 한편, 남선교회는 1963년, '남친목회' 란 이름으로 처음 조직되었으며, 1968년에 '순복음중앙교회 남선교회'로 개칭했다. 1961년에는 '순복음중앙회관 유년주일학교'가 발족했고, 1963년에는 'CA Christ's Ambassador 중·고등부'가, 1964년에는 '청년선교회' 가 연속적으로 발족했다.15) 남·녀선교회의 발전에 힘입어 교회는 성장을 거듭했고, 1964년에 이르러 성도 수가 3,000명을 넘어섰다. 이런 상황에서, 조용기 목사는 구역조직의 필요성을 절감하기 시작했다. 1964년, 최자실 전도사의 책임 하에, 여선교회를 중심으로 20개 교구로 구성된 구역조직이 탄생했다. 이에 자극을 받아, 1968년에 남성구역이 모임을 시작했고, 곧 2개 구역으로 분할/성장했다. 1977년에는 아동구역이 조직되었으며, 1979년에 청년선교회가 구역조직으로 개편되었다.16)

교회의 급성장으로 인해, 교회는 성도들을 보다 효율적으로 관리하기 위해, 1971년부터 '교구제'를 도입했다. 교구제는 지역을 일정하게 분할

하고, 각 지역 담당교역자가 지역교회를 관할하는 목회제도였다. 1975년부터는 서울시를 행정구역 단위로 구분하여 '대교구제'를 실시했다. 이에 따라 5대교구가 설정되었고, 이것은 1981년에 12대교구로 확장되었다. 성도가 40만 명에 육박했던 1984년, 16대교구로 다시 분할했으며, 1991년에는 20개 대교구로 분할/확장되었다. 이처럼 교구제 도입과 대교구제로의 전환, 그리고 대교구수의 지속적 성장은 당시 여의도순복음교회의 성장을 단적으로 반영하는 것이었다. 보다 구체적으로, 1978년, 당시 순복음중앙교회는 5,000구역을 돌파했는데, 여성 4,206구역, 남성 372구역, 청년 29구역, 아동 372구역이었으며, 2년 후인 1980년, 각 대교구 및 교사교구 산하 구역수가 10,000 구역을 돌파했다. 2009년 현재, 75만 5천명의 신자들, 28,957명의 구역장, 7903명의 지역장, 293명의 교구장, 171명의 목사, 356명의 전도사를 보유하고 있다.17)

　　남녀선교회 및 구역조직의 발전과 함께, 여의도순복음교회의 다양한 기관 및 조직들이 지속적으로 구성되었다. 가장 먼저 주목할 것은 1967년에 〈신앙계〉현,〈플러스인생〉가 창간되어, 본격적인 문서선교가 시작된 것이다. 1976년에는 영산출판사현, 서울말씀사가 설립되었으며, 1978년에는 〈순복음뉴스〉현, 〈순복음가족신문〉가, 1988년에는 국내최초의 기독교 일간지 〈국민일보〉가 창간되었다. 둘째, 신학교육을 위한 다양한 기관들도 설립되었다. 1978년에 오순절신학의 정립 및 확산을 목적으로 '순복음교육연구소'가 설립되었는데, 이 기관은 1990년에 '영산연구원'으로 개편되었으며, 1993년 다시 '국제신학연구원' International Theological Institute으로 확대 · 개편되었다. 한편, 교단분열의 결과, 1986년 '순복음신학연구원현, 순복음영산신학원'이 설립되었고, '순복음선교연구원' 1980과 '영산음악연구원' 1991이 설립되어, 순복음교회 학문적 발전을 주도했다. 셋째, 선교를 목적으로 한 다양한 단체들도 연속적으로 조직되었다. 1976년에 '순복음실업인선교회'가 설립되어, 이후 순복음교회 선교의 중추적 역할을 담당하게 되었다. 이후 '의료선교회', '재단법인 순복음선교회'. 전국청년선교연합회', '장애자선교연합회', '프리즘선교회', 'DCEM' David Cho Evangelistic Mission이 각각 창립되어, 순복음교회 '선교르네상스'를 이루었다. 그 외에도 '순복음오산리기도원현, 오산리최자실기념금식기도원', '국제교회성장연구원' Church Growth International, '굿피플', '엘림복지타운'이 설립된 것도 여의도순복음교회 역사의 기념비적 사건들이다.

3. 국내선교

여의도순복음교회의 국내선교는 지교회 개척을 통해 구체적·조직적으로 전개되었다. 1980년대에 여의도순복음교회는 매년 성도가 10만 명씩 증가하면서 경이적인 성장을 이루었다. 서울 전역과 경기도 일대에서 신자들이 몰려왔다. 하지만 먼 거리에서 교회에 출석하는 교인들의 불편함이 대단했다. 이런 상황에서 "여의도교회는 1980년대 초반부터 수도권지역에 지성전을 건립하고, 성도들이 근거리에서 예배드릴 수 있는 여건을 마련했다."18) 1983년에 최초의 지성전들이 인천, 부천, 성남에 세워졌고, 현재까지 총 25개의 지성전이 설립되었다. 이렇게 세워진 지성전의 목록은 다음과 같다.

순서	창립일	교회명	지역	순서	창립일	교회명	지역
1	1983.11.8.	인천교회	인천시	14	1991.2.6.	도봉성전	서울 도봉구 창동
2	1983.11.	부천교회	경기 부천시	15	1992.1.10.	강북성전	서울 동대문구 청량리동
3	1983.11.	성남교회	경기 성남시	16	1992.11.20.	분당성전	경기 성남시 분당구 정자동
4	1985.5.30	의정부교회	경기 의정부시	17	1993.2.10.	성북성전	서울 성북구 하월곡동
5	1985.7.15.	제2교회	서울 강남구 역삼동	18	1996.3.9.	안산성전	경기 안산시 선부동

6	1986.5.15	강동교회	서울 강동구 명일2동	19	1996.6.6.	성동성전	서울 성동구 용납동
7	1987.	원당교회	경기 원당시	20	1997.12.5	중동성전	경기 부천시 원미구 중동
8	1988.4.8	부평교회	인천 부평	21	1998.7.2.	시흥성전	경기 시흥시 정왕동
9	1988.6.23	노원교회	서울 노원구	22	1998.8.24.	영산성전	경기 고양시 일산 동구
10	1988.9.	엘림교회	경기 군포시 산본2동	23	1999.9.1.	한세성전	경기 군포시 당정동
11	1989.1.3.	구리교회	경기 구리시	24	2000.3.24.	남양주구리	경기 남양주시 금곡동
12	1989.6.29	송파성전	서울 송파구 방이동	25	2003.7.27.	광명성전	경기 광명시
13	1989.10.5.	김포성전	경기 김포시 걸포동				

　　1992년부터는 직할성전들도 세워지기 시작했다. 이 성전들은 본래 기도처로 시작했다가 성장하여 직할성전으로 승격된 것이다. 후에 직할성전들 중 광명성전 같은 경우, 더욱 성장하여 지성전으로 신분이 상승되기도 했다. 최초의 직할성전은 1992년에 서울 영등포구 여의도동에 설립된 '여의도성전' 이다. 이후에 용산성전, 남대문성전, 동대문성전 등 총 11개의 직할성전이 연속적으로 설립되었다.19) 세월이 흐르면서 대부분의 지성전들은 대형 교회로 급성장했다. 이런 상황에서 "지역사회 복음화의 효율적 방편으로" 1990년부터 인천과 부천성전을 필두로, 초창기의 지성전들을 차례로 독립시켰다. 독립된 교회들은 자율적이고 창조적인 목회를 통해, 현재 각 지역을 대표하는 모범적 교회로 성장하였다.20) 한편, 1993년을 전후로 여의도순복음교회 대교구장 출신 목회자들이 개척을 시작하자, 여의도순복음교회는 개척자금을 지원하고, 개척지원부를 설치해서 이 교회들의 성장을 다양한 방법으로 후원했다. 뿐만 아니라, 2009년에 는 조용기 목사의 은퇴와 함께, 여의도순복음교회가 기존의 지성전들을 "제자교회"로 독립시키는 혁신적 조치를 단행했다.21)

　　둘째, 여의도순복음교회는 국내선교를 목적으로 다양한 선교회/선교단체를 조직했다. 위에서 언급했듯이, 여의도순복음교회는 교회조직자체를 선교지향적으로 구성했다. 남녀선교회와 청년선교회가 대표적인 예다. 뿐만 아니라, 국내선교를 위한 특별한 목적의 선교회들이 지속적으로 구성되어 활동하고 있다. 예를 들어, 1966년 순복음문서전도회가 창립되어 1967년부터 〈신앙계〉를 발간하기 시작했으며, 1976년에는 순복음실업인선교연합회가 구성되어 국내뿐만 아니라 국외선교의 중추적 기능을 감당하게 되었다. 또한 1980년에 군선교회가 조직되어 군대에 교회건립을 중심으로 다양한 형태의 선교활동을 추진했다. 이런 맥락에서, 순복음실업인선교연합회의 활동을 특별히 주목할 필요가 있다. 이 선교회는 "복음을 세계만방에 전파함과 동시에 이웃과 사회를 맑고 환하게 가꾸는 사업에 앞장서고, 조용기 목사의 선교사역을 적극 후원하기 위해 설립되었다." 실업인과 전문직 종사자들로 구성되어, 법률, 건축, 세무, 기업진단, 직업상담실 등을 운영하여, "회원상호 간에 지식과 아이디어를 공유하고 성도들에게 믿음의 기업을 알선했으며, 어려운 법률과 세무상담을 통해 생활에 직접적 도움을 주었다." 실업인 평신도 선교사 양성을 목적으로 실업인선교연수원을 개설하고, 회지 〈실업인선교〉를 발간했다. 뿐만 아니라, 조용기 목사의 선교활동을 지원하기 위해 산하에 지역별, 직능별 34개 지선교회국내17, 해외15, 후원선교회2와 26개 지회국내18, 지방6, 해외2를 두었으며,[22] 국내성회, 해외성회, 월례기도회, 주일축복기도회, 실업인의 날, 신년축복대성회, 실업인수련회 등의 행사를 주관했다.

셋째, 여의도순복음교회가 설립한 오산리기도원은 한국교회의 성령운동을 심화/확산시키는 성령운동의 현장이었을 뿐만 아니라, 중요한 국내선교의 매체가 되었다. 오산리기도원은 1973년에 경기도 파주군 오산리 산 77-1번지에 설립되었으며,[23] 이 자리는 본래 여의도순복음교회 묘지로 구입한 땅이었다. 신자들의 수가 급증하면서 소천하는 성도들의 수도 증가하자 공원묘지의 필요성이 심각히 제기되었다. 결국, 1968년에 오산리의 대지를 구입하여 공원묘지를 조성했다. 그런데, 여의도순복음교회가 성전건축문제로 어려움에 처하자, 최자실 목사는 오산리 교회묘지에서 철야기도를 드리기 시작했다. 기도 중에 최 목사는 금식기도원의 필요성을 깨닫고, 기도원설립을 추진했다. 교회의 냉담한 반응에도, 최 목사가 계속 기도운동을 끌고 나가자, 점점 많은 성도들이 모여들고, 수 많은 기적들이 일어났다. 그 결과, 1973년에 순복음오산리기도원이 설립된 것이다. 1979년 이후 선교센타, 대성전, 실로암성전, 종합운동장, 영산수련원 등이 차례로 준공되면서 대규모 시설을 갖추게 되었고, 설립취지에 맞게, 전국오순절청년금식기도회 등 다양한 목적의 금식기도회가 연속적으로 개최되어, 금식기도운동과 성령운동의 산실이 되었다. 1990년대에 들어 하루 평균 방문자 수가 3,500명에 달하고, 매년 10,000명 이상의 외국인 성도들이 이곳을 찾게 되었다. 이로써 오산리기도원은 단지 여의도순복음교회만의 기도처가 아닌, 명실상부 한국교회를 대표하는 초교파 기도원으로 성장했다. 2003년 방문자 현황을 분석한 아래의 도표를 통해, 오산리기도원의 영향력을 단적으로 파악할 수 있다.[24]

연령별	41-50(28%)	51-60(27%)	61세이상(22%)	31-40(16%)
직분별	평신도(43%)	집사(39%)	권사(8%)	전도사(4%)
교단별	여의도교회(39%)	장로교(38%)	순복음교단(8%)	감리교(6%)
기도목적별	신앙문제(75%)	기타문제(15%)	사업문제(2%)	질병문제(2%)

넷째, 방송선교는 여의도순복음교회가 개척한 획기적 선교영역이었다. 여의도순복음교회의 방송선교는 1968년, 조용기 목사의 설교와 신자들의 간증이 담긴 '순복음시간'이 극동방송을 통해 방송되면서 시작되었다. 라

디오 방송설교는 극동방송 외에 서울의 기독교방송과 대구, 부산, 광주, 그리고 이리의 아세아방송을 통해 빠르게 확장되었다. 1981년부터는 중국 복음화를 목적으로 아세아방송이 조용기 목사 설교를 중국어로 방송했다. 라디오 방송 외에도 1980년부터는 방송선교의 영역이 TV로 확장되었는데, 1980년에 순복음중앙교회 예배실황과 조용기 목사의 설교가 대전 MBC-TV채널8를 통해 매주 30분씩 방송되기 시작했다. 시청자들의 뜨거운 반응 속에, 광주, 부산, 제주, 마산, 전주 MBC-TV도 조 목사의 설교를 방영하기 시작했고, 1985년부터는 AFKN-TV채널 2를 통해 조용기 목사의 영어설교가 주일오전에 국내, 말레이시아, 싱가포르까지 순회방영되기 시작했다. 여의도교회의 방송선교는 순복음실업인선교연합회가 중추적 역할을 담당했다. "순복음실업인연합회 산하 방송선교회는 매스컴 선교를 위해 작정헌금을 실시하고, TV방송 선교회원을 모집하는 등 조용기 목사의 선교사역을 적극 뒷받침했다."[25] 한편, 1990년대에 들어, 여의도교회의 방송선교는 인터넷 영역으로 확장되었다. 여의도교회는 인터넷을 통한 복음전도 사업을 본격적으로 추진하기 위해, 1997년, "인터넷으로 순복음을 온 누리에 전하자"라는 표어 아래, 순복음연합선교회 산하 '정보통신선교회'를 설립하고, 여의도순복음교회 홈페이지http://yfgc.fgtv.com를 개설했다. 1998년에는 인터넷 신앙계http://www.shinangge.com, 조용기 목사의 홈페이지http://davidcho.fgtv.com, 순복음인터넷방송국FGTV이 차례로 문을 열었다. 이런 첨단기술장비 및 선교방법을 통해 여의도순복음교회 선교의 지평은 국내를 넘어 전세계로 확장될 수 있었다.[26]

다섯째, 조용기 목사와 최자실 목사의 전도집회도 여의도순복음교회 국내전도의 주된 통로였다. 조용기 목사는 1962년에 부산과 진주 등지에서 부흥회를 인도하면서, 부흥사 및 전도자로서 자신의 사역을 전국적 차원으로 확대되었다. 비슷한 시기에 최자실 목사도 전국 중소도시를 중심으로 복음전파에 매진하기 시작했다. 1970년대에 들어, 순복음중앙교회는 전국 각지에서 대규모 성회 및 전도대회를 개최했고, 이 집회에서 조용기 목사와 최자실 목사가 강사로 활약했다. 예를 들어, 1975년 6월 23일~27일 동안 장충체육관에서 '서울대전도대회'를 개최하여, 조용기 목사가 말씀을 전했으며, 연일 30,000명의 인파가 몰려, 대성황을 이루었다. 1981년에는 최자실 목사가 '광주 전도대회', '부산 전도대성회', '전주시민을 위한 축복과 기적의 대성회'를 인도했고, 같은 해 7월에는 최자실 목사와 조용기 목사가 '81 전 울산복음화대성회'를 인도했다. 뿐만 아니라, 조용기 목사는 1980년대부터 초교파적으로 개최된 초대형 집회에서 주강사로 활약하기 시작했다. 대표적인 예가 1984년에 열린 '한국기독교 100주년 선교대회'에서 대회 넷째 날 주강사로 복음을 전한 것, 1994년 여의도광장에서 개최된 부활절 연합예배에서 한국 교계를 대표해서 설교한 것, 그리고 2000년, 분단 후 남북최초의 정상회담을 앞두고, KNCC와 한기총이 최초로 연합하여 개최한 '평화통일을 위한 한국교회 특별 연합예배'에서 김준곤 목사 등과 함께 말씀을 전한 것 등이다. 이처럼, 조용기 목사는 국내 전역에서 다양한 규모와 성격의 집회에서 주강사로 설교함으로써, 국내에서 부흥운동을 주도하고 복음전파에 중요한 공헌을 했다.27)

4. 해외선교

여의도순복음교회의 해외선교는 조용기 목사를 비롯한 여의도교회 목회자들의 해외선교활동과 함께 시작되었다. 여의도순복음교회의 선교역사에서 1964년은 분수령을 이루는 해였다. 조용기 목사는 이 해에 열린 '미국하나님의성회 교단 창립 50주년 기념식'에 한국대표로 초청 받아, 최초의 미국 선교여행길에 올랐다. 그는 기념식에서 유창한 영어로 메시지를 전한 후, 2개월 동안 미국 전역을 순회하며 한국과 한국교회를 알리는 활동을 계속했다. 그는 1978년부터 '일본 1천만 구령운동'을 시작하며 일본선교에 본격적으로 뛰어들었고, 같은 해 독일 칼스루헤 집회를 시작으로 해외선교 영역이 유럽으로 확장되었다. 1979년에는 중남미 코스타리카에서 집회를 인도하면서 라틴아메리카에도 진출했다. 1993년에는 남아프리카공화국과 러시아에서 집회를 개최했으며, 그 후로 그의 선교무대는 동남아시아, 동유럽, 오세아니아 등지로 계속 확장되었다. 조 목사의 해외 집회 중 1992년의 인도네시아 성회, 1993년 케냐성회, 1995년 인도성회, 그리고 1996년 브라질성회는 특별히 주목할 만하다. 인도네시아성회의 경우, 4일간 세미안올림픽경기장에서 개최된 집회에 연인원 45만 명이 참석했다. "전국민의 94%가 회교신도인데다 6% 정도는 힌두교와 불교를 많이 믿고 있는 실정이나, 이번 성회에서 3만여 명이 결신했으며 수 많은 신유의 기적이 나타났다." 케냐집회에는 연인원 120만 명이, 브라질 집회에는 150만 명이 참석하는 경이적인 기록을 남겼다. 이런 해외선교활동의 배후에는 순복음실업인선교회와 교회성장연구소Church Growth International의 도움이 컸다. 하지만 조 목사의 선교활동의 규모와 범위가 급격히 확장되면서, "성회주최측과의 더욱 긴밀한 협조 아래 성공적인 성회를 이끌고 성회가 끝난 후에도 연계를 유지하여 세계복음화를 주도해야 할 기구의 필요성이 대두되어", 2000년에 '데이비드 조 이반젤리스틱 미션' David Cho Evangelistic Mission이 창설되었다.28) 한편, 최자실 목사는 1964년부터 일본선교에 투신했는데, 40일간 동경을 중심으로 복음전도부흥회를 인도하고 귀국한 것이다.29) 그 후 그녀는 대만, 동남아시아, 오세아니아, 미국, 남미, 유럽 등지에서 성령운동과 금식기도운동을 전개하며 해외선교에 열정적으로 헌신했다. 특별히 최 목사가 소천한 1989년에도 그녀는 미주순회 선교여행 중이었으며, 소천하기 직전까지 로스앤젤레스에서 부흥성회를 인도하고 있었다. 복음과 선교에 대한 자신의 열정과 헌신을 그렇게 마지막까지 실천했던 것이다.

둘째, 여의도순복음교회가 교회적 차원에서 해외선교를 본격적으로 시작한 것은 1971년부터다. 이 해에 박여호수아 장로를 최초의 선교사로 미국에 파송하여 샌프란시스코에 교회를 개척하게 했다. 파송된 선교사들은 이민 동포들을 중심으로 선교사역을 전개했는데, 1981년까지 16개국에 81개의 지교회가 설립되고, 88명의 선교사가 파송되었다. 1975년에는 보다 체계적인 해외선교를 위해 '순복음세계선교회'를 설립했으며, 1976년에 나성순복음교회에서 조용기 목사와 16명의 선교사들이 모여 '순복음북미연합회'를 결성했다. 이후 순복음구주연합회, 순복음일본지구연합회, 순복음아세아지구연합회, 순복음남미지구연합회 등이 차례로 조직되었다. 한편, 연합회가 조직된 선교지에 순복음신학교를 설립하고, 현지 교역자들을 양성하기 시작했다. 1976년에 미국 로스앤젤레스에 순복음중앙신학교가 문을 연 이래, 순복음베를린신학교, 순복음뉴욕신학교, 순복음극동신학교, 순복음시카고신학교 등이 빠르게 개교했다. 1981년에는 이들 신학교에서 첫 졸업생이 배출되었다. 이 해에 순복음세계선교회 산하 4개 해외신학교의 졸업식이 순복음중앙교회에서 열려, 총 35명이 졸업한 것이다. 또한 여의도교회는 1975년부터 "선교지로 파송된 선교사와 그 가족들을 초청하여 선교보고와 함께 그 동안의 수고에 대한 위로의 장을 마련하기 위해 순복음세계선교대회를 개최했다."30) 제1회 대회는 미국나성순복음교회에서 열렸고, 제3회 대회부터 국내에서 열리기 시작했다. 한편, 여의도순복음교회는 1993년에 열린 '제20회 세계선교대회'를 기점으로 "해외이민목회 중심의 선교에서 제3세계 원주민 선교로 방향을 전환했다."31) 이를 위해 다음 해, 이들 지역에 파송할 선교사 육성을 목적으로 '순복음세계선교학교'가 문을 열었다. 제1기 훈련생 11명을 선발하여, 1995년에 러시아와 동남아시아 등지에 첫 선교사들로 파송했다. 동시에 선교지에서 원주민을 통한 선교의 효율성이 점점 더 깊이 인식되면서, 원주민 목회자 양성을 위한 신학교들이 현지에 지속적으로 설립되었다. 원주민을 위한 첫 해외 신학교는 1987년 파라과이에 3년 과정으로 세워진 '순복음파라과이신학교'다. 이후, 1992년 우즈베키스탄에 '중앙아시아신학교'가 세워졌으며, 볼리비아, 아르헨티나, 케냐, 카자흐스탄, 동경, 인도네시아, 그리고 대만 등지에도 신학교들이 설립되었다. 그 결과, 2004년 10월 현재 8개국에 11개의 해외 신학교가 운영 중이며, 지난 40여 년 동안, 전세계 55개국에 600명의 선교사들을 파송하여 691개 교회를 설립했다.32)

셋째, 여의도교회의 해외선교는 방송을 통해 지속적으로 성장해왔다. 앞에서도 언급했듯이, 여의도교회는 1977년부터 조용기 목사의 라디오 설교방송을 시작했다. 극동방송에서 시작된 라디오선교는 아세아방송, 기독교방송, 문화방송으로 확대되었고, 특히 아세아방송을 통해 국내를 너머 중국 및 만주의 교포들에게 방송되었다. 1981년부터는 중국의 복음화를 목적으로 조용기 목사 설교가 중국어로 방송되었고, 뉴욕 등 미국의 4개 방송과 호주의 시드니 방송에서도 조 목사의 설교가 영어로 방송되었다. 1980년대에는 라디오와 함께 TV를 통한 선교에도 주력했다. 1980년부터 미국과 일본의 TV 방송국을 통해 조 목사의 설교가 방송되기 시작했으며, 1987년에는 서독으로, 1991년에는 아프리카로 확장되었다. 2008년 현재, 벤쿠버를 포함한 미국과 캐나다의 6개 지역에서 라디오 방송이 진행 중이며, 미국 내 8개 지역과 호주를 포함한 세계 10개 지역에서 조용기 목사 설교가 TV로 방영되고 있다.33) 한편, 1978년 4월 3일에 순복음중앙교회의 금요철야예배실황이 미국 PTL-TV를 통해 미국과 캐나다 전역에 생중계되었고, 1982년 8월 29일에는 주일예배가 세계 25개국에 동시 위성중계되기도 했다. 뿐만 아니라 1990년대 중반부터는 인터넷을 통한 선교활동이 활발하게 전개되기 시작했고, 1997년 순복음선교연합회 산하 정보통신선교회가 창립되면서 여의도순복음교회 홈페이지http://yfgc.fgtv.com를 개설했다. 이듬 해인 1998년에는 조용기 목사 홈페이지http://dadcho.fgtv.com와 순복음인터넷방송국FGTV을 개국하여, 조 목사의 설교를 전세계에서 24시간 시청할 수 있게 했다. 1996년부터는 국내최초 통신위성인 무궁화 위성을 활용하여 위성방송을 시작했으며, 이 위성방송을 통해 국내에 있는 지성전들과 일본 및 아시아 지역의 순복음교회들이 동시 화상예배를 드릴 수 있게 되었다.34)

5. 사회봉사

여의도순복음교회는 설립 초기부터 다양한 형태의 사회봉사활동을 전개해 왔다. 그 중에서 주목할 만한 행사로 헌혈운동, 심장병환자 수술지원 사업, 북한지원사업을 꼽을 수 있다. 먼저, 여의도교회는 안수집사회의 주관 하에 1988년 '사랑의 헌혈운동'을 시작했다. 이 사업은 여의도순복음교회와 지성전을 순회하며 진행되었는데, 대부분의 헌혈증을 구제위원회에 기증하여 심장병 환자 시술사업에 큰 도움을 주었다. 1988년 제1차 사업에서 1,783명이 참여한 이래 2007년 5월까지 총 70,050명이 헌혈운동에 참여하여, 죽음의 위기에 처한 이웃들에게 귀중한 도움을 주었다. 이에 대한 감사의 표시로 대한적십자사는 1994년에 조용기 목사에게 헌혈 금장을 수여했고, 이 사업을 지휘했던 안수집사회의 김영국 장로가 적십자 헌혈유공자로 선정되어 대한적십자사 총재 표창을 받았다. 헌혈운동과 함께 여의도교회의 대표적 사회봉사활동으로 심장병환자 수술지원 사업이 있다. 1984년에 심장판막증으로 생사의 기로에 서 있던 김영식 군당시 15세에게 치료비 전액을 지원하면서 시작된 이 사업으로, 그 해에 21명, 1985년에 64명, 1986년에 112명이 새 생명을 찾을 수 있었다. 이후 이 사업은 여의도순복음교회의 대표적 사회사업으로 자리 잡고 사회의 큰 호응을 얻었으며, 2007년 10월에 심장병 시술을 받은 환자수가 4,000명을 돌파했다. 2008년 3월 현재, 총 4,180명이 시술을 받았고, 8,126,079,900원이 수술비로 지원되었다. 이 사업은 신자와 비신자의 구분 없이, 또 교파를 초월해서 진행되었고, 2008년부터는 제3세계의 심장병 어린이들에게로 사업이 확대되었다.35) 끝으로, 여의도교회의 북한지원사업도 주목할 필요가 있다. 1995년 홍수와 흉작으로 북한이 극심한 경제난에 봉착하자, 여의도교회는 인도적 차원에서 북한에 옥수수와 비료를 포함한 각종 물자를 지원하기 시작했다. 이후 북한결식아동들을 돕기 위해 1999년부터 북한사진전을 개최하기 시작했고, 탈북난민보호 청원서명운동, 새터민 복음화를 위한 새평양순복음교회창립, 북한인권을 위한 촛불기도회 개최 등의 다양한 사업을 전개했다. 뿐만 아니라, 심장병환자지원사업 및 북한돕기사업의 일환으로, 2007년부터 '평양 조용기 심장전문병원' 건립 공사가 시작되었다. 평양 대동강구역 동문2동 병원부지에 세워질 이 병원은 2010년 완공을 목표로 현재 공사가 한창 진행 중이다. 총 200억원의 공사비가 투입되며, 연면적 20,000m²에 지하 1층, 지상 7층의 260개 병상을 갖추고, 원목실과 예배실도 두게 될 것이다.36)

둘째, 여의도순복음교회는 엘림복지타운을 건립하여 소외된 이웃을 위한 복지사업에 전력을 기울이고 있다. 1985년에 불우 청소년과 무의탁 노인을 위한 사회사업 추진을 결정하고, 1986년에 사회복지법인 설립을 정식 인가받았다. 1년 여의 공사 끝에, 1988년 경기도 군포시 산본동에 엘림복지타운이 준공되었다. 총 150여 억 원의 예산을 들여 20,000여 평의 부지에 연건평 6,500평 규모로 직업훈련원, 경로원, 생활관, 강당, 후생관, 교직원아파트 등이 조성되었다. 이곳에서 1988년에 경로원과 직업전문학교가 시작되었으며, 후에 선교원과 요양원이 개원했고, 영등포단기보호센터도 위탁운영 중이다. "이는 기독교 구제사업으로서는 동양 최대 규모를 갖춘 복지시설이다."37) 엘림직업전문학교는 청소년 선도 및 자립지원을 목적으로 미취업 청소년 및 일반인을 대상으로 1년 과정의 직업교육과 신앙교육을 실시하고 있다. 입교생 전원에게 교육비와 기숙사비를 무료로 제공하고, 국가기술자격 기능사 2급을 취득케 한 후 전원 취업시켰다. 엘림경로원은 "무의탁 노인들의 행복한 노후생활을 위해 설립"되었으며, 입소한 노인들이 소천할 때까지 무료로 혜택을 받았다.38) 한편 엘림요양원은 노인성질환으로 거동이 불편한 노인들을 위해 최신식 의료시설과 쾌적한 환경을 갖춘 요양서비스 제공을 목적으로 개원했다. 구립 영등포 노인단기보호센터는 2003년에 서울 영등포구 신길동의 재가노인 복지시설인 단기보호센터를 서울시로부터 위탁 받아 개원했으며, 가족의 보호를 받기 어려운 치매, 중풍 어르신을 대상으로 단기의 보호를 통해 각종 서비스의 제공과 신체적 정신적 안정을 제공하는데 주력하고 있다.39)

셋째, 여의도순복음교회의 사회사업을 대표하는 또 하나의 기구는 '굿피플' Good People이다. 이 기구는 "사회적 소외로 인해 간난과 병, 질병, 재난 등의 극심한 생존위협에 노출되어 있는 지구촌 이웃들의 현실을 알리고, 한 사람 한 사람의 나눔실천이 실질적인 희망의 실현이 될 수 있도록, 국경을 초월한 체계적이고 전문적인 도움을 제공하기 위해" 여의도순복음교회가 설립한 NGO다. 굿피플은 1998년 '한국선한사마리아인회'로 탄생한 후, 1999년에 '선한사람들' Good People로 명칭을 바꾸고 외교통상부에 국제개발NGO로 등록했다. 현재 국내 10개 지부와 해외 15개 지부를 두고 있으며, 2007년에 UN의 ECOSOC경제사회이사 산하 NGO로 정식 등록했다. 그 동안 굿피플은 사랑의 빵, 엘림복지원, 심장병 어린이 돕기, 농어촌교회 후원 등의 국내선교와 북한을 포함한 전 세계를 대상으로 긴급구호와 빈민구제활동을 펼쳤다. 예를 들어, 2000년에 중국 두만강 지역에 30병상 규모의 병원을 건립했고, 중국 연변에서 50여 명에게 행한 개안수술을 포함하여, 500여 명에게 안과진료를 무료로 실시했다. 북한을 위해선 2004년 용천참사돕기운동을 포함하여, 옥수수 씨앗 및 비료지원사업, 콩기름공장 운영사업, 어린이 급식사업, 결핵약품 지원사업 등을 활발히 전개했다. 2001년부터는 제3세계를 대상으로 백내장 수술을 시술해 오고 있으며, 이를 보다 효과적으로 수행하기 위해 2004년에 '세계실명예방봉사단'을 발족하기도 했다. 그 외에, 굿피플이 제3세계를 대상으로 실천한 사업의 내용은 아래의 표와 같다.40)

국가	사업내용
필리핀	결핵퇴치사업, 양돈사업
스리랑카	굿피플보육원 설립, 굿피플직업훈련센터 건립
방글라데시	섬유기술학교설립
인도네시아	굿피플국립반똘동초등학교 건립
베트남	청소년직업훈련센터 내 컴퓨터센터 개원, 희망유치원 설립, 베트남식수개발 프로젝트
아프카니스탄	전염병 예방사업, 어린이심장병수술
케냐	유목민 지원사업(건축사업, 주택개선사업, 농장운영사업 등)
요르단	팔레스타인 난민촌과 빈민촌에 컴퓨터교실 설치
이라크	이라크의 4개 대학 내에 인터넷센터 설치

끝으로, 2008년에 창설된 사랑과행복나눔재단을 언급해야 한다. 여의도순복음교회는 "소외된 이웃에게 사랑과 행복을 나눔으로써 한국교회의 성장 정체 및 한계를 극복하는 전환점"을 이루기 위해, 이 재단을 설립했다. 이 재단은 크게 5개의 분야로 자신의 사업을 확정했다. 즉, ①의료비지원(긴급진료비지원, 저소득의료비지원, 도서벽지지역주민의료지원, 긴급(재난지역)의료지원), ②주택개보수사업(저소득층 가정환경개선, 소규모 개인

시설환경 개선지도), ③생계비지원(저소득층 생계지원, 저소득임차료지원, 저소득가정후원 물품지원, 난방비지원), ④호스피스지원(죽음 앞둔 분들을 위해), ⑤법률/세무상담(위기가정, 외국인근로자를 위해). 한편, 2008년 3월 4일 CCMM빌딩 11층에서 현판식을 가지면서 공식적으로 출범한 이 재단은 충남 금산군의 이교제 씨 가족에게 보금자리를 만들어주는 것으로 첫 사업을 시작했다. 71세의 청각장애 3급인 이교제 씨 가족 5명은 모두 정신지체를 갖고 있는 중증장애인들로서 쪽방에서 힘겨운 생활을 하고 있었다. 사랑과나눔재단은 이들을 돕기로 하고, 7,000만원을 들여 주택을 새로 지어준 것이다. 이런 "행복한 집 만들기" 프로젝트는 2009년 10월까지 총 5회에 걸쳐 실시되었다. 또한 2009년에는 '사랑과 행복 함께 나누기' 캠페인을 서울, 광주, 전주, 태백, 영덕, 괴산 등지에서 실시하여, 긴급생계지원, 주택개보수, 무료건강검진 및 미용서비스, 지역아동센터/초등학교/중학교 후원물품 지원, 노인요양시설 자원봉사 등을 실시했다.41)

6. 교육 및 연구

여의도순복음교회와 관련된 대표적 교육기관은 한세대학교다. 물론, 한세대학교는 여의도교회의 부설교육기관이 아닌, 기독교대한하나님의성회 소속 대학교다. 하지만 이 학교는 오랫동안 조용기 목사가 이사장을 지냈고, 현재 조 목사의 부인인 김성혜 교수가 총장으로 재직 중이며, 그 동안 여의도교회가 주된 후원교회로 학교발전의 중추적 역할을 담당해 왔다. 한세대학교는 1953년에 미국 하나님의성회교단 순복음신학교로 서울 용산구 한강로 1가 65에서 시작했고, 오랫동안 미국 선교사들이 교장을 맡았다. 이후 교사를 서대문구 충정로1954와 대조동1960으로 각각 이전했으며, 1979년에 경기도 군포시 당정동으로 교사를 이전해 오늘에 이르고 있다. 학교 명칭은 순복음신학교로 출발해서, 순복음신학대학과 순신대학교를 거쳐, 1998년에 한세대학교로 변경되었다. 이 학교는 1981년에 4년제 신학교 인가를 받은 1985년에 대학학력 인정교로, 1990년에 정규 신학대학으로 개편된 후, 1991년 신학대학원 개설이 인가되었다. 1998년부터 한세대학교로 개명되어, 현재 8개학부, 일반대학원, 영산신학대학원 및 6개의 특수대학원으로 운영되고 있다. 그 동안 꾸준히 발전해 온 한세대학교는 2000년대에 들어 비약적 발전을 거듭하고 있다. 1995년에 미국 Regent University와 최초로 자매결연을 맺은 이후, 현재까지 국내외 30개 대학과 자매결연을 맺고, 글로벌인재육성을 위한 튼튼한 토대를 마련했다. 이런 성장을 인정받아, 2005년 한세대학교는 교육인적자원부에 의해 기업육성대학으로 선정되어 4년간 80억 원을 지원받게 되었고, 2006년 전국대학평가에서 국제화부문 종합 6위, 외국인교수비율 1위에 오르는 괄목할 만한 성과를 내었다. 한세대는 2005년부터 100억 원 이상을 투입하여, 국내 30위권 대학, 세계 100위권 대학으로 진입한다는 목표를 세우고 분투 중이다.42)

둘째, 베데스다대학교는 여의도순복음교회가 미국에 설립한 기독교 대학이다. 이 학교는 여의도순복음교회의 해외선교의 산물로 탄생했다. 1971년에 평신도 선교사를 미국에 최초로 파송한 여의도순복음교회는 1976년에 미국 로스앤젤레스에 '순복음중앙신학교' Full Gospel Central Bible College를 설립했다. 당시 교민 중심의 선교를 전개하던 여의도교회에서 현지 목회자 양성을 목적으로 이 신학교를 설립했으며, 이후 각 선교지마다 순복음신학교가 설립되었다. 순복음중앙신학교는 1982에 '순복음신학대학' Full Gospel Theological Seminary으로, 1984년에 '베데스다신학대학' Bethesda School of Theology, 1990년에 '베데스다대학교' Bethesda Christian University로 학교 이름을 변경했다. 학교의 명칭이 변경됨과 동시에, 학교의 법적 지위도 꾸준히 상승했다. 1983년에 캘리포니아 주정부로부터 정규대학 인가를 받았고, 1991년에는 유학생들을 모집할 수 있는 공식적 자격을 획득했다. 2001년에는 한국계 대학 최초로 AABC(Accrediting Association of Bible College, 미국신학대학협)의 정회원으로 인준되었으며, 2003년에는 미연방교육부와 미고등교육평가원CHEA 산하 ABHE와 TRACS에 의해 학부와 대학원에서 정규학위를 수여할 수 있는 기관으로 인가를 받았다.43) 이것은 매우 특기할 만한 사항이다. 왜냐하면 이들 기관의 인준기준이 매우 까다로워, "1,000개가 넘는 미국신학대학 가운데 ABHE는 92개교, TRACS는 베데스다대학교를 포함해 43개교만이 인준을 받았"기 때문이다. 한편, 2003년에 열린 제56회 AABC 정기총회에서 베데스다대학교는 급성장한 학교로 평가돼, '2001-2002 학교성장' 상을 수상하기도 했다.44)

셋째, 국제교회성장연구원Church Growth International은 1976년에 설립된, 교회성장에 관한 국제적인 기구다. 이 조직은 설립 당시 순복음중앙교회 내에 본부를 두고, 미국, 유럽, 호주, 일본 등지에 지부를 설치하면서 전 세계로 영역을 확장해 나갔다. CGI는 매년 서울을 비롯한 세계 주요도시에서 교회성장대회 및 세미나를 열어 전세계의 교회성장을 도모했다. CGI가 주관하는 세미나는 여의도순복음교회의 성장과정을 모델로 각국 교역자들이 자국의 교회부흥에 적합한 성장전략을 개발하는데 관심을 집중했다. 이를 위해, "교회성장의 원리와 실천목회에 필요한 교회행정 및 조직을 주제로 한 강의를 비롯해 주일 수요예배 및 철야예배 참석, 교회 각 기관 견학 및 소재, 기도원 방문, 구역예배 참석 등의 과정을 기본으로 했다." 1977년 제1회 국제교회성장세미나를 개최한 이후 2007년까지 100여 개국에서 600여 차례의 세미나를 열어 연인원 1,100여 만 명이 참석했다.45) CGI는 영문판 교회성장관련서적들을 출판하고, 영문잡지 *Church Growth*를 계간으로 발행하고 있다. 이 잡지는 현재 세계 178개국의 18,000여 명의 정기독자들에게 전달되고 있다. 뿐만 아니라, 1981년부터 미국 내 CGI-TV 프로그램을 개설하여 방송선교에도 주력하고 있으며, 2000년부터 DCEM David Cho Evangelistic Mission과 협력해 미국, 일본, 대만, 필리핀 등지에서 조용기 목사와 김성혜 목사의 해외성회를 진행하고 있다. 2007년 현재, 세계 20여 개국 70여 명의 교역자들 및 교회성장 학자들로 구성된 이사회와 178개 국의 약 2만 명의 회원, 약 1,100여 만 명의 비회원으로 구성되어 운영 중이다.46)

넷째, 국제신학연구원 International Theological Institute은 오순절신학 정립을 목적으로, 1993년에 설립된 전문 신학연구기관이다. 이 기관은 1978년에 설립된 '순복음교육연구소'가 1990년에 '영산연구원'으로 개편된 후, 1993년에 다시 '국제신학연구원'으로 확대·개편된 것이다. 이 연구원 산하에 "신학연구소, 교육연구소, 목회연구소를 두고 오순절신학연구와 평신도 성경교육, 그리고 목회자 연장교육프로그램을 효율적으로 운영했다." 국제신학연구원은 개원과 함께, 당시 여의도순복음교회가 직면하고 있던 타 교단으로부터의 신학적 도전에 대한 응전으로 『여의도순복음교회의 신앙과 신학』을 발간했으며, 순복음교육연구소에서 주최했던 국제학술세미나를 부활하여 학계의 주목을 받았다. 이 국제학술대회에는 국내 저명한 학자들뿐만 아니라, 하비 콕스와 위르겐 몰트만 같은 세계적인 신학자들도 초청하여, 여의도순복음교회와 오순절신학의 위상을 고취시키는데 큰 공헌을 했다. 뿐만 아니라, 순복음교육연구소 시절부터 진행해 온 평신도 성경교육을 더욱 체계적으로 추진했다. 즉, "신구약 성경을 체계적으로 교육하는 성경학교, 성경의 주요 교리를 주제별로 강의하는 성경대학, 제자육성을 목표로 하는 성경대학원, 말씀의 생활화를 위한 집중성경연구" 등의 과정으로 성경교육을 진행하여 큰 호응과 성과를 거두었으며, 이를 더욱 체계적으로 추진하기 위해 1993년에 평신도교육연구소를 설립했다.47)

7. 방송 및 출판

〈국민일보〉는 여의도순복음교회가 창간한 "세계 최초이자 국내 유일의 기독교 일간지"로서, 1988년에 '1일 16면' 석간으로 창간되었다.48) 창간 이후 지난 20년간, 국민일보는 많은 변화 속에 한국 10대 일간지로 꾸준히 성장했다. 먼저, 국민일보의 사옥이 여러 차례 이전되었다. 창간 준비 기간에는 여의도 기계진흥회관에 임시사무소를 마련했다가, 1988년에 신문로에 위치한 시티뱅크건물로 사무실을 이전했다. 1989년에는 마포에 신사옥을 완공하여 이전했다가, 1998년에 여의도 본사사옥CCMM. Center for Communication & Mass Media에 최종 입주했다. 본사 사옥의 이전과 함께, 국민일보의 지면 및 발간방식에도 여러 차례 중요한 변화가 있었다. 위에서 언급한 것처럼, 국민일보는 "1일 16면 석간"으로 창간되었으나, 이후 계속 지면이 증가했다. 1990년에 20면으로 증면된 이후, 24면-〉28면-〉32면-〉36면으로 증가하더니, 2003년에 40면으로 다시 늘어 현재에 이르고 있다. 발간방식도 석간으로 창간된 이후, 1999년에 조간으로 전환했다가, 2001년에 석간으로, 2002년에 조간으로 다시 전환했다. 이런 조/석간의 빈번한 변화는 당시 국민일보의 정체성 및 전략적 혼란을 반증한다. 하지만 그런 홍역을 치른 후, 현재는 조간신문으로서 자신의 입지를 굳혀가고 있다. 또한 국민일보는 전국적 일간지로서의 공적 책임도 성실하게 수행해 왔다. 1989년에 '소년소녀가장돕기운동'을 시작으로 다양한 사회 사업을 전개했고, 1990년에 '남강교육대상'을 제정한 이후, 여러 시상제도를 마련해서 다양한 분야의 발전을 지원/격려했다. 또한 2001년부터 '축산농가 살리기 캠페인'을 비롯한 다양한 목적과 내용의 사회적 캠페인/운동을 전개해 왔다. 끝으로, 국민일보는 '국내 유일의 기독교 일간지'로서 자신의 신앙적 정체성을 명확히 하고, 문서선교지로서의 사명을 다하기 위해 분투해 왔다. 예를 들면, 신문내에 종교면을 고정으로 발행하고,

신문사 내에 전무 직속으로 교계협력부를 두고 그 산하에 사목, 교계협력국, 종교국을 배치했다. 그 외에도 교계자문위원회, 국민비전클럽, 국민부흥사협회 등을 두어, 교계와의 협력을 강화하면서, 기독교 신문으로서의 특성을 극대화하기 위해 노력하고 있다.49)

둘째, 〈순복음가족신문〉은 여의도순복음교회가 복음전도와 교회홍보를 목적으로 발간하는 교회신문이다. 이 신문은 1964년에 최자실 전도사가 선교목적으로 매달 발간하던 〈순복음지〉를 토대로, 1978년에 창간되었다. 창간 당시 조용기 목사의 주일설교와 교회예배, 모임 안내 등을 실었던 신문의 이름은 〈순복음뉴우스〉였다. 이후 〈순복음뉴스〉, 〈주보순복음소식〉, 〈순복음소식〉, 〈순복음가족〉, 〈순복음가족신문〉 등 5차례의 제호변경과 13번의 로고변경이 있었다. 이 신문은 창간 후 10년 동안 4면으로 발행되다가, 1992년부터 24면으로 증면하여 교회 내 다양한 의견과 활동사항을 심층적으로 담는 한편, 각종 연재물과 교양물을 선보였다. 국내 주간신문 중 가장 많은 부수를 발행하게 된 이 신문은 국내뿐만 아니라 세계 36개국으로 발송되었다. 1997년에 인터넷홈페이지를 개설하고, 우리말 외에 영어, 일어, 중국어로 번역된 기사를 제공하여, 전세계에서 기사를 검색할 수 있도록 했으며, 1998년에는 발간 20년 만에 1000호를 발행하였다. 2000년대에 들어서, 또 한번 지면, 판형, 홈페이지 면에서 대 혁신을 이루었다. 즉, 2001년 〈순복음가족신문〉은 홈페이지 www.fgnews.net, www.fgnews.org를 오픈했으며, 2002년에는 신문 판형을 기존에 일반신문 판형인 대판의 1/2인 타블로이드판형 16면컬러 7면, 흑백 9면으로 발행하던 것을 새로운 판형인 34.5cm×57.8cm 크기로 바꾸었다. 또한 신문 전 지면을 컬러로 인쇄하고, 지면의 내용도 대대적으로 혁신했다. 2005년에는 홈페이지 도메인을 www.fgnews.co.kr로 변경하고, 지면의 섹션화를 통해 각 면의 특성을 강화한 후, PDF 서비스도 시작했다. 후에는 기사검색기를 설치하고, UCC 동영상과 포토뉴스 및 기사에 대한 댓글기능 등을 강화하여 뉴스에 대한 쌍방향 커뮤니케이션 기능을 강화했다. 이로써, 〈순복음가족신문〉은 여의도순복음교회 성장에 기여하고, 한국 교회신문의 선두주자 및 표본이 되었다.50)

셋째, 〈신앙계〉는 1967년에 조용기 목사의 뜻에 따라 창간된 기독교 대중잡지다. 〈신앙계〉는 "순복음 신앙에 입각해서 한국 기독교계는 물론 세계 기독교의 대중지, 성도들의 신앙생활을 위한 교양지, 복음을 접하지 못한 사람들을 위한 전도지, 교회를 하나로 묶는 교회지 성격을 띠고 매월 발간되었다." 창간호는 4X6판 크기로 조용기 목사의 설교, 최자실 목사의 대만/일본 부흥성회 화보, 성도들의 신앙시 및 간증, 신앙상담, 복음통신 등을 수록했고, 판매가격은 30원이었다. 창간 이듬 해인 1968년에 초교파 기독교 월간지로 등록했고, 1972년에는 판형을 5X7판국판으로 변경했으며, 발행인도 조용기 목사에서 차일석 장로로 바뀌었다. 차 장로가 발행인이 된 이후, 기업광고 유치, 전문 편집디자인 채용, 초교파적 필진 구성 등을 통해, 잡지의 면모가 일신되었다. 그 결과, 독자들의 관심이 고조되어, 3,000부에서 출발한 발행부수가 최고 60,000부까지 늘면서, 평신도를 위한 초교파적 신앙지로서 자리매김을 확실히 하였다. 한편, 1988년에 〈국민일보〉가 창간되면서 〈신앙계〉는 국민일보와 합병되어, 이후 국민일보 출판국에서 발행하게 되었다. 2008년에는 교회창립 50주년을 기념하여, 제호를 〈플러스인생〉으로 바꾸었는데, 이것은 "신앙인뿐만 아니라, 일반 사회인들도 즐겨 읽는 책이 되고자 하는 대중화 선언에 따른 조치였다." 〈신앙계〉는 기존의 목회자 중심의 기독교잡지출판계에 평신도중심의 출판이라는 획을 그었고, 대천덕 신부의 "산골짜기에서 온 편지"를 20년 넘게 연재함으로써 대천덕 신부의 영성을 한국교계에 널리 알리는데 기여했으며, 김성일 장로의 연재물들을 통해 성경에 대한 새로운 이해와 세계에 대

한 성경적 해석의 폭을 심화시키는데 기여했다는 평가를 받았다.51)

끝으로, 여의도순복음교회가 운영하는 출판사인 서울말씀사도 기억할 필요가 있다. 여의도교회의 출판사업은 김성혜 사모에 의해 주도되었다. 그녀는 1975년에 문서출판국을 설립하여 순복음교회 문서선교를 위한 토대를 마련했다. 1976년에 '영산출판사'로 개칭한 후, 성도들의 신앙향상을 위한 각종 신앙서적 및 성경공부교재를 출간했다. 한편, 1977년부터는 조용기 목사의 설교 및 교역자들의 강의를 모두 녹음해 두었다가 책으로 만들고, 번역하여 세계로 배포하기 시작했다. 특별히 조용기 목사의 『4차원의 영적 세계』가 세계 도처에서 큰 반향을 불러일으켰다. 이 책은 1979년에 영어로 미국에서 먼저 출판되었고, 1996년에 한국어로 번역 출판되었으며, 현재까지 세계 39개 언어로 번역되었다. 이 책의 수익금은 베데스다대학교 및 가나안노인복지원, 가나안우리집, 성혜장학재단 등을 설립하는데 기초가 되었다. 또한 1986년에는 조용기 목사의 영문저서 *Prayer: Key to Revival*가 영국기독교출판협회에 의해 '올해의 책'으로 선정되기도 했다. 이런 놀라운 체험을 통해, 김성혜 사모는 조용기 목사의 모든 설교를 출판사를 통해 영어로 번역하여 출판하고, 전 세계로 배포하는 작업을 계속 추진했다. 이후 영산출판사는 '서울말씀사'로 명칭을 바꾸고, 각종 전도지, 조용기 목사 설교집 및 강해집, 일독성경, 그 외 다양한 종류의 경건서적 및 학술서적을 발행하여, 한국의 대표적인 오순절 출판사로서 자리를 확보했다.52)

8. 대형 집회 및 행사

여의도순복음교회는 초고속 성장을 거듭하면서, 국제적 행사들을 수 차례 개최했다. 최초의 국제행사는 1969에 개최된 '제3회 하나님의 성회 동북 아시아대회'였다. 한국을 비롯한 13개국 대표 130여 명과 200명의 옵

서버가 참석한 이 대회에는 신범식 문화공보부 장관과 김현옥 서울시장을 비롯한 각계 인사들도 대거 참석했다. "한국의 국제 위상이 아직 미약했던 시절에 서대문의 작은 교회가 세계적인 대규모 행사를 유치해 성공적으로 마무리 짓자 기독교계는 물론 사회의 이목까지 집중시키는 계기가 되었다."53) 1973년에는 효창운동장과 여의도성전에서 '제10차 세계오순절대회' PWC: Pentecostal World Conference가 개최되었다. 이것은 세계오순절협회가 3년마다 전세계 90개국의 회원들을 한 자리에 모아 개최하는 정기대회로서, '복음증거와 성령의 은혜'라는 주제로 39개국에서 2,000여 명의 목회자와 성도들이 참가했으며, 국내에서도 총 50,000여 명이 참석했다. "제10차 세계오순절대회는 한국은 물론 동양에서 최초로 열린 대규모 국제대회로서 한국 교회사에 길이 남을 뜻 깊은 대회가 되었다. 아울러 김포공항이 개항한 이래 최대의 외국인을 맞이하는 기록을 남기기도 했다."54) 그 외에도 1994년에 '제1회 세계하나님의성회연합회 총회'가 여의도순복음교회에서 전세계 125개국 총회장 및 관계자를 비롯해 20,000여 성도가 참석한 가운데 '성령이여 충만히 임하소서!'를 주제로 개최되었고, 1998년에는 '제18차 세계오순절서울대회'가 잠실올림픽주경기장에서 개최되었다.55) 이처럼 대규모 국제행사를 개최함으로써 대내외적으로 여의도순복음교회의 위상이 고조되고, 국내외 선교활동에도 긍정적 효과를 낳았다.

둘째, 여의도순복음교회는 초교파적 연합행사를 주도함으로써, 한국교회의 화합을 위해 노력함과 동시에, 자신의 영향력을 크게 신장시켰다. 초교파적 성격의 연합행사는 1974년에 오산리금식기도원에서 열린, '전국청년초청 금식대성회'와 '전국 초교파 여성지도자 초청 금식기도회'였다. 청년초청금식성회는 교파를 초월하여 해마다 1,500여 명 이상의 청년들이 참석했으며, 1982년의 제9회 금식대성회에는 초교파적으로 6,000여 명의 청년들이 참석하여 나라와 민족, 그리고 세계선교를 위해 기도했다. 여성지도자 금식기도회에는 전국 교회의 여성 교역자와 목사 사모, 부인회 임원 및 권사, 구역장 등이 참석하였으며, 1981년에 열린 제7회 금식대회에는 2,000여 명의 여성지도자들이 참석했다. 여의도교회에서 열린 가장 주목할 만한 연합행사는 1984년에 열린 '한국 기독교 100주년 선교대회' 였다. 8월 15일~19일 여의도광장에서 한국기독교 100주년기념사업협의회 주관으로 개최된 이 선교대회는, 한국 개신교 역사상 처음으로 모든 교단이 한자리에 모인 대회였으며, 연인원 300만 명의 성도들이 참석한 축복과 은혜의 대성회였다. 이 대회를 위해 여의도순복음교회는 매일 1,000명의 헌금봉사요원을 지원했고, 성회에 참석한 성도들이 대성전에서 철야예배를 가졌으며, 조용기 목사는 넷째 날인 18일에 주강사로 말씀을 전했다. 그 외에, 1995년 7월 17일에 국가조찬기도회와 헌정기도회가 공동으로 여의도순복음교회에서 제48주년 제헌절 기념예배로 드렸다." 그 동안 제헌절 기념예배는 국회의사당 내에서 개최되는 것이 관례였는데, 교회에서 예배를 드린 것은 이때가 처음이었다. 조용기 목사가 인도한 기념예배에는 전 현직 의원 40명을 비롯해 교계 지도자들이 함께 참석했다."56)

끝으로, 여의도순복음교회는 정국이 어려운 때마다 시국관련기도회를 개최했다. 앞에서도 언급했듯이, 여의도교회가 국가를 위한 대규모 기도회를 공식적으로 개최한 최초의 기록은 1974년에 오산리금식기도원에서 열린 전국 청년초청 금식대성회와 전국 초교파 여성지도자 초청 금식기도회였다. 이 자리에 모인 참가자들은 세계선교 외에 나라와 민족을 위해 함께 기도했던 것이다. 1979년에도 오산리기도원에서 '6.25상기 구국단합기도회'를 개최하여, 오순절방식으로 국가에 대한 교회의 책임을 표현했다. 그 외에 여의도교회가 개최한 다양한 형태의 시국관련 기도회들은 다음과 같다.57)

연도	명칭	장소	참가인원
1980. 2. 29~3. 2.	구국비상금식기도회		
1985. 2. 17	공산권선교회 망향기도회		
1987. 10. 3	나라와 민족을 위한 기도대성회	여의도광장	100만
1989. 6. 2.	구국과 통일을 위한 기도회		15만
1990. 9. 28.	남북통일과 민족복음화대성회	잠실올림픽 주경기장	15만
1996. 10. 18.	남북통일과 영적 각성을 위한 기도대성회	잠실올림픽 주경기장	12만
1997. 4. 21~26	나라와 민족을 위한 특별 기도회	여의도순복음교회	
2001. 10. 29	새천년 국가와 교회를 위한 기도대성회	잠실 올림픽 주경기장	13만
2001. 8. 6~10	난국타개를 위한 한국교회 연합대성회	오산리최자실기념금식기도원	
2003. 1. 11, 19	나라와 민족을 위한 평화기도회	시청 앞 광장	10만
2003. 3.1.	나라와 민족을 위한 구국금식기도회	한강시민공원	20만
2005. 10. 14	세계평화와 민족구원을 위한 기도대성회	상암월드컵경기장	10만

Ⅲ. 결론

이상에서 한국의 대표적 복음주의 교회로 선택한 여의도순복음교회 역사를 성장사의 관점에서 살펴보았다. 이상의 관찰 및 기술을 통해 드러난 여의도순복음교회 성장의 특징을 정리하면 다음과 같다.

첫째, 여의도순복음교회는 오순절교회로서 자신의 정체성을 분명히 하며, 한국교회에 뚜렷한 자취를 남기었다. 조용기 목사는 자신의 메시지를 오중복음과 삼중축복으로 정리하여, 자신의 교인들과 기타 회중들을 향해 강력하게 선포했다. 뿐만 아니라, 그는 자신의 메시지를 자신의 목회 속에서 구체적/성공적으로 실천했다. 즉, 그는 중생, 성령세례, 신유, 축복, 재림의 메시지를 분명한 확신과 강력한 카리스마로 선포했으며, 다양한 형식의 예배와 목회를 통해 그런 메시지가 구체적으로 체험/실현되도록 최선을 다했다. 초기 그의 사역은 기적 같은 치유사역을 통해 동력을 확보했고, 그리스도와 십자가를 중심으로 한 그의 복음적 설교는 수 많은 사람들을 회심시켰으며, 성령충만의 복음은 방언을 통해 집회 속에 생생히 실현되었다. 또한 그의 강력한 재림신앙과 삼중축복 신학은 소외된 민중들에게 강력한 "희망의 신학"으로 수용되었다. 물론, 그의 오중복음과 삼중축복이 지나치게 단순하다는 비판이 있었다. 신유와 방언으로 대표되는 오순절 목회가 열광주의라는 혹평도 있었다. 그의 종말론이 시대착오적이며, 축복에 대한 지나친 강조가 기복주의로 변질되었다는 공격도 있었다. 하지만, 그런 비판에도 불구하고, 여의도순복음교회의 경이적 성장 이면에는 그런 오순절신앙이 자리하고 있으며, 여의도순복음교회를 통해 확산된 오순절신앙이 한국교회의 성장에 중요한 동인이 되었음은 부인할 수 없다.

둘째, 여의도순복음교회는 복음주의 교회로서 자신의 사명을 충실히 감당해 왔다. 조용기 목사의 메시지와 여의도순복음교회의 사역은 철저히 복음주의적이었다. 조 목사는 성령충만을 설교함과 동시에 예수 그리스도를 통한 구원의 복음을 열정적으로 선포했다. 그는 신유사역자임과 동시에 복음전도자였다. 그는 전 세계를 무대로 "영혼구원"을 외치며 50년을 보냈다. 또한 여의도순복음교회는 자신의 모든 능력과 지혜를 동원하며 복음전파에 매진했다. 교회의 모든 조직을 선교회로 개편하고, 국내에 수많은 사역자들을 파송하고 교회를 개척했다. 또한 복음전파를 위해 가능한 모든 도구를 활용했다. 라디오, 텔레비전, 인터넷, 신문, 잡지, 책 등을 활용했고, 전도자들을 양성하기 위해 수 많은 교육기관과 교육프로그램을 개발했다. 여의도순복음교회 신자들만큼 전도에 열정적인 교인들을 다른 교회에서 찾기 쉽지 않을 것이다. 이런 복음에 대한 열정과 노력이 여의도 순복음교회 성장의 강력한 동력이 되었으며, 또한 이것은 한국교회에 큰 도전이 되었다. 물론, 여의도순복음교회의 포교활동이 지나치게 전투적이라는 지적이 있었다. 전도대상자들이 대체로 가난하고 무지하다는 비판도 있었다. 복음전도가 개인과 영혼에 치중되고, 사회와 역사에 대한 관심이 약하다는 공격도 받았다. 전도를 양적 성장과 동일시함으로써, 교회의 건강한 성장에 걸림돌이 되었다는 비난도 피할 수 없었다. 하지만 그런 오류와 약점에도 불구하고, 여의도교회가 '회심, 성경, 전도, 십자가'에 자신의 에너지를 집중했던 수고를 결코 폄하해선 안 된다.

셋째, 여의도순복음교회는 장로교회의 영향력이 지대한 한국교회에 "오중복음과 삼중축복"이라는 새로운 메시지를 선포했고, 동시에 시대의 변화에 민감하고 적극적으로 반응했다. 기본적으로 복음주의 노선에 서 있는 조용기 목사의 신학은 기존의 한국교회 강단과 크게 다르지 않았으며, 한국교회에 면면히 이어온 부흥운동의 전통과 조 목사의 오순절신앙은 여러 면에서 유사점을 지닌다. 하지만 방언, 축복, 성장에 대한 그의 메시지는 한국강단에 신선한 충격이었다. 조 목사는 성령체험에 대한 구체적 증거를 앙망하던 한국교회 신자들에게 방언을 확실한 징표로 제시했다. 가난에서 벗어나기 위해 전국민이 몸부림치던 시절에 "부"를 하나님 백성의 당연한 축복으로 소개했다. 타 종교와 힘겹게 경쟁해야 하는 상황에서, 또 천막교회가 전국을 뒤덮던 어려운 시절에, 조 목사는 성장의 당위성을 역설하고 그 가능성을 몸소 실현했다. 이것은 조 목사가 당대의 요구와 필요를 탁월하게 인식하고 반응했던 증거들이다. 뿐만 아니라, 조 목사는 전도와 성장의 효과를 극대화하기 위해, 과학기술의 발전에 신속하고 민감하게 반응했다. 라디오와 텔레비전을 선교의 도구로 사용하고, 후에 인터넷과 인공위성까지 동원했던 것은 가히 시대를 초월한 탁월한 혜안이었다.

또한 여성들을 활용하고, 구역과 선교회를 조직했던 것도 시대를 앞선 조치였다. 뿐만 아니라, 그는 미국의 지도적 교회 및 목회자들과 긴밀한 관계를 유지하고, 당대의 새로운 신학과 프로그램에 빠르게 접촉하여, 한국교회의 새로운 흐름을 주도하고 개척했다. 물론, 이런 그의 메시지와 목회가 기회주의적이란 냉소적 비판도 있었다. 축복과 성장에 대한 그의 강조가 한국교회에 배금주의를 확산시켰다는 공격도 있었다. 외형적, 가시적, 물질적인 것에 대한 조 목사의 강조가 한국교회의 영성을 오염시켰다는 질책도 있었다. 하지만 끊임없이 새로움을 추구하고, 시대적 요구에 진지하게 귀 기울이지 않았다면, 오늘의 조용기 목사와 여의도순복음교회는 존재할 수 없었을 것이다.

넷째, 여의도순복음교회는 오순절교단 소속의 교회임에도 불구하고, 교육, 사회사업, 그리고 정치의 영역에서 주목할 만한 성과를 내었다. 전통적으로 오순절교회는 묵시적 종말론의 깊은 영향 속에, 이런 영역에 대해 부정적 혹은 소극적 태도를 견지해 왔다. 그러나 여의도순복음교회는 기본적으로 그런 신앙전통을 충실하게 유지하면서, 동시에 설립초기부터 성도들의 교육 및 오순절신학(혹은 조용기 목사 신학)의 정립을 위한 다양한 교육 및 연구기관을 설립하고 적극적으로 지원했다. 한세대학교, 베데스다대학교, 국제신학연구원, 그리고 교회성장연구원을 설립한 것은 바로 그런 목적을 성취하기 위함이었다. 또한 초창기부터 홀트아동복지회를 적극적으로 후원하고, 국가적 재난과 수해가 발생할 때마다 적극적으로 구호활동에 동참했으며, 소년소녀가장을 포함한 사회적 약자들을 돕기 위한 노력을 다각도로 전개했다. 굿피플, 사랑과행복나눔재단, 엘림복지타운, 헌혈운동 및 심장병수술지원사업, 평양조용기심장병원 건립사업 등은 현재 진행되고 있는 여의도교회의 대표적 사회봉사 내용이다. 그 사역의 규모와 영역의 방대함에 놀랄 뿐이다. 뿐만 아니라, 여의도순복음교회는 국가적 위기상황에서 수 없이 '국가와 민족을 위한 기도회'를 교회적 혹은 초교파적 차원에서 개최했다. 때론 여의도순복음교회 본당에서, 때론 시청 앞 광장에서, 북핵문제, 사학법개정문제, 주한미군철수문제 등에 관한 기도회 및 집회를 열었다. 이런 기도회들은 대체로 보수적 입장을 견지하면서, 종교적 표현을 빌려 정부를 압박하는 정치적 기능을 수행했다. 물론, 여의도교회의 이런 정치적 행보에 대해 우려하는 목소리가 적지 않다. 조 목사의 정치적 입장이 지나치게 우파적이란 비판도 존재한다. 또한 조용기 목사에 대한 신학화 작업이 성급하고 무리하다는 지적도 있다. 그럼에도, 여의도교회의 이런 행사와 활동은 오순절교회로서 여의도교회에 대한 전통적 이미지를 상당부분 수정하면서, 여의도교회의 위상에 큰 변화를 가져온 것도 사실이다.

다섯째, 21세기 초엽의 여의도순복음교회는 다양한 도전과 과제에 직면해 있다. 무엇보다 조용기 목사가 은퇴했다. 그의 뒤를 이어 훌륭한 학자요 목회자인 이영훈 목사가 제2대 담임목사로 부임했다. 과연 그가 조 목사가 떠난 자리에서 자신만의 고유한 리더십을 성공적으로 형성하며, 여의도교회의 새로운 미래를 슬기롭게 개척해나가느냐가 향후 교회의 운명에 결정적 영향을 끼칠 것이다. 또한 최근에 여의도순복음교회는 다수의 지교회를 제자교회로 독립시켰다. 그 결과 심각한 재정적 부담을 떠 안게 되었다. 즉, 현재 여의도교회와 관련된 엄청난 수의 유급직원들과 현재 진행 중인 거대 규모의 사업들선교, 구호, 교육 등을 지속적으로 수행하기 위해, 막대한 재정이 필요하다. 이런 상황에서 타 교단의 대형 교회 수준인 지교회들을 독립시킴으로써, 여의도교회는 재정적으로 큰 어려움에 처하게 된 것이다. 이 문제를 슬기롭게 극복하는 것도 앞에 남은 어려운 과제임에 틀림없다. 끝으로, 한국교회 전체가 1990년 이후 정체상태에 놓여 있다. 한국교회에 대한 사회적 인식과 태도도 매우 부정적인 상황이다. 여의도순복음교회도 1990년대 이후 교회성장이 둔화되었다. 이런 상황에서 여의도교회가 지속적 성장곡선을 유지할 수 있을 지, 아니면 변화된 상황에서 목회전략 및 방향을 성공적으로 전환/수행할 수 있을지도 매우 어려운 과제다. 리더십의 변화, 재정적 부담의 증가, 그리고 성장곡선의 둔화가 부정적으로 상호작용할 경우, 그 충격은 대단히 파괴적일 수 있다. 이런 난해한 과제를 얼마나 슬기롭게 해결하느냐에 따라, 20세기 교회사를 다시 썼던 여의도순복음교회의 21세기 역사가 결정될 것이다.

이처럼, 여의도순복음교회의 경이적 성장사를 통해 확인했듯이, 한국 복음주의 교회는 지난 50년 간 폭발적인 성장을 경험했다. 한국사회가 전쟁과 독재의 힘겨운 시기를 거치는 동안, 복음주의 교회는 백성들에게 영적 쉼터를 제공하고, 삶의 장벽을 돌파할 수 있는 힘과 지혜를 공급했다. 동시에 시대의 변화에 따른 다양한 도구와 방법들을 탄력적으로 수용/활용하고, 시대적 필요와 요구에 대한 적극 반응함으로써, 빠르게 성장할 수 있었다. 그 결과, 복음주의 교회는 교회의 담장을 너머, 사회 곳곳에까지 자신의 영향력을 확대했고, 활동무대 또한 국내에서 세계 전역으로 급속히 확장되었다. 하지만, 1990년대를 기점으로, 급성장의 부정적 증상들이 노출되고, 교회에 대한 사회적 평판이 추락하면서, 어려운 시기를 맞이하고 있다. 복음주의 교회가 무리한 성장대신 차분한 성숙을 추구하고, 경건과 성결에 매진함과 동시에 사회적 책임을 실천하며, 국가를 향해 제사장과 예언자의 사명을 슬기롭게 감당할 때, 해법의 실마리를 찾을 수 있지 않을까? 다시 한번 복음주의 교회의 "멋진 도약"을 기대한다.

*이 글은 박종현 편, 『변화하는 한국교회와 복음주의 운동』(서울:두란노아카데미, 2011):98~137에 "복음주의 교회 성장의 역사 : 여의도순복음교회를 중심으로"란 제목으로 실렸던 것을 출판사의 허락하에 이 책에 다시 수록한 것이다.

1) George M. Marsden, *Understanding Fundamentalism and Evangelicalism* (Grand Rapids, MI.: William B. Eerdmans Publishing Company, 1991), 6.
2) Donald W. Dayton and Robert K. Johnson, ed., *The Variety of American Evangelicalism* (Downers Grove, Ill.: 1991), 245-57.
3) David Bebbington, *Evangelicalism in Modern Briton* (Grand Rapids, MI.: Baker Book House, 1989), 1-19. 한편, 베빙턴의 입장을 수용하는 학자들로는 Mark Noll, 목창균, 박명수 등이 있다.
4) 국제신학연구원, 『여의도순복음교회의 신앙과 신학』 (서울: 서울서적, 1993), 15.
5) 여의도순복음교회의 성장에 대한 다양한 해석과 분석에 대해선 다음의 자료들을 참고하시오. 교회성장연구소 편, 『세계가 주목한 조용기 목사의 교회성장』 (서울: 교회성장연구소, 2008); 홍영기, 『조용기 목사의 영성과 리더십』 (서울: 교회성장연구소, 2003); 배덕만, "여의도순복음교회의 성장에 대한 소고," 『21세기에 읽는 오순절신학』, 복음신학대학원대학교 오순절신학연구소 편 (대전: 복음신학대학원대학교출판부, 2009), 265-97; 이영재, "현대오순절운동의 역사" (한세대학교 신학석사학위논문, 2005), 67-116.
6) 여의도순복음교회, 『여의도순복음교회 50년사: 위대한 소명 희망목회 50년』 (서울: 여의도순복음교회, 2008).
7) 『여의도순복음교회 50년사』, 73.
8) 『여의도순복음교회 50년사』, 75-6.
9) 『여의도순복음교회 50년사』, 90.
10) 『여의도순복음교회 50년사』, 120.
11) 여의도순복음교회의 성도 수 증가와 교회 건물의 건축과정에 대해선, 『여의도순복음교회 50년사』, 90-3, 100-101, 112-17, 142, 158-5 등을 참조.
12) 『여의도순복음교회 50년사』, 83-4.
13) 『여의도순복음교회 50년사』, 93-4.
14) 『여의도순복음교회 50년사』, 98.
15) 『여의도순복음교회 50년사』, 98-9.
16) 『여의도순복음교회 50년사』, 95-8; 국제신학연구원, 『여의도순복음교회의 신앙과 신학』 (서울: 서울서적, 1993), 185-86.
17) 이 자료는 여의도순복음교회 홈페이지인 www.fgtv.co.kr에서 확인할 수 있다. 여의도순복음교회의 교구에 대한 연구로는, 김종임, "교회구역활동의 제자훈련화에 대한 연구" (아세아연합신학교 석사학위논문, 1996))을 참조하시오.
18) 『여의도순복음교회50년사』, 160.
19) 직할성전의 명단과 설립연대는 다음과 같다. 여의도성전(1992), 용산성전(2000), 남대문성전(2000), 광명성전(2002), 동대문성전(2006), 미아성전(2008), 하남성전(2008), 하안성전(2009), 양서성전(?), 홍은(?), 남구로(?).
20) 지성전의 독립상황은 다음과 같다. 인천교회(90.1.1), 동부순복음교회(옛 구리성전,

91.1.1), 의정부교회(92.1), 부천교회(92.1), 부평교회(93.6.1), 원당교회(93.11.1), 노원교회(95.1), 성남교회(?).
21) 지성전에서 제자교회로 독립한 교회들의 명단은 다음과 같다. 제2교회, 강동교회, 송파교회, 도봉교회, 분당교회, 강북교회, 성북교회, 김포교회, 엘림교회, 춘천교회, 안산교회, 성동교회, 중동교회, 시흥교회, 영산교회, 한세교회, 남양주구리교회, 광명교회, 미아교회, 하남교회, 소하교회.
22) 순복음실업인선교연합회의 지선교회 명단은 다음과 같다. (1)국내지선교회: 경찰선교회, 교정복지선교회, 교통운수선교회, 교회개척후원선교회, 군선교회, 농어촌선교회, 문서선교회, 미용선교회, 사회사업선교회, 아동청소년선교회, 연예인선교회, 음악선교회, 정보통신선교회, 직장선교회, 체육선교회, 학원선교회, 청년실업선교회. (2)해외지선교회: 남미선교회, 동남아선교회, 동북아선교회, 소련CIS선교회, 북미캐나다선교회, 북한선교회, 서아세아선교회, 세계방송선교회, 썩세스중동선교회, 아프리카선교회, 오세아니아선교회, 유럽선교회, 인도차이나선교회, 중국남방선교회, 중국북방선교회. (3)후원선교회 : 문화예술인선교회, 법조선교회.
23) 오산리기도원의 명칭은 "오산리금식기도원"(1973), "순복음국제금식기도원"(1983), 국제금식기도원"(1985), "오산리최자실기념기도원"(1991), "오산리 최자실 기념 금식기도원"(1993)으로 변경되었다.
24) 오산리최자실기념금식기도원의 역사에 대해선, 이 기도원의 홈페이지 (http://prayer.fgtv.com)을 참조.
25) 『여의도순복음교회 50년사』, 149.
26) 『여의도순복음교회 50년사』, 234-36.
27) 조용기 목사의 국내전도활동에 대해선, 『여의도순복음교회 50년사』, 110, 176-80, 215-18, 264-68을 참조하시오.
28) 조용기 목사의 해외선교활동에 대해서, DCEM홈페이지(http://davidcho.com)에서 상세한 정보를 얻을 수 있다.
29) 『여의도순복음교회 50년사』, 103-4.
30) 『여의도순복음교회 50년사』, 137.
31) 『여의도순복음교회 50년사』, 197.
32) 여의도순복음교회의 해외선교에 대한 연구로는 윤성호, "한국교회 해외선교에 관한 연구: 기독교대한하나님의성회 여의도순복음교회를 중심으로"(한세대학교 신학석사논문, 2000), 75-112; 우성호, "기하성의 선교전략과 사역연구" (한세대학교 신학석사논문, 2005)이 있다.
33) 조용기 목사의 국외 방송선교 내용에 대해선 『여의도순복음교회50년사』, 305-6을 참조.
34) 2008년 현재, 여의도교회 지성전, 기도처, 제자교회 외 559개, 일본 19개 순복음교회, 그리고 중국북경순복음교회, 청도순복음교회, 홍콩순복음교회, 미국 시카고순복음교회, 미국베데스다대학에 위성방송이 진행되고 있다.
35) 1996년 5월 3일, 조 목사는 보건복지부장관으로부터 심장병어린이수술비지원과 소년소녀가장돕기운동을 적극 전개한 공로로 민간인 신분으로 받을 수 있는 최고의

훈장인 국민훈장무궁화장을 받았다.
36) 『여의도순복음교회50년사』, 322-26.
37) 『여의도순복음교회 50년사』, 186.
38) 이 경로원은 전문적인 의료서비스를 지원하기 위해, 2005년에 '엘림노인전문요양원'으로 전환되었다.
39) 엘림복지회에 대해서는 『여의도순복음교회 50년사』, 185-89와 엘림복지회 홈페이지(http://www.elimtown.org)를 참조.
40) 굿피플의 역사와 사업내용에 대해서는, 『여의도순복음교회 50년사』, 245, 284-91; 굿피플 홈페이지(http://www.goodpeople.or.kr); 정경호, "NGO로서 교회 가능성에 대한 신학적 모색" (숭실대학교 석사학위논문, 2003), 141-49를 참조.
41) 사랑과행복나눔재단에 대해서는, 이 재단 홈페이지(http://www.love-n-happiness.co.kr)를 참조하시오.
42) 한세대의 역사에 대해서는, 한세대학교 홈페이지(http://www.hansei.ac.kr)와 330-34를 참조.
43) ABHE (the Association for Biblical Higher Education)와 TRACS (the Transnational Association of Christian Colleges and Schools)는 일종의 신학대학연합회로서, 미연방교육부와 미고등교육평가원(CHEA, the Council for Higher Education Accreditation) 소속으로, 전자는 신학대학교(학부), 후자는 기독교대학과 대학원을 인가하는 인증기관이다.
44) 『여의도순복음교회 50년사』, 320-22. 베데스다대학교 홈페이지(bcu.edu) 참조.
45) 이미나, "세계 교회 부흥 위한 국제교회성장연구원," 『순복음가족신문』(2007. 10. 12)
46) 『여의도순복음교회 50년사』, 132-33.
47) 평신도교육연구소에서는 성경연구를 위한 제자성경연구반, 구역자의 자질향상을 위한 작은목자학교를 개설하여 진행했고, 단기 세미나 과정으로 늦은비전도학교, 성령세미나 등을 실시했다. 234 참조.
48) 국민일보는 1987년에 〈배달신문〉으로 문공부에 등록했으나, 1988년에 정식제호를 공모하여, 〈국민일보〉로 최종 결정하고 창간했다.
49) 국민일보의 역사에 대해서는, 이 책의 제11장 "기독교 일간지 국민일보의 역사와 비전"; 국민일보 홈페이지 (http://www. kukinews.com)를 참조하시오.
50) 〈순복음가족신문〉 홈페이지(http://www.fgnews.co.kr/); 『여의도순복음교회50년사』, 102, 127-28, 311-12.
51) 〈신앙계〉에 대한 평가는 신앙계 홈페이지(www.shinanggge.com)에 실린 "한국교회에 끼친 영향"에서 인용한 것임.
52) 『여의도순복음교회 50년사』, 126.
53) 『여의도순복음교회 50년사』, 106.
54) 『여의도순복음교회 50년사』, 122.
55) 『여의도순복음교회 50년사』, 207.
56) 『여의도순복음교회 50년사』, 218.
57) 아래의 도표는 『여의도순복음교회 50년사』, 145, 178, 213, 217를 참고로 작성한 것임.

9장

오직 여호와의 신으로*
여의도순복음교회의 사회학적 분석

I. 서론

여의도순복음교회는 이 시대에 하나의 "현상"이 되었다. 1958년에 다섯 명의 신자로 시작했으나, 이제는 75만 명이 넘는 회원을 지닌 교회가 된 것이다.1) 현재 이 교회는 세계에서 가장 큰 교회이며, 이 교회의 담임 목회자였던 조용기 목사는 이 시대의 가장 유명하고 영향력 있는 복음전도자 중 한 사람이다.2) 이 교회의 강력한 은사주의 운동을 통해, 대부분의 한국교회들은 교단적 배경과 상관없이, "방언"을 성령세례의 중요한 징표의 하나로 수용하고, 실천하게 되었다. 이 교회는 1976년에 설립한 교회성장연구원the Church Growth International을 통해 한국에서 교회성장 운동을 시작했으며, 교회성장이 한국교회 내에서 지배적인 목표가 되도록 영향을 끼쳤고, 자신의 신학과 영향력을 전 세계로 확장해 왔다. 그 결과, 이 교회는 신학자, 역사가, 사회학자, 심지어 경제학자와 정치학자에게 중요하고 흥미로운 연구주제가 되었다. 어떤 이들은 이 교회가 그처럼 짧은 시간 내에 세계에서 가장 큰 교회로 성장한 원인을 이해하기 위해 노력하고,3) 다른 이들은 이 교회의 담임 목사인 조용기 목사의 신학적 본질을 파악하고자 한다.4)

이처럼 다양한 관심들은 풍요로운 열매를 맺어 왔고, 그 열매를 통해 우리는 이 시대의 이 "현상"을 보다 온전하고 깊이 있게 이해할 수 있게 되었다. 동시에, 이런 가치 있는 성취와 함께, 심각한 오해와 왜곡도 발생해 온 것이 사실이다. 여의도순복음교회에 대한 가장 두드러지고 심각한 오해는 이 교회가 한국 무속의 영향을 크게 받은 일종의 신흥종교라는 주장이다. 여의도순복음교회에 대한 이런 해석을 수용하는 이들은 한국 무속을 "이 세상의 축복, 즉 물질적 부, 건강, 그리고 다른 개인적·가족적 복지에 대한 신앙체계"로 이해하며,5) 조용기 목사의 신유사역, 물질적 축복 중심의 설교, 그리고 다른 영적 사역들이 그가 무속에 영향 받았다는 증거로 제시한다.6) 그러나 만약 무속을 여의도순복음교회의 특징적 요소로 간주한다면, 그것은 이 교회의 본질을 철저히 오해하는 것이다. 일차적으로, 그들의 이해는 한국 무속, 그리고 그것과 기독교 간의 근본적 차이, 그리고 오순절파 교회로서 이 교회의 정체성에 대한 오해에서 기인한 것이다.

둘째, 대부분의 사회학자들은 여의도순복음교회를 한국 근대화의 산물로 이해하는 경향이 있다. 예를 들어, 사회학자 김병서는 이렇게 질문했다. "한국 교회들이 동일하게 그런 폭발적 성장을 경험한 이유는 무엇인가?" 그가 제시한 답변은 이렇다. "아마도 이 질문에 대한 최고의 대답은 한국의 근대화의 독특한 본질과 문제가 한국교회의 사회적 특성과 결합하여 급성장을 위한 최적의 환경을 조성했다는 것이다."7) 그러나 여의도순복음교회의 급성장을 가능케 했던 다른 중요한 요인들을 간과함으로써, 그는 이 교회의 성장을 근대화의 산물로 환원시키고 말았다. 필자 또한 그런 사회학적 접근이 성장에 대한 설득력 있는 설명을 제공한다고 믿지만,

이 복잡한 현상에 대한 완전한 해답은 될 수 없다. 따라서, 이 현상에 대한 보다 총체적 이해를 위해, 우리는 사회적 요인 외에, 개인적, 신학적, 그리고 조직적 요인에도 주목해야 한다.

본 논문에서, 필자는 여의도순복음교회의 기적 같은 성장을 가능하게 한 주된 요인들을 검토할 것이다. 이 연구를 위해, 로드니 스탁Rodney Stark이 그의 논문, "신흥종교들이 성공한 방법: 하나의 이론적 모델"How New Religions Succeed: A Theoretical Model에서 제시한 8가지의 명제를 기본적인 참조틀로 사용할 것이다. 물론, 여의도교회의 분석을 위해 그의 명제에 대한 부분적 수정은 불가피하다. 따라서 제2장에서, 필자는 스탁의 명제를 분석적으로 검토하여 재구성하는 작업을 시도할 것이며, 제3장에서, 여의도교회 성장의 주된 요인을 4가지로 분류하여 분석할 것이다. 결론에서는, 이 교회의 미래를 위해 몇 가지 비평적 제안을 시도할 것이다.

II. 로드니 스탁의 명제 분석 및 재구성

논문, "신흥종교들이 성공한 방법: 하나의 이론적 모델"How New Religions Succeed: A Theoretical Model에서, 로드니 스탁은 신흥종교의 성공과 실패에 영향을 끼친 몇 가지 요인들을 제시한다.8) 우선 스탁은 자신의 새로운 이론적 모델을 다루기 전, "성공"의 개념을 정의한다. 스탁의 입장에서, 성공은 "한 종교가 한 사회 혹은 여러 사회들을 지배할 수 있는 정도에 기초한 지속적인 변수"를 의미한다.9) 이어서 그는 8개 조항으로 구성된 자신의 새로운 모델을 소개한다. 즉, (1) 문화적 지속성, (2) 적절한 긴장(medium tension), (3) 효과적 동원, (4) 정상적 연령 및 성적 구조, (5) 우호적 환경, (6) 연결망, (7) 세속화, 그리고 (8) 적절한 사회화.

일차적으로, 스탁은 신흥종교가 "전통적인 종교문화와의 연속성" 없이 사회 내에서 성공적으로 뿌리내리는 것은 거의 불가능하다고 주장한다.10) 하지만 동시에 그는 신흥종교운동은 자신과 전통적 종교를 구별할 수 있는 자신만의 독특성을 입증해야만 한다. 스탁의 관점에서, "순응과 일탈 사이의 미묘한 긴장"을 유지하는 것이 매우 중요하다.11) 셋째, 스탁은 신흥종교 운동 내에서 동원의 효용성과 성공의 가능성 간의 중요한 관계를 다룬다. 동원의 효용성은 한 조직의 구조와 능력에 전적으로 의지한다. 이런 관점에서, 스탁은 "대단히 효과적이고 지속성 있는 통치 제도를 만들었던 것은 초대교회의 성취 가운데 가장 탁월한 것이었다"라고 주장했다.12) 계속해서 그는 신흥종교가 자신의 정상적인 연령 및 성비sex 구조를 유지하는 것이 자신의 성공적 존속을 위해 중요하다고 주장한다. 다섯 째, "성공하기 위해서, 신흥종교는 적절한 때에 적절한 장소에서, 즉 이전의 것들이 비효율적인 것으로 여실히 드러난 때와 장소에서 출현해야 한다"고 주장한다.13) 이런 조건에서, 그는 맥락의 중요성, 특히 신흥종교가 출현하는 종교적 맥락의 중요성을 지적한다. 여섯 째, 스탁은 "신흥종교 구성원들 간의 진하면서 동시에 개방적인 사회적 네트워크의 중요성"을 언급한다.14) 이런 종류의 네트워크들 사이에 적절한 균형이 없다면, 효과적인 인력동원을 기대할 수 없기 때문이다. 일곱 번째, 스탁은 신흥종교운동이 세속화에 오염되지 않도록 자신을 지키는 것이 얼마나 중요한지 대단히 심각하게 경고한다. 그 운동이 세속화와 거리를 유지하는데 실패하는 순간, 그것은 자신의 추종자들뿐만 아니라 외부인들의 관심도 잃게 된다. 끝으로, 스탁은 신흥종교운동이 자신의 어린 신자들을 그 운동의 범위 내에 머물도록 만들기 위한 사회화socialization의 역할을 강조한다. 특히, 스탁은 그 운동이 세속화의 영향에 쉽게 노출될 수 있는 젊은 회원들에게 특별히 관심을 쏟아야 한다고 강력히 권고한다.15)

일반적으로, 스탁의 모델은 여의도순복음교회의 급성장 요인을 연구하려는 본 논문을 위해 매우 유용한 도구이다. 이 모델을 사용함으로써, 여의도순복음교회 급성장의 주요 원인들이 보다 포괄적이고 체계적으로 이해될 수 있을 것이다. 하지만 몇 가지 문제점들이 발견된다. 먼저, 그의 모델에서 몇 가지 요인들은 서로 중첩되는 느낌을 준다. 예를 들어, 효과적 동원능력은 내적 네트워크와 긴밀히 연결되어 있으며, 세속화의 문제도 사회화의 문제와 강하게 연결되어 있다. 뿐만 아니라, 필자는 문화적 지속성과 적절한 긴장도 동일한 범주에서 함께 취급될 수 있다고 생각한다. 또한, 필자는 왜 스탁이 그런 식으로 자신의 모델을 구성했는지 이해할 수 없다. 그는 관련된 요인들을 아무런 설명 없이 임의로 구분하여 나열했기 때문에, 그의 주장을 보다 분명하고 논리적으로 이해하는데 방해가 된다. 무엇보다, 그는 자신의 모델 속에서 "지도력 문제"를 다루지 않았다. 대부분의 신흥종교운동에는 이 운동의 탄생을 가능케 했던 탁월한 능력의 카리스마적 지도자가 있었다. 조용기 목사의 카리스마적 지도력을 다루지 않은 채, 여의도순복음교회의 급성장 원인을 결코 설명할 수 없다.

따라서 필자는 이 논문에서 스탁의 모델을 기본적으로 수용하면서, 보다 적절한 이해를 위해, 그 모델의 구조를 약간 변경할 것이다. 먼저, 문화적 지속성과 적절한 긴장을 '신학적 긴장' 이란 항목 하에 통합할 것이다. 둘째, 효과적 동원력, 적절한 사회화, 연령 및 성 구조를 '조직적 혁신' 의 범주 아래서 다룰 것이다. 셋째, 우호적 환경의 문제를 '사회적 맥락' 이라는 제목 하에 보다 심도 있게 그리고 포괄적으로 탐색할 것이다. 끝으로, 스탁이 자신의 모델에서 간과했던 '카리스마적 리더십' 의 중요성을 검토할 것이다.

III. 여의도순복음교회의 성장에 대한 사회학적 분석

1. 신학적 긴장
1) 보편성

스탁이 언급했듯이, 전통적 신앙과 일정 수준의 연속성이 없다면, 신흥종교는 그 사회 속에 뿌리를 내릴 수 없다. 우리는 이런 관점을 여의도순복음교회에 적용할 수 있다. 여의도순복음교회와 한국의 전통적 신앙 사이에 분명한 연속성이 존재하기 때문이다. 이런 연속성 문제에 관해, 최소한 세가지 범주를 지적할 수 있다. 무속, 부흥운동, 그리고 기도운동.

먼저, 무속은 한국의 토착적 종교 전통이다. 그 전통의 역사는 너무 오래되어 정확하게 그 출발점을 지적할 수 없다. 하지만 무속은 종교를 포함한 한국의 문화 일반에 심대한 영향을 끼쳤다. 따라서 한국인의 사고와 행동 속에서 무속적 요소를 발견하는 것은 결코 어려운 일이 아니다. 특히, 한국의 종교들은 토착화의 과정을 거치는 동안, 어느 정도 무속의 영향을 받았다. 그래서 어떤 이들은 한국의 기독교를 "무당 종교"라고 간주하기도 한다.16) 그런데 사람들이 여의도순복음교회에서 신유, 방언, 그리고 다른 영적 현상들을 목격할 때, 그들은 이 교회가 무속과 유사하다는 인상을 받았다.17) 교회에서 이런 무속적 요소들이 나타날 때, 보수적 목회자들과 신학자들은 이 교회를 맹렬히 비난했지만, 역설적으로, 교파적 차이와 상관없이, 대부분의 기독교인들은 그런 요소들 때문에 이 교회에서 편안함을 느낄 수 있었다.18)

둘째, 한국교회는 초창기부터 부흥운동의 전통을 발전시켜 왔다. 한국에 왔던 최초의 선교사들은 미국의 부흥운동과 긴밀한 관련성을 갖고 있었다. 감리교 선교사 아펜젤러Henry G. Appenzeller와 장로교 선교사 언더우드Horace G. Underwood 모두 부흥운동에 큰 영향을 받은 사람들이었다.

1907년에 평양에서 대부흥운동이 발생했다. 이 부흥운동은 감리교회와 장로교회 모두에서 강력한 후원을 받았다. 이 부흥운동은 한국 기독교의 신앙유형에 결정적 영향을 끼쳤다. 이 대부흥 이후, 부흥회는 교단과 상관없이 한국교회의 일반적 행사가 되었다.19) 특히, 평양 대부흥 이후, 한국에는 유명한 세 명의 부흥사들이 출현했다. 첫 번째의 대표적 부흥사는 장로교회의 김익두 목사로서, 신유사역으로 명성을 떨쳤다. 두 번째는 감리교회의 이용도 목사로서, 한국의 개신교 신비주의를 대표한다. 세 번째 인물은 성결교회의 이성봉 목사로서, "한국의 무디"라는 별명이 붙었던 강력한 설교자였다.20) 이처럼 부흥운동은 교파를 초월하여 한국교회에서 확고히 뿌리를 내린 제도 중 하나가 되었다. 이런 면에서, 여의도순복음교회는 처음부터 열정적 부흥회로 유명했으며, 이 교회의 담임목사인 조용기 목사는 성령운동을 주도한 천재적 부흥사였다. 따라서, 이런 부흥운동이 여의도순복음교회와 한국교회의 전통적 신앙 사이의 접촉점으로서 중요한 역할을 담당했다고 말할 수 있을 것이다.21)

셋째, 한국교회의 오랜 기도운동 전통에 대해 언급해야 한다. 일반적으로 한국교회는 "기도하는 교회"로 알려져 있다. 1907년 이후, 한국교회는 소위 "새벽기도"를 실시해 왔다. 게다가, 오랫동안 "금요철야집회"를 전통으로 발전시켜 왔다. 더욱이, 많은 교회들이 자체적으로 기도원 혹은 수양관을 소유하고 있다. 여의도 순복음교회도 기도하는 교회로 유명하다.22) 조용기 목사는 보통 하루에 3시간 이상씩 기도하는 "기도의 사람"으로 알려져 있고, 교인들 대부분은 방언으로 기도할 수 있다. 이재범에 의하면, 이 교회는 "철야기도회를 매일 정기적으로 시작했던 최초의 교회"라고 한다. 뿐만 아니라, 이 교회는 유명한 오산리금식기도원을 소유하고 있으며, 매일 만 명 이상의 사람들이 이 기도원을 방문하고 있다. 이 기도원의 통계에 따르면, 놀랍게도 방문객의 40% 이상이 장로교인이며, 10%가 감리교인이고, 대략 30%가 이 교회 신자들이라고 한다. 이런 통계자료는 주류 교회와 여의도교회 간의 심각한 차이가 존재하지 않는다는 사실을 명백히 보여준다.23)

2) 독특성

한국인들이 여의도순복음교회와 전통적 신앙 간의 신학적 연속성을 발견했지만, 또한 여의도순복음교회 안에서 이 교회와 주류 교회를 구분할 수 있었던 몇 가지 신학적 독특성도 발견했다. 근본적으로, 여의도순복음교회는 대표적 오순절 교단 중 하나인 하나님의 성회에 속한다. 다른 교단들과 비교할 때, 오순절운동은 한국에 늦게 도착했으며, 그 운동의 예배 스타일과 신학은 한국인들에게 매우 낯설고 이상하게 보였다.24) 그러나 그런 전형적인 오순절운동 외에, 사람들은 여의도순복음교회의 신학 안에서 보다 논쟁이 될만한 특징들, 즉 초자연적 치유, 독특한 종말론, 긍정적 사고, 그리고 교회 성장학 같은 것을 발견할 수 있었다.

먼저, "신유사역"은 여의도순복음교회의 트레이드마크다. 이 교회의 담임 목사였던 조용기 목사 자신이 결핵에서 기적적으로 치유되는 경험을 했다. 이 경험은 그가 목사가 되는데 결정적 동기가 되었다. 또한 그가 목회 초기에 한 여성 장애인과 그녀의 병든 어린 자녀를 치유했던 것이 그 교회가 급성장하는 강력한 동인이 되었다.25) 지금까지도 신유사역은 여의도순복음교회 예배의 주요 부분 중 하나다. 더욱이, 신유는 오중복음과 삼중축복으로 알려진 조용기 목사 신학의 핵심 중 하나다.26)

오중복음은 구원, 성령세례, 신유, 재림, 그리고 축복으로 구성되어 있다. 이 신학에서 조 목사는 특별히 신유의 중요성을 강조한다.27) 또한 그의 삼박자구원은 요한3서 1장 2절(사랑하는 자여 네 영혼이 잘됨 같이 네가 범사에 잘되고 강건하기를 내가 간구하노라.)에 기초하고 있다. 목회에 대한 실용주의적 관점에 근거해서, 조 목사는 예수 그리스도를 믿음으로, 사람들이 풍요로운 영적 삶, 물질적 축복, 그리고 육체적·정신적 건강을 누릴 수 있다고 주장한다. 교회성장에 대한 한 설교에서 조 목사는 이렇게 말했다.

> 교회가 신자들의 필요를 충족시킬 수 없다면, 자신의 소명을 완수할 수 없을 것입니다. 그러므로 저는 매주 교회가 신자들의 부족을 채울 수 있도록, 그들이 필요한 것을 충족시키는 복음을 선포해야 한다고 믿습니다. 죄인들은 와서 자신들의 죄를 용서받아야 합니다…병든 사람들은 교회에서 치유를 받아야 합니다…저는 신자들의 필요를 충족시키는 모든 교회가 성장한다고 믿습니다. 형식주의적이거나 율법주의적인 교회는 결코 성장할 수 없습니다.28)

물론 신유의 가치에 대한 그의 강조는 흔히 거친 비판을 유도했고, 외부인들의 심각한 오해를 야기했다. 하지만 신유는 조용기 목사와 여의도순복음교회의 가장 두드러진 신학적 특징임에 틀림없다.

둘째, 우리는 조용기 목사의 종말론에서 또 다른 독특한 신학적 특징을 발견할 수 있다. 기본적으로, 그는 오순절 설교자로서 세대주의적 전천년설을 믿고 설교한다. 그는 종말에 대한 자신의 비관적 견해에 기초하여, 기성교회의 도덕적 타락, 세속화, 그리고 형식주의를 비판했다. 그의 종말론이 너무 강렬해서, 일부 보수적인 장로교인들은 이점에서 그를 이단으로 공격하기도 했다. 그러나 사실 그의 종말론에서는 별다른 독특성을 발견할 수 없다. 이런 종류의 비관적 종말론이 지난 100년간 한국에서 지배적인 신앙이었기 때문이다.29) 사실 그의 종말론에서 독특한 점은 전통적인 전천년설과 실현된 종말론─그의 삼중축복에 기초한─간의 교묘한 균형 속에서 발견된다. 조 목사가 전천년설을 자신의 기초적 종말론으로 수용했지만, 동시에 축복과 희망에 대해서도 설교했다. 삼중축복에 기초해서, 그는 이렇게 주장했다.

> 희망에 대한 나의 메시지는 요한삼서 1:2에 기초해 있습니다. "사랑하는 자여 네 영혼이 잘됨같이 네가 범사에 잘되고 강건하기를 내가 간구하노라." 어떤 신학자들은 만일 사람이 하나님께 물질적으로 축복해달라고 기도하면, 그의 영적 수준이 낮은 것이라고 주장합니다. 그들은 그것을 "번영신학"이라고 부릅니다. 이것이 잘못입니까? 그렇다면 우리는 축복을 받기 위해 하나님 말고 누구에게 가란 말입니까? 하나님께 하늘과 땅, 그리고 그 안에 있는 모든 것들을 창조하셨을 때, 그분은 또한 인간을 축복하셨습니다.30)

뿐만 아니라, 이재범은 하나님 나라와 신유사역 간의 관계를 다음과 같이 지적했다. "오순절운동은 신유사역을 통해 자신이 하나님 나라의 현존을 실천하는 것으로 본다."31) 게다가, 사람들은 조 목사가 교회성장을 확고히 믿으며, 그것을 모든 교회를 향한 하나님의 엄격한 명령으로 간주했음을 발견한다. 교회성장, 물질적 축복, 신유, 그리고 희망에 대한 그의 신앙은 세대주의적 전천년설과 연결된 그의 비관적 세계관과 조화될 수 없다. 하지만 이런 대립적인 종말론적 요소가 놀랍게도 공존하고 있으며, 그의 회중들에 의해 심각한 갈등 없이 수용되고, 심지어 긍정적 혹은 변증법적으로 뒤섞여 있다.32)

셋째, 데이비드 마틴은 조 목사를 빈센트 필Vincent Peale과 로버트 슐러 Robert Schuler의 틀 속에서 빚어진 "긍정적 사상가"positive thinker로 정의했다.33) 사실, 조 목사는 한국에 "긍정적 사고 신학"을 소개한 최초의 사람이며, 그 자신이 이 신학의 열정적 주창자가 되었다. 조 목사는 영어를 매우 잘 했기 때문에, 오랫동안 하나님의 성회 선교사들의 통역관으로 일하면서 그들과 친밀한 관계를 유지했고, 그들을 통해 미국 교회와 신학에 대한 최신의 정보를 얻을 수 있었다. 특히, "긍정적 사고 신학"에 기초한 로버트 슐러의 목회에서 깊은 통찰을 얻었으며, 그것을 자신의 목회에 적용했다.34) 긍정적 사고의 언어는 그가 가장 애호하는 설교 주제 중 하나가 되었으며, 긍정적 사고와 교회성장 전략을 성공적으로 결합시켰다. 교회성장에 대한 한 설교에서, 그는 이렇게 주장했다.

> 긍정적 선언이 매우 중요합니다. 여러분이 부정적으로 말하면, 여러분은 성령의 흐름을 가로막게 될 것입니다. 하지만 여러분이 긍정적으로 말하면, 당신의 성령의 권능이 자유롭게 활동하도록 만들 것입니다. 그래서 사람들이 구역장들 사이에서 "나는 권능이 없어. 나는 힘이 없어. 나는 확신이 없어"라고 부정적으로 말하기 시작할 때, 그들은 아무 것도 할 수 없습니다. 그래서 저는 그분들에게 결코 부정적인 말을 하지 말라고 부탁합니다. 항상 이렇게 말하십시오. "예수 그리스도 안에서 나는 가르칠 수 있다. 나는 승리할 수 있다. 나는 설교할 수 있다. 나는 예수 안에서 모든 것을 할 수 있다." 비록 여러분에게 아무런 능력이 없어도, 이렇게 말하십시오. "나는 예수 안에서 모든 것을 할 수 있다." 여러분의 태도가 매우 중요합니다… 이것이 교회성장을 위해 매우 중요합니다.35)

긍정적 사고 신학에 근거한 강력한 설교를 통해, 그는 한국에서 가장 유명한 설교자 중 한 사람이 되었다. 그의 설교는 회중들에게, 특히 가난한 사람들과 여인들에게 대단한 영향을 끼쳤다. 많은 가난한 여인들이 그의 설교에 용기를 얻고, 구역장으로 훈련을 받았으며, 마침내 이 교회에서 가장 활동적인 사역자들이 되었다.36) 이런 점에서, 긍정적 사고 신학은 여의도순복음교회의 급성장에 큰 공헌을 했으며, 신학적 측면에서 이 교회와 다른 주류 교회들을 명확히 구분하는 기능을 했다.

끝으로, 우리는 조 목사의 "교회성장신학"과 여의도교회의 폭발적 성장 간의 관계에 주목해야 한다. 여의도교회의 초창기부터, 조 목사는 한국에서 가장 큰 교회에서 목회하겠다는 거대한 비전을 품고 있었다. "하나님께서 성령을 부어주기 시작하여, 1964년에 이르러 우리의 신자들 수는 3천 명으로 늘었습니다. 그 당시 영락장로교회에 6천명의 신자들이 있었습니다. 저는 주님께 기도하였습니다. '아버지, 저에게 6천명 이상의 신자들을 주옵소서.'" 교회성장은 처음부터 그의 목회에서 일차적인 비전이요 목적이었다. 하지만 첫 20년간 이 교회의 성장은 조 목사의 개인적 카리스마에 의존하는 경향이 있었다. 하지만 1970년대 중반부터, 조 목사는 도널드 맥가브란Donald A. McGavran과 피터 와그너C. Peter Wagner의 소위 "교회성장신학"을 접하게 되었다. 이재범에 따르면, "1976년에 여의도순복음교회의 조용기 목사는 버질 거버Virgil Gerber와 도널드 맥가브란이 인도하는 교회성장 워크샵을 개최했다. 이 워크샵에서 조 목사는 1980년까지 이 교회의 신자 수 5만 명을 목표로 설정했다. 1980년에, 여의도순복음교회의 신자 수는 10만 명을 넘어섰다."37) 1976년 11월에, 조 목사는 국제교회성장연구원Church Growth International Ministry을 시작했다. 이 새로운 신학과 조직을 통해, 조 목사는 자신의 교회를 급성장시켰고, 교회성장운동은 한국교회 전체로 확대되기 시작했다. 조 목사의 사역을 통해 대중화된 이 새로운 신학적 경향은 근본적으로 한국교회의 흐름을 바꾸어 놓았다. 그래서 한신대학교의 주재용 교수는 "1970년대 한국교회의 선교신학은, 선교를 교회의 수적증가와 동일시하는 교회성장신학이었다"고 결론을 내렸다.38)

그처럼 전대미문의 성장을 경험하면서, 조 목사는 확신 속에 이렇게 설교한다. "교회성장은 하나님의 뜻입니다…교회가 크다면, 그 교회는 더 많은 사람들에게 접근하여, 더 널리 복음을 전할 수 있습니다."39) 한국교회에서 조용기 목사의 교회성장신학의 독특성을 부인할 수 있는 사람은 없다.

2. 조직적 혁신

1) 구역

조용기 목사의 목회 초기에, 그는 구역에 대한 이해가 전혀 없었다. 교회의 담임 목사로서 그는 모든 일을 자신이 직접 처리하려고 했다. 그러나 그 교회가 지속적으로 성장하면서, 그는 보다 효과적이고 조직적인 목회를 위해 역할분담의 필요성을 절감하게 되었다.40) 그런 상황에서, 구역을 조직하기 시작했다. 곧 그는 이 새로운 제도의 가치와 효과를 자신의 눈으로 직접 목격했고, 교회성장을 위해 구역제도의 필요성을 주장하게 되었다.

> 어떤 교회구조와 조직은 변화되어야 합니다. 교회는 목회자 중심이 되어선 안됩니다. 그런 교회는 반드시 변해야 합니다. 교회는 구역조직의 형태로 구성되어, 구역장이 목회자로서 기능해야 합니다…우리 교회에서, 구역모임을 통해 평신도 지도자들이 (한 달에), 6만 명의 새 신자들을 하나님 나라로 받아들입니다. 만약 목회자들이 직접 밖에 나가서 복음을 전하려 하면, 이런 숫자는 불가능합니다. 이런 일은 오직 평신도들이 밖에 나가서 복음을 전했기 때문에 가능한 것입니다.41)

분명히, 여의도 순복음교회의 이런 새로운 조직제도가 이 교회 신자들 수의 폭발적 증가에 기여했다. 그래서 존 버건John N. Vaughan은 이렇게 말했다. "많은 관찰자들은 주저함 없이 구역모임이 여의도순복음교회 성장의 주된 열쇠였다고 믿는다."42)

비슷하게, 구역제도는 그 자신의 효과적인 동원력과 복음전도활동을 통해 교회성장에 혁혁히 공헌했다. 이 구역제도에 관해서, 필자는 이 성장에 기여한 다른 측면을 논의해야 한다. 사회학자 김병서는 교회성장신학을 "거대증후군"the bigness syndrome이라고 비판했으며, 이 신학의 부정적 부산물에 대해 우려하였다. "이 거대증후군과 함께 이기적인 교회생활과 고도로 계층화된 교회구조가 참된 교회의 설립을 위해 필수적 수단인 공동체 친교의 해체를 초래했다."43) 그러나 조 목사의 견해에, 이런 구역제도가 교회성장을 지속적으로 추구하면서도, 이런 종류의 우려를 해결할 수 있는 것으로 보였다.

어떤 사람들은 교회가 너무 커지면, 목회자와 회중들 간의 친교가 단절될 것이라고 걱정하는 것 같다. 구역제도가 잘 조직되면, 이런 상황에 대해 걱정할 필요가 없다. 각 구역이 하나의 작은 교회로 간주될 수 있기 때문이다.44)

사실, 대부분의 한국교회들은 여의도순복음교회의 구역조직과 비슷한 조직들을 갖고 있다. 그러나 그들은 교회성장 및 친교를 위한 이 조직의 가치와 효용성에 대해 제대로 이해하지 못했다. 그리고 평신도 지도자들의 훈련을 위해 자신들의 에너지와 예산을 충분히 투자하지 못했다. 반면, 여의도교회는 이 제도를 보다 철저히 활용하여 엄청난 성공을 거두었다.

2) 여성 지도력

여의도순복음교회가 급성장한 이유를 이해하고자 할 때, 우리는 이 교회의 설립초기부터 여성회원들의 중요한 역할을 간과해서는 안 된다. 하지만 불행히도, 많은 학자들, 심지어 여의도순복음교회마저 이 점을 간과

하는 경향이 있다. 먼저, 우리는 고 최자실 목사의 사역에 특별히 주목해야 한다. 조 목사는 1956년에 순복음신학교에서 최 목사를 만났으며, 1958년에 그녀의 세 자녀들 및 조용기 목사와 함께 서울에서 천막교회를 개척했다. 이 과정에서 최 목사는 주도적 역할을 담당했으며, 후에 조용기 목사의 장모가 되었다. 뿐만 아니라, 그녀는 조용기 목사처럼 자신의 신유 사역을 성공적으로 수행했다. 여의도순복음교회가 1973년에 기도원을 설립했을 때, 최 목사는 이 기도원의 영적 사역을 통해 자신의 영향력을 한국교회 전역으로 확장시켰다. 그래서, 그녀가 세상을 떠났을 때, 이 기도원의 이름이 "오산리최자실기념기도원"으로 바뀌었다. 최자실 목사는 여의도순복음교회의 성장에 중요한 공헌을 했던 또 한 명의 상징적 인물이며, 많은 한국인들에 의해 한국교회사에서 가장 대중적이고 영향력 있는 여성 목회자 중 한 사람으로 기억되고 있다.[45]

최자실 목사의 역할 외에, 우리는 많은 영역에서 이 교회 여성 회원들의 중요한 역할을 발견할 수 있다. 무엇보다, 조용기 목사가 구역을 조직하려 할 때, 그는 이 새로운 제도를 실행하기 위해 평신도 지도자들이 필요했다. 특히 효과적인 사역을 위해, 지도자들은 회원들의 가정을 방문해야 했다. 하지만 대부분의 남성 회원들은 직장 때문에 이런 일을 감당할 수 없었다. "따라서, 조 목사는 그 사역을 위해 여성들을 뽑았다. 그 당시, 한국에서 여성들이 남성과 여성으로 구성된 조직을 이끈다는 것은 여전히 어려운 일이었다. 하지만, 이 결정과 그 새로운 제도는 어떤 큰 문제없이 잘 운영되었다."[46] 조 목사의 선택은 현명했고, 성공적이었다. 그 결과, 1960년에 여전도회가 조직되었으며, 3년 후에 남전도회가 구성되었다.[47] 더욱이, 1990년의 통계에 따르면, 48,009명의 구역장들 중, 2/3가 여성들이었다.[48] 그러므로 여성 회원들이 여의도순복음교회의 성장을 위해 감당했던 중요한 역할을 그 누구도 부인할 수 없을 것이다.

3) 조직적 관료주의

여의도순복음교회가 한국에서 제일 큰 교회가 되는데 걸린 시간은 10년 이었다. 이 교회에서 조용기 목사의 권위는 절대적이 되었다. 대부분의 회원들은 그의 지도력에 의존했다. 그러나 구역제도 부분에서 이미 언급했듯이, 이 교회의 규모는 그의 개인적 능력의 범위를 넘어섰다. 이런 상황에서 조 목사는 대단히 관료주의적인 제도를 자신의 교회에서 개발했다. 스티브 브라우어, 폴 기포드, 그리고 수잔 로즈의 공동연구에 따르면, "그 교회의 회원수가 650,000명이 되었던 1990년, 이 교회는 다음과 같은 위계 구조를 갖추게 되었다. 48,009명의 구역장, 48,009명의 부구역장, 6,700명의 지역장, 402명의 교구장, 24명의 대교구장, 11명의 지역성전 목회자, 목회담당 수석부목사, 그리고 조용기 목사."49) 이 조직의 구조와 기능을 분석한 후, 최신덕은 이렇게 결론을 내렸다.

> 여의도순복음교회의 조직은 거대하지만 훌륭한 구조를 갖추고 있다. 조직표는 이 조직의 효용성과 조용기 목사의 행정능력 모두를 지적해 준다. 비록 이 조직이 교회총회를 중심으로 구성된 듯이 보이지만, 이 조직의 실제적 기능들에 따라서 탈중앙집권적 특성을 지니고 있다.50)

이런 조직의 구조 속에서, 우리는 조용기 목사의 절대권위와 이 구조의 민주적 요소 간의 미묘한 긴장을 감지할 수 있다. 이런 종류의 긴장을 조 목사 자신의 말 속에서 보다 분명히 확인할 수 있다. 그의 글, "성장하는 교회의 전제조건"에서, 조 목사는 6가지의 전제조건을 제시했다. 그 조건들 중에서 4번째가 민주적 교회조직에 관한 것이며, 6번째가 목회자의 강력한 지도력을 다루고 있다.51) 다행히도, 지난 40여 년 이상 동안 어떤 심각한 문제없이, 이 교회의 조직 내에서 다소 모순적이고 대립적인 요소들이 기묘하게 공존해 왔다. 비록 조 목사가 절대적 권력과 권위를 갖고 있지만, 그는 또한 다양한 교회 활동 및 행정 분야에서 평신도들의 긍정적 역할에 대해 개방적 태도를 갖고 있었다. 결국, 그는 자신과 교인들 사이의, 혹은 그의 절대 권력과 이 조직의 민주적 구조 간에 어려운 균형을 비교적 성공적으로 유지해 왔기 때문에, 이 교회의 급성장을 위한 동력으로 기능할 수 있었다.

3. 사회적 맥락

1) 근대화

로드니 스탁이 적절하게 지적했듯이, "성공하기 위해, 신흥 종교들은 적절한 때에 적절한 장소에서 출현해야 한다." 그렇다면, 여의도순복음교회에게 적합한 장소는 어디였을까? 그리고 이 교회를 위해 적절한 때는 언제였던가? 이 교회는 1958년에 서울에서 개척되었으며, 1960년대와 70년대 동안 교인 수, 재산, 그리고 사회적 영향력 면에서 눈부신 성장을 경험했다. 대부분의 사회학자들은 바로 이 지역, 즉 서울에 관심을 집중하였고, 동시에 1950년대 후반부터 1980년까지의 기간에 주목했다. 또한 그들은 이 문제를 산업화와 도시화를 포함한 근대화의 관점에서 풀고자 노력했다.

사회학자 김병서는 한국에서 근대화의 본질과 문제를 다음과 같이 간명하게 요약했다.

(1) 산업화와 불균형적 분배에서 기인한 유산자와 무산자 간의 결코 좁혀질 수 없는 간격, (2) 불규칙적 경제성장과, 그 결과 나타난 경제적 불안, (3) 인권 및 개인적 자유를 억압하면서, 민주화 과정을 지체시켰던 경제개발에 대한 권위주의적이고 관료주의적인 통제, (4) 대규모 이농현상을 초래하고 공동체의 토대를 해체하며, 대가족제도의 긴밀한 끈을 단절해버린 산업화와

도시화. 그러므로 분명한 물질적 안락을 가능케 했던 근대화는 한국인들에게 종교를 포함한 비경제적인 삶에서 값비싼 대가를 치르도록 했다.52)

이런 요약이 제안하듯이, 권위주의적 군사정권에 의한 급속한 근대화는 한국에서 빈부격차, 경제적 불안, 공동체해체 등의 심각한 문제들을 발생시켰는데, 이것은 동시에 종교적 부흥을 위한 적절한 환경으로 기능했다. 즉, 여의도순복음교회가 위치한 지역은 경제적으로 가난하고 소외된 곳이었다. 자연적으로, "여의도순복음교회의 신자들 대부분이 중산층과 하류층에 속한다."53) 그 회원들 중에는 수많은 병자들, 술중독자들, 빈곤에 찌든 사람들, 심지어 전직 무당들이 있었다. 그래서 이 신자들을 향해, 조 목사는 강력하게 자신의 "5중복음과 3중축복"을 설교했으며, 그의 교회 신자들은 그의 설교에 열정적으로 반응했다. 유사한 상황의 사람들이 조 목사의 설교를 듣고 그의 신유능력을 체험하기 위해 여의도순복음교회로 몰려들었다.54) 결국, 한국에서 이 같은 근대화의 부작용은 여의도순복음교회가 생산한 새로운 상품을 기꺼이 소비할 소비자들을 양산함으로써, 여의도교회 성장을 위한 사회적 배경을 제공한 것이다.

2) 군부독재

여의도순복음교회의 폭발적 성장을 이해하기 위해, 사람들은 군사독재와 기독교 간의 관계를 진지하게 고려해야 한다. 필자는 군사정권이 여의도순복음교회의 급성장을 위해 담당했던 최소한 두 가지 역할을 지적하고자 한다.

첫째, 위에서 언급했듯이, 군사정권은 정치적 자유를 희생하며 경제적 급성장을 추구했다. 정부는 장기경제개발계획을 수립했고, 그 계획들을 강력하게 수행했다. 그런 것들과 병행해서, 이 군사정권은 한국에서 농촌

지역의 근대화를 위한 새로운 계획, 즉 새마을운동을 시작했다. 그 결과, 발전, 성공, 그리고 부가 한국인들의 일차적 가치와 목적이 되었다. 한국인들은 열정적으로 그런 목적들을 추구했다. 이런 새로운 환경에서, 조 목사는 긍정적 사고의 복음을 설교했고, 교회성장운동이란 자신의 새로운 전략을 추진했다. 그것은 여의도순복음교회를 위해 적절한 시기였다. 바로 이것이 군사정권이 여의도순복음교회의 급성장을 위해 행한 일차적 역할이었다.

둘째, 군사정권은 여의도교회의 성장을 위해 보다 직접적이고 효과적인 기회를 제공했다. 사실, 1961년에 박정희 장군이 구테타를 통해 정권을 장악한 후, 민주화를 요구하는 모든 종류의 목소리들을 무자비하게 탄압했다. 심지어 그의 정부는 어떤 종류의 정치적 집회도 허락하지 않았다. 특히, 그는 어떤 종류의 정치적 소란도 두려워했기 때문에, 어떤 목적이든, 다수의 군중들이 모이는 것을 꺼려했다. 그런데 놀랍게도, 1973년부터 1984년까지, 박정희 대통령은 자신이 불교신자였음에도 불구하고, 서울에서 교회들이 네 차례의 대규모 집회를 갖는 것을 허락했다. 1973년 5월 30일부터 6월 3일까지, 빌리 그래함이 초대형 복음전도집회를 열었다. 이재범에 따르면, "그 마지막 날에, 백만 명 이상의 사람들이 폐막집회에 참석했다."[55] 1974년 8월에, 두 번째 대형집회인 "액스플로 74"가 개최되었으며, 백 30만 명 이상이 첫날 밤 집회에 참석했다. 그리고 1980년 8월에, "80년 세계복음화성회"가 열렸고, 이 집회에 1백 80만 명이 참석했다. 끝으로, 한국기독교 100주년 기념집회가 1984년에 열렸는데, 총 참석자 수는 1백 60만 명이 넘었다. 그런데 공교롭게도 이 모든 집회들이 여의도순복음교회가 위치한 여의도광장에서 열렸고, 여의도순복음교회 건물들이 이 집회들을 위해 사용되었다.[56] 더욱이, 여의도순복음교회의 성장도표에 따르면, 이 기간 동안, 이 교회의 회원수가 10,970명1972에서 400,000

명1984으로 폭발적으로 증가했다.57) 박정희 대통령이 왜 이 복음전도집회를 허락했는지 알려진 바가 없다. 하지만, 분명한 것은 이 집회들이 여의도순복음교회의 급성장에 결정적 기여를 했다는 사실이다. 이런 과정을 통해 여의도교회에 대한 이단논쟁은 잠잠해 지고, 이 교회는 한국교회의 중심으로 급부상했다.

4. 카리스마적 지도력

1) 실천신학자로서의 신학적 민감성

대부분의 신학자들은 조용기 목사를 창조적 신학자로 인정하지 않는다. 그들에게 조 목사는 단지 "긍정적 사고자," "퇴마사," 혹은 "무당"에 불과할 뿐이다.58) 그러나 조 목사를 이 시대의 창조적 신학자 중 한 사람으로 보려는 학자들도 있다. 예를 들면, 마크 멀린스Mark Mulins는 조 목사 신학의 창조적이고 독창적인 측면을 보려고 노력한다. 그는 조용기 목사 신학의 본질을 간략하게 요약한다. 그에 따르면, "조용기 목사의 신학은 한국적 샤머니즘, 로버트 슐러의 '긍정적 사고' 그리고 풀러신학교와 연관된 교회성장학의 실용주의의 종합으로 보는 것이 가장 적합할 것이다."59) 이런 요소들이 한국전쟁 이후, 조 목사의 독특한 신학을 구성했다.

사실, 한국전쟁 이후, 한국에서 신학교들은 다양한 신학적 이슈들에 몰두하고 있었다. 장로교 신학교들이 칼 바르트의 실존주의적 신정통주의를 추종하고 있었다면, 감리교인들은 소위 "토착화 신학"을 완성하기 위해 분투했다. 보다 급진적인 그룹들은 "민중신학"에 관심을 집중했고, 다른 보수그룹들은 자신들의 오래된 독백을 되풀이했다. 하지만 대부분의 평범한 기독교인들은 그런 신학적 논쟁들로부터 철저히 소외되고 있었다. 추상적이거나 비현실적인 신학적 담론들은 평신도들의 지적 역량이나 관심의 범위를 넘어섰기 때문이다.

이런 맥락에서, 조 목사는 한국인과 그들의 교회 현실에 적용할 수 있는 자신만의 신학을 형성하기 위해 노력했다. 먼저, 그는 한국전쟁 이후 한국인들의 비참한 현실과 절박한 필요를 충분히 이해했다. 둘째, 그는 한국사회의 급격한 변화에 빠르게 적응하며 목회할 수 있었다. 셋째, 그는 미국에서 유행하던 실천 신학의 최근 동향을 파악하고 있었고, 그것을 자신의 "조리법"에 적용하는데 탁월한 능력을 보였다. 그런 노력의 산물이 바로 오순절신학, 적극적 사고, 그리고 교회성장학에 근거한 "5중복음"과 "삼박자축복"이었다.60)

또한 멀린스는 여의도순복음교회가 "비록 하나님의 성회의 심대한 영향 하에 있었지만, 본질적으로 독립적이고 자생적인 교회이며, 한국 오순절운동의 가장 영향력 있는 흐름을 대표한다"고 주장한다.61) 멀린스에 따르면, 여의도순복음교회는 하나님의 성회와 깊은 관계를 유지하고 있지만, 한국에서 지난 40여 년 간 토착화의 과정을 충분히 거쳤고, 그 결과 미국 오순절운동의 한 지류라기보다는 하나의 자생적이고 독립적인 교회로 이해되어야 한다는 것이다. 필자는 여의도순복음교회의 자생적 측면에 대한 멀린스의 탁월한 관찰에 전적으로 동의한다. 그러나 그가 여의도교회의 자생적 측면을 "한국의 무속"과 획일적으로 동일시 한 것은 유감스럽게 생각한다.62)

물론, 조 목사의 신학에 무속적 요소가 존재한다는 것을 부인할 사람은 없다. 그러나 그 무속적 요소가 여의도교회의 가장 독특한 측면이라고 주장하는 것은 적절하지 않다. 물론, 무속과 연관된 요소들이 있지만, 사실 무속적 요소들의 상당부분은 오순절운동의 전통적 특징들 속에서도 발견될 수 있는 보편적 종교현상이다. 예를 들어, 삼박자축복－영적 축복, 신유, 그리고 물질적 번영－은 이런 요소들을 조용기 목사가 좀 더 체계적으로 강조한 것이지, 한국 무속의 독점물은 아니다. 오히려, 필자는 조 목사의 한국적 오순절신학에서 가장 주목할 만한 특징은 방언에 대한 그의 새로운 해석이라고 생각한다. 전통적으로, 오순절운동과 다른 교단들을 분리시켰던 것은 성령세례에 대한 다른 이해였다. 다른 교단들과 달리, 오순절운동은 성령세례의 유일한 증거가 "방언"이라고 주장한다. 특히 하나님의 성회는 이런 교리를 고수하고 있다. 하지만 조 목사는 이러 전통적인 오순절 교리에 대해 다른 해석을 내린다. 비록 그가 여전히 방언의 중요성을 강조하지만, 이 행위에 대한 전통적인 오순절적 해석을 따르지 않기 때문이다.

> 개인적으로, 저는 여러분이 성령을 받았다는 유일한 증거가 방언이라고 믿지 않습니다. 성령의 증거는 방언이 아니라, 개인의 삶을 통한 증거로 증명됩니다. 만약 여러분이 예수님의 이름으로 증거 하지 않는다면, 왜 우리가 성령이 필요하겠습니까?[63]

그런 이해는 성령세례에 대한 오순절운동의 전통적 견해보다는 은사주의 입장에 훨씬 더 가까운 것이다. 그것은 한국에서 훨씬 더 받아들이기 쉬운 입장으로 보인다. 이런 면들을 고려할 때, 조 목사를 이 시대의 중요한 한국 신학자 중 한 사람으로 분류할 수 있을 것이다.[64]

2) 오순절 목사로서의 영적 권능

데이비드 마틴David Martin은 조 목사를 성령의 이름으로 병자를 치유하고 귀신을 내쫓는 퇴마사와 은사주의자로 정의하면서, "조용기 목사는 자신을 신유와 구원이 지금도 일어난다는 증거로 제시한다"라고 말한다.[65] 마틴이 적절히 지적하고 설명했듯이, 조 목사의 영적 권능은 여의도순복음교회의 급성장을 가능케 한 결정적 요인 중 하나였다.

먼저, 그의 개인적 삶 자체가 신비로운 영적 경험으로 가득했다. 기적적으로 결핵에서 회복된 후, 그는 목사가 되기 위해 순복음신학교에 진학했다. 그 후에도 그는 일생 동안 수많은 영적 체험들을 했다. 예를 들어, 그가 자신의 목회에서 심각한 슬럼프에 빠졌을 때 기도의 능력을 체험했는데, 그 체험을 통해 자신의 마음 속에 있는 마귀를 쫓아낼 수 있었다.

나는 내 삶에 뭔가 잘못되고 있다고 생각했습니다. 나는 침대에서 일어나 거실로 가서 기도하려 했습니다. 그러나 기도할 수 없었습니다… 나는 모든 것이 싫었습니다…나는 다시 기도하려 애를 썼습니다. 나는 기도하고 또 기도했습니다. 30여분 후에, 나는 내 심장에서 커다란 폭발음을 들었습니다. 그 후에 나는 매우 이상한 소리를 들었습니다. 방안의 모든 창문이 심하게 흔들렸습니다…그 다음 순간, 나는 우울증에서 벗어났습니다…나는 우울증의 마귀가 떠나가는 것을 느꼈습니다. 그 마귀는 정말 대단했습니다. 그래서 나는 마귀가 떠나는 소리를 들을 수 있었던 것입니다. 심지어 유리창까지 흔들렸습니다.66)

둘째, 그의 신유사역은 교회성장을 위한 가장 강력한 수단이 되었다. 1958년에 서울에서 그가 첫 교회를 개척했을 때, 신자는 5명뿐이었다. 그는 집이 없었기 때문에, 초라한 천막교회에서 잠을 자야 했다. 교회가 성장할 가능성도 전혀 없었다. 그런데 그의 신유사역을 통해 그의 암담한 상황이 성장에 대한 새로운 희망으로 변화되었다. 그가 몸이 마비된 여인과 그녀의 죽어가던 어린 딸을 성공적으로 치유했을 때, 마을주민들 대부분이 그의 영적 능력을 인정하고 그의 교회로 몰려들기 시작했다. 그때 이후, 온갖 종류의 병자들이 계속 예배 중 기적적으로 치유되는 체험을 했다.67) 곧 그의 교회는 "하나님께서 뚜렷하게 역사하는 곳"으로 알려졌다.

"조용기 목사의 기도와 신유 사역의 결과로, 사람들은 이 교회에서 벌어진 일들을 널리 알렸다. 병자들이 계속 몰려왔고, 조 목사의 신유사역을 통해 교회는 지속적으로 성장했다."68) 따라서, 조 목사의 영적 권능이 여의도순복음교회 급성장의 주된 요인이었음에 틀림없다.

셋째, 오순절 설교자로서 그의 탁월한 능력은 교회성장의 또 다른 동력이었다. 그가 경이적인 신유의 능력으로 기적을 행하고, 탁월한 리더십으로 목회하며, 현대의 신학적 흐름을 창조적으로 수용하는데 천재적 재능을 보였지만, 그럼에도 불구하고 그가 여의도순복음교회의 경이적 성장을 가능케 하고, 그 많은 성도들에게 존경을 받고, 자신의 영향을 지속적으로 유지할 수 있었던 또 하나의 결정적 요인은 그의 뛰어난 설교다. 뿐만 아니라, 그의 신학이 발전되고 성도들에게 전달됨으로써, 여의도순복음교회의 신앙적·신학적 정체성이 형성되었던 기본적 통로도 역시 설교였다.

그의 설교를 연구한 마원석은 조 목사 설교의 특징을 성서중심적, 경험중심적, 성령중심적, 그리고 초월적 하나님의 내재화라고 정리했다.69) 오중복음과 삼중축복을 중심으로 한 그의 설교는 이해하기 쉽고, 현실의 문제 속에 고통당하는 신자들을 위로하며, 궁극적으로 현실의 장애를 극복할 수 있다는 적극적 사고를 유도한다.70) 성경에 대한 강력한 확신, 성령에 대한 구체적 체험, 그리고 하나님의 현존에 대한 분명한 믿음을 근거로 선포되는 그의 설교는 사변적 혹은 교훈적 차원의 기존 설교들과 분명한 차별성을 지니면서, 여의도순복음교회 뿐만 아니라 한국교회 전체에 지울 수 없는 영향을 끼쳤다. 오순절적 특징을 담고 있는 조용기 목사의 설교에 대해, 마원석은 다음과 같이 평가한다.

조용기 목사의 오순절적이면서도 한국적인 상황화 설교는 신학이라는 것이 현실 세계에서 역사하시는 하나님을 외면해서는 안 된다는 점을 분명히 보여준다. 그의 오중복음의 설교는 수많은 한국 사람들에게 살아계신 하나님을 만나게 하였다. 신학은 어디까지나 복음(성서)와 현장(문화)과의 만남을 다룬다. 이러한 면에서 조용기 목사의 설교는 상황화 신학의 중요한 모델을 제시하는데 지대한 공헌을 하였다…조 목사의 목회신학과 설교가 한국교회와 세계교회에 던진 파장과 영향력, 그리고 공헌은 매우 특이하고도 중요한 것이다. 이러한 영향은 앞으로도 계속 파장을 일으키며 한국교회의 미래에 긍정적인 기여를 하리라고 믿는다.71)

3) 교회지도자의 카리스마적 지도력

조 목사는 교회 지도자, 즉 목회자가 교회성장의 일차적 책임을 진다고 믿으며, 그의 믿음은 여의도순복음교회의 놀라운 성장을 통해 사실로 입증되었다.72) 그는 강력한 지도력이 교회성장을 가능케 한다고 반복적으로 주장하는데, 이 주장은 여의도순복음교회의 예를 통해 입증되었다. "목회자의 지도력이 약화될 때, 교회도 약화됩니다. 목회자가 열정을 다해 비전을 실천할 때, 하나님의 백성들이 그의 용기를 북돋우며 아낌없이 지원하면, 그 교회는 성장할 것입니다."73)

그의 요점과 믿음은 근거 없는 것이 아니다. 사람들은 여의도순복음교회의 조직 안에서 몇 가지 강력한 증거를 발견할 수 있다. 필자가 조직 영역에서 이미 언급했듯이, 여의도순복음교회의 조직은 탁월한 구조를 갖추었으며, 매우 관료주의적 특성을 지닌다. 위에서 언급했듯이, 1990년도 통계에 따르면, 총 교인수가 650,000명이다. 48,009명의 셀 리더, 48,009명의 부 셀 리더, 6,700명의 구역장, 402명의 교구담당목사, 24명의 대교구 담당목사, 11명의 지성전담당목사가 있었다. 그리고 이 위계조직의 정상에 조 목사가 위치해 있다. 조 목사의 프로파일에 따르면, 그는 "여의도순복음교회 담임목사이며, 국제교회성장연구원의 설립자요, 회장이요, 이사장"

이다.74) 여기서 확인할 수 있듯이, 여의도순복음교회의 거대한 조직은 조 목사를 중심으로 움직이고 있으며, 여전히 그의 강력한 통제 하에 있다. 실제로, 조 목사는 여의도순복음교회의 권위의 핵심이며, 그 권위 체계의 최정상에 있다. 그러므로 사람들은 여의도순복음교회가 지난 40여 년간 조 목사의 카리스마적 지도력에 의존해 왔으며, 그의 강력한 지도력이 이 교회의 성장에 결정적 공헌을 했다는 사실에 동의할 수 있을 것이다.

우리는 조 목사의 지도력과 그의 교회의 급성장 간의 관계에 대한 보다 구체적인 예를 발견할 수 있다. 조 목사는 1958년에 5명의 회원과 더불어 서울의 서쪽에 위치한 대조동에 그의 첫 번째 교회를 개척했다. 그리고 1961년에 그는 300명으로 늘어난 신자들과 함께 서대문으로 이전했고, 그 다음 해에 새로운 교회건물을 건축해서 봉헌했다. 이 교회의 교인 수는 800명으로 증가했고, 1968년에는 8천명으로 늘었다. 그래서 신자들은 새로운 교회건물을 건축하기로 결정했다. 이 상황에서, 한 회원이 "여의도"를 그들의 새 교회를 건축할 장소로 추천했다. 그러나 당시에 여의도는 서울에서 거의 버림받은 황무지 같은 섬이었다. 대부분의 신자들은 이 생각에 반대했다. 그런데, 조목사의 간증에 따르면, 이 상황에서 하나의 비전이 그의 가슴을 파고들었다.

"네[조용기 목사]는 만 명을 수용하는 교회를 지을 것이다." 그러나 그 당시에 우리 교회의 통장에는 1000불 밖에 없었습니다. 그 당시에 미국 달러는 가치가 매우 높았습니다. 이 교회를 짓기 위해서는 최소한 1억 달러가 필요했습니다. 하지만 저의 손엔 1000불 밖에 없었지요.75)

교인들의 격렬한 반대와 외부의 거친 비판과 조롱에도 불구하고, 무엇보다 심각한 자금의 부족에도 불구하고, 조 목사는 계속 자신의 비전을 밀고 나갔으며, 마침내, 교회 건축을 마칠 수 있었다. 이미 언급했듯이, 그의 결정이 옳았다는 사실이 후에 극적으로 입증되었다. 로드니 스탁의 용어를 빌린다면, 여의도는 조 목사와 그의 회중들을 위해 가장 적절한 장소였던 것이다. 여의도 성전은 경이적인 성장을 위한 강력한 요새요 터전이 되었다. 조 목사가 여의도로 옮겼을 때, 8천 명의 신자들이 그를 따라갔다. 하지만 여의도에 새 성전을 봉헌한 이후, 교인 수는 급속도로 증가하기 시작하여, 1979년에는 102,162명에 이르렀다. 이 이야기에서 우리는 조 목사의 강력한 지도력과 그것의 경이적인 결과를 확인할 수 있다.76)

IV. 결론

이상에서 종교사회학자인 로드니 스탁의 분석틀을 사용하여, 여의도순복음교회 성장에 대한 사회학적 분석을 시도했다. 여의도순복음교회의 경이적 성장은 교회사에서도 매우 이례적인 사건이다. 이 교회에 대한 다양한 평가에도 불구하고, 이 교회의 존재 자체가 신학을 포함한 제반 학술분야의 흥미로운 연구주제가 되어왔다. 그만큼 이 교회의 성장, 특성, 의미는 복잡하며, 한 가지 관점이나 방법에 의해 획일적으로 분석·이해될 수 없다. 그러므로 이 운동을 단지 한국 무속의 기독교적 변형으로 이해하거나, 근대화의 종교적 부산물로 규정하는 것은 가능하지 않고 바람직하지도 않다.

본 논문을 통해 지적되었듯이, 여의도순복음교회의 성장을 이해하기 위해, 우리는 ①신학적 긴장, ②조직적 혁신, ③사회적 맥락, ④카리스마적 지도력을 주요 원인으로 주목해야 한다. 먼저, 여의도순복음교회 안에서 발견되는 무속적 요소들, 부흥운동, 그리고 기도의 강조 등은 기존의 한국

종교문화와 친밀감 혹은 연속성을 형성하며, 교회의 급성장에 중요한 맥락을 제공했다. 동시에 신유사역, 독특한 종말론, 적극적 사고방식 및 교회성장학은 여의도순복음교회의 신학 및 사역에 독창성을 부여하고, 기존 교회와 차별화된 특성 및 내용을 구비하게 만들었다. 둘째, 여의도순복음교회는 교회 내 교회Ecclesiola in ecclesia로서 구역조직의 활성화, 여성지도력에 대한 대담한 결정과 활용, 그리고 그물망처럼 치밀한 행정조직을 통해 대형교회의 약점을 극복하고, 역동적이며 유기적인 목회를 가능하게 했다. 셋째, 1960년부터 시작된 산업화, 도시화, 그리고 근대화의 물결은 여의도순복음교회의 메시지와 사역이 급속도로 파급될 수 있는 문화적·사회적 배경을 제공해 주었으며, 군부독재시절 교회와 정권의 밀월관계는 이 교회가 초고속 성장을 향유할 수 있는 정치적 배경을 마련해 주었다. 끝으로, 이런 모든 내적·외적 요인들이 75만 명의 성도를 거느린 세계최대의 교회로 여의도순복음교회가 성장하는데 긍정적·창조적으로 기여하며 수렴하도록 만든 중심축은 바로 조용기 목사의 탁월한 지도력이었다. 당대의 다양한 신학적 조류들을 창조적으로 조합하여, "오중복음"과 "삼중축복"을 발전시키고, 강력한 신비체험, 경이적인 신유사역, 그리고 탁월한 설교를 통해, 오순절 목사로서의 역량을 최대한 발휘했으며, 카리스마적 지도력으로 수많은 위기들을 극복함으로써, 교회성장의 초석이 되었다. 결국, 이런 다양한 요인들의 복잡한 상호작용을 통해 여의도순복음교회가 경이적 성장을 이루었다고 할 수 있다.

이제, 여의도순복음교회가 지닌 역사적 의미들을 언급함으로써, 글을 마무리하고자 한다. 먼저, 여의도순복음교회를 통해 부흥운동이 한국교회의 핵심적 전통으로 뿌리를 확고히 내리게 되었다. 복음중심의 설교, 열정적인 성령체험, 뜨거운 기도와 전도는 한국교회 내에 면면히 내려온 부흥운동의 유산이다. 이런 유산이 여의도순복음교회와 조용기 목사의 사역을 통해 한국교회 전반으로 더욱 확산되면서, 교파를 초월한 한국교회의 일반적 특성으로 자리매김 한 것이다. 이런 부흥운동의 전통은 신자들의 신앙생활이 보다 체험적, 구체적, 현실적이 되도록 도와주었다. 동시에 체험에 대한 지나친 강조는 신자들 내에 말씀에 대한 진지한 탐구, 영적 묵상으로서의 깊은 기도, 역사에 대한 책임적 반응이 약화되는 부작용을 낳기도 했다.

둘째, 여의도순복음교회를 통해, 오순절운동이 한국교회의 변방에서 중심으로 이동하게 되었다. 오랫동안 오순절운동은 전통신학의 심각한 오해와 비난의 대상이었다. 여의도순복음교회가 오랫동안 이단사이비논쟁에 시달렸던 것도 이런 맥락에서 이해될 수 있다. 하지만 신유, 방언, 재림에 대한 열정적 설교와 사역은 기존의 오해와 공격을 극복하면서, 침체된 한국교회의 새로운 대안으로 부상했다. 더 이상 오순절운동은 한국교회의 "미운 오리새끼"가 아니다. 오히려 사면초가에 빠진 한국교회를 구원할 "라이온 킹"이 될 수 있다. 하지만 여의도순복음교회를 통해 소개된 오순절운동이 단지 방언과 신유에 집착함으로써, 오순절운동 본래의 평화주의, 여성존중, 인종평등, 빈민구제 등의 사회적·문화적 유산이 균형 있게 소개되지 못했던 것은 아쉬움으로 남는다.

셋째, 여의도순복음교회를 통해, 한국교회에 "적극적 사고방식"과 "교회성장학"이 소개되었다. 국가적으로 새마을운동과 경제개발계획을 통해 국가재건을 위해 분투할 때, 적극적 사고방식과 교회성장학은 국가시책에 대한 기독교적 전략으로 탁월한 효과를 발휘했다. 패배주의에 빠졌던 신자들에게 격려와 희망의 메시지가 되었으며, 미래에 대한 염세주의적 태도를 타파하는 강력한 해독제로 기능했다. 이런 새로운 신학운동은 개 교회의 급성장을 가능케 하면서, 마침내 한국에서 개신교가 주류종교로 등극했다. 하지만 이런 미국제 신학들은 한국교회가 자본주의와 무비판적으로 유착하는 부작용도 낳았다. 결국, 한국사회에 대한 예언자적 비판기능을 포기하고, 현상유지를 위한 제사장적 유지기능에 만족하는 상황에 처한 것이다.

넷째, 여의도순복음교회를 통해 한국교회는 "조용기 목사"라는 걸출한 스타를 보유하게 되었다. 그는 5명으로 시작한 천막교회를 75만 명의 성도를 거느린 세계 최대의 교회로 성장시켰다. 그는 전세계적으로 영향력을 행사하며 권위를 인정받는 한국의 유일한 목회자다. 세계 도처에서 영어로 집회를 인도하고, 수십 권의 영어책을 출판했으며, 교회, 신문사, 대학교, 방송국, 출판사, 사회사업기관 등을 모두 거느린 국내 유일의 재벌 목회자다. 그는 정녕, 한국의 종교와 정치 모두에서 가장 막강한 영향력을 행사하는 인물이다. 그러나 그의 막강한 영향력이 여의도순복음교회 내에서, 한국교회 내에서, 특별히 사회·정치영역에서 남용될 때, 그것이 초래한 부정적 영향력은 측정이 불가능할 정도로 대단했다. 권력과 영향력의 독점이 갖는 위험성이 그의 안에서도 지속적으로 감지되고 있기 때문에, 우려의 목소리도 매우 높다.

이제 선교 50주년을 지나면서, 여의도순복음교회는 중요한 전환점을 지나고 있다. 조 목사의 은퇴를 통한 리더십의 변화, 지교회 독립을 통한 교회구조의 근본적 변화 등, 교회개척 이래 가장 거대한 변화의 터널을 통과하고 있는 것이다. 따라서 지난 50년간 성취한 거대한 업적의 긍정적 측면을 지속적으로 발전시킴과 동시에, 부정적 자취들을 냉철히 반성하며 개혁함으로써, 새로운 50년을 준비해야 한다. 이 역사적 전환기에 교회의 지도층이 내린 현명한 판단과 창조적 실천이 향후 이 교회의 운명을 결정할 것이다.

*이 글은 복음신학대학원대학교 오순절신학연구소 편, 『21세기에 읽는 오순절신학』(대전:복음신학대학원대학교 출판부, 2009):265~97에 "여의도순복음교회의 성장에 대한 소고"란 제

목으로 실렸던 것이다.

1) 여의도순복음교회의 역사에 대해서는, 여의도순복음교회, 『여의도순복음교회50년사』(서울: 여의도순복음교회, 2008)을 참조하시오.
2) 스티브 브라우어, 폴 기포드, 그리고 수잔 로스가 공동 저술한 『미국적 복음 수출하기』(Exporting the American Gospel)의 제6장은 조용기 목사를 이렇게 소개한다. "사람들이 중앙아메리카, 아프리카, 남아메리카, 혹은 필리핀에 있는 기독교인들을 방문하면, 미국의 교회들과 선교단체들, 그리고 그들의 독특한 유형의 보수적 복음주의의 영향이 지대함을 쉽게 발견할 것이다. 이런 사실에도 불구하고 세계의 여러 지역에서 신자들이 미국인도 아니요 자신들의 동족도 아닌 한국인 조용기 목사에 대해 이야기 한다." Steve Bouwer, Paul Gifford, & Susan D. Rose, *Exporting the American Gospel*, 45; Walter J. Hollenwerger, *Pentecostalism* (Peabody, Massachusetts: Hendrickson,1997): 105.
3) 교회성장연구소, 『세계가 주목한 조용기 목사의 교회성장』(서울: 교회성장연구소, 2008).
4) 영산신학연구소 편, 『영산의 목회와 신학』 I, II, III (군포: 한세대학교말씀사, 2008).
5) Byong Suh Kim, "The Explosive Growth of the Korean Church Today: A Sociological Analysis," *International Review of Mission* 74 (January 1985), 70.
6) Steve Bouwer, Paul Gifford, & Susan D. Rose, *Exporting the American Gospel*, 45; Walter J. Hollenwerger, *Pentecostalism* (Peabody, Massachusetts: Hendrickson, 1997): 104-5; Mark R. Mullins, "The Empire Strikes Back: Korean Pentecostal Mission in Japan," 92; David Martin, *Tongues of Fire: The Exposition of Pentecostalism in Latin America* (Cambridge, Massachusetts, Brasil Blackwell, Inc., 1990): 140-41; Harvey Cox, *Fire From Heaven* (New York: Addison-Wesley Publishing Company, 1995), 213-41.
7) Byong Suh Kim, "The Explosive Growth of the Korean Church Today: A Sociological Analysis," 65.
8) Rodney Stark, "How New Religions Succeed: A Theoretical Model," *The Future of New Religious Movements*, Ed. David Bromely and Phillip Hammond (Macon, GA.: Mercer University Press, 1987). 스탁은 동일한 이론을 초대교회 형성과정에 적용하여 매우 흥미로운 연구를 진행했다. Rodney Stark, *The Rise of Christianity* (New York, NY: Harper One, 1997).
9) Rodney Stark, "How New Religions Succeed: A Theoretical Model," 12.
10) Ibid., 15.
11) Ibid., 16.
12) Ibid.
13) Ibid., 19.

14) Ibid., 23.
15) Ibid., 23-5.
16) 2007년 10월 1일, 인터넷신문 〈뉴스앤조이〉에 실린 한 칼럼에서, 전종돈 기자는 다음과 같이 한국교회의 무당종교화 현상을 비판했다. "복음은 분명하게도 지상의 재물은 무가치하다고 선언하였지만 오늘날 대형교회 목사들이 예수의 말씀을 따르지 않고 기독교를 기복신앙으로 무당종교로 이끌어 가는 바람에 많은 문제의식이 드러나는 것이다. '예수를 잘 믿으면 축복 받는다' 는 메시지만 강하게 전파하다 보니 기독교의 승화된 공리주의가 사라져 버린 것이다. 창고에 차고 넘치도록 복을 간구하는 기복신앙이야 말로 기독교를 저속한 종교집단으로 끌어 내린 것이다." http://www.newsnjoy.co.kr/news/articleView.html?idxno=22499.
17) Harvey Cox, *Fire From Heaven*, 213-41.
18) 국제신학연구원, 『여의도순복음교회의 신앙과 신학』 (서울: 서울서적, 1993), 136. 박명수 교수는 여의도순복음교회 회원들 가운데 다수가 다양한 형태의 영적 체험, 특히 신유체험을 통해 이 교회의 신자들이 되었다는 사실을 역사적으로 입증했다. 박명수, "조용기 목사의 영적 리더십과 교회성장," 『세계가 주목한 조용기 목사의 교회성장』 교회성장연구소 편 (서울: 교회성장연구소, 2008): 174-214.
19) 박명수, "한국교회사를 통해 조명해 본 조용기 목사의 오중복음," 『조용기 목사의 영성과 리더십』, 홍영기 (서울: 교회성장연구소, 2003), 212.
20) 이들 부흥사들에 대해 다음의 연구들을 참고하시오. 최현, 『김익두』 (서울: 예루살렘, 2000); 박용규, 『김익두 목사 전기』 (서울: 생명의 말씀사, 1998); 류금주, 『이용도의 신비주의와 한국교회』 (서울: 대한기독교서회, 2005); 정인교, 『이성봉 목사의 생애와 설교』 (서울: 성결신학연구소, 1998); 이용규, 『한국교회와 신유운동』 (서울: 쿰란출판사, 2006).
21) 박명수 박사는 조용기 목사가 한국교회의 전통적 신앙과 긴밀한 연관관계를 맺어 왔음을 치밀하게 논증했다. 박명수, "한국교회사를 통해 조명해 본 조용기 목사의 오중복음," 209-40.
22) 박명수, "조용기 목사의 영적 리더십과 교회성장: 여의도순복음교회 신자들의 영성에 나타난 조용기 목사의 리더십," 『세계가 주목한 조용기 목사의 교회성장』, 183-89.
23) 국제신학연구원, 『여의도순복음교회의 신앙과 신학』, 189-90.
24) 그런 이유로 오랫동안 여의도순복음교회는 사이비이단논쟁에 시달려야 했다. 이에 대해, 국제신학연구원, 『여의도순복음교회의 신앙과 신학』, 243-316를 참조하시오.
25) Yonggi Cho, "My 30-day Battle with Satan," *Church Growth* (Spring 1999): 4-5.
26) 조용기 목사의 신학에 대해서는 다음의 저서들을 참조하시오. 조용기, 『오중복음과 삼중축복』 (서울: 서울말씀사, 1997)과 영산신학연구소 편, 『영산의 목회와 신학』 I, II, III (군포: 한세대학교말씀사, 2008).
27) 배덕만, " 치료하시는 예수님: 치료자 예수 그리스도를 통해 본 영산의 기독론 연구," 『영산신학저널』 제2권 통권 제5호(2005): 114-38.

28) Yonggi Cho, "Prerequisites for a Growing Church," *Church Growth* (Summer1994): 4.
29) 박명수, "한국교회사를 통해 조명해 본 조용기 목사의 오중복음," 228-32.
30) Yonggi Cho, "The Secret Behind the World's Biggest Church," *Azusa Street and Beyond: Pentecostal Mission and Church Growth in the Twentieth Century*, Ed. L. Grant McClung, Jr. (South Plainfield, NJ: Bridge Publishing Inc., 1986), 102.
31) Jae Bum Lee, 221.
32) 신문철, "영산 조용기의 종말론: 대화주의 관점에서 바라본 천년왕국론," 『제10차 한국오순절신학회 학술발표회 자료집』(2007): 73-93.
33) David Martin, *Tongue of Fire*, 145.
34) 조 목사는 1976년에 국제교회성장연구원(Church Growth International)을 설립했을 때, 로버트 슐러 목사를 이사로 임명했다.
35) David Yonnggi Cho, "Speaking God's Word For Church Growth," *Church Growth* (Winter 1995), 4.
36) 여성사역의 강조와 존중은 오순절운동의 전통적 특징 중 하나다. 오순절운동의 이런 역사에 대해서는, 배덕만, "진보적 사회운동으로서 오순절운동의 가능성 모색", 『종교와 문화』 제13호 (2007): 65-85; 도날드 밀러·테쓰나오 야마모리, 『왜 섬기는 교회에 세계가 열광하는가?: 기독교적 사회참여의 새로운 모델, 성령운동』, 김성건·장종현 공역 (서울: 교회성장연구소, 2008) 등을 참조하시오.
37) Jae Bum Lee, 254.
38) 주재용, 『한국 그리스도교 신학사』 (서울: 대한기독교서회, 1998), 295.
39) Yonggi Cho, "The Secret Behind the World's Biggest Church," 104.
40) 조 목사는 모든 일을 혼자 처리하다 과로로 병원에 입원하게 되었고, 그때 성경을 묵상하던 중 모세에 대한 장인 이드로의 충고 부분을 읽던 중, 구역제도의 필요성을 깨닫게 되었다. 국제신학연구원, 『여의도순복음교회의 신앙과 신학』, 185-86.
41) David Yonggi Cho, "Prerequisites for a Growing Church," 6.
42) John N. Vaughn, *The World's 20 Largest Churches: Church Growth Principles in Action* (Grand Rapids, Michigan: Baker Book House, 1984), 36-7.
43) Byong Suh Kim, 71.
44) David Yonggi Cho, "The Secret Behind the World's Biggest Church," 104.
45) 그녀의 생애와 사역에 대해서는, 최자실, 『나는 할렐루야 아줌마였네』(서울: 서울말씀사, 1990)와 임군학, "기독교대한하나님의성회의 오순절운동에 대한 연구," (한세대학교 박사학위논문, 2006), 77-111을 참조하시오.
46) *The Faith and Theology of the YFGC*, 186.
47) Ibid.
48) *Exporting American Gospel*, 118. 2000년의 통계자료에 의하면, 이 차이는 더욱 심화되었다. 남성 지역장들의 수는 1,239인 반면, 여성 지역장들은 6,664명이었다. 그리고 남성 구역장들은 4,218명인 반면, 여성구역장들은 24,639명이었다. 이 자료

는 www.fgtv.or.kr/english/yoido/fg-member에서 확인할 수 있다.
49) Ibid. 이 부분에 대한 보다 최근의 자료를 여의도복음교회 인터넷 홈페이지 (www.fgtv.co.kr)에서 얻을 수 있다. 이 자료에 따르면, 75만 5천명의 신자들, 28,957명의 구역장, 7903명의 지역장, 292명의 교구장, 171명의 목사, 356명의 전도사, 그리고 이 조직의 정상에 조용기 목사가 위치해 있다.
50) Syn Duk Choi, 123.
51) David Yonggi Cho, "Prerequisites for a Growing Church," 5–6.
52) Byong Suh Kim, 68–9.
53) Syn Duk Choi, 122.
54) The Faith and Theology of the YFGC, 99–100.
55) Jae Bum Lee, 194.
56) 여의도순복음교회, 『여의도순복음교회 50년사』 참조.
57) Ibid.
58) David Martin, 145.
59) Mark R. Mullins, 92.
60) 박명수, "한국교회사를 통해 조명해 본 조용기 목사의 오중복음," 232-38.
61) Mark R. Mullins, 89.
62) Ibid., 92.
63) David Yonggi Cho, "Prerequisites for a Growing Church," 6.
64) 신학자로서 조용기 목사의 가능성을 탐색한 연구로는, 배덕만, "한국신학과 세계신학의 가교로서 오순절신학의 가능성 탐구," 『종교연구』 제38집 (2005년 봄): 179-201을 참조하시오.
65) David Martin, 144–45.
66) David Yonggi Cho, "Prayer Can Bind the Enemy and Cast Him Out," *Church Growth* (Summer 1993), 5.
67) David Yonggi Cho, "My 30-day Battle with Satan," 4–5.
68) Jae Bum Lee, 263.
69) 마원석, "조용기 목사의 교회성장형 설교가 신학적 발전에 미친 영향," 『세계가 주목한 조용기 목사의 교회성장』, 86–93.
70) 김정규, "교회성장의 원리·유형 및 목회자의 역할" (감신대 석사학위 논문, 1995), 60.
71) 마원석, 100-101.
72) David Yonggi Cho, "Prerequisites for a Growing Church," 4.
73) Ibid., 6.
74) *Church Growth* (Summer 2000), 7을 참조하시오.
75) David Yonggi Cho, "God-Given Vision for Your Ministry-Part I," *Church Growth* (Autumn 1994): 7.
76) 조용기 목사의 카리스마적리더십에 대한 심도있는 연구는, 홍영기, 『조용기 목사의 영성과 리더십』, 131–61을 참조하시오.

10장

십자가를 넘어 부활의 영광으로
조용기 목사의 기독론

I. 서론

　최근 영산 조용기 목사의 신학에 대한 관심이 학계에서 고조되고 있다. 그가 세계최대의 교회인 여의도순복음교회를 담임하고 있기 때문에, 그에 대한 초기의 관심은 대체로 교회성장에 집중되었다.[1] 그의 교회가 오순절 교단 소속이기 때문에, 그의 설교와 예배에 나타난 오순절적 특징들을 조명하는 것이 그 다음의 주된 작업이었다. 그 결과, 그의 성령론에 대한 연구와 그것의 부흥운동적 특징에 대한 검토가 상당한 수준까지 진행되었다.[2] 또한 최근에는 그의 목회대상자들과 그들을 향해 선포된 메시지의 중심내용들을 새롭게 인식하면서, 오중복음과 삼중축복을 민중 신학과 대비하여 보다 긍정적으로 검토하려는 시도들이 출현하였다.[3] 결국 이런 연구들의 결과로, 영산의 신학을 무속적, 기복적, 감정적, 물질적, 현세적, 개인적, 그리고 탈사회적인 것으로 규정하며 비판하던 기존의 편견들이 상당부분 수정되거나 제거되었다. 이로써, 영산의 신학사상을 좀 더 객관적이고, 포괄적이며, 균형 잡힌 시각으로 접근하는 것이 가능해 졌다.
　영산의 신학에 대한 이런 진보된 이해 가운데서 가장 필자의 주목을 끄는 부분은 점점 많은 학자들이 영산의 신학에서 "기독론"의 중심적 위치를 인식하기 시작했다는 점이다. 사실 오순절 설교가로서 그에 대해 존재해 온 오랜 편견은 영산의 신학이 성령론, 신유론, 그리고 축복론에 편향되어 있다는 것이었다. 그러나 영산 신학을 면밀히 검토하기 시작한 일군의 학자들은 그의 신학내에서 기독론의 중심성을 간파하기 시작했다. 예를 들어, 서울신학대학교의 박명수 교수는 "삼중 구원의 신학의 핵심은 기독론이다"라고 간파했다.4) 조용기 목사의 설교를 주제별로 분석했던 연세대학교의 서정민 교수도, 영산의 설교가 "그리스도 복음 중심의 메시지, 구원의 케리그마, 기독론의 정립, 교회론의 확고한 입론을 의도한 건강한 메시지의 기조를 살필 수 있다"고 의미 있는 결론을 내린바 있다.5)

그러나 학계에서 일고 있는 영산의 신학에서 기독론의 중심성에 대한 이 같은 신선한 인식에도 불구하고, 아직까지 영산의 기독론에 대한 본격적 연구가 진행되지 못한 점은 매우 안타까운 일이다. 뿐만 아니라 그동안 성령론과 신유론 분야에서 영산신학에 대한 연구가 활발히 전개되어 왔지만, 이 연구들이 기독론과의 관계성 속에서 고찰되지 못한 것도 또 다른 아쉬움으로 남는다. 그리고 기존에 나온 영산신학에 대한 연구물들이 그것의 역사적·신학적 배경에 대한 연구나 그것과 인접 학문 간의 관계성 탐구, 혹은 기존의 편견에 대한 변증 등에 치중하면서, 정작 영산신학의 내용들에 대한 본격적 탐구는 아직까지 깊이 있게 진행되지 못하고 있는 실정이다.6) 더욱이 영산의 설교전집이 출간된 지 벌써 수년이 흘렀지만, 아직도 영산신학에 대한 학문적 논의에서 이 자료들에 대한 충실한 검토 없이 연구가 진행되고 있는 것도 영산 신학연구의 자료적 측면에서 시정되어야 할 문제점이 아닐 수 없다.7)

따라서 필자는 영산의 기독론을 탐색하는 본 글에서, 위에 지적한 기존의 한계들을 일정부분 극복하기 위해, 다음의 세 가지 사항을 집필의 원칙으로 설정했다. 첫째, 필자는 영산의 기독론이 그의 신유론과 긴밀히 연관되어 있다는 사실에 주목하면서, "치유하는 예수 그리스도"란 앵글을 통해 영산의 기독론을 조명해 보고자 한다. 둘째, 필자는 아직까지 영산의 기독론에 대한 본격적 연구가 시도되지 않았다는 사실에 주목하여, 그의 기독론의 신학적·역사적 배경이나 영향사에 대한 서술보다, 그의 기독론의 핵심적 내용들을 충실히 검토/분석하는 일에 몰두할 것이다. 끝으로, 영산의 신학이 대부분 그의 설교를 통해 표현되고 형성되었다는 점에 주목하여, 그의 『설교전집』을 이 논문의 일차자료로 사용할 것이다. 물론 이런 필자의 전제는 이 논문의 장점이자 한계일 수밖에 없다. 그러나 이 글이 영산의 기독론에 대한 최종 집대성이 아닌, 그 첫 걸음에 불과하므로, 여러 미흡한 점들을 충분히 인식하면서도, 보다 발전된 장래의 연구들을 기대하며 이 작업을 진행하고자 한다.

II. 본론

1. 영산의 기독론과 치유의 상관관계

영산의 수많은 설교들은 그리스도에 대한 그의 다양한 메시지들로 가득하다. 동시에 그리스도에 대한 그의 설교들 속에는 반드시 그리스도의 치유사역에 대한 언급들이 다양한 형태로 등장한다. 이처럼 영산의 그리스도 이해와 신유의 상관성은 다음과 같은 여러 요인들에 의해서 구조적 적합성 및 정당성을 스스로 확보하고 있다.

먼저, 영산은 질병의 일차적 원인을 인간의 타락에서 찾는다. 영산에 의하면, 사람이 죄를 짓기 전에는 병도 없었고 죽음도 없었다.[8] 그러나 아담과 하와가 범죄함으로, "이 세상은 갖가지 병이 든 세상"이 되었다.[9] 그들이 죄를 범한 대가로 사망이 침투했고, 그 사망의 첫 열매로 병이 주어졌다. 결국, 이런 상황을 해결할 메시야가 요청되었으며, 예수 그리스도는 그 요청에 대한 하나님의 섬세한 응답이었다. 그래서 영산은 이렇게 선언한다. "아담의 타락은 인간에게 영혼의 죽음과 육체의 죽음, 그리고 환경적인 저주를 가져왔습니다. 그러므로 인류가 필요로 하는 메시아는 죄와 질병 그리고 저주를 해방시켜 주신 분이어야 합니다."[10]

둘째, 영산은 질병을 귀신의 작용으로 이해한다. 그가 "질병의 귀신"으로 명명하는 이 귀신은 성경시대 뿐만 아니라 현재에도 수많은 사람들을 고통 속에 장악하고 있다.[11] 그렇지만, 정작 사람들은 이 귀신의 존재를 인정하지 않기 때문에, 이런 원인으로 발생하는 다양한 질병들을 근원적으로 해결하지 못하고 있다. 결국, 이런 질병들은 귀신을 축출함으로써만 치유될 수 있고, 이 치유는 오직 예수 그리스도에 의해서만 가능하다고 영산은 주장한다.

> 오늘날 많은 사람들이 마귀에 눌려 신음하고 있습니다. 사람들은 이런 고통에서 나음을 얻으려고 의사에게 치료도 받고 약도 먹습니다만 고침을 받지 못하고 전전긍긍하고 있습니다. 이런 고통에서 해방을 얻으려면 근본적으로 귀신을 쫓아내야 합니다. 그런데 우리가 어떻게 귀신을 쫓아낼 수 있겠습니까? 오직 나사렛 예수님을 의지하는 길밖에는 없습니다.[12]

셋째, 영산은 그리스도 사역의 핵심을 치유사역으로 규정한다. "예수님께서는 죄를 용서하고 병 고치는 일을 하나님나라 사역의 가장 중요한 두 가지 사역으로 여기셨습니다."[13] 그런 의미에서 영산은 그리스도를 치유자로 규정한다. "예수님께서는 위대한 치료자이십니다."[14] 보다 구체적으로, 그리스도께서 지상에서 행한 사역의 2/3가 치유사역이었고, 자신의

12제자와 70인 제자들을 파송하면서 신유를 명하셨다는 점마10:8; 눅10:8, 그리고 승천 직전 제자들에게 다시 한번 신유를 명하셨다는 점막16:17에 각각 주목하면서, 치료를 기독교의 핵심으로 선언한다. "치료를 무시한 기독교는 기독교가 아닙니다. 예수 그리스도를 믿는 기독교는 치료의 종교입니다. 이러므로 치료를 무시한 채 오직 도덕적이고 윤리적인 기독교만 증거하는 것은 그리스도께서 십자가에 못 박히심으로 마련하신 은총에 거역하는 행위입니다."15)

넷째, 영산 자신이 그리스도에 대한 믿음을 통해 불치병에서 치유되는 기적을 체험했다. 폐병 말기환자로 사형선고까지 받았던 그가 그리스도에 대한 믿음을 통해 기적적으로 치유되는 체험을 하였다. 이로써, 그는 예수 그리스도를 통한 구원이 단지 영적 차원의 문제만이 아니라, 인간의 영, 혼, 그리고 육체 모두를 포괄한 총체적 사건임을 분명히 깨달았다. 영산은 이 체험을 이렇게 진술했다. "예전에 나는 예수님을 믿는 것은 그저 죽어서 천국에 가기 위한 방편으로만 생각했었습니다. 그런데 예수님을 믿고 나서 인생의 의미와 가치를 깨달았을 뿐만 아니라 육체의 질병까지 고침을 받았습니다."16) 이렇듯 치유자로서 그리스도에 대한 영산의 개인적 확신은 신학적 사색의 논리적 추론이 아닌, 개인적 신유체험의 현실적 결과물이었다.

끝으로, 영산은 이 세상이 총체적 난치병에 걸려 죽어간다고 진단한다. 아담의 타락 이후, 모든 인간이 치유불능의 치명적 합병증에 걸려 죽음을 향해 질주하고 있다. 영산의 눈에, "인간은 지극히 존귀한 것 같지만 허무와 무의미의 벽에 부딪히고 죄책과 정죄의 벽에 부딪히며 죽음과 멸망의 벽에 부딪히게 되므로 문둥병 못지않은 비극적인 병이 들어 있음"이 자명하다.17) 이런 인간들의 내면적 질병은 사회적·세계적 분열과 충돌로 확대되어, 인류의 삶을 비극의 현장으로 변질시키고 말았다. 이런 상황에서 영산은 몰락하는 인류를 구원할 유일한 구원자로 예수 그리스도를 요청하고, 그를 "우리의 치료자"로 정의한다.

> 가정이 병들고, 도덕이 병들고, 세계가 병들고 역사가 병들었습니다. 그리하여 가정으로부터 시작해서 사회, 세계 전체가 가시밭길을 걸어가며 피투성이가 되어가고 있는 것입니다. 나라가 나라를 대적하여 일어나고, 민족이 민족을 대적하여 일어나며, 서로 살상을 즐겨하고 미움과 분노, 시기와 질투, 원한과 원망이 온 세계에 가득 찼습니다…인간을 치료해 주실 분은 오직 예수님 한 분밖에 없습니다.

2. 대속의 주 예수 그리스도와 치유

영산의 그리스도 이해는 십자가 사건을 축으로 다양한 형태와 방향으로 전개된다. 그러므로 영산의 기독론에 대한 신학적 탐색은 십자가 사건에 대한 그의 이해를 검토하는 것에서 출발해야 한다.

먼저, 그리스도가 십자가에서 고통을 당한 것은 인류의 죄를 청산하기 위함이었다고 영산은 선언한다. 우리의 말과 생각, 그리고 행위에서 빚어진 모든 허물들을 해결하고, 우리가 과거와 현재, 그리고 미래에 지은 모든 죄들을 제거하기 위해서, 예수 그리스도께서 그 처절한 십자가의 고통을 당하셨다는 것이다.

> 성경은 예수님께서 찔리신 것은 우리의 허물을 인함이라고 하였습니다. 이러므로 예수님께서 십자가에서 숱하게 찔리신 것은 우리의 말과 생각과 행위에서 나타난 허물을 청산하시기 위함이요, 십자가에서 말할 수 없는 고통을 당하도록 상하신 것은 우리의 과거, 현재, 미래의 죄를 완전히 청산하시기 위함이었던 것입니다.18)

둘째, 영산은 예수 그리스도만이 죄 없이 태어나고 죄 없이 살았던 유일한 존재였기 때문에, 인류의 죄를 짊어지고 십자가에 달릴 수 있었다고 주장한다. 그분의 삶이 완벽하게 순결했기 때문에, 그의 피가 인류를 죄로부터 정결케 할 수 있었던 것이다. 이 점을 영산은 이렇게 진술했다. "죄 없이 태어나시고 죄 없이 사신 예수 그리스도께서는 십자가에 달리사 인류를 대신해서 피를 흘리셨습니다. 이 때문에 예수 그리스도의 보혈은 모든 인류의 죄악을 다 청산하는 위대한 능력이 있는 것입니다."[19]

셋째, 영산은 오직 그리스도의 보혈만이 인류의 죄를 해결할 수 있다고 믿는다. 그리스도의 보혈 외에 그 어떤 인간적 공로도 인간을 의롭게 할 수 없는 것이다. 그러므로 구원을 성취하기 위한 일체의 인간적 노력은 지극히 우매한 행동이며, 무지와 불신앙에 근거한 오류일 뿐이다. 오직 그리스도의 보혈만이 인간의 온전한 의가 된다.

> 예수 그리스도의 보혈만이 진정으로 우리의 죄를 청산해 주며 우리에게 의의 옷을 입혀줍니다. 이 때문에 그 누구를 불문하고 예수 그리스도의 보혈의 공로를 의지하지 않으면 결코 의롭다함을 얻을 수 없는 것입니다. 따라서 인간의 무슨 선한 행위를 통해 하나님께로부터 의로움을 얻어보겠다고 생각하는 사람은 큰 과오를 범하는 사람입니다."[20]

끝으로, 영산은 십자가 위에서 인간의 가장 근원적 문제인 죄의 문제를 해결한 예수 그리스도께서 질병의 문제도 함께 치유하셨다고 확신한다. 기본적으로 영산은 질병의 원인을 인간의 죄에서 찾기 때문에, 죄의 문제를 해결한 그리스도의 십자가 사건이 인간의 질병문제도 근본적으로 해결해 주었다. 따라서 영산은 확신 속에 이렇게 선언한다. "우리가 십자가 위에 올라가서 상처 입은 예수님의 모습을 바라볼 때 그 곳에서 치료하시는 예수님을 볼 수 있습니다."21) "우리는 예수님의 보혈과 이름을 통해 질병을 치료받고 강건해질 수 있으며, 저주를 속량하고 하나님의 풍성한 은총을 받아 누릴 수 있습니다."22) 이처럼, 영산의 기독론에선 죄 사함과 병 고침이 동전의 양면처럼 분리되지 않고, 자연스럽게 병존하고 있다.23)

3. 부활의 주 예수 그리스도와 치유

영산은 자신의 설교에서 여러 차례 부활의 진정성을 변증하려고 노력했다. 일차적으로 부활에 대한 성경의 기록들을 신뢰하고, 동시에 부활을 반대하는 이론들의 불합리성을 지적함으로써, 부활의 진정성을 입증하려 한 것이다. 하지만 영산은 부활에 대한 신학적 변증에 집중하기 보다는 부활하신 예수 그리스도의 현존을 강조함으로써, 부활의 현실적 의미와 가치를 더욱 크게 부각시킨다.

먼저, 영산은 부활을 명백한 역사적 사실로 담대히 천명한다. "예수 그리스도께서는 죽으신 지 사흘 만에 찬란하게 부활하셨습니다."24) 그 결과, 죽음이 극복되었고, 죽음의 저주로 인해 인류 속으로 침투했던 모든 눈물, 근심, 탄식, 이별, 곡, 애통 등도 소멸되고, 오직 영광만이 남게 되었다고 영산은 주장한다.25) 결국, 부활에 대한 이 같은 분명한 확신이 영산의 신학을 "희망의 신학"으로 명명할 수 있는 이론적 근거가 된다.26) 또한 그의 오중복음이 삼중축복으로 구체화될 수 있는 신학적 바탕도 이런 부활에 대한 그의 확고한 신앙과 깊이 연관되어 있음이 자명해진다.27)

둘째, 죽음을 극복한 부활은 인류에게 치유의 축복을 안겨주었다. 따라서 영산은 인류에게 보편적으로 만연한 질병현상이 부활하신 예수 그리스도에 의해 해체될 수 있음을 확신한다. 이것은 이미 2천년 전 발생한 부활사건으로 이미 확정된 진리요 엄연한 현실이다. 따라서 신자들이 부활하신 예수 그리스도를 순전히 의지할 때, 신유의 역사는 언제든지 발생할 수 있는 것이다.28) 이 문제와 관련해서, 영산은 이렇게 담대히 선포한다. "예수님은 생사를 우리와 함께 하시려고 죽으셨다가 부활하셨습니다."29) 부활하신 주님이 우리 편이라는 것이다. 단지 질병의 문제를 넘어 생과 사의 차원까지 말이다.

끝으로, 영산은 부활을 단지 과거의 일회적 사건이 아닌 현재의 지속적 사건으로 풀이한다. 그리스도가 부활했다는 것은 죽음을 극복했다는 의미이며, 죽음의 극복은 시간의 극복으로 연결된다. 결국, 죽음을 극복한 부활은 2000년의 시간적 편차를 넘어서, 현재의 우리에게 지속적으로 영향력을 행사할 수 있다는 논리이다. 따라서 우리가 부활한 주님을 의지할 때, 2000년 전에 발생했던 그리스도의 치료의 역사가 현재에도 반복될 수 있다는 것이 영산에겐 흔들릴 수 없는 진리로 수용되고 있다.

> 그리스도의 부활은 과거의 역사적인 사건이나 성경의 이야기가 아닙니다. 그리스도의 부활 사건은 현실적인 것입니다. 예수님은 부활이요, 생명이며, 지금 우리 가운데 계시는 것입니다. 이 그리스도를 모셔 들일 때, 부활의 역동적 역사가 여러분의 생활 속에 나타납니다. 여러분의 생애 속에서 모든 사망의 세력은 철폐되고 하나님의 영광의 천국 역사가 시작되는 것입니다.30)

이처럼, 영산은 부활을 명백한 역사적 사건으로 규정함과 동시에, 현재에도 지속적으로 반복되는 역동적 사건으로 이해한다. 따라서 그의 신학 안에선 이런 부활의 현재적 역동성이 질병 치유를 가능케 하는 현실적 동력으로 작용하고 있다.

4. 화해의 주 예수 그리스도와 치유

영산은 예수 그리스도를 화해의 주로 설명한다. 즉, 예수 그리스도는 하나님과 인간 사이에 막힌 담을 헐고, 양자간의 극적 화해를 이루어낸 탁월한 평화의 중재자였다. 그러면서 영산은 화해의 주이신 그리스도께서 이 화해를 이루어낸 두 가지 근거를 제시한다. 하나는 그리스도의 십자가 사건이며, 다른 하나는 그리스도의 부활이다.

먼저, 영산은 화해를 위해서는 희생이 필요한데, 그리스도께서 십자가 상에서 피 흘리심으로 이 조건을 만족시켰다고 믿는다. 이 희생적 죽음을 통해 화해를 실제적으로 성취하셨을 뿐만 아니라, 우리에게 화해의 귀한 모범이 되셨다는 것이다.

> 화해는 진실한 사랑과 인내의 대화와 희생이 있어야 이루어집니다. 이 사실을 증명하신 분이 바로 예수 그리스도이십니다. 예수님께서는 십자가에서 못 박혀 피 흘려 죽으심으로 하나님과 인간 사이를 화해하게 하셨으며, 이를 통해 우리에게 화해의 참 뜻을 가르쳐 주셨습니다.31)

둘째, 영산은 하나님과 인간 사이의 불화를 그리스도께서 부활하심으로 극복했다고 설명한다. 즉, 아담의 범죄 이후, 하나님과 인간 사이는 완전히 단절되었고, 양자간에는 극단적 불화만이 존재하였다. 인간의 측면에서 이 불화는 죽음을 의미했다. 그런데, 그리스도께서 죽음에서 부활하심으로 죽음을 정복하셨고, 그 결과 하나님과 인간 간의 불화도 자동적으로 치유되고 극복되었다. 그래서 영산은 자신의 청중들을 향해 이렇게 선포한다. "이 때문에 죄를 지었음에도 불구하고 못났음에도 불구하고 버림을 받아야 마땅함에도 불구하고 예수 그리스도를 의지하는 사람은 하나님과 화목하고 하나님의 사랑을 받을 수 있는 것입니다."32)

그런데, 예수 그리스도를 화해의 주로 이해하는 이 맥락에서, 영산은 화해의 첫 열매가 바로 치료였다고 선언한다. 그에 따르면, 질병의 치료가 하나님과 인간 간의 화목의 열매가 될 수 있는 근거는 예수 그리스도가 인류를 위해 고난을 당하셨기 때문이다. 그리스도가 인류의 죄를 대신 지고, 십자가에서 고난을 당함으로써 인류는 죄의 올무에서 벗어나게 되었다. 이렇게 인류의 죄문제가 해결되자, 그 동안 이 죄 때문에 단절되었던 하나님과 인간 간의 관계도 자연스럽게 회복되고, 양자가 서로 화목하게 된 것이다. 그 결과 죄로 인해 발생했던 질병들도 치유될 수 있는 성서적 근거가 마련되었다는 것이 영산의 설명이다.

> 화목의 첫째 되는 열매는 치료입니다. 오늘날 사람들은 다 병들었습니다. 인간은 영이 병들고 마음이 병들고 몸이 병들고 생활이 병들었습니다... 우리는 예수님의 고난을 통해 영과 마음과 육체와 생활에 있어서 치료의 은총을 체험할 수 있습니다. 우리가 예수님을 의지할 때 우리에게는 하나님의 치료의 능력이 넘쳐납니다. 왜냐하면 우리는 예수님을 통해 하나님과 화목할 명분을 얻었기 때문입니다.33)

이처럼 영산에게 그리스도의 고난은 하나님과 인간간의 화해의 토대가 되고, 인류의 치료를 위한 신학적 전거가 된다. 여기서 우리는 영산의 기독론이 치유와 그 맥을 공유하는 장면을 목격하게 된다.

5. 고난의 주 예수 그리스도와 치유

가난하고 소외된 민중들 틈에서 목회해 온 영산의 의식 속에 예수 그리스도는 "고난의 주"로 선명히 각인되어 있다. 그러나 고난을 벗어날 수 없는 인간의 존재론적 올무가 아니라, 그리스도를 통해 극복해야할, 아니 극복할 수 있는 현실적 장애로 이해하기 때문에, 고난의 주에 대한 그의 인상은 비관적 우울 속에 표류하지 않고, 현실에 대한 정직한 대면의 담을 넘어 그리스도에 대한 진지한 묵상으로 심화되고 있다.

먼저, 영산은 예수 그리스도를 고난의 주로 묘사한다. 그리스도께서 채찍에 맞고, 가시관을 쓰고, 십자가에 달리는 육체적 고통을 겪었을 뿐만 아니라, 하나님과 제자들에게 버림받음으로써, 심각한 심적 고난도 받았다는 것이 영산의 주장이다. 사회적 존재로서 그리스도가 당한 고난이 얼마나 고통스러운 것인지, 영산은 이렇게 서술한다.

> 예수님께서는 십자가에 못 박혀 높이 달리심으로써 위로는 하나님께로부터 영적으로 버림받고, 아래로는 모든 제자들과 사람들에게서 버림받았습니다. 사람이 버림받아 고독해지는 것은 굉장히 무서운 일입니다. 인간은 사회적 존재이기 때문에 외롭고, 고독하고, 버림받았다는 것이 얼마나 무서운 일인지 모릅니다. 그런데 예수님께서는 철저히 버림받았습니다. 이미 영적으로 버림받은 주님께서 제자들에게는 정신적으로 완전히 버림받아 십자가에 못 박히신 것입니다. 예수님께서는 정신적으로 한없는 고통과 고독을 체험하셨습니다. 심각한 심적 고난을 당하신 것입니다.34)

둘째, 영산에 의하면, 예수 그리스도께서 그렇게 극심한 고난을 당한 이유가 인류의 질병을 대신 짊어지기 위함이었다. "예수님께서 십자가 고난을 당하신 것은 여러분과 나의 병을 짊어지기 위해서 였습니다. 작은 병으로부터 시작해서 큰 병에 이르기까지 모든 종류의 질병을 주님께서는 모두 다 짊어지셨던 것입니다."35) 그렇기 때문에, 오늘날 우리가 그리스도의 이름에 의지하여 기도할 때, 병에서 해방되어 건강한 삶을 살 수 있게 된다는 것이다.

셋째, 예수 그리스도께서 십자가 외에도 다양한 형태의 고난들을 몸소 체험하였음으로, 자신의 사역기간 동안 병자들을 정성껏 치유할 수 있었다. 즉, 예수께서 아침부터 저녁까지 아무런 차별 없이 온갖 병자들을 깊은 애정 속에 치유할 수 있었던 것은 자신이 몸소 고난을 겪어 보았기 때문에, 병자들이 당하는 질고를 완벽하게 이해하고 효과적으로 도울 수 있었다는 논리이다. 인간의 질고를 아는 자였기에, 예수께서 가난한 자, 소외된 자, 그리고 병든 자의 진정한 벗이 될 수 있었던 것이다.

예수님께서는 진실로 가난한 자의 친구였으며, 소외된 자의 이웃이었고 병든 자의 의사였습니다. 예수님께서는 사람들의 질고를 아셨습니다. 예수님께서 거니시는 곳마다 병든 자가 몰려들었습니다. 예수님께서는 항상 병든 자를 고치시는데 전심전력을 기울이셨습니다. 예수님께서는 해가 질 때까지 병자들을 일일이 고치셨습니다."36)

끝으로 영산은 예수 그리스도께서 인간의 질병 문제를 학문적 사색의 대상이 아닌, 철저하게 민중의 절박한 현실로 이해함으로써, 죽음의 위협까지 감수해야 했었다고 주장한다. 즉, 예수님은 자신이 만난 병자들의 상황이 너무나 절박하고, 그들에 대한 애정이 너무나 강렬하여, 엄격한 사회적 금기와 관습마저 깨뜨리며 그들을 치유하셨다. 이 같은 그의 행동은 질병이라는 실존적 한계상황을 긴급한 치유의 대상이 아닌 단순한 지적 논쟁의 대상으로 삼아온 기존의 종교적 권세자들에 대한 도전이었고, 그들에 의해 유지되어 온 사회질서에 대한 정면대결이었다. 그 결과, 그는 끊임없이 테러와 암살의 대상이 될 수밖에 없었다. 영산은 이 사실을 다음과 같이 기술했다.

예수님은 질병을 신학적으로나 의식의 논쟁 대상으로 삼는 것을 결코 용납하지 않았습니다. 예수님은 신학 이전에 병을 고치셨고, 의식 이전에 병을 고쳐주셨습니다. 예수님께서 유대인들의 안식일인 토요일에 사람들의 병을 고치시지 않으셨더라면 유대인들로부터 그처럼 생명의 위협과 핍박을 받지 않았을 것입니다.37)

6. 성령을 통해 현존하시는 예수 그리스도와 치유

영산에게 예수 그리스도는 1세기의 역사적 인물이 아니다. 그에게는 예수 그리스도께서 지금도 여기에서 이전과 동일한 사역을 진행하고 계신다. 이런 맥락에서 예수 그리스도는 단지 숭배의 대상이 아닌, 우리 삶의 절친한 동반자인 것이다. 영산이 이해한 그리스도가 현존하는 방식과 사역의 내용은 다음과 같다.

먼저, 영산은 예수 그리스도께서 성령을 통해 오늘 이곳에 임재한다고 주장한다. 즉, 오순절에 임한 성령은 역사적 예수와 동일한 "다른 보혜사"이다. 그의 역할은 "예수님의 이름으로 예수님의 일을 그대로 시행하기 위한 것"이기 때문에, "성령의 역사는 예수님의 역사"요, "성령충만은 예수님의 충만"이며, "성령임재는 예수님의 임재"인 것이다. 영산은 자신의 설교에서 이 사실을 다음과 같이 설명했다.

> 오늘날 예수님께서는 성령으로 주님을 믿고 사랑하는 사람들의 몸 속에 와 계실 뿐 아니라 두세 사람이 주님의 이름으로 모이는 가운데도 와 계십니다. 우리 가운데 와 계신 예수님께서는 어제나 오늘이나 영원토록 변하지 않고 동일하게 역사하십니다. 2천년 전 나사렛 사람의 몸을 입고 이 땅에 오신 예수님께서 오늘날에는 여러분의 몸에 성령으로 찾아오셔서, 여러분의 일어나고 앉는 곳마다, 또 가정과 사업장에서 여러분과 함께 동행해 주고 계시는 것입니다.38)

둘째, 영산은 예수 그리스도께서 영원토록 동일한 분이라고 확신한다. 따라서 예수님께서 성령을 통해 지금도 우리 가운데 임재하신다면, 그분이 2000년 전 팔레스틴에서 행하시던 사역을 지금도 동일하게 행하시는 것이 틀림없다. "그렇지 않다면 예수님의 약속의 말씀은 모두가 공허한 거짓말이 되고 말 것"이기 때문이다.39) 바로 이런 확신에 근거해서, 영산은 은사중단설을 주장하면서 오순절-은사주의운동에 반대하는 개혁파 정통주의자들의 공격에 맞서, 흔들림 없이 신유의 복음을 선포하고, 신유사역을 지속한다.

끝으로, 영산은 성령을 통한 예수 그리스도의 지속적 현존을 근거로, 기적적 치료의 현실적 가능성을 확신하고, 신자들에게 이 체험에 참여할 것을 강력히 촉구한다. 예수 그리스도가 "어제나 오늘이나 영원토록 동일"하시기 때문에, 또 예수 그리스도가 "우리에게 영원한 생명을 주시는 치료의 원천이 되"시기 때문에, 우리가 병들었을 때, 우리는 주저 없이 예수 그리스도를 바라보아야 한다.

> 오늘날도 우리가 병들었을 때 예수님을 바라보면 예수님께로부터 치료의 강물이 넘쳐흐릅니다. 이러므로 우리는 영적인 병, 마음의 병, 도덕적인 병, 가정의 병, 생활의 병, 그 밖의 모든 병의 치료를 위해 예수님을 바라보아야 합니다. 예수님께서는 우리에게 영원한 생명을 주시는 치료의 원천이 되십니다.40)

이렇게 그리스도와 성령의 일치된 사역을 강조함으로써, 영산은 자신의 신학을 삼위일체적 토대 위에서 구성할 수 있는 분명한 이론적 근거들을 확보하고, 그리스도와 성령의 지속적 협력사역을 인식함으로써, 그리스도 현존의 신학적 정당성을 획득하였다. 뿐만 아니라 그리스도의 현존과 사역의 동질성을 주장함으로써, 신유사역의 논리적 토대를 유지할 수 있었다.

7. 그리스도와 관련된 다양한 유비들과 치유

위에서 살펴본 것처럼, 영산은 기독론의 다양한 유형들을 발전시키면서, 예수 그리스도의 정체성과 사역에 변화와 동력을 제공하였다. 뿐만 아니라 영산은 예수 그리스도의 메시아적 사역들을 다양한 유비적 수사들로 묘사하고 설명함으로써, 자신의 기독론을 더욱 풍요롭게 만들었다. 특별히 신유와 관련된 것들 중에서 다음의 것들이 대표적 예들이다.

먼저, 영산은 예수 그리스도의 십자가에 주목하여, 십자가를 치유의 상징으로 사용한다. 물론 예수님이 달렸던 십자가 자체가 구원의 원천은 아니며, 십자가 자체에 어떤 신유의 효력이 담긴 것도 아니다. 그러나 영산은 그리스도가 짊어졌던 십자가와 예수 그리스도를 상징적으로 동일시하면서, 십자가를 통해 그리스도의 치유 능력을 제시한다.

> 예수 그리스도의 십자가에는 치료의 능력이 넘쳐납니다. 마귀는 인간을 병들게 합니다. 과학과 의학과 문명이 발달한 요즘은 오히려 옛날보다 더 무서운 질병이 극성을 부립니다. 그러나 우리가 예수 그리스도의 십자가의 은총을 의지하면 우리의 질병의 독을 무력화시킬 수 있습니다.41)

둘째, 영산은 예수 그리스도의 보혈을 치유하는 그리스도의 또 다른 상징으로 선택한다. 영산은 이사야 53장에 나오는 고난당하는 그리스도의 모습에 반복적으로 주목하면서, 그리스도의 고난이 인류의 질병치료에 원초적 근거가 됨을 역설하고, 그런 그리스도의 고난을 가장 자극적으로 묘사하는 상징으로 예수 그리스도의 보혈을 선택한 것이다. 그는 이 보혈의 수사를 통해서, 그리스도가 당한 고난의 강도를 시각적으로 극대화시킬

뿐만 아니라, 그 고난을 통해 주어진 치료에 대해서도 더 큰 신뢰와 효과를 기대할 수 있게 한다.

이러므로 성도는 예수님의 보혈을 통해 질병의 공포에서 해방을 받을 수 있습니다. 예수님의 보혈은 질병 치유에 대한 증거가 됩니다. 성령은 이 시간에도 말씀하고 있습니다. '저가 채찍에 맞음으로 너희가 나음을 입었느니라. 이 보혈을 통해 질병의 억압에서 해방을 받고 참자유를 누릴지어다.'"42)

끝으로, 영산은 예수 그리스도를 통한 치유의 역사를 멍에에 비유하여 서술한다. 먼저, 영산은 흔히 멍에에 대해 갖고 있는 일반적인 부정적 이미지를 교정하려고 애를 쓴다. 멍에는 단지 억압과 통제의 도구가 아니라, 더 큰 상처를 막고 일의 효율을 높이는 긍정적 기능을 지닌다. 이어서 영산은 이런 긍정적 기능을 염두에 두면서, 그리스도의 치유 사역을 멍에의 기능에 비유한다. 특별히 예수 그리스도의 멍에는 질병의 짐을 덜어 줌으로써, 우리에게 치유와 안식을 제공하는 대단히 긍정적 의미를 지닌다고 그는 반복적으로 역설한다.

예수님의 멍에는 질병의 짐을 덜어주는 멍에입니다. 예수님께서는 다니시는 곳마다 병든 자를 다 고치셨습니다…예수 그리스도께서는 어제나 오늘이나 영원토록 동일하십니다. 우리가 예수 그리스도의 멍에를 의지할 때 질병의 짐을 덜고 안식할 수 있습니다.43)

이처럼, 영산은 십자가, 보혈, 그리고 멍에 같은 시각적 도구를 사용하여, 치유자로서 그리스도의 사역을 수사학적으로 설명하였다. 이런 방식으로 그는 예수 그리스도에 대한 자신의 생각을 다채롭게 묘사했을 뿐만 아니라, 청중들에게 좀더 효과적으로 그 의미를 전달할 수 있었다.

III. 결론

이상에서 영산의 기독론을 치유자 예수를 중심으로 분석해 보았다. 영산 신학에서 기독론의 중심성을 전제로, 그리고 그의 기독론에서 치유자로서 예수의 역할에 특별히 주목하면서, 그리스도에 대한 영산의 설교들을 세밀히 검토하였다. 이제, 이 글에서 전개한 분석의 결과로 드러난 영산 기독론의 특징들을 간략히 정리함으로써, 글을 마무리하고자 한다.

먼저, 영산의 기독론은 영산 신학의 중심축이다. 오중복음과 삼중축복도 그리스도의 생애, 사역, 죽음, 그리고 부활을 중심으로 구성되었고, 그의 설교에도 그리스도를 중심으로 한 주제들이 빈번하게 등장하였다. 그런 의미에서 기독론에 대한 적절한 관심을 유지하지 않고, 영산의 신학을 성령론 중심으로 형성하려는 시도는 영산 신학의 전체적 구조를 파기할 수 있는 위험한 오류이다. 뿐만 아니라 영산신학을 세밀히 분석하지 않고, 단지 통념에 근거하여 축복과 성령의 신학으로 단순화시키는 것은 영산신학의 핵심을 놓친 불완전한 이해임에 틀림없다.

둘째, 영산의 기독론은 그리스도의 치유사역을 중심으로 발전해 왔다. 물론 그리스도의 치유사역이 영산의 기독론을 이해하는 유일한 통로나 앵글은 아니다. 얼마든지 다양한 관점과 또 다른 방법에 의한 다각적 접근이 가능하다. 그러나 영산의 목회현장과 그 현장에서 만난 청중들의 특성, 그리고 그런 특수한 현장 속에서 주조된 그의 그리스도 이해는 자연스럽게 그의 신유사역 및 신유복음과 관련될 수밖에 없었다. 그런 영산의 독특한 그리스도 경험 및 인식이 그의 기독론 도처에 치유자 예수의 상을 심어 놓게 한 것이다. 따라서 치유자로서 예수의 이미지가 영산 기독론의 유일한 창구는 아니지만, 그의 기독론의 핵심을 이해하는 대단히 중요한 도구임은 결코 부인할 수 없다.

셋째, 영산의 기독론이 치유자 예수의 이미지와 긴밀히 연결되어 있지만, 그의 기독론에는 전통적 기독론의 중심주제들이 그대로 담겨져 있다. 본론에서 검토한 것처럼, 영산은 예수 그리스도를 대속의 주, 부활의 주, 화해의 주, 고난의 주, 그리고 현존하는 주 등으로 이해한다. 이 논문에서는 다루지는 않았지만, 이것들 외에도 영산은 그리스도를 승리의 주, 해방의 주, 그리고 재림의 주로 깊이 있게 이해한다. 뿐만 아니라, 그리스도에 대한 이 같은 다양한 시각이 성부 하나님 및 성령 하나님에 대한 그의 믿음과 긴밀하고 지속적으로 조우하면서, 영산은 자신의 기독론을 삼위일체적 틀 내에서 발전시키고 있다. 그 결과, 영산의 기독론 속에는 보다 세심하고 체계적인 분석과 연구가 필요한 다양한 주제들이 발굴의 손길을 기다리고 있다. 학자들의 지속적 관심과 노력이 필요한 이유이다.

넷째, 영산의 기독론이 치유자 예수 그리스도를 중심으로 발전해 왔지만, 그 깊이와 폭은 상당히 제한적이었다. 예를 들어, 영산은 누가복음 4장 16절~21절의 말씀을 그의 그리스도 이해에서 대단히 중요한 본문으로 사용해 왔다. 그런데, 1982년 5월 9일, 본문을 근거로 행한 주일예배 설교에서 가난한 자, 포로된 자, 눌린 자, 눈먼 자에게 선포된 복음에 대해 일체의 정치적·경제적 해석을 거부하고, 오직 개인적 해석으로 일관하였다. 또한 그의 삼중축복에는 환경적 구원의 내용이 포함되어 있고, 그의 설교 곳곳에도 그리스도의 대속적 희생으로 파괴된 환경의 회복에 대해 언급하고 있지만, 아직까지 영산은 그의 기독론이나 신유론, 혹은 구원론에서 환경과 생태의 문제를 충분하게 다루지 못하고 있다. 그러나 이미 그의 신학 내에, 복음의 사회적 차원과 생태학적 차원에 대한 이해가 배태되어 있기 때문에, 이 부분에 대해서 조금만 더 관심을 기울인다면, 이 분야에서 대단히 깊이 있고 영향력 있는 신학적 발전이 이루어질 수 있다고 생각한다.

지난 40여 년 동안 영산 조용기 목사는 국내외의 가난한 사람들, 소외된 사람들, 억눌린 사람들, 그리고 병든 사람들을 대상으로 예수 그리스도를 전파해 왔다. 여의도순복음교회뿐만 아니라, 국내외의 수많은 집회들에서 그는 예수 그리스도를 대속의 주, 부활의 주, 승리의 주, 화해의 주, 고난의 주, 그리고 무엇보다 치유의 주로 선포해 왔다. 그런 과정과 맥락에서 형성된 것이 그의 오중복음과 삼중구원이며, 그렇게 이루어진 교회가 여의도순복음교회이다. 따라서 그가 그리스도의 복음을 전파하는 전도자로서의 사명을 충실히 담당하는 한, 그의 교단적 정체성이나 사역의 특이성과 상관없이 그의 신학에서 기독론은 부인할 수 없는 중핵으로 남을 수밖에 없다. 이것이 앞으로 영산신학 연구에 있어서 기독론에 집중해야할 역사적, 현실적 그리고 신학적 이유일 것이다. 이 이유가 더 이상의 이유가 되지 않는 그 날까지 영산의 기독론에 대한 학문적 탐구가 진지하게 지속되길 바란다.

*이 글은 『영산신학 저널』 제2권 제2호(2005,봄):114~38에 "'치료하시는 예수님':치료자 예수 그리스도를 통해 본 영산의 기독론 연구"란 제목으로 실렸던 것이다.

---

1) 이 분야의 대표적 논문으로는, Jae Bum Lee, *Pentecostal Type Distintives and Korean Protestant Church Growth* (Ph. D. diss. Fuller Theological Seminary, 1986)이 있다.
2) 조용기 목사의 신학과 목회를 세계 오순절 운동의 전통과 한국의 부흥운동전통 내에 자리매김한 논문들이 박명수 교수에 의해 발표되었다, 박명수, "오순절운동과 조용기 목사의 신학," 국제신학연구원 편, 『조용기 목사의 성령운동 연구』(서울: 서울말씀사, 2000), 9-46; "한국교회사를 통해 조명해 본 조용기 목사의 오중복음", 홍영기 편, 『조용기 목사의 영성과 리더쉽』(서울: 교회성장연구소, 2003), 209-40.
3) 예를 들어, 서정민 교수는 한국성령운동을 부성적 운동과 모성적 운동으로 구분한

유동식 교수의 틀을 그대로 수용하여 조용기 목사를 모성적 성령운동의 대표자로 설정하고 연구하였다. 그는 조 목사의 성령운동이 사회참여의 이데올로기나 정치신학은 아니지만, 민중을 설교와 목회의 우선적 대상으로 설정하고, 그들을 수난의 현장에서 위로하며, 그들이 자신과 가정, 그리고 역사를 점진적으로 변혁시켜 나가도록 도왔다고 평가함으로써, 조 목사의 설교에서 민중신학의 또 다른 차원을 예리하게 지적해 내었다. 서정민, "한국교회 성령운동의 설교사 이해," 한국교회사학연구원 편, 『한국교회 설교가 연구』 (서울: 한국교회사학연구원, 2000), 82-3. 한편, 평택대학교의 김동수 교수도, 민중신학과 영산신학 간의 접촉점으로 "한"의 개념을 포착하고, 양자의 접촉점과 차이점을 면밀히 검토함으로써, 영산신학의 민중신학적 요소들을 일깨워주었다. 김동수, "해한의 신학으로서의 영산신학," 『21세기 신학적 패러다임을 위한 조용기 목사의 신학』 (군포: 한세대학교, 2003), 55-70.
4) 박명수, "오순절 운동과 조용기 목사의 신학," 『한국교회 설교가 연구』, 48.
5) 서정민, "한국 교회 성령 운동의 설교사 이해," 80.
6) 『21세기 신학적 패러다임을 위한 조용기 목사의 신학』에는 조 목사의 신유에 대한 여러 학자들의 논문이 수록되어 있다. 논문을 기고한 학자들은 각자의 전공에서 조 목사의 신유론을 다각도로 조명했으나, 조 목사의 신유론을 심도 있게 분석하고 논의하기 보다는 각자의 전공과 조 목사의 신유론 간의 접촉점을 찾는 정도에 만족함으로써, 정작 조 목사 신유론의 깊이와 가치는 충분히 탐구되지 못하였다.
7) 이에 대한 극단적 실례는 『한국교회 16인의 설교를 말한다』에 실린 서울장신대학교 김세광 교수의 글이다. 그는 이 책에 "삼박자 구원·오중복음에 묻혀버린 '역사'"란 제목의 논문을 기고했는데, 이 글에서 "조 목사의 설교에서 고난과 질병의 삶에도 또 다른 차원의 하나님의 섭리가 있다는 메시지가 덧붙여지기도 하지만, 강력한 삼박자 축복의 메시지에 완전히 묻혀버린 느낌을 지울 수 없다. 이러한 경향 때문에 그의 설교가 샤머니즘적 기복주의적이라든지, 현세적 물질주의라는 비판을 계속해서 받아온 것이다"라고 조 목사의 설교를 비판하였다. 하지만, 그의 논문 말미에 실린 미주를 살펴보면, 그가 『한국교회의 설교가 연구』에 실린 네 편의 논문들과 홍영기 목사가 편집한 『카리스 & 카리스마』에 실린 세편의 논문들에 의지하여 그의 논문을 완성했고, 조 목사의 설교는 한편도 직접 분석하지 않았음을 알 수 있다. 결국, 조 목사에 대한 그의 비판은 조 목사 설교에 대한 객관적이고 진지한 학문적 분석에 근거한 것이 아닌, 조 목사에 대한 사회적 통념과 타인의 시각을 무비판적으로 수용한 무책임한 작업의 결과이다. 그가 조 목사의 설교를 좀더 폭넓고 신중하게 검토했더라면, 자신의 결론 중 상당부분을 수정했어야만 했을 것이다. 김세광, "삼박자구원·오중복음에 묻혀버린 '역사'," 유경재외 8인, 『한국교회 16인의 설교를 말한다』(서울: 대한기독교서회, 2004), 59-72.
8) 조용기, 『조용기목사 설교전집』 vol. 8(서울: 서울말씀사, 1996), 217. 이하에선 『전집』으로 표시하겠음.
9) 『전집』, vol. 3, 422.
10) 『전집』, vol. 9, 243.
11) 『전집』, vol. 10, 152.

12) 『전집』, vol. 11, 330.
13) 『전집』, vol. 17, 312.
14) 조용기, 『오중복음과 삼중축복』, (서울: 서울말씀사, 1998), 269.
15) 『전집』, vol. 8, 154-55.
16) 『전집』, vol. 10, 172.
17) 『전집』, vol. 1, 410.
18) 『전집』, vol. 8, 160.
19) 『전집』, vol. 10, 48.
20) 『전집』, vol. 13, 369.
21) 『전집』, vol. 4, 315.
22) 『전집』, vol. 19, 291.
23) 영산은 사죄와 신유의 상관관계를 이렇게 설명했다. "예수 그리스도의 복음에서 죄 사함과 병 고침은 손바닥과 손등 같아서 언제나 병행해야 하는 것입니다. 죄 사함과 병 고침은 결코 분리될 수 없습니다. 예수님께서 분리하지 않으셨고, 또 복음을 증거하는 제자들에게도 분리하지 말 것을 명령하셨습니다. 이러므로 우리는 복음을 증거하는 곳마다 죄 사함을 받게 하고 예수님의 이름으로 기도해서 육신의 병도 고침 받게 해야 할 것입니다." 『전집』,, vol. 3, 393.
24) 『전집』, vol. 11, 136.
25) Ibid.
26) 홍영기 목사는 『조용기 목사의 영성과 리더쉽』에서 조용기 목사 자신의 말을 인용하면서, 예수의 부활에 근거한 몰트만의 희망의 신학과는 달리 조용기 목사의 희망의 신학은 예수의 기적에 근거한다고 주장했다. 그러나 영산의 기독론의 내적 구조를 분석해 보면, 예수의 기적은 예수의 부활과 대립되는 것이 아니다. 더욱이 그의 기적이 현재에도 지속될 수 있는 것은, 예수의 부활을 전제하지 않고서는 불가능하다. 따라서 영산의 희망의 신학과 몰트만의 희망의 신학을 단순히 단어의 차이에 근거해서 상이한 신학으로 분류하는 것은 바람직하지 않으며, 영산의 희망의 신학을 예수의 기적에만 기초하여 이해하는 것도 신학적 치밀함이 결여된 오류일 수 있다. 홍영기, 『조용기 목사의 영성과 리더쉽』(서울: 교회성장연구소, 2003), 110.
27) "죄 없으신 예수님께서 십자가에 못 박혀 죽으심으로 죽었던 인간의 영혼을 살리셨으며, 모든 저주를 속량하사 환경적 저주에서 구원하셨고, 우리의 질고를 짊어지심으로써 치료하셨습니다(사 53:4,5). 또한 예수님은 부활하심으로 영원한 생명을 보증하셨습니다. 그러므로 예수님의 생애와 죽음과 부활은 전인 구원의 삼중축복 근거가 됩니다." 조용기, 『오중복음과 삼중축복』, 252.
28) 『전집』, vol. 4, 224.
29) 『전집』, vol. 2, 68.
30) 『전집』, vol. 19, 83.
31) 『전집』, vol. 11, 280.
32) 『전집』, vol. 10, 74.
33) 『전집』, vol. 11, 283.

34) 『전집』, vol. 19, 69.
35) 『전집』, vol. 5, 135.
36) 『전집』, vol. 14, 199.
37) Ibid., 16.
38) 『전집』, vol. 7, 296.
39) 『전집』, vol. 2, 58.
40) 『전집』, vol. 7, 332.
41) 『전집』, vol. 11, 134.
42) 『전집』, vol. 14, 250.
43) Ibid.

11장

바벨의 폐허 속에서 하늘의 언어를 꿈꾸며*
국민일보 연구

I. 서론

　국민일보는 세계최초이자 국내 유일의 기독교 일간지다. 그런 의미에서 국민일보가 한국교회와 한국사회 전반에서 차지하는 의미는 매우 독특하며 중요하다. 일반적으로 국민일보는 국내 10대 일간지 중 하나로 꼽힌다. 따라서 조선, 동아, 중앙 같은 거대 신문들과 경쟁해야 하는 냉정한 현실에 직면해 있다. 동시에 1천만 기독교인들을 대표하는 일간지로서 세속의 거센 물결 속에서 기독교적 통찰과 사명을 감당해야 하는 막중한 책임도 함께 지닌다. 뿐만 아니라, 여의도순복음교회에 의해 설립되었고, 이후 이 교회의 직접적 영향 하에 신문의 역사가 진행되었기 때문에, 다른 신문들과 구별되는 독특한 정체성을 지닌다. 따라서 국민일보는 10대 일간지 중 하나라는 특성, 국내 유일의 기독교 일간지라는 특성, 그리고 여의도순복음교회 소속 신문이란 특성이 중첩되어, 신문의 정체성 및 방향설정에 영향을 끼쳐왔다.
　국민일보는 1988년에 창간되어, 올해로 21주년을 맞이했다. 그 동안 많은 변화가 있었다. 신문사 사옥이 여러 차례 이전했고, 경영진도 수 차례 바뀌었다. 신문의 모양도 시행착오를 겪으며 나름의 진화를 거듭했으며, 다양한 조직과 기관을 설립하며 활동의 규모와 폭도 확장되었다. 신문사의 역할과 기능도 변했다. 수 많은 행사와 캠페인을 통해, 신문의 사회적 위상이 크게 향상되었고, 한국교회와 사회 전반에 끼치는 영향력도 급증했다. 동시에 일간신문으로서의 보편성과 기독교 신문으로서의 특수성 사이에서 자신의 독특한 정체성을 지키기 위한 분투의 시간을 보냈다. 국민일보는 그렇게 사춘기를 보내고 청년이 되었다. 아직도 가야 할 길이 멀고, 극복해야 할 과제도 많지만, 그래도 미래는 희망적이다.

이 글의 일차적 목적은 국민일보의 정체성을 규명하는 것이다. 즉, 위에서 언급했듯이, 국민일보는 일간신문, 기독교신문, 여의도순복음교회신문이란 삼중적 정체성을 지닌다. 이런 삼중적 정체성을 국민일보에 대한 다각적 분석을 통해 구체적으로 규명하려는 것이다. 이런 목적을 성취하기 위해, 다음 장에선 국민일보의 역사를 시대별로 간략히 정리할 것이다. 각 시대마다 신문의 특징, 신문사의 구조적 변화, 새로운 사업 등에 집중하여, 국민일보의 변천사를 살펴볼 것이다. 제3장에선 국민일보의 구조적 특징을 살펴볼 것이다. 이를 위해 조직적, 재정적, 사업적 차원에서 기독교 신문으로서 국민일보의 특징을 검토하겠다. 제4장에선 일간신문으로서 국민일보의 보도적 특징을 한국의 보수적 목소리를 대표하는 조선일보와 진보적 진영을 대변하는 한겨레신문과 비교하면서 분석할 것이다. 먼저 일반기사면1면, 종합, 사회의 기사배치 및 논조를 살펴보고, 이어서 사설과 종교섹션 〈미션 라이프〉를 차례로 검토할 것이다. 이런 비교분석을 통해, 국민일보의 정체성을 객관적으로 규명하고자 한다.

II. 국민일보가 걸어온 길[1]

1. 1980년대

1987년 9월 5일, 여의도순복음교회 당회가 새 신문 창간을 결의하고 초대사장에 조용우를 선출하면서, 국민일보 창간을 위한 구체적 움직임이 시작되었다. '사랑, 진실, 그리고 인간'이란 창업이념을 토대로, 6명의 창간준비위원들이 본격적인 활동을 시작했다. 11월 11일에 『배달신문』이란 임시제호로 법인설립등기를 마쳤고, 1988년 2월 8일에 여의도 기계진흥회관에 임시사무실을 마련하였으며, 창간기획본부가 출범했다. 4월과 5월 동안, 회사기구편성과 간부충원, 인쇄공장매입, 기계설치, 문공부정기간행물등록신청 등의 주요 작업들이 진행되었고, 6월 10일에 일간지 『배달신문』에 대한 등록필증이 문공부로부터 교부되었다. 이어서 6월 16일부터 7월 15일까지 신문의 정식제호를 위한 공모가 있었다. 24,844명이 응모하여 106개의 이름이 등장했으며, 결국, '국민일보'가 압도적 지지 속에 당선작으로 결정되었다. 따라서 7월 25일에 제호가 『배달신문』에서 『국민일보』로 변경되었다.

7~8월에는 사원모집이 본격적으로 진행되었다. 8월 8일에 종로구 신문로에 위치한 시티뱅크건물로 사무실이 이전되었으며, 마포에 신사옥 공사도 함께 시작되었다. 10월초까지 신문제작을 위한 입력기, 출력기, 교정기, 현상기, 문자제작기 등 최첨단 CTS 장비들이 갖추어 졌으며, 부산, 대구, 광주, 대전, 전주, 춘천에 지사가 본사직영체제로 구축되었다. 동시에 동경과 워싱턴에 특파원이 파견되고, 취재기자들이 일선에 투입되기 시작했다. 10월 1일부터 시험판 제작이 개시되었으며, 컬러PR판인 '국민일보 특보'가 창간일에 임박해 전국에 배포되었다. 그리고 마침내 12월 10일, '1일 16면'으로 구성된 석간지로, 그리고 '세계 개신교 역사상 최초의 기독교 일간

지'로 국민일보가 세상에 첫 선을 보였다.2) 국민일보의 주말부록 성격의 종합교양지 『홈가이드』도 타블로이드판형 32면으로 함께 발행되었다. 특히 국한문 혼용 및 가로쓰기를 과감히 시도했으며, 평생직장제 도입과 최대의 사원복지 보장 등을 내세워, 타 신문사와의 차별화를 시도했다.

1989년 1월 29일, '소년소녀가장돕기운동' 사업을 시작했다. 이로써 국민일보도 현대사회에서 신문에게 요구되는 사회적 공헌활동을 본격적으로 시작하게 되었다. 2월 16일에 한국신문협회에 가입했고, 8월 31에는 SOLNA윤전기 4라인이 설치/가동되어 신문생산을 위한 혁신적 설비를 갖추었다. 9월 1일에는 창간호부터 시도되었던 가로쓰기를 세로쓰기와 가로쓰기를 병행하는 방식으로 변경했으며, 12월 18일에는 일년 넘게 진행된 마포 신사옥 공사가 마무리되어, 객지생활을 청산하고 새 건물에 입주했다. 이로써, 국민일보는 자체 건물과 설비, 그리고 직원채용을 마무리함으로써, 전국10대 일간지로서 면모를 갖추게 되었다.3)

2. 1990년대

1990년대에 국민일보는 여러 면에서 괄목할 만한 성장을 이루었다. 가장 먼저 주목할 부분은 하드웨어의 성장이다. 예를 들면, 1990년에 SOLINA 윤전기 2라인을, 1994년에는 최신 WIFAG 윤전기를 각각 설치/가동시켰다. 이로써 창간 6년 만에 윤전기 수가 2배로 증가하며 대량생산체제를 갖추게 되었다. 뿐만 아니라, 이 기간 동안 국민일보 사옥도 면모를 일신했다. 1992년에 여의도 본사사옥CCMM, Center for Communication & Mass Media 빌딩 공사를 시작하여, 1998년에 완공되어 본사를 이전했다. 이로써 국민일보의 여의도 시대가 막을 올리게 되었다. 동시에 1993년, 구로동 인쇄공장 공사가 시작되어, 그 다음 해에 완공되었다. 이처럼, 90년대 동안 국민일보는 신문생산설비를 최첨단 기계들로 보완/확충하고 본사

사옥을 크게 확장함으로써, 전국 일간지로서 면모를 갖추게 되었다.

둘째, 90년대에 국민일보는 신문지면, 조판, 발간방식 면에서 중요한 변화를 겪었다. 먼저, 이 시기 동안 국민일보의 지면이 지속적으로 증면되었다. 창간과 함께 1일 16면으로 시작되었으나, 1990년부터 20면으로, 동년 9월에는 다시 24면으로 빠르게 증가했다. 6년 후인 1996년, 지면이 28면으로 늘었고, 정확히 1년 후인 1997년, 32면으로 다시 증면되었다. 이로써 국민일보는 창간 9년 만에 면수가 두 배로 증가한 것이다. 연속적 증면과 함께, 국민일보는 조판체제를 종전의 세로쓰기와 가로쓰기 병행에서 가로쓰기로 변경했다. 이것은 창간과 함께 가로쓰기를 실험적으로 시도하다 1년 만에 병행체제로 갔던 것이, 9년 만1998. 3. 2에 다시 본래의 자리로 복귀한 것이다. 뿐만 아니라, 1999년부터 석간에서 조간으로 발행 시간대를 바꾸고, 전국동시인쇄를 시작했다.

셋째, 신문생산을 위한 시설확장 및 신문자체의 구조적 변화와 함께, 국민일보는 다양한 상을 제정하고 여러 대회를 개최함으로써, 공공기관으로서 사회적 책임을 본격적으로 추진하기 시작했다. 먼저, 1990년, 국민일보는 '남강교육대상'을 제정했고, 같은 해 12월에는 '국민문예대상'을 제정했다. 1991년 '신학논문대상,' 1995년 '제1회 국민광고대상,' 1996년 '국민선교대상'을 각각 제정했다. 대표적 기독교 신문으로서의 특성이 잘 드러나는 부분이다. 동시에 한세대학교와 공동으로 음악콩쿨대회1997. 12. 18와 디자인실기대회1998. 12. 30를 개최하여, 재능 있는 학생들에게 소중한 창작활동의 기회를 제공하고 격려했다. 뿐만 아니라, 1998년에 '사랑의 의료봉사 순회진료'를 시작했다. 한국기독교의료선교연합회와 공동으로 시작한 이 사업은 서울근교 무의촌을 시작으로 점차 전국의 무의촌 지역으로 범위가 확장되어, 영세민, 노약자, 실직자, 노숙자, 장애인, 외국인 노동자들을 대상으로 의료봉사를 실시했다. 45인승 대형버스를 개조하여

첨단의료장비를 갖추었고, 내과, 외과, 한의과 등의 일반진료와 치과치료를 병행했다.4)

3. 2000년대

국민일보에게 2000년대는 다양한 시련을 통한 변화와 성숙의 과정이었다. 회사내부의 갈등과 경영구조의 변화는 신문발행 자체에 부정적 영향을 끼쳤다. 그럼에도 불구하고, 이런 과정을 통해 국민일보는 내외적으로 면모를 일신하고, 대 사회적 책임과 기능을 확대함으로써 재 도약의 발판을 마련했다. 이 시기의 주요 변화/발전의 내용은 다음과 같다.

먼저, 국민일보의 2000년대는 혹독한 내적 갈등과 함께 시작되었다. 문제의 발단은 회장 조희준씨를 둘러싼 다양한 루머와 의혹, 국민일보의 강력한 분사 및 전적(회사 일부를 다른 회사에 넘기는 것), 임금체불 및 인사문제 등이 한꺼번에 폭발한 것이다. 1999년 12월, 전국언론노동조합연맹은 국민일보의 파행적 경영을 막기 위해 조희준 회장을 국세청에 고발했다. 2000년 1, 2월 임금지불이 제대로 이루어지지 않자, 국민일보 노동조합은 이종대 사장을 고발했고, 김용백 노조위원장은 국민일보 발전 청사진 제시, 자립경영 지원책 마련, CCMM빌딩의 국민일보 귀속 등 10개 요구사항을 내걸고 무기한 단식농성에 들어갔다. 동년 8월에는 여의도순복음교회 장로들의 모임인 '교회사랑장로모임'이 평생독자구독료, 국민일보사 주주와 지분관계, CCMM빌딩의 분양임대금 사용내역, 넥스트미디어그룹의 국민일보 자산을 이용한 수익사업여부 등에 대한 관계자의 해명을 요구했다. 뿐만 아니라 2001년 1월에는 국민일보의 중견간부인 차장급 이하 직원 170여명이 총파업에 들어갔다. 이런 과정에서 한국기자협회, 전국언론노동조합연맹, 언론개혁시민연대 등이 국민일보 사태를 우려하는 성명서를 연달아 발표함으로써, 국민일보는 내외적으로 큰 위기를 맞았다.5) 결국, 국민일보는 2006년 12월 재단법인 '국민문화재단'을 출범시켜 회사지분과 경영진을 일신함으로써 결정적 위기에서 벗어났다. 즉, 그동안 국민지주㈜, (재)순복음선교회, 조용기 목사 등이 소유하고 있던 국민일보의 지분 100%가 국민문화재단에 속하게 됨으로써, "창간 18년 만에 공익재단이 발행하는 국내 유일의 종합일간지로 거듭났다."6)

둘째, 국민일보의 발간방식 및 조판에 여러 차례 중요한 변화가 있었다. 1999년부터 조간으로 발간되던 국민일보는 2001년에 올칼라 석간으로 다시 전환하였다. 이것은 당시 대부분의 일간지들이 조간으로 발간되던 정황에서 석간으로 전환되었기 때문에, "석간으로 전환될 경우 문화일보 하나뿐인 석간 종합일간지 시장에서 우위를 점함으로써 신문의 위상을 높일 수 있고, 수익을 극대화할 수 있다"는 회사측의 주장에도 불구하고, 국민일보 사원 90%가 석간 전환에 반대했으며, 일선 지국장들 가운데서도 상당한 논란을 야기했다.7) 결국, 극심한 홍역을 치른 후, 1년 후인 2002년, 국민일보는 다시 조간으로 전환하였다. 신문지면도 32면에서 36면으로 증면되었고, 2003년에 다시 40면으로 늘었다. 뿐만 아니라, 2004년부터 인터넷 신문 '쿠키뉴스' 서비스를 개시하고, 2005년에 국민방송센터(쿠키방송)를 출범함으로써, 본격적인 인터넷 신문시대를 열었다.8)

셋째, 내외적으로 많은 혼란과 아픔을 겪는 중에도, 국민일보는 다양한 사회봉사 프로그램들을 활발하게 전개했다. 먼저, 다양한 시상과 행사를 개최했다. 예를 들면, 2001년 2월에 제1회 국민일보 신인음악회를, 11월에는 제1회 서울기독교박람회를 각각 개최했다. 2004년에는 새내기 사회복지상을 제정했으며, 2005년에는 국민일보/서울특별시 공동 '하이서울 장학사업'을 실시했다. 2006년에는 손기정기념재단과 함께 손기정평화마라톤대회를 개최하기로 협약을 체결하고, 제2회 대회부터 공동 개최하고 있다. 둘째, 국민일보는 다양한 내용과 목적의 사회적 캠페인/운동을 전개했다. 2001년에 '축산농가 살리기 캠페인'과 '북한어린이돕기 운동'을 전개했다. 2002년에는 보건복지부 및 한국혈액암협회 등과 손을 잡고, 불우 혈액암 환자들을 돕기 위해 '조혈모세포 기증운동'을 전개했다. 2003년 '북스타트운동', 2004년에는 '조산아, 생명을 살립시다' 캠페인, 2006년 '라이즈업 코리아 캠페인'을 각각 전개했다.9)

넷째, 국민일보는 기독교 신문으로서의 자기 정체성 및 지지기반을 확고히 다지는 다양한 조치를 취했다. 먼저, 2001년에 그 동안 폐지되었던 종교국을 재신설하여 기독교신문사로서의 구조적 특성을 강화했다. 현재 국민일보는 전무 직속으로 '교계협력부'를 두고, 그 산하에 사목, 교계협력국, 종교국이 위치해 있다. 2002년에는 교계자문위원회를 발족하고, '국민비전클럽'을 창립했다. 이 클럽에는 신원그룹 박성철 회장이 클럽 회장을, 정두현 ㈜천마 회장이 부회장을 맡고 있으며, 정근모 전 명지대 총장, 김승규 전 국정원장, 김명규 씨큐어넷 회장, 황우여·천정배 의원 등 100여명의 지도층 인사들이 가입했다.10)

III. 국민일보의 구조적 특성

1. 조직적 특징

국민일보는 세계유일의 기독교 일간신문으로 탄생했다. 이런 국민일보의 종교적 정체성은 이 신문사의 구조적 측면에서 뚜렷하게 드러나고 있다.

일차적으로, 국민일보는 세계최대의 개신교 교회인 여의도순복음교회와 긴밀한 관계를 맺고 있다. 즉, 국민일보는 여의도순복음교회에 의해 창간되었으며, 여의도순복음교회가 주식과 경영진을 독점해 왔고, 현재에도 여의도순복음교회의 직접적 영향 하에 놓여 있다. 보다 구체적으로, 창간과 함께 국민일보의 주식 100%가 재단법인 순복음선교회(이사장 조용기 목사)에 소유되었고, 1998년 12월 이 주식 100%가 넥스트미디어코퍼레이션(실 소유주 조희준, 조용기 목사 장남)에 매각되었다. 후에 ㈜국민일보 판매가 국민일보 주식 100%를 소유하게 되었으며, 이어서 2006년 12월에 출범한 재단법인 국민문화재단이 새로운 소유주가 되었다. 이처럼 공적 소유자와 재단의 명칭이 여러 차례 바뀌었지만, 그 배후에는 언제나 여의도순복음교회와 조용기 목사가 있었다.

둘째, 국민일보의 최고 경영자들도 여의도순복음교회와 직접적 관련이 있다. 1988년 창간될 당시, 국민일보의 사장은 조용기 목사의 친동생인 조용우였고, 1995년에 조용기 목사가 회장으로 취임했다. 1997년에 조용기 목사의 장남 조희준이 사장에 취임했으며, 1년 후 회장에 취임했다. 1999년에 전 주필이었던 이종대가 조희준의 뒤를 이어 사장에 취임했으나, 1년 뒤인 2000년에 조용기 목사의 사돈 노승숙이 사장에 취임했다. 2007년에 조용기 목사의 차남 조민제가 사장에 취임하고, 조민제의 장인인 노승숙은 사장에서 회장으로 승격되었다. 이처럼 국민일보의 최고 경영진은 창간 이후 지금까지 거의 대부분 조용기 목사의 친인척을 중심으로 승계되어 왔다.

셋째, 다른 일간지들과 달리 국민일보 내에 교계협력본부가 존재한다. 국민일보는 유일한 기독교 일간지로서 자신의 정체성을 강조한다. 그 결과, 이 신문의 주요 구독자들이 기독교인들이고, 주된 후원자 그룹도 기독교인들이며, 종교섹션으로 〈미션라이프〉를 매일 발간하고 있다. 이것은 창간 이래 국민일보의 가장 독특한 구조적 특성으로 자리매김 해 왔다. 예를 들면, 국민일보는 창간 때부터 '종교부'를 두었고, 제11면을 종교면으로 고정하여 관련기사를 매일 보도했다. 2009년에는 종교부를 종교국으로 승격시키고, 그 산하에 종교부와 종교기획부를 설치했다. 뿐만 아니라 사목실을 설치하고 그 안에 교계협력부를 두었으며, 종교 섹션인 〈미션투데이〉를 중심으로 종교적 기사들을 담당하였다. 이런 조직적 특성은 신문의 논조와 편집방향에 큰 영향을 끼쳤다. 2009년 현재, 국민일보는 전무 직속으로 교계협력본부를 설치하고, 그 산하에 사목, 교계협력국, 종교국을 두고 있으며, 교계협력국 아래에 교계협력팀과 교계광고팀을, 종교국 아래에는 종교부, 종교기획부, i미션라이프부, 편집팀, 21세기기독교연구소를 두고 있다.

넷째, 국민일보의 관련 기관들 대부분이 기독교와 깊은 연관을 맺고 있다. 국민일보와 관련된 대표적 기관들로는 국민일보운영위원회, 국민일보후원회, 국민비전클럽, 교계자문위원회, 국민비전부흥사협회 등이 있다. 먼저, 국민일보운영위원회는 1997년 외환위기를 경험한 직후인 1998년에 조용기 목사를 위원장으로 추대하며 조직되었다. 국민일보운영에 대한 방향제시 및 각 교단의 협조사항을 처리했고, 국민일보를 국내 4대 신문으로 육성하기 위해 노력하고 있다.11) 국민일보후원회는 국민일보 100만부 달성을 목표로 전국 교회들을 방문하며 후원교회 확장에 총력을 기울였고, 초교파 성령충만 기도대성회를 개최하기도 했다.12) 2002년 5월 박종순 목사를 초대자문위원장으로 발족된 국민일보 교계자문위원회는 장로교, 감리교, 성결교, 침례교 등 초교파 교계 지도자들로 구성되어, 국민일보에 대한 지면평가 및 자문, 미션면에 대한 방향을 제시하고 있다.13) 2003년에 조직된 국민비전클럽은 각계의 지도층 인물 100여 명으로 구성되었으며, 매월이나 격월 토요일 아침에 모여 유명 목회자의 설교를 듣거나 화제의 인물을 초청해 강연을 듣고 있다. 이런 다양한 조직들을 통해, 국민일보는 사회의 지도층들과 긴밀한 관계를 형성하고, 국민일보의 경영 및 사회적 영향력 확장에 중요한 영향을 끼치고 있다.

끝으로, 국민일보의 구독자 절대다수가 기독교인이다. 국민일보 스스로 자신의 정체성을 "세계최초의 기독교 일간지"로 규정하고, 한국교회의 대표적 '문서선교지'를 표방하기 때문에, 이 신문은 일차적으로 기독교인들을 지향할 수 밖에 없다. 타 신문들과 비교할 때, 이 신문의 가장 독특한 구성은 종교섹션 〈미션라이프〉가 별도로 존재한다는 것이며, 2009년 10월 현재, 총 36면의 지면 중, 〈미션라이프〉가 8면을 차지하고 있다.14) 이런 신문의 성격과 지면구성의 특성상, 이 신문의 일차 구독자가 기독교인으로 한정될 수 밖에 없다. 한 조사에 의하면, 국민일보의 1차 구독대상자는 기독교인들이며, 40~50대의 고졸 기독교 신자들이 95% 이상을 차지한다고 한다. 이것은 기독교 신자 중 여성의 비율이 높은 것과 관련이 깊은 것으로 보인다. 이것은 국민일보 평생회원 대부분이 여의도순복음교회 교인들을 포함한 기독교 신자 및 교회란 점에 의해 더욱 확실해진다.

2. 재정적 특징

첫째, 기독교 언론으로서 국민일보의 수입구조는 다른 일간신문들과 대체로 비슷하다. 즉 신문판매수입, 광고수입, 그리고 기타 사업수입이 재정수입의 대부분을 구성한다. 일반적으로 언론사의 사업영역은 언론내적 사업과 언론외적 사업으로 나뉜다. 언론내적 사업영역은 신문발행과 광고사업으로 구분되며, 언론사의 신문발행과 직접적인 연관성이 있고, 언론사의 경영수지 극대화에 목표를 둔다. 대부분의 경우, 광고수입이 언론사의 주 수입원이다. 한편, 언론외적 사업영역은 언론사별로 다양하며, 신문발행 외 부수적인 연관성이 있는 사업 분야들이 여기에 속한다. 이런 맥락에서, 국민일보의 매출액2000~2006을 도표로 살펴보면 다음과 같다.

(단위: 백만원)

	2000	2001	2002	2003	2004	2005	2006
신문수입	39,303	31,124	38,386	36,377	37,851	39,987	43,791

| 기타수입 | 2,584 | 410 | 758 | 555 | 3,469 | 1,669 | 8,176 |
| 합 계 | 41,88 | 731,534 | 39,144 | 36,932 | 41,320 | 41,656 | 51,967 |

주. 자료출처: 한국언론재단(2000-2006). 언론경영실태분석

도표를 통해 확인할 수 있듯이, 국민일보는 2000년부터 2005년까지 언론내적 사업수입[신문수입]이 전체 매출액의 99%~92%에 이르러, 언론외적 사업수입[기타수입]의 비중이 매우 낮은 것으로 나타났다. 하지만 2006년에 이르러 언론외적 사업수입이 전체 매출액 대비 15.7%까지 상승함으로써, 중요한 변화를 보이기 시작했다. 한편, 언론내적 사업수입의 경우, 국민일보도 다른 언론사처럼, 광고수입이 전체의 70~80% 정도를 차지하는 것으로 보고되었다.15)

둘째, 국민일보는 한국의 대표적 일간지들 중 재정적으로 가장 열악한 상태에 있다. 한국언론재단이 2000년부터 2006년까지 실시한 언론경영 실태 분석에 따르면, 7대 일간지[경향, 국민, 동아, 조선, 중앙, 한겨레, 한국] 중에서 매출액이 최하였다. 2006년 조선일보의 총 매출액이 388,896(백만 원)으로 1위, 중앙일보가 333,609(백 만원)으로 2위, 동아일보가 284,099(백만 원)으로 3위를 차지했다. 반면 한겨레신문이 76,743(백만 원)으로 6위를, 국민일보가 51,967(백만 원)으로 최하위였다. 이것은 국민일보가 여의도 순복음교회 소유임과 절대적 독자층이 기독교인이란 사실에 기인한 것으로 보인다.16)

셋째, 기독교 신문사로서 국민일보의 독특성이 나타나는 부분들이 있다. 먼저, 국민일보는 1997년의 외환위기 이후, 위기에 처한 재정구조를 개선하기 위해 '평생독자기금'을 전국적으로 모금하기 시작했고, 그 총액이 3백 70억 원에 달한 것으로 알려졌다.17) 물론, 이 회원들의 절대다수는

기독교 신자들이다. 둘째, 국민일보 주 수입원인 광고도 기독교와 깊은 관련이 있다. 예를 들어, 2009년 10월 13일의 경우, 총6개의 전면광고가 실렸는데,18) 그 중 2개가 기독교 관련 광고이며, 1면부터 24면까지 실린 총 12개의 하단광고 중, 3개가 기독교 관련 광고다. 기독교 관련 섹션인 〈미션라이프〉의 경우, 2개의 전면광고, 2개의 기획광고, 10개의 하단광고란이 있는데 전면광고는 전부, 기획광고는 1개, 하단광고는 9개가 직접적으로 기독교와 관련된 광고였다. 끝으로, 국민일보는 창간과정부터 현재까지 여의도순복음교회로부터 막대한 재정적 후원을 받고 있다. 『기독신문』의 자료에 의하면, 1988년 창간된 이후, 2000년까지 여의도순복음교회가 국민일보를 위해 약 6천 4백억 원 정도 투자했다고 한다. 창간 이후 10여 년간 매월 20억 원씩 선교지원금 형식으로 국민일보를 후원했으며, 현재는 매월 6억 원 정도 후원하는 것으로 알려졌다. 금융감독원에 제출한 자료에 따르면, 현재도 국민일보 재정수입의 10% 정도가 여의도교회의 후원금이다.19)

3. 사업적 특징

현대 신문기업은 공정보도 및 올바른 여론형성이란 본연의 업무 외에, 다양한 형태와 내용의 사회적 공헌활동을 요구 받고 있다. 이것은 종교와의 관련성 여부와 상관없이, 현대의 모든 신문사들이 공유하는 인식이며, 이런 요구에 적극 대응해 왔다. 따라서 현재 한국의 10대 신문기업은 문화예술활동, 사회체육활동, 시상활동 등에서 사회적 공헌활동을 활발히 추진하고 있다.

이런 점에서 국민일보도 예외가 아니다. 앞에서 이미 언급했듯이, 국민일보는 1989년에 '소년소녀가장돕기운동'을 시작한 이래, 다양한 형태의 사회활동을 전개했다. 국민일보가 전개한 사회문화운동을 시대별로 구분하여 정리하면 아래의 도표와 같다.

1980년대	소년소녀가장돕기운동
1990년대	남강교육대상 제정, 국민문예대상 제정, 신학논문대상 제정, 국민선교대상 제정, 음악콩쿨대회 개최, 사랑의 의료봉사순회진료 실시, 서울장애청소년연극축전, 소년소녀가장돕기 '사랑의 콘서트,' 한세대학교 디자인실기대회
2000년대	'우리축산농가를 살립시다' 캠페인, 북한어린이에게 분유보내기운동, 중국동포 사랑의 의료봉사, 교통사고 유자녀돕기 음악회 개최, 북한어린이돕기행사 전개, 국민일보신인음악회 개최, 기아난민돕기 자선달리기대회, '선한이웃 좋은세상' 희망캠페인, 서울기독교박람회 개최, 사랑의 지팡이운동, 조혈모세기증운동 전개, 해외입양인초청 모국방문행사, 손기정평화마라톤대회 개최

출처: 국민일보 인터넷자료(www.kukinews.com)

위의 행사들을 검토해보면, 국민일보의 사회공헌활동은 주로 다양한 캠페인, 시상식, 대회, 자선활동으로 구성되어 있으며, 직간접적으로 기독교 정신에 기초한 것으로 해석할 수 있다. 신학논문대상, 국민선교대상, 서울기독교박람회 등은 직접적으로 기독교와 관련된 행사로 분류할 수 있고, 소년소녀가장돕기, 사랑의 의료봉사순회진료, 조혈모세기증운동 등은 간접적으로 기독교 정신을 실천한 행사들로 분류할 수 있을 것이다. 결국, 국민일보는 '사랑, 진실, 인간' 이란 창업이념을 토대로, 다양한 형태의 사회공헌활동들을 개발하여 실천해 왔으며, 시간이 흐르면서 그 종류와 규모가 더욱 발전해 왔음을 알 수 있다.

하지만 이런 국민일보의 사회공헌활동은 다른 주요 일간신문들의 활동과 비교할 때, 아직도 종류와 규모 면에서 많이 부족함을 인지할 수 있다. 이동한은 2005년에 성균관대학교 대학원에 제출한 박사학위 논문, "신문기업의 사회공헌활동에 관한 연구"에서 10개 신문사에 대한 사회책임지수를 비교/분석했다. 그는 신문기업의 사회적 책임 및 사회공헌활동을 연구하기 위해, ⑴신문사 자체가 가지는 본연적 사회공헌활동, ⑵현재 다각도로 수행중인 문화적 사회공헌활동, ⑶기업의 사회적 공헌활동을 중재하고 확산시키는 사회공헌중재활동으로 구성요소를 분류한 후, 각 차원을 다시 5개의 구성요소로 구분하여 비교/분석했다. 이 연구의 결과, 국민일보의 사회공헌활동 점수는 다음과 같이 나왔다.

활동분야	내부 항목	N	평균	표준편차
본연적 사회공헌활동	사회책임적 보도수행	534	3.90	1.115
	독자 및 협력업자 배려	533	3.78	1.078
	직원배려	535	3.85	1.112
	지역사회 개발	535	3.74	1.172
	환경적 책임활동	533	3.85	1.106
문화적 사회공헌활동	문화예술활동 개최지원	533	3.98	1.094
	사회체육활동 개최지원	535	3.79	1.092
	교육/학술활동 개최지원	534	3.88	1.111
	역사/전통문화 보전활동 개최지원	534	3.75	1.084
	시상활동 개최지원	533	3.89	1.127
사회공헌 중재활동	기업 기부활동 적극확산	535	3.88	1.164
	기업 프로그램운영 적극확산	535	3.89	1.140
	기업 자선구호활동 적극확산	534	4.00	1.202
	기업의 사회봉사활동 적극확산	533	4.00	1.202
	공익 캠페인 적극확산	535	3.91	1.153

출처: 이동한, "신문기업의 사회활동에 관한 연구"

이 연구의 결과, 국민일보는 전체 15개 요소 중, 2개 요소, 즉 신문사의 기업 자선구호활동 적극확산과 기업 사회봉사 활동 적극확산 부분에서만 긍정적 평가를 받았고, 나머지 영역에서는 다소 부정적인 평가를 받았다. 따라서 연구자 이동한은 "국민일보는 지역사회나 환경에 대한 사회공헌 프로그램을 계획/추진할 필요가 있고, 역사/전통문화보존에 대한 지원방안을 마련할 필요가 있다"고 제안했다.[20]

이런 현실은 이 연구에 포함된 타 신문사들의 결과와 비교할 때, 더욱 뚜렷하게 드러난다. 이동한의 연구에 따르면,[21] 15개 부문 중 4개 부분에서 국민일보는 최하위를 기록했다. 즉, 사회체육활동 개최 및 지원 분야에서 동아일보(M=4.72), 중앙일보(M=4.56), 조선일보(M=4.55) 등이 고득점을 획득한 반면, 국민일보(M=3.79)는 최하점을 획득했다. 역사/전통문화 보전활동 개최지원 분야에서, 중앙일보(M=4.32), 동아일보(M=4.27), 세계일보(M=4.26)가 수위를 차지한 반면, 국민일보(M=3.75)는 최하위를 기록했다. 그 외 시상활동 개최지원과 기업공익캠페인 적극확산 분야에서도 가장 낮은 평점을 받았다. 한편, 15개 분야 중 국민일보 내 가장 높은 평점을 받았던 기업자선구호활동 적극확산과 기업의 사회봉사활동 적극확산 부분에도 전체 10개 신문사 중 모두 8위에 머물렀다. 결국, 국민일보는 신문사의 전반적 사회공헌활동 수행평가에서 전체 9위(M=3.92)를 차지한 반면, 중앙일보(M=4.36), 동아일보(M=4.26), 한겨레(M=4.25)가 각각 1위, 2위, 3위에 올랐다. 이 연구를 통해 나타난 주목할 만한 사항은 가장 막강한 재정능력을 지닌 조선일보(M=4.12)는 5위에 머무른 반면, 재정상태가 국민일보와 비슷한 한겨레신문이 3위를 차지한 것이며, 같은 종교관련 신문인 세계일보(M=4.15)가 4위에 올랐다는 사실이다.

이런 사항을 종합해 볼 때, 국민일보는 공익을 증진시키는 신문사의 사회적 책임을 나름대로 수행해 왔다고 할 수 있지만, 다른 신문사들, 특히 같은 종교적 특성을 지닌 세계일보나, 비슷한 재정능력을 보유한 한겨레신문에 비해 크게 뒤진다는 사실을 고려할 때, 국민일보는 이 부분에서 더욱 분발해야 할 것이다. 또한 조선일보가 한겨레신문보다 낮은 등급을 받았다는 사실을 통해 확인할 수 있듯이, 반드시 신문사의 사회적 공헌이 재정능력에 비례한다고 말할 수 없으며, 국민일보가 다른 신문사들보다 낮은 점수를 받았다는 사실을 통해, 종교적 배경을 갖는다는 것이 반드시 신문의 사회적 책임수행에 긍정적 영향을 끼치는 것도 아님을 알 수 있다. 따라서 기독교신문 국민일보가 이 분야에서 타 신문사들에게 뒤진다는 현실은 아쉬운 부분이다.

IV. 국민일보의 보도적 특징

1. 일반기사면[22]

먼저, 국민일보, 조선일보, 한겨레신문의 일면 톱기사들을 비교함으로써, 국민일보의 특징을 살펴보자. 예를 들어, 2009년 10월 10일자 신문에서, 세 신문사의 톱기사 제목/내용을 살펴보면 아래의 표와 같다.

국민일보	"북핵, 그랜드바긴 필요"(한일정상회의 기사)
	"폐교위기에 빠진 학교의 기적"(양양군 '산촌유학센터' 의 성공사례)
	바락 오바마 대통령 노벨평화상 소식
조선일보	"한·일 '북핵일괄타결' 합의"(한일정상회담 소식)
	오바마의 노벨상 수상소식,
	아동성범죄 관련자 신상정보 인터넷 공개관련 기사
	NASA로켓의 달충돌실험 기사

한겨레신문	오바마 대통령의 노벨상 수상소식
	"청문회 위증 속수무책"(정운찬 국무총리의 위증에 대한 비판적 기사)
	한일정상회담 관련 기사
	용산진압 특공대장이 용산참사 당시 경찰의 성급한 진압을 시인했다는 기사

　이날 3개 신문사들의 기사선택 및 배치를 비교/분석하면, 한일정상회담과 오바마 대통령의 노벨상 수상소식이 3개사 모두에 공통적으로 실렸다. 그런데 국민일보와 조선일보는 한일정상회담에 강조점을 두었고, 한겨레는 오바마의 노벨상 수상에 무게를 실었다. 한편, 국민일보가 산촌의 폐교 위기에 처한 학교들이 생태체험프로그램을 통해 부활하고 있다는 미담성 기사를 톱기사와 거의 같은 비중으로 다룬 반면, 한겨레는 정운찬 총리의 위증논란에 대한 비판성 기사를 또 하나의 톱기사로 실었고, 조선일보는 아동성범죄자와 달충돌실험을 그 날의 주요기사로 선택했다. 이 부분에서 세 신문사의 고유한 특징이 뚜렷하게 나타난다. 즉, 정운찬 총리의 도덕성 문제를 비판하는 한겨레와 이 문제에 대해 침묵하는 조선일보는 양 신문사의 성향을 직간접적으로 노출하고 있으며, 국민일보가 이런 정치적 문제 대신 시골학교의 미담을 일면 톱기사로 배치한 것은 기독교신문으로서의 특성을 간접적으로 보여주는 것으로 해석된다.

　둘째, 종합 면의 경우, 국민일보는 4면, 한겨레는 5면, 조선일보는 4면으로 각각 구성되어 있다. 다시 10월 10일 종합면 기사를 비교/검토해 보면, 다음과 같다.

| 국민일보 | (1)"금융완화 기조 당분간 유지"란 제목의 한국은행총리의 발표내용 |
| | (2)한일정상회담에 대한 다양한 기사 (3)외교통상위의 국정감사 기사 |

	(4)오바마 노벨상수상관련기사
조선일보	(1)한일정상회담 기사
	(2)한중일 정상회담 소식과 '나영이사건'에 대한 국정감사 기사
	(3)오바마의 노벨상 소식 (4)10·28 재보선 관련기사
한겨레신문	(1)효성그룹 비자금관련기사 (2)오바마 노벨상수상 기사
	(3)군가산점에 대한 국정조사 관련기사 (4)한일정상회담기사
	(5)한은총재의 금융완화조치 관련기사

선택된 기사와 배치를 검토해 보면, 기본적으로 세 신문 모두 한일정상회담, 오바마의 노벨상 수상, 그리고 한은총재의 발표23)를 공통적으로 비중 있게 다루었다. 그러나 국민일보가 한은총재의 발표를 제일 먼저 다룬 반면, 한겨레는 효성그룹 비자금 문제를, 조선일보는 한일정상회담을 각각 먼저 다룸으로써, 동일한 기사들에 대한 각 신문사의 평가에 차이가 있음을 보여주었다. 다른 신문사들과 달리, 국민일보가 한은총재의 발표를 먼저 다룬 것에서 국민일보만의 어떤 특성을 찾기는 어렵다. 국민일보가 선택한 기사의 우선순위, 그리고 기사의 논조를 고려할 때, 국민일보 만의 특별한 성향도 명확히 드러나지 않는다. 하지만 조선일보가 한일정상회담을, 그리고 한겨레가 효성비리를 각각 우선적으로 다룬 것은 각 신문의 보수성과 진보성이 반영된 것으로 풀이된다.

셋째, 사회면의 경우, 국민일보와 한겨레 신문은 2면, 조선일보는 4면(사건과 사고, 사람과 이야기, 사회이슈, 사회)으로 구성되어 있다. 같은 날, 각 신문사의 사회면 기사 내용을 정리하면 다음과 같다.

국민일보	(1)"한반도 21년만에 '무풍지대'" (2)"검, 공직부패·토착비리 손본다"
	(3)결혼이민자들의 유쾌한 한글교실

국민일보	(4)"일본식 어투 버리니 법서가 쉬워졌어요," 오시영 교수 법학 교과서 인기
	5)"신종플루 12번째 사망—대장암 60대 남성"
	(6)"이대 로스쿨은 성차별, 모집정지 가처분 신청"기사, 세종대왕동상 제막식 사진
조선일보	(1)전 보건복지부 장관이 중국에 항일투쟁유적기념비를 세우기로 함
	(2) 한국에서 한달 평균 1800명의 신생아가 줄고 있다는 기사
	(3)언론인 및 정치가 민세 안재홍 선생의 어록비 제막식 소식
	(4)공무원 '반정부 집회' 법으로 금지하기로 한 정부의 결정
	(5)전 동아일보 자금부장 박모씨에 관한 소식
	6)병역기피자에게 군복무기간 최대 2배로 늘리려는 병무청 계획
	(7)21년 만에 태풍 없는 한반도 및 내륙 산간 첫 얼음 등에 대한 소식 등,
	총 22개의 사회관련 소식, 세종대왕 제막식 사진과 소식
한겨레신문	(1)"한국정부 사형집행 검토에 국제사회 우려"
	(2)"한국인권위 독립성 불확실——특별조사해야"
	(3)"김포공항 소음피해 235억 배상"판결 (4) 국내 첫얼음 소식
	(5)21년 만에 태풍이 없을 것이란 기상청 소식
	(6)성동구 세입자들 '임시거처 의무화' 서명운동 돌입
	(7)캐디를 자영업자가 아닌 노동자로 판결한 법원 결정 소식
	(8)"불법주차로 화재확산1년 새 18배"
	(9)"시장 차에 사제폭탄, 타이머 고장 불발," 세종대왕 제막사진

　　사회면 내용을 비교/분석하면, 세 신문 모두에 실린 기사는 21년 만에 태풍 없는 해가 될 것이란 기상청의 예측과 내지 산간지역에 내린 첫 눈 소식, 한글날 기념으로 이루어진 세종대왕 동상 제막식 뿐이고, 나머지는 각 신문사별로 전혀 다른 기사들이 사회면을 장식했다. 조선일보의 경우,

독립운동, 공무원 노조와 병역기피자에 대한 국가의 강력한 대응조치 등을 중점적으로 보도한 반면, 한겨레신문은 한국의 인권문제, 빈민들을 위한 활동, 국가를 상대로 한 김포공항 주민들의 소송 등에 무게를 두어 보도했다. 한편, 국민일보는 21년 만의 무태풍 소식을 사회면 톱으로 다루었고, 한글 관련 소식을 두 편이나 수록했다. 이처럼, 각 신문사의 기사 선택과 양을 비교해 볼 때, 한겨레신문은 사회적 약자와 인권에 대한 자신의 고유한 관심에 충실한 보도를 했고, 조선일보는 보수/민족주의적 성향의 기사들 중심으로 사회면을 구성했다. 국민일보의 경우, 특정한 성향을 찾아 보기 어렵고, 선택기사 측면에서 한겨레신문보다 조선일보와 더 많이 중첩된다는 측면에서, 조선일보와 비슷한 눈을 갖고 있는 것으로 이해된다. 특별히 10월 10일이 세계 사형폐지의 날이란 점을 고려할 때, 양 신문 모두 단 한 건의 관련기사도 수록하지 않았다는 점에서, 묘한 동질감을 보여준다.

결론적으로, 일반기사면에서 국민일보는 보수적 성향의 조선일보와 진보적 성향의 한겨레신문과 비교할 때, 특정한 정치적 성향이나 특징이 뚜렷이 드러나지 않는다. 경우에 따라, 한겨레보다는 조선일보와 친화성을 보이는 면이 있지만, 자극적이고 논쟁의 소지가 있는 예민한 성격의 기사 대신, 국민적 정서를 훈훈하게 만들어 줄 수 있는 미담 성격의 기사에 주목하는 경향이 더 강하다. 이것은 정치적 중립을 유지하려는 세심한 배려처럼 보이면서, 동시에 특색이 부족한 것으로 비치기도 한다. 일간지라는 특수한 공간 안에 기독교적 정신을 담으려는 국민일보의 노력이 자칫 무책임한 중립과 무색무취라는 비난의 대상이 될 수도 있는 딜레마에 놓인 것 같다.

2. 사설

먼저, 세 신문사의 사설을 날짜 별로 분류하여, 사설의 주제 선택 및 논조를 비교함으로써, 국민일보 사설의 특징을 살펴보자. 이 분석을 위해, 2009년 10월 9일, 10일, 13일, 국민일보, 조선일보, 한겨레신문의 사설 제목을 살펴보면 아래의 표와 같다.

	2009년 10월 9일	2009년 10월 10일	2009년 10월 13일
국민일보	·한중일 공통교과서를 만들기 전에 ·한나라당이라도 공무원노조 다잡으라 ·범죄자 인권을 더 챙기는 이상한 나라	·가산금리 부풀려 폭리 취하는 은행들 ·하토야마 총리의 對韓觀에 기대 크다 ·어른 다툼에 어린 학생 동원하다니	·이래서야 국가 방위 제대로 하겠나 ·폭증하는 공기업 부채 통합관리해야 ·하필 숭례문 옆에 쓰레기장을 짓다니
조선일보	·공무원 기강이 이래서는 안 된다 ·한글과 한글날 ·중일 방문하면서 한국 건너뛴 미 동아 태 차관보	·청와대서 이런 일이 벌어지나 ·로펌이 맡은 형사사건 무죄 비율이 평균치의 10배라니	·기름값 아끼려 공군 조종사 훈련 제대로 안 한다니 ·국회의원, 해머대신 계산기 들고 국민세금 지켜야 ·기부금 제멋대로 쓰면 누가 기부하겠나
한겨레신문	·청와대, 손바닥으로 하늘을 가리려는가 ·달러 이후 시대를 준비하자 ·한나라당의 공무원노조 공격 도를 넘었다	·군 가산점제 부활은 대안이 아니다 ·노조 전임자 임금, 노사 자율에 맡겨야 ·한-일정상, 대북 압박정책에 공조하기로 했지만…	·무엇을 위한 수능성적 공개인가? ·효성의혹, 대통령 사돈기업이라고 대충 덮나? ·실적 포장 조기 재정지출 나라살림 축낸다.

위에 제시된 각 신문사의 사설제목을 비교해 볼 때, 다음과 같은 사실들이 드러난다. 먼저, 10월 9일의 경우, 국민일보와 한겨레신문에 공무원노조에 대한 한나라당의 강경한 입장표명을 다룬 사설이 공통적으로 등장한 반면, 조선일보에는 이 두 신문과 전혀 다른 주제의 사설들이 실렸다. 이 때, 국민일보는 "한나라당의 방침에 박수를 보낸다. 한나라당이 공무원 노

조의 행보에 대한 국민의 생각이 어떤지 잘 짚었다고 본다. 집권당이라면 모름지기 이처럼 책임 있는 자세를 보여야 한다"라고 한나라당의 강경책에 적극적 찬성을 표명했다.24) 반면, 한겨레신문은 "공무원 노조가 정치활동을 하면 법 규정에 따라 처리하면 될 일이고 지금까지 그렇게 해왔다. 민주노총 가입으로 달라질 것은 별로 없다. 이제라도 정부와 여당은 공격을 중단하고 그들을 협상 상대로 대접해야 마땅하다"라고 강력히 비판했다.25)

10월 10일에는 한일정상회담 결과, 특히 하토야마 일본총리의 발언에 대해 3개 신문사 모두 사설을 실었다. 다만, 국민일보와 조선일보는 하토야마 총리의 과거사청산에 관한 전향적 발언을 중심으로 사설을 집필한 반면, 한겨레신문은 사설 끝에 간략히 이 문제를 언급했다. 국민일보는 "그런 점에서 하토야마 총리의 전향적 역사인식은 신선한 충격이며, 기대하는 바가 크다"라고, 매우 낙관적 논조로 사설을 썼고,26) 조선일보는 "하토야마 정부가 이런 악순환을 확실히 끊겠다는 의지를 보여주려면 한일현안 가운데 일부 현안에 대해서만이라도 당장 실천할 수 있는 액션플랜(행동계획)을 내놓고 실천의 첫발을 내디뎌야 한다"라고 보다 구체적 주문을 제시했다.27) 한편 한겨레신문은 한일정상회담이 중국을 자극하여 3국간의 균열이 생길 위험이 있다고 경고하면서, 두 정상이 북핵과 동아시아 공동체 문제에 집중한 결과, 양국간 최대현안인 역사인식문제를 충분히 다루지 않았다고 지적했다.28)

10월 13일에는 국민일보와 조선일보가 유류값 상승에 대한 현실적 조치로서 공군비행훈련시간을 단축시킨 국방부의 결정에 대한 비판적 사설을 실은 반면, 한겨레신문은 이 두 신문과 공통된 사설을 한편도 실지 않았다. 국민일보는 공군과 육군의 열악한 교육현실을 함께 비판적으로 지적하면서, "군내 경영 합리화를 통해 군이 먼저 훈련 외 불요불급한 비용을 줄이는 일이 전제되어야 한다"고 제안했다.29) 조선일보는 공군의 실태에 집중하면서, 최소한의 공군비행훈련을 위해 필요한 자금이 300~500억 원이며, "지금 정부에 있는 위원회가 461개에 달한다. 그 인건비만 절약해도 우리 공군 조종사들이 기름값 아낀다고 비행훈련을 못하는 어처구니없는 현실은 벗어날 수 있을 것이다"라고 구체적 대안까지 제안했다.30)

이런 분석을 통해, 다음의 결론들이 도출될 수 있다. 첫째, 국민일보의 사설은 몇 가지 점에서 한겨레신문보다 조선일보에 더 가깝다고 말할 수 있다. 먼저, 사설의 주제를 선택할 때, 국민일보는 3일 동안 2회에 걸쳐 조선일보 및 한겨레신문과 동일한 주제를 선택했다. 조선일보와는 공군훈련 문제와 일본총리의 발언에 대해 거의 동일한 내용의 사설을 실은 반면, 한겨레신문과는 공무원노조에 대한 한나라당의 방침 및 한일정상회담에 대해 함께 다루었지만, 내용 면에선 상당한 차이를 보였다. 특히, 한겨레신문이 중점적으로 다룬 청와대비리, 효성그룹비리, 학교별 수능성적공개 등에 대해 국민일보와 조선일보는 전혀 언급하지 않다. 따라서 국민일보는 사설의 주제를 선정할 때, 진보적인 한겨레신문보다 보수적인 조선일보와 더 많은 유사점을 지닌 것으로 드러났다. 사설의 논조 면에서도, 국민일보는 조선일보와 매우 유사한 특징을 보여주었다. 국방부의 예산절감 정책에 의한 국군의 훈련부족 현상에 대해, 국민일보와 조선일보 모두 강도 높은 비판을 퍼부었다. 한일정상회담 후, 일본총리의 발언에 대해서도 두 신문 모두 긍정적 입장을 적극적으로 표명했다. 반면, 공무원노조에 대한 사설에서, 국민일보는 한나라당의 강경책을 적극적으로 지지한 반면, 한겨레신문은 거칠게 비판했다. 또한 한일정상회담에 대해서도 국민일보는 대체로 긍정적인 평가를 내린 반면에, 한겨레신문은 이 회담이 중국에 미칠 부정적 영향을 예측했다. 이런 면에서, 국민일보 사설의 논조는 한겨레신문보다 조선일보와 더 많은 친화성을 지닌다.

둘째, 국민일보의 사설은, 조선일보와 한겨레신문의 사설과 비교할 때, 객관적 분석과 대안 제시 측면에서 약점을 보인다. 예를 들어, 국민일보의 하토야마 총리의 대한관에 대한 사설과 동일한 주제에 관한 조선일보의 사설을 비교할 때, 국민일보는 "1995년 일본 정부는 과거 아시아 침략과 식민지배를 공식 사죄한 무라야마 담화를 발표했다. 그러나 그 후에도 여전히 한중일 간의 과거사에 관련된 분란이 끊이지 않은 것은 일본 정부와 일부 지식인들이 역사를 직시하려 하지 않았기 때문이라 할 것이다. 그런 점에서 하토야마 총리의 전향적 역사인식은 신선한 충격이며, 기대하는 마음이 크다"라고 일반적 논평에 그친 반면,31) 조선일보는 "하토야마 총리의 말처럼 과거사 문제를 한번에 속시원하게 풀수 있는 방안을 찾기는 쉽지 않다. 그러나 하토야마 정부가 자신들은 과거 자민당 정권과 다르다는 것을 아무리 강조해도, 말만으론 한국민의 신뢰를 얻기 어렵다"고 문제의 핵심을 지적한 후, "하토야마 정부가 이런 악순환을 확실히 끊겠다는 의지를 보여주려면 한일 현안 가운데 일부 현안에 대해서만이라도 당장 실천할 수 있는 액션플랜을 내놓고 실천의 첫발을 내디뎌야 한다. 예를 들어 야스쿠니신사에 합사된 전범의 위패를 다른 곳으로 이전하는 문제나, 과거사 왜곡 교과서의 확산을 막으면서 최근 오카다 외상이 밝힌 한중일 공통 역사 과과서 제작에 대한 구체적인 시간표와 구상을 밝히는 것도 한 가지 방법이 될 것이다"라고 구체적 대안까지 제시했다.32) 양 신문사의 이런 차이는 유류비 감축을 위한 국방부의 국군훈련시간 단축에 대한 비판적 사설에서도 동일하게 반복된다.33) 이처럼, 국민일보와 조선일보는 비슷한 주제들을 선정하여 비슷한 논조의 사설을 실었으나, 사설 짜임새, 글의 논리 및 설득력, 구체적 자료와 대안 면에서 국민일보가 조선일보에 뒤진다.

셋째, 국민일보의 사설은 다른 신문사들에 비해 예민하고 논쟁의 소지가 있는 문제들은 상대적으로 잘 다루지 않는 것으로 보인다. 예를 들어,

한겨레신문의 경우, 청와대와 효성그룹의 비리, 수능성적공개, 군가산점제, 공무원노조 문제 등과 같이 예민한 사안들에 대해 직격탄을 날렸다. 조선일보의 경우, 공무원기강과 국회의원의 활동, 로펌과 사법부의 연관성 등에 대해 날카로운 비판의 목소리를 냈다. 반면, 같은 기간 동안 국민일보는 숭례문 옆에 쓰레기장 건설계획 및 경기도 내 일부 학교들이 경기도 교육국 설치 반대서명에 학생들을 동원한 문제를 주요 사설로 다루었다. 이 주제들이 무가치한 것은 결코 아니지만, 다른 신문들과 비교할 때, 선택된 주제들이 상대적으로 가볍고 주변적 이슈들인 경우가 많았다. 또한 다른 주제들에 대해 한겨레처럼 자신의 입장을 소신 있고 일관되게 관철하지 못하는 것 같다. 대체로 조선일보와 비슷한 논조를 유지하나, 주제 선정 면에서는 중량감이 떨어지고, 확고한 신념도 부족해 보인다.

넷째, 국민일보 사설은 글의 논리적 전개 면에서도 약점을 노출했다. 예를 들면, 한중일 공통교과서 제작에 대한 오카다 사쓰야 일본외상의 발언에 대해 "물론 우리는 공통 역사교과서 제안을 환영한다. 일본은 이 문제를 구체적으로 수용, 추진할 수 있는 일본사회의 분위기 쇄신부터 이뤄내기 바란다"라고 결론을 내렸다.34) 이 결론이 일견 타당하지만, "일본사회의 분위기 쇄신부터 이뤄내라"는 주문은 사실 매우 애매하고 비현실적이다. 경기도내 일부 학교들이 경기도 교육국 설치를 반대하는 서명에 어린 학생들을 동원한 것에 대한 비판적 사설도 마찬가지다. 집필자는 이 문제가 어려운 이슈이고, 일부 학교가 이렇게까지 행동한 것의 현실적 이유도 충분히 공감한다고 밝혔다. 그러면서도 어린 학생들을 동원한 것은 잘못이라고 주장했다.35) 이 주장에도 일견 타당한 면이 있다. 그러나 이 사설은 이 문제의 발단이 된 경기도 교육국 설치의 정당성 문제는 전혀 언급하지 않았다. 어린 학생들까지 동원하게 만든 문제의 근본원인과 이에 대한 양측의 입장 및 반응에 대한 객관적 평가는 배제한 채, 한쪽에서 학생들에게 서명 받은 행위만 질책하는 것은 문제를 공정하게 다루지 못한 것이다. 국민일보 사설은 여러 글에서도 비슷한 문제를 노출했다. 물론 모든 사설이 그렇다는 것은 아니다. 하지만 객관적 정보와 공정한 분석을 토대로 사설이 쓰여질 때 대중적 설득력을 얻을 수 있다. 이런 면에서 종종 사실에 대한 인식 및 평가에서 한쪽으로 치우친 약점을 국민일보 사설이 노출하는 것은 아쉬운 일이다.

3. 종교면: 〈미션라이프〉

10대 일간지 중 하나인 국민일보가 다른 일간지들과 가장 뚜렷한 차이를 보이는 부분은 〈미션 라이프〉란 종교 면을 발행하는 것이다. 국민일보 스스로 자신의 정체성을 기독교 문서선교의 도구로 규정하고 있기 때문에, 이 면이 국민일보의 핵심적 요소임을 부정할 수 있다. 문서선교지로서 국민일보 종교 면의 특징을 분석/정리하면 다음과 같다.36)

첫째, 〈미션 라이프〉는 기본적으로 8면으로 구성되며, 경우에 따라 10-12면으로 발행되기도 한다. 면수가 늘었을 때는 대체로 전면광고가 늘어난 경우다. 8면으로 구성된 〈미션라이프〉의 기본구조는 1-3면이 "기독뉴스"란 제목 하에, 교계의 다양한 소식을 전한다. 4-5면은 매일 다른 내용의 특집기사가 실리고, 6면과 8면은 전면/기획광고로 채워지며, 7면은 "영성"란이다. 1, 3, 7면을 보다 상세히 살펴보면 아래의 도표와 같다.

면	코너 명	필 자
1면	톱기사, 겨자씨	각 교단별 목회자
3면	로뎀나무	각 교단별 목회자
7면	오늘의 설교, 가정예배365, 역경의 열매, 오늘 읽는 성경	각 교단별 목회자

이처럼 1, 3, 7면은 매일 새로운 교계 뉴스 및 고정된 몇 개의 코너로 구성되어 있다. 이 면에서 주목할 점은 각 코너를 담당하는 필자들의 다양한 교단적 배경이다. 예를 들어, 1면의 '겨자씨' 같은 경우, 각 교단의 대표적 목회자들 중에서 위촉된 집필자들이 하루씩 돌아가며 매우 짧은 분량의 글을 집필한다.37) 3면의 고정칼럼인 '로뎀나무' 도 다양한 교단의 목회자들이 하루씩 고정된 날에 다양한 주제의 글을 기고한다.38) 이것은 국민일보가 특정교회 및 교단적 배경을 지니고 있지만, 한국교회의 유일한 일간지로서 전 교단을 상대하는 자신의 에큐메니컬적 특성을 유지하려는 노력의 일환으로 보인다.

둘째, 〈미션라이프〉는 매일 4~5면에 독특한 내용의 특집 기사를 싣고 있다. 일별로 각 면의 주제를 살펴보면 아래의 표와 같다.

요일면	월	화	수	목	금	토
4면	문화	선교	평신도	신학	기획광고	기획
5면	독자마당	탐방	기획	가정	기독출판	목회

예를 들어, 월요일의 "문화"면은 한 주간 동안 기독교 계의 다양한 문화행사를 보도하고, 기독교 문화인들의 활동을 소개한다. 수요일의 "평신도"면은 연예, 정치, 경제 등 다양한 분야에서 두각을 나타내는 유명 평신도들을 소개하고, "기획"면은 실천신학대학원대학교의 조성돈 교수가 '뉴스 인 바이블' 란을 고정으로 집필하고, 유대학연구소장인 이강근 목사가 '성지이야기' 를 고정으로 담당하고 있다. 토요일의 "목회"면에는 주목할 만한 목회자들을 상세히 소개하고, "기획"면에 신문사가 선택한 다양한 주제의 기획기사와 함께 '내 삶의 찬송' 이란 고정코너에서, 다양한 교계 지도자들이 자신들이 애창하는 찬송가를 소개한다. 이처럼, 국민일보는

4-5면을 통해, 다양한 특집기사를 다루면서, 신학자, 목회자, 평신도 모두에게 참여 기회를 부여하고, 보다 전문적이고 체계적인 기사를 집중적으로 다룰 수 있는 공간을 마련했다. 이를 통해, 단순한 기사전달의 차원을 넘어, 경건과 신학, 목회자와 평신도 모두를 아우르는 지면의 다양화, 전문화, 민주화를 추구하고 있음을 확인할 수 있다.

셋째, 〈미션 라이프〉는 매월 첫 번째 신문에 "Monthly Mission"이란 특집을 싣고 있다. 2009년 3월부터 시작된 이 특집은 "미션라이프 전 지면(영성 면 제외)을 하나의 주제로 구성하는 새로운 개념의 특집"이며, 국내에서 처음 시도하는 것으로서, "매달 새로운 주제를 선정해 한 달에 한 번씩 전체 지면을 하나의 주제로" 꾸미고 있다.39) 이런 의도에서 3월은 "출발," 4월은 "부활"을 주제로 선정하여, 각 주제에 대한 다양한 기사와 글들을 소개했다. 매월 특집의 주제에 따라, 코너 및 기사 배치 면에서 다양한 실험이 진행되고 있다.40) 결국, 이 Monthly Mission은 문서선교지로서 국민일보의 정체성을 확고히 하려는 편집진의 야심 찬 기획으로 보이며, 〈미션라이프〉의 질을 한층 풍요롭게 만드는데 기여한 것으로 평가할 수 있다.

넷째, 〈미션 라이프〉에는 대단히 많은 광고가 실린다. 보통 8면으로 구성된 이 색션의 모든 면 하단은 다양한 기독교 단체 및 개인의 집회안내 광고로 가득하다. 동시에 이 색션의 6면과 8면은 기획/전면광고로 고정되어 있다. 많을 경우, 전면 및 기획광고가 총 6면을 차지할 때도 있다. 물론, 그럴 경우 미션라이프의 총 지면 수는 8면에서 12~13면으로 늘어난다. 광고의 종류를 분석해 보면, 다양한 기독교 단체가 주최하는 세미나, 영성훈련, 기도회, 집회 등이 다수를 이루고, 그 다음으로 기독교 출판사의 광고, 기독교 단체의 성명서, 그 외 다양한 목적의 행사안내 등이 실리고 있다. 이렇게 단체나 기관이 주관하는 광고가 실리는 경우 외에도, 개인들이 자신의 소규모 집회를 알리기 위해 사용하는 소액광고란도 고정으로 자리잡고 있다. 예를 들어, 2009년 10월 10일 〈미션라이프〉에 게재된 광고들을 살펴보면, 다음과 같다.

1면	'09 베니힌 한국대성회 광고
2면	국민일보사에서 출판한 채의숭 장로의 『하늘경영』에 대한 광고
3면	연세중앙교회가 주최하는 "제4회 전국성가콩쿨" 광고
4면	하석수 목사 능력예언축복성회 광고 국제순복음기독실업인연합회가 개최하는 "글로벌 비즈니스 & 리더십 성령 컨퍼런스" 안내광고
5면	(사)한국기독교부흥협의회 제41차 정기총회 공고
6면	순복음서울진주초대교회 새성전 입당식 및 목회자 무료세미나" 광고(전면광고) 자동차매매, 교회후임자, 교회임대, 통신신학모집, 복음가수 이수산나 찬양집회, 홀리파워 치유예언집회, 성령치유응답영성집회, 입신 · 천국지옥간증 · 성령의불 · 대언의영 집회 등에 관한 작은 광고
8면	"세계평화와 국가위기극복을 위한 기도 대성회" 광고(전면광고)

이처럼 기독교 관련 다양한 기관의 다양한 광고가 하단과 전면에 배치되어 실렸으며, 특이한 것은 성령체험을 중심으로 한 신비적 성향의 집회 광고가 많이 등장하고, 여의도순복음교회를 중심으로 한 오순절교단의 집회광고도 빈번히 등장하고 있다는 것이다.

V. 결론

이상에서 기독교 일간지로서 국민일보의 특성을 다양한 측면에서 살펴보았다. 구조적 측면에서 국민일보의 종교적 특성을 분석하고, 국민일보의 내용을 다른 일간신문과 비교/분석함으로써 고유한 특징을 포착하고자 했다. 지금까지의 분석결과를 토대로, 기독교 신문으로서 국민일보의 특성을 요약/정리하면 다음과 같다.

먼저, 구조적 차원에서 국민일보의 특징을 살펴보자. 첫째, 국민일보는 제도적으로 기독교적 특성을 강하게 지닌다. 결정적 이유는 국민일보가 단일교회로서 세계 최대교회인 여의도순복음교회의 절대적 영향력 하에 놓여 있기 때문이다. 이 신문은 여의도순복음교회에 의해 창간되었고, 여의도순복음교회 관계자들이 최고경영진에 배치되었으며, 신문사 조직 내에 교계협력부가 존재하고, 다양한 종류의 기독교 관련 조직 및 단체들을 산하에 거느리고 있다. 특히 구독자 절대다수가 기독교인이란 점에서 기독교 신문으로서의 특징이 가장 분명하게 드러난다. 둘째, 국민일보는 재정적 측면에서도 기독교적 특성을 지닌다. 국민일보 수입의 대부분이 기독교인들 혹은 기독교 관련 기관을 통해 채워지기 때문이다. 예를 들면, 국민일보의 독자들 절대 다수가 기독교인들이기 때문에, 국민일보 구독료의 대부분이 기독교인들에 의해 지급되고 있다. 국민일보에 실린 광고는 거의 절대적으로 기독교 관련 단체들에 의한 것이다. 뿐만 아니라, 창간이래 지금까지 여의도순복음교회가 막대한 액수의 후원금을 국민일보에 지원해 왔다. 따라서 국민일보의 재정수입과 기독교는 결코 따로 생각할 수 없을 만큼 긴밀한 관계를 맺고 있다. 셋째, 국민일보는 다양한 행사와 캠페인을 통해, 기독교신문으로서 자신의 정체성을 분명히 했다. 물론, 다른 신문사들처럼 사회전체를 대상으로 한 캠페인 및 행사들도 다양하게 개최하고 있지만, 신학논문대상, 국민선교대상, 한세대학교 디자인실기대회, 서울기독교박람회 같은 기독교 관련 행사들을 주최하거나 후원함으로써, 자신의 기독교적 특성을 분명히 드러냈다. 반면, 타 신문사들에 비해 규모나 범위 면에서는 많은 한계를 보였다.

다음으로, 국민일보를 조선일보 및 한겨레신문과 비교했을 때, 다음과 같은 보도적 특징이 나타났다. 첫째, 국민일보는 타 신문사들과 달리, 제1면에 훈훈한 감동을 주는 기사들을 자주 배치한다. 이것은 '사랑, 진실, 그리고 인간'이란 창립이념이 반영된 부분으로 보인다. 반면, 종합 면과 사회 면에선 확실하게 자신의 보수성을 드러낸 조선일보, 진보성을 부각시킨 한겨레신문과 달리, 국민일보만의 고유한 특성을 파악하기 어려웠다. 어쩌면 이것이 국민일보의 중요한 특징인지 모르겠다. 둘째, 국민일보의 사설은 앞의 보도기사들과는 달리, 자신의 보수성을 좀더 뚜렷하게 노출시켰다. 이런 특성은 조선일보 및 한겨레신문과 비교할 때, 더욱 분명히 드러났다. 즉, 사설의 주제선정 및 논조를 분석한 결과, 국민일보는 확실히 한겨레신문보다 조선일보에 가까운 것으로 나타났다. 주제선택 면에서 국민일보는 조선일보와 같은 주제를 여러 차례 선택하여 사설을 실었으며, 한겨레신문과 같은 주제를 다루었을 때에는 명확히 상반된 입장을 견지했다. 한편, 국민일보의 사설은 경우에 따라 논리적 치밀함과 증거의 명확함 면에서 타 신문사들에 비해 상대적으로 부족한 면이 노출되었다. 셋째, 국민일보의 종교섹션 〈미션라이프〉는 교계의 다양한 소식, 유익한 신앙정보, 그리고 수많은 광고들을 담고 있어, "문서선교지"로서 자신의 기능을 충실히 수행하고 있다. 비록 여의도순복음교회 및 오순절교단에 대한 소식이나 광고가 많이 포함된 것이 사실이지만, 그럼에도 불구하고 초교파적 특성을 유지하기 위해 노력하고 있음도 확인할 수 있다.

이런 분석을 토대로 우리는 국민일보에 대해 어떤 결론을 내릴 수 있을까? 무엇보다, 국민일보는 기독교신문이다. 한국의 10대 일간지로 대외적 위상을 지니지만, 여전히 독자들 대다수가 기독교인들이며, 수입의 대부분이 기독교 관련 개인 및 단체들을 통해 들어오기 때문이고, 타 일간지에 없는 종교섹션을 발행하기 때문이다. 둘째, 국민일보는 보수적 신문이다.

국민일보의 사설이 조선일보의 입장과 여러 면주제선택과 논조에서 중첩되는 모습이 보이기 때문이며, 종교섹션의 광고 절대다수가 여의도순복음교회를 포함한 보수교회 및 기독교보수단체의 집회기도회, 부흥회, 전도 및 부흥세미나 등에 관련된 것이기 때문이고, 종교섹션에 수록된 기사 및 컬럼들 대부분이 보수적 성향의 필자들에 의해 집필되고, 그 내용들도 "복음주의적"성향을 보이기 때문이다. 더욱이 타 종교나 가톨릭, 혹은 이단성 교회들에 대한 기사는 거의 전무하고, 진보적 신학을 반영하는 글들도 좀처럼 찾아 볼 수 없기 때문이다. 셋째, 국민일보는 오순절파(혹은 여의도순복음교회) 신문이다. 이 신문의 소유권 및 경영권이 여의도순복음교회와 직접적 관련이 있기 때문이며, 종교섹션에서 여의도순복음교회 관련 기사들이 거의 매일 등장하고, 광고란에는 여의도순복음교회를 포함한 오순절성향의 단체 및 개인의 각종 집회광고가 압도적 다수를 차지하기 때문이다.

　지난 20년간 국민일보는 많은 내우외환의 위기를 통과하며, 유일한 기독교일간지로서 훌륭히 성장했다. 이제 성년의 반열에 들어선 국민일보는 자신에게 주어진 시대적 사명을 감당하기 위해 더욱 노력해야 한다. 이런 막중한 책임을 온전히 수행하기 위해, 최소한 국민일보는 자신의 창간정신을 진지하게 되새길 필요가 있다. 국내 언론이 또 하나의 권력으로 군림하며 대중적 비판의 표적이 된 21세기 한국언론의 현실 앞에서, 국민일보는 "기독교세계관의 가치를 구현하고 정의로운 사회건설에 앞장서는 빛과 소금이" 되겠다는 자신의 첫 번째 창간목적을 기억해야 한다. 한국교회가 양적 성장의 정체로 인한 현실적 위기와 질적 미성숙에 대한 혹독한 내외적 비판에 직면한 현재, 국민일보는 "1,200만 기독교인을 대변하고, 일용할 영의 양식을 공급하여 기독교인의 신앙성장을 도모한다"는 두 번째 창간목적을 가슴에 새겨야 한다. 끝으로, 핵 문제로 남북관계가 급랭하고, 이슬람세력의 발흥 속에 세계선교 위기론이 대두되는 이 때, 국민일보는

"민족복음화와 세계선교를 위해 문서선교의 역할을 담당한다"는 세 번째 창간목적을 명심해야 한다. 그렇게 자신의 본래 정신을 진지하게 되새기고, 그 목적을 성취하기 위해 분투할 때, 국민일보는 진실을 상실한 "바벨의 폐허" 속에서, 시대를 구원할 "하늘의 언어"를 전달하는 진정한 언론매체로 더욱 성장할 것이다. 기대가 크다.

*이 글은 윤영훈 편, 『문화시대의 창의적 그리스도인』(서울:두란노아카데미,2010):345~82에 "국민일보의 역사와 비전 : 바벨의 폐허에서 하늘의 언어를 꿈꾸며"란 제목으로 실렸던 것을 출판사의 허락하에 이곳에 다시 수록한 것이다.

1) 국민일보 약사는, 여의도순복음교회, 『여의도순복음교회50년사』(서울: 여의도순복음교회, 2008); 허남세, "국민일보," 『신문과 방송』 218 (1989. 2); 국민일보 홈페이지 http://www.kukinews.com/aboutus/aboutus_03.html를 토대로 구성되었다.
2) 이때 국민일보는 1면 종합, 2면 정치, 3면 해설, 4-5면 국제, 6-7면 경제, 8면 문화, 9면 생활・여성, 10면 과학, 11면 종교, 12면 스포츠, 13면 지방, 14-15면 사회, 16면 TV・여성 등으로 구성되었다. 이들 가운데, '토론마당,' '종,' '지구촌 24시,' '여의도칼럼,' '주말응원석,' '단말기,' '백합,' '이동취재,' '앵글365' 등은 이색 고정란이었다. 허남세, "국민일보", 58.
3) 2007년 현재, 등록된 일간신문사는 총 203개로, 일반일간 161개(전국지 50개, 지역지 111개), 특수일간 34개, 외국어일간 8개다. 이들 중, 국민일보는 일반일간 중 전국지에 해당되며, 50개의 일간지 중, 경향, 동아, 문화, 서울, 세계, 조선, 중앙, 한겨레, 한국과 함께 전국 10대 일간지에 속한다. 특별히, 2005년 성균관대학교 신문방송학과에 제출된 이동한의 박사논문, "신문기업의 사회공헌활동에 관한 연구: 10개 신문에 대한 사회책임지수를 중심으로"에 국민일보가 포함되었으며, 2007년 대구대학교 회계학과에 제출된 정동희의 박사논문, "언론사의 재무분석과 언론외적 사업영역을 통한 수익성 개선방안: 주요 일간 신문사를 중심으로"에서도 정동희는 전국 일간지 7개 속에 국민일보를 포함시켰다. 이것은 50개 전국일간지 중 국민일보가 차지하는 위치를 보여주는 주목할만한 증거다.
4) 여의도순복음교회, 『여의도순복음교회 50년사』, 328.
5) 국민일보 사태와 관련해서 다음의 글들을 참조하시오. 권은중, "순복음신도들의 헌금이 새고 있다" 『한겨레 21』 (2001. 10. 5), 14-7; 이승경, "신앙심 간데 없고 족벌세습 난장판만," 『말』 177 (2001. 3), 46-9; 신윤진, "사주, 경영자에 대한 비판 특히 많아," 『신문과 방송』 360 (2000. 12), 30-5.

6) 여의도순복음교회, 『여의도순복음교회 50년사』, 328.
7) 이승균, "신앙심 간데없고 족벌세습 난장판만", 47.
8) http://www.kukinews.com/abouts/aboutus_03.html
9) http://www.kukinews.com/abouts/aboutus_03.html
10) http://cafe.daum.net/3sky1009/37mT/177
11) 『여의도순복음교회 50년사』, 327.
12) Ibid.
13) http://www.fgnews.co.kr/html/2008/0718/08071812305418130000.htm
14) 종합 5면, 사회 3면, 국제 1면, 경제/산업 5면, 스포츠/문화 4면, 오피니언 2면, 그리고 전면광고 4면이다. 반면 종교관련 섹션인 〈미션라이프〉는 12면으로 구성되었으며, 그 안에 3면이 기획광고, 2면이 전면광고로 할애되었다. 이 광고들 역시 모두 기독교 관련 광고들이다.
15) 정동희, "언론사의 재무분석과 언론외적 사업영역을 통한 수익성 개선방안," 31-3.
16) "한국언론재단(2000-2006) 언론경영실태분석," 정동희, "언론사의 재무분석과 언론외적 사업영역을 통한 수익성 개선방안", 26에서 재인용.
17) 이승균, "신앙심은 간데없고 족벌세습 난장판만," 48-9.
18) 같은 날 한겨레신문엔 5개의 전면광고가, 조선일보에는 19개의 전면광고가 실렸다.
19) 금융감독원에 제출한 국민일보 주식회사 재무제표에 대한 2008년 감사보고서에 의하면, "회사는 운영자금의 충당을 위하여 여의도순복음교회로부터 당기와 전기중 각각 6,500백만원과 8,700백만원을 수증받아 자산수증이익의 과목으로 하여 영업외수익으로 계상하고 있습니다."라고 기록되어 있다. 즉, 2008년의 경우, 국민일보의 영업손실은 1,319,289,165원이었다. 반면 영업외 수익이 7,052,578,618원으로 당기순이익이 5,288,088,565원을 기록했다. 그런데 영업외 이익 중, 자산수증이익이 6,500,000,000원으로 영업외 이익의 절대량을 차지했는데, 이 금액이 바로 여의도순복음교회에서 후원한 부분이다. 결국, 재무제표에 나타난 국민일보의 당기순이익은 여의도순복음교회의 막대한 후원금에 의해 가능해진 것이다. 이에 대한 상세한 정보는 금융감독원 홈페이지를 참조하시오.
20) 이동한, "신문기업의 사회공헌활동에 관한 연구: 10개 신문에 대한 사회책임지수(NCSRI)를 중심으로," (성균관대학교 대학원 박사학위논문, 2005), 84.
21) 이동한은 자신의 박사논문에서, 경향, 국민, 동아, 문화, 서울, 세계, 조선, 중앙, 한겨레, 한국신문을 대상으로 신문의 사회적 공헌활동도를 조사했다.
22) 국민일보의 기사분석을 위해, 2009년 10월 10일자 국민일보, 조선일보, 한겨레신문을 사용했다.
23) 조선일보는 한은총재의 발표내용을 종합면이 아닌 경제면에서 다루었다.
24) "한나라당이라도 공무원노조 다잡으라," 『국민일보』 사설 (2009. 10. 9), 27.
25) "한나라당의 공무원노조 공격 도를 넘었다," 『한겨레신문』 사설 (2009. 10. 9), 31.
26) "하토야마 총리 對韓觀에 기대 크다," 『국민일보』 사설 (2009. 10. 10), 19.
27) "하토야마, (과거사문제) 일본 국민 마음 얻는 시간 필요," 『조선일보』 사설 (2009. 10. 10), A35.

28) "한-일 정상, 대북 압박정책에 공조하기로 했지만…,"『한겨레신문』사설 (2009. 10. 10), 23.
29) "이래서야 국가방위 제대로 하겠나,"『국민일보』사설 (2009. 10. 13), 23.
30) "기름값 아끼려 공군 조종사 훈련 제대로 안 한다니,"『조선일보』사설 (2009. 10. 13), A39.
31) "하토야마 총리 對韓觀에 기대 크다,"『국민일보』사설 (2009. 10. 10), 19.
32) "하토야마, (과거사문제) 일본 국민 마음 얻는 시간 필요,"『조선일보』사설 (2009. 10. 10), A35.
33) 국민일보는 "여러 이유로 군의 훈련이 적정 수준으로 이뤄지지 못하고 있어 대단히 걱정스럽다"라고 운을 뗀 후, 공군과 국군의 훈련부족 실태를 사실적으로 서술하고, "국방의 중요성에 비추어 군이 적어도 훈련만은 적정수준으로 할 수 있도록 지원해주는 게 옳다. 다만 김태영 신임 국방부장관이 강조했듯이 군내 경영 합리화를 통해 군이 먼저 훈련 외 불요불급 비용을 줄이는 일이 전제되어야 한다"라고 일반적인 결론을 내렸다. 하지만 조선일보는 공군의 상황에 집중하면서, 공군의 비행훈련 부족으로 초래된 공군조종사들의 실력저하와 안전사고에 대한 구체적 데이터를 제시하고, 세계 선진국들의 상황과 우리 군의 현실을 객관적 자료를 근거로 비교함으로써, 우리 국군이 직면한 문제의 심각성을 명확하게 지적한다. 이어서 "항공기 800여대를 보유한 공군이 한 해 쓰는 기름값이 3000억-3400억 원이고, 여기에 300억-500억 원을 더 보태면 연간 150시간의 최소 훈련이라도 할 수 있다고 한다. 지금 정부에 있는 위원회가 461개에 달한다. 그 인건비만 절약해도 우리 공군 조종사들이 기름값 아낀다고 비행훈련을 못하는 어처구니없는 현실은 벗어날 수 있을 것이다"라고 구체적 대안을 제시하며 글을 맺었다.
34) "한·중·일 공통교과서를 만들기 전에,"『국민일보』사설 (2009. 10. 9), 27.
35) "어른 다툼에 어린 학생 동원하다니,"『국민일보』(2009. 10. 10), 19.
36) 〈미션 라이프〉의 특징을 분석하기 위해, 2009년 10월 5일부터 10월 17일까지 신문을 분석 대상으로 삼았다.
37) 예를 들면, 2009년 10월에는 월(김홍규 목사, 내리교회), 화(권태진 목사, 군포제일교회), 수(서재일목사, 원주영강교회), 목(권성수, 대구동신교회), 금(조경연, 아현감리교회), 토(김성영, 전 성결대 총장) 으로 집필진이 구성되었다. 김홍규, 조경연 목사는 기감, 권태진 목사는 예장(합신), 서재일 목사는 기장, 권성수 목사는 예장(합동), 김성영 목사는 예성 소속이다.
38) 최근 일별 집필자는 다음과 같다. 월(이동원 목사, 지구촌교회), 화(김은호 목사, 오륜교회), 수(소강석 목사, 새에덴교회), 목(전병욱 목사, 삼일교회), 금(조병호 목사, 성경통독원), 토(장경철 교수, 서울여대). 필자들의 교단소속도 침례교, 예장(합동), 예장(통합) 등으로, 예장(합동)이 3명, 예장(통합)이 2명, 침례교가 1명이다.
39) "오늘 새로운 삶 1장 1절을 쓴다,"『국민일보』(2009. 3. 2), 29.
40) 예를 들어, 10월의 〈Monthly Mission〉을 검토해 보면, 이 달의 주제는 열매다. 이 주제 하에, 제1면은 추석명절에 대한 김소엽 시인의 '추석 명절에' 라는 시와 함께 감을 먹는 아이들의 천진난만한 사진이 실렸다. 2면에는 성령의 9가지 열매에 관한

남부성결교회 이상훈 목사의 글이 실렸고, 3면에는 귀농 4년 차인 충남 아산 박사라씨의 사연이 소개되었다. 4면에는 아프리카 미래를 살찌우는 두 열매, 즉 포도와 커피에 관한 글이, 5면에는 기독교 미술 속에 그려진 열매에 대한 세계기독교박물관 소장 정정숙 씨의 글이 실렸다. 6면에는 전국주일예배를 안내하는 전면광고가, 7면에는 한신교회 이윤재 목사의 "하나의 열매를 맺기까지"란 제목의 테마설교가, 그리고 8면에는 전면광고가 실렸다. 〈Monthly Mission〉『국민일보』(2009. 10. 2), 17-24.